Keine Macht für Niemand

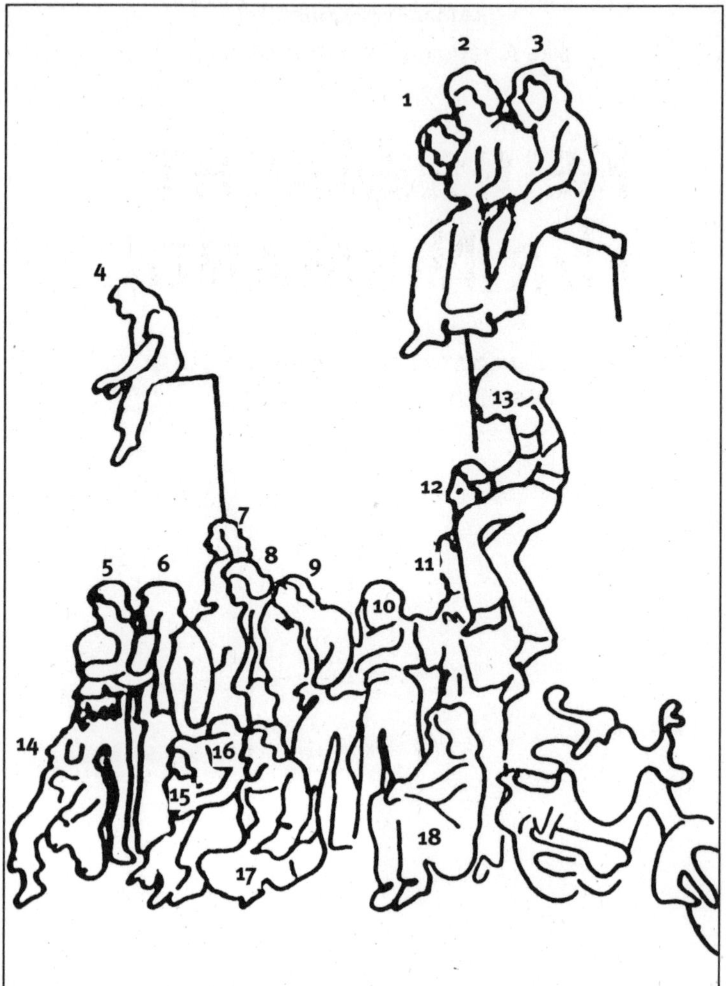

1. Olaf
2. Bernhard
3. Mecki
4. Funky
5. Egon
6. Gino
7. Ela
8. Rio
9. Jako
10. Britta
11. Uli
12. Schlotterer
13. Micha
14. Lutz
15. Ina
16. Lanrue
17. Nikel
18. Angie

Kai Sichtermann
Jens Johler und Christian Stahl

Keine Macht für Niemand

Die Geschichte der Ton Steine Scherben
Erweiterte Neuausgabe

Schwarzkopf & Schwarzkopf

Inhalt

Erster Teil: Die Scherben in Berlin

Zweiter Teil: Die Scherben in Nordfriesland

DRITTER TEIL: DAS ERBE DER SCHERBEN

Vorwort zur Neuausgabe

Der Mythos Ton Steine Scherben – wir hatten uns bemüht, ihn mit unserem Buch zu entzaubern. Nicht um das ungeheure Verdienst von Rio Reiser und den Scherben um die deutsche Rockmusik und Rocklyrik zu schmälern, sondern weil wir ein realistisches Bild dieser Band zeichnen wollten, um die sich so viele Träume und Legenden gerankt haben. Aber der Mythos ist stärker.

August 2001. In der Berliner Hasenheide hat der Film »Der Traum ist aus« Premiere. Es ist ein *event*, zu dem die Band Neues Glas aus alten Scherben spielt und viele ehemalige Scherben und alte und neue Scherbenfans versammelt sind. Am Schluß werden die anwesenden Bandmitglieder auf die Bühne gebeten. Da drängt ein junges Mädchen nach vorn, erobert das Mikrofon und verkündet: »Die Scherben müssen jetzt aber auch Solidaritätskonzerte zugunsten von *attac* bringen. Rio hätte das so gewollt.«

Es war wie in alten Zeiten. Und es ist, wie es ist: Je weniger die Fans von der Geschichte der Scherben wissen, desto sicherer glauben sie zu wissen, was Rio und die Scherben gewollt haben.

Aber der Kampf um Aufklärung geht weiter, daher die Neuausgabe dieses Buches. Wir hatten uns in unserer Darstellung ursprünglich streng an die Zeit zwischen 1970 und 1985 gehalten, zwischen Gründung und Auflösung der Band. Aber da immer wieder Fragen von Fans kamen, was denn danach geschah und was die Ex-Scherben heute machen, haben wir uns entschlossen, ein Bonus-Kapitel anzuhängen: »Das Erbe der Scherben«. Es war ja auch viel passiert, nachdem im Frühjahr 2000 unser Buch erschien: Die Band Neues Glas feierte Erfolge, die Boygroup Echt landete einen Top-Twenty-Hit mit *Junimond*, die Berliner Band Das Department brachte unter dem Titel *Die Erben der Scherben* eine Hiphop-Cover-Version der *Keine Macht für Niemand*-LP heraus, und der Film »Der Traum ist aus«, der ursprünglich auch »Die Erben der Scherben« heißen sollte, wurde gedreht. Das alles wollten wir nicht unerwähnt lassen. Unser Buch ist, das haben viele bemerkt, nicht nur die Biografie einer Band, sondern auch ein Stück Geschichtsschreibung über die 68er Zeit, über die Höhenflüge und Verirrungen einer inzwischen schon sagenumwobenen Generation.

Wir hatten uns bemüht, durch genaue Recherche, gewissenhafte Interviews und einen unverklärten Blick nichts als die Geschichte der Ton Steine Scherben zu schreiben. Aber wir mußten erkennen: der Mythos ist mächtiger.

Und so lebe er denn weiter.

September 2003 *Die Autoren*

Vorwort

Wie bist du auf die Idee gekommen, ein Buch über die Scherben zu schreiben? Diese Frage ist mir, während ich an dem Manuskript arbeitete, immer wieder gestellt worden. Ich konnte darauf keine eindeutige Antwort geben. Ich war selbst überrascht von dieser Idee. Lange Zeit hatte ich gedacht, ich hätte die fünfzehn Jahre Scherben-Zeit ein für alle mal abgehakt. Nicht, daß ich damit nichts mehr zu tun haben wollte, ich hatte nur gedacht, es war eine aufregende und verrückte Zeit, aber was soll's, sie ist vorbei!

Ich glaube, es waren zwei kleine Ereignisse, die mich dazu gebracht haben, das Buch zu schreiben. Als ich im Frühjahr 1998 meine Tochter Lisa auf dem Land besuchte, erzählte sie mir, ihre Cousine Juliana hätte in Griechenland jemanden getroffen, der ein großer Scherben-Fan war, und ihm daraufhin stolz erzählt, daß ihr Onkel der Bassist der Gruppe gewesen sei.

Ich weiß nicht mehr genau, was ich dazu gesagt habe, es war wohl irgend eine Bemerkung, mit der ich die Bedeutung der Scherben herunterspielen wollte. »Was?« rief Lisa entrüstet aus. »Die Scherben sind doch Kult!«

Das ließ mich aufhorchen. Kult – und ich war ein Teil davon?

Bald darauf berichtete mir Ingo, der Freund meiner Schwester Barbara, von einer Sightseeing-Tour mit dem Schiff auf Spree und Landwehrkanal unter dem Motto »Das rebellische Berlin«. Als das Schiff am Tempelhofer Ufer 32 vorbeifuhr, an dem Eckhaus, in dem die Scherben vor knapp dreißig Jahren gewohnt haben, schepperte auf einmal aus dem Bordlautsprecher der Song *Keine Macht für Niemand,* und der Ansager erzählte etwas über Ton Steine Scherben, über Teach-ins, Straßenkämpfe und Hausbesetzungen. Diese beiden Geschichten gingen mir nicht mehr aus dem Kopf. So nach und nach verdichtete sich dann die Idee, ein Buch über die Scherben zu schreiben.

Im Oktober 1998 fragte ich Jens Johler, der mich vor dreißig Jahren zusammen mit Barbara zu den Scherben, oder genauer, zum HOFFMANNS COMIC TEATER gebracht hatte, ob er mit mir zusammen das Buch schreiben würde. Das erste, was er sagte, war: *Du mußt es aber in der Ich-Form schreiben.* Ich zuckte zurück. Das wollte ich nicht. Den autobiographischen Rückblick, wenigstens für die Berliner Zeit, hatte schon Rio zusammen mit Hannes Eyber gebracht – sollte jetzt jeder, der mal dabei war, seinen Erfahrungsbericht schreiben? Nein, was mir vorschwebte, war ein *vielstimmiges* Buch, eines, in dem möglichst alle zu Wort kommen, die bei den Scherben eine Rolle gespielt haben. Auf dieses Konzept haben wir uns dann geeinigt, und ich bin Jens Johler dankbar dafür, daß er mir Mut gemacht und sich so dafür eingesetzt hat.

In einer späteren Phase kam dann Christian Stahl hinzu und hat uns vor allem mit seinem Know-How als Journalist unterstützt. Auch ihm bin ich zu Dank verpflichtet. Wir haben – besonders in der Endphase – das Buch zu dritt geschrieben, als Team, und es war für uns alle nicht nur interessant, sondern auch bewegend, all den Mitgliedern der Scherben-Family (wieder) zu begegnen, die uns mit ihren Interviews und Statements geholfen haben, Klarheit darüber zu gewinnen, was die Scherben eigentlich waren. Was wir nicht wollten, war: Glorifizierung. Nicht die Scherben als »Mythos«

oder »Legende«, auch nicht die Scherben als »Kult«, was immer das sein mag, sondern die Geschichte einer Band, die exemplarisch war für ihre Zeit: Sie hat als rebellische Gruppe begonnen, hat die Hausbesetzungen populär gemacht, ist später vor der dogmatischen – und auch der terroristischen – Linken aufs Land geflohen, hat eine Landkommune gegründet, hat als CAPTAIN HAMMER-Band Wahlkampf für die SPD gemacht, war Teil der Schwulenbewegung, hat sich mit Magie und Esoterik beschäftigt, hat mit der »Grünen Raupe« den Wahlkampf der GRÜNEN unterstützt und sich schließlich, ächzend unter einer drückenden Schuldenlast, aufgelöst.

Mir ist das alles erst während der Arbeit an dem Buch klar geworden. Seltsam, man lebt in einer Geschichte – und weiß doch erst hinterher, was sie eigentlich war. Die Scherben waren jedenfalls weniger »Kult« als Geschichte – sie haben Geschichte in vorderster Front erlebt und gemacht.

Vielleicht wird durch dieses Buch auch eines klar, was den Scherben immer wichtig war: Wir waren nicht nur die Anarcho-Rockband, als die wir ursprünglich angetreten sind. Unsere Entwicklung ist weit darüber hinausgegangen. Das Kapitel über unsere vielleicht kreativste Phase – Comeback mit Tarot – wird das verdeutlichen. In diesem Buch wird erstmals ein lange gehütetes Geheimnis gelüftet, der Schlüssel zu der anspruchvollsten und rätselhaftesten Platte der Scherben: *Die Schwarze.*

Noch eine technische Anmerkung: Um lästige Fußnoten zu vermeiden, haben wir für fast alle Zitate die jeweilige Quelle in der Literatur-Liste am Ende des Buches oder im laufenden Text genannt. Fehlt die Quellenangabe, so handelt es sich um private Tonbandaufzeichnungen, Feldnotizen oder Gedächtnisprotokolle der Autoren. Die Zitate von Rio Reiser stammen fast ausschließlich aus den bislang unveröffentlichten Tonbandprotokollen, die Hannes Eyber mit Rio aufgenommen hat. Wir danken ihm und auch dem Rio Reiser-Archiv für die Freigabe dieser Texte.

Berlin, im März 2000 *Kai Sichtermann*

Erster Teil

Die Scherben in Berlin

1970: Eine Band wird gegründet

Die Taufe

August 1970, Berlin, Bezirk Kreuzberg, Oranienstraße 43. In einer ehemaligen Fabriketage sitzen vier langhaarige Typen auf zerschlissenen Matratzen, rauchen Filterzigaretten, lassen Joints kreisen und trinken Tee. West-Berlin ist in dieser Zeit ein Mekka für Jugendliche. Wer hier gemeldet ist, muß nicht zur Bundeswehr.

Auch die vier Freaks – Rio, Lanrue, Wolfgang und Kai – sind nicht gerade versessen darauf, 18 Monate Dienst in einer Institution abzuleisten, die ihnen als erstes die Haare schneiden würde. Vor ein paar Tagen, oder besser, ein paar Nächten, haben sie eine Band gegründet, eine Rockband, sie haben sogar schon eine Single aufgenommen mit einem Song, der *Macht kaputt was euch kaputt macht* heißt, aber die Gruppe hat noch keinen Namen. Der soll jetzt gefunden werden.

In der Hinterhaus-Etage des Marxisten Kad Friderichs, eines ehemaligen Regieassistenten von Bert Brecht, hält Rio einen Schreibblock auf den Knien und notiert die Vorschläge. Jeder darf so viele machen, wie er will. Als sich etwa vierzig Namen angesammelt haben, wird die Liste geschlossen. Das Auswahlverfahren beginnt. Die Regel, auf die sich alle geeinigt haben, sieht vor, daß die Namen der Reihe nach vorgelesen werden, von oben nach unten. Haben sich zwei oder mehr Stimmen gegen einen Vorschlag gefunden, wird er von der Liste gestrichen. Ist man unten angekommen, beginnt das Spiel wieder von vorn. Auf diese Weise wird ein Name nach dem anderen aussortiert. Schließlich bleiben nur noch zwei übrig. Der nächste, der auf der Liste steht, ist Lanrues Lieblingsvorschlag: De Galaxis, der Name der Band, in der er früher mit Rio zusammengespielt hat.

Es entsteht eine längere Pause. Der Joint kreist. Man hört, wie der Tee geschlürft wird. Alle lassen sich den Namen durch den Kopf gehen. De Galaxis. Hat man Lust, die nächsten Jahre unter dieser Bezeichnung zusammen zu spielen? Hat der Name etwas Magisches? Gehen von ihm gute Vibrations aus?

Es ist Rio, der ohne selbst etwas zu sagen, das Schweigen unterbricht. Er legt den Block beiseite, streicht sich die dunklen, strähnigen Haare aus dem Gesicht und blickt Wolfgang an.

»Nein«, sagt Wolfgang. »Ich bin dagegen.«

»Wieso«, protestiert Lanrue, »begründe das mal.«

»Muß er nicht«, sagt Rio. »Er braucht nur ja oder nein zu sagen. So hatten wir es abgemacht. – Kai?«

Kai hat nichts gegen DE GALAXIS, wirklich nicht. Er hat nur etwas dagegen, daß der Name einer alten Band wieder aus der Mottenkiste gekramt wird. Was sie jetzt vorhaben, ist doch etwas anderes als das, was Rio und Lanrue in Nieder-Roden gemacht haben, da, wo sie irgendwann mal hergekommen sind. Was weiß denn er, Kai, was das für eine Band war. Aber das ist es eben. Es geht doch nicht um die alte Band mit zwei neuen Mitgliedern, sondern um eine neue Band! Und wenn man die Songs der Single nimmt, die gerade aufgenommen wurden, *Wir streiken* und *Macht kaputt* ... – wie paßt denn das zu DE GALAXIS?

»Nee«, sagt Kai in seiner ruhigen, norddeutschen Art, »find ich nicht gut.«

»Heißt das, du bist auch dagegen?« fragt Lanrue. Er spricht mit einem merkwürdigen Akzent. Halb hessisch, halb französisch.

Kai schiebt seinen breiten Mund vor, so daß er einen leicht schmollenden Ausdruck bekommt, und starrt mit seinen blauen Augen vor sich hin. Er ist ein bißchen bekifft, aber das macht nichts. Fühlt sich gut an. Was hat Lanrue gesagt?

»Sei doch mal ehrlich«, sagt Lanrue. »DE GALAXIS, das ist doch gut, oder nicht?«

»Ja, schon«, sagt Kai und windet sich ein bißchen. Er ist konfliktscheu. Er will Frieden. Entscheidungen für etwas findet er okay. Entscheidungen gegen etwas fallen ihm schwer. Das Dumme ist nur, daß Entscheidungen für etwas meistens auch Entscheidungen gegen etwas sind. Genaugenommen immer.

»Seht ihr, Kai ist dafür«, sagt Lanrue.

»Nee, nee«, sagt Kai. »Ich finde den Namen nicht schlecht, aber ich bin dagegen.«

Der Name DE GALAXIS ist gestorben.

»Also, Leute, dann haben wir's ja«, sagt Rio. »Dann sind wir durch.«

Der Name, der als einziger noch auf der Liste steht, lautet: VEB TON STEINE SCHERBEN. Der Vorschlag stammt von ihm selbst, von Rio. Der Name klingt sozialistisch, zumindest gewerkschaftlich. Er erinnert an die Industrie-Gewerkschaft BAU STEINE ERDEN – aber auch an die volkseigenen Betriebe drüben in der DDR, für welche die Abkürzung VEB steht. Er enthält allerdings auch einen geheimen Gruß an die Band, die für alle das große Vorbild ist: Die ROLLING STONES. Und auch an die ROTEN STEINE, die Lehrlings-Theatergruppe, mit der Rio in letzter Zeit zusammengearbeitet hat, während Kai und Lanrue noch beim HOFFMANNS COMIC TEATER mitgespielt haben, das von Rios ältestem Bruder geleitet wird. Ton Steine Scherben – der Name kann aber noch mehr bedeuten. Zum Beispiel: Wir machen Musik – Töne –, und die Töne führen dazu, daß Leute Steine in die Hand nehmen und sie gegen den Feind schleudern, gegen die Bullen, gegen die Banken, gegen das Kapital.

VEB Ton Steine Scherben, das ist der Name, der bleibt. Die Buchstaben VEB werden allerdings noch einmal in Frage gestellt. Sie klingen zu bürokratisch. Und sie binden die Band zu sehr an die da drüben, hinter der Mauer, die zwar den Sozialismus aufbauen, aber doch einen ziemlich grauen, freudlosen Sozialismus. Ironisch und provokativ wäre die Firmenbezeichnung VEB schon, aber der Scherz würde sich bald abnutzen. Nein. Weg mit dem VEB.

Was bleibt, ist der Name TON STEINE SCHERBEN. Später wird Rio auf die Frage, wie man zu diesem Namen gekommen sei, meist mit einer Gegenfrage antworten: »Was fand Heinrich Schliemann, als er Troja ausgrub?«

Rio, Lanrue, Kai, und Wolfgang waren die »Ur-Scherben«, wie sie später mit einer gewissen Ehrfurcht genannt wurden. Andere kamen hinzu, gingen wieder oder blieben bis zum Ende. Auch Wolfgang ging bald wieder – die anderen drei aber waren und blieben der harte Kern, um den alle später Hinzugekommenen sich gruppierten.

Rio wurde am 9. Januar 1950 als Ralph Möbius geboren. Den Künstlernamen Rio Reiser nahm er – inspiriert durch den Roman *Anton Reiser* von Karl Philipp Moritz –, erst 1978 an, als er für die Titelrolle in dem Film *Johnny West* einen klingenden Namen brauchte. Rio wuchs an verschiedenen Orten auf, in der Nähe von Rosenheim, in Mannheim, Nürnberg und in einer Neubausiedlung in Nieder-Roden bei Frankfurt am Main, die heute Rodgau heißt.

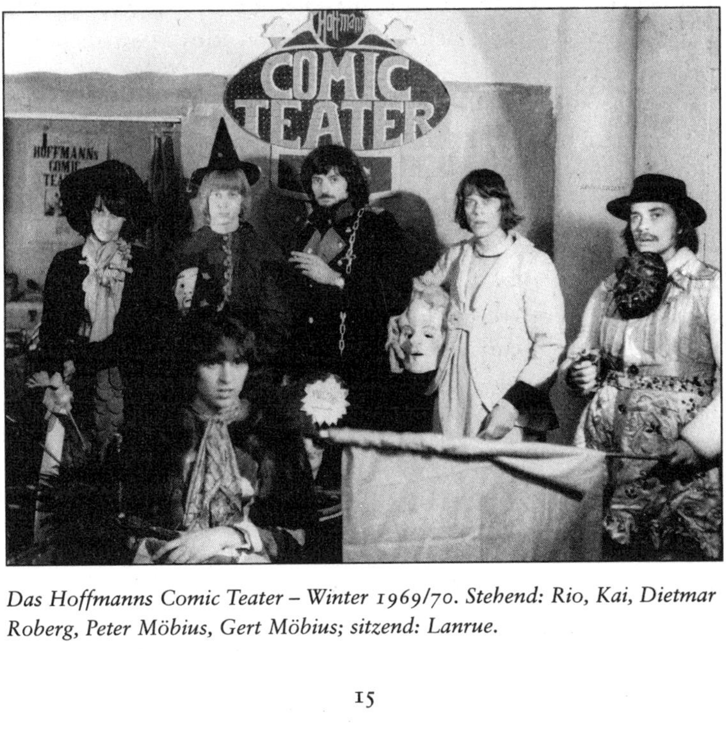

Das Hoffmanns Comic Teater – Winter 1969/70. Stehend: Rio, Kai, Dietmar Roberg, Peter Möbius, Gert Möbius; sitzend: Lanrue.

Im Alter von etwa zehn Jahren ließ er sich von seinem Bruder Gert in die Geheimnisse der Dur- und Mollakkorde auf dem Klavier einweihen. Von da an spielte er alles, was ihm gefiel, von *Lili Marleen* bis zur Filmmusik aus *Ben Hur*. Als er zwölf war, bekam er Klavierunterricht, bald darauf brachte er sich auch noch das Gitarrespiel bei, um die BEATLES-Songs nachspielen zu können. Später faszinierten ihn vor allem die ROLLING STONES. Als seine älteren Brüder Peter und Gert eine Theater-Gruppe gründeten, schrieb er für sie seine ersten Songs. 1967 führten die drei Brüder in Berlin die erste Rock-Oper der Welt auf. Das Musical wurde ein Flop, aber die Möbius-Brüder blieben in Berlin. Unter dem Namen HOFFMANNS COMIC TEATER machten sie agitatorische Bühnenkunst mit Szenen und Songs. Aus der Musiktruppe des HOFFMANNS COMIC TEATER ging dann die Band hervor.

Lanrue wurde am 14. Januar 1950 in Grenoble, Frankreich, geboren. Sein richtiger Name lautet Ralph Peter Steitz. Als seine Familie nach Deutschland übersiedelte, landete sie in derselben Neubausiedlung wie Rios Familie. Im Januar 1966 klingelte Lanrue bei Rio zuhause und fragte ihn, ob er in seiner Band mitsingen wollte. Die Band hieß BEATKINKS, später DE GALAXIS.

Lanrues Hauptinstrument war zunächst das Schlagzeug, in Berlin stieg er dann auf Gitarre um. Seine Lieblingsbands in jenen Tagen waren die KINKS, die ZOMBIES und die PRETTY THINGS.

Am Anfang trug er den Spitznamen »Fiffi«, weil er einmal mit einer Marionette gespielt und sie immer so genannt hatte. Den französischen Namen Lanrue bekam er von Manfred Lehmann, einem Schauspieler vom Forum-*Theater.* »Lanrue« ist eine Verballhornung von »de la rue«, von der Straße. Aber es gab auch mal einen »Frauenmörder von Paris«, der so hieß. Im Laufe der Zeit ging »Fiffi« irgendwie verloren und wurde durch die Initialen R.P.S. ersetzt.

Als Rio 1967 mit seinen Brüdern nach Berlin gegangen war, hatte Lanrue sich ihnen angeschlossen. Das Duo Rio & Lanrue war es, das im wahrsten Sinne des Wortes *den Ton* innerhalb der Band angab. Beide gehörten ihr vom ersten bis zum letzten Tag an.

Kai Sichtermann kam 1969 nach Berlin. Er war 1951 geboren und stammte aus Kiel. Sein Vater war Rechtsanwalt, seine Mutter Malerin.

Kai ging in Lübeck auf eine Musikschule, hatte von dort aus seine Schwester Barbara und ihren Freund Jens Johler in Berlin besucht und war von den beiden mit Rio, seinen Brüdern und den anderen Leuten vom HOFFMANNS COMIC TEATER zusammengebracht worden. Wenig später brach er seine Ausbildung in Lübeck ab und ging ganz nach Berlin.

Kai war das ruhige Nordlicht der Band, blond, blauäugig, groß, schlank und introvertiert. Bevor er nach Berlin kam, spielte er Gitarre, etwas Trompete und ein bißchen Klavier. Rio drückte ihm einen Baß in die Hand, und von nun an war Kai Bassist. Bassisten sind in der Regel die ruhigen Pole einer Band, und Kais Temperament eignete sich hervorragend dafür. Im Zusammenspiel mit Rio und Lanrue war er so etwas wie der unsichtbare Dritte. Rio sagte einmal, wenn sie eine Drei-Mann-Band wären, könnten sie sich auch »Ralph, Ralph und noch mal Kai« nennen. Kai blieb ebenfalls, von einer kurzen Auszeit Mitte der 70er Jahre abgesehen, bis zum Ende dabei. Auf die damals oft gestellte Frage, ob die BEATLES oder die ROLLING STONES die bessere Band seien, war für Kai die Antwort klar: »Die BEATLES natürlich!«

Der vierte im Bunde war Wolfgang Seidel. Er war 1949 in Berlin geboren, sein Vater war Polizist. 1968 verließ Wolfgang die Schule mit dem Abitur in der Tasche. Bereits 1965 hatte er angefangen, Schlagzeug zu spielen, später hatte er sein Schlagzeug verkauft, um sich mit dem Geld einen Urlaub in Südfrankreich zu finanzieren. Durch Sven Jordan, der später auch eine Zeit lang Schlagzeuger bei den Scherben war, erfuhr er von irgendwelchen Leuten, die eine Band aufbauen wollten und einen Schlagzeuger brauchten. So kam er in die Oranienstraße, wo in der Fabriketage ein Verschlag aus schallisolierenden Spanplatten aufgebaut war, den der Dichter und gelernte Schiffszimmermann Johannes Schenk gebaut hatte. Darin standen ein Schlagzeug, ein kleiner Verstärker, eine mit goldenem Kunstleder bezogene Höfner-Gitarre und – Ralph Möbius alias Rio Reiser.

Wolfgang schloß sich der Band an, blieb allerdings nur etwas mehr als ein Jahr dabei. Obwohl er im Vergleich zu den anderen ein Intellektueller war, der gern dozierte und endlose Vorträge über Marxismus-Leninismus hielt, hätte er, nach der Alternative Beatles oder Stones gefragt, wie aus der Pistole seines Vaters geschossen geantwortet: »Die Stones natürlich.«

Kai: »Als ich Rio kennenlernte, führten wir eine Menge Gespräche über Musik. In einem dieser Gespräche sagte Rio, die Beatles machten Musik für Oberschüler, die Rolling Stones dagegen für Proletarier. Ich verstand genau, was Rio damit meinte. Und eins war uns allen klar: Oberschüler-Musik wollten wir bestimmt nicht machen.«

Jimi Hendrix' letztes Konzert

Bereits Anfang August hatte die Band, die noch nicht Ton Steine Scherben hieß, ihre ersten Schallplattenaufnahmen gemacht. Als Studio diente der ehemalige Beatclub von Drafi Deutscher, ein riesiger, schwarzer Ballsaal am Kottbusser Damm 76, gegenüber vom Zickenplatz. Klaus Riedel hatte ihn gemietet, und der Toningenieur Klaus Freudigmann hatte sich dort mit seinem bescheidenen Equipment eingerichtet. Der düstere, bizarr wirkende Raum diente damals als Probenraum für den Musiker Conrad Schnitzler, sowie für die Bands Tangerine Dream mit Edgar Froese, Karthago mit Joey Albrecht und Curly Curve mit Alex Conti. Lanrue erinnert sich gern daran, daß er dort einmal in Film- oder Fotoaufnahmen hineinplatzte, bei denen die Kommunardin Uschi Obermeier halbnackt vor der Kamera stand.

Rio Reiser und Klaus Freudigmann kannten sich aus der Zeit, in der die drei Möbius-Brüder die erste Beatoper der Welt aufgeführt hatten, Sommer 1967 im Theater des Westens. *Robinson 2000* hieß das Stück. Gert war der Manager gewesen und hatte es geschafft, Klaus Hoser, den Direktor des Forum-Theaters, als Finanzier und Bürgen einzuspannen. Rio hatte die Musik komponiert, Peter den Text geschrieben, Paul Vasil Regie geführt, David Garrick (*Dear Mrs. Applebee*) die Hauptrolle gespielt, und das Ganze war ein gigantischer Flop geworden. Zum Glück war das Forum-Theater dem Berliner Senat unterstellt, der somit am Ende für einen knapp sechsstelligen Schuldenbetrag geradestehen durfte.

Drei Songs wollte die Band jetzt aufnehmen: *Macht kaputt was euch kaputt macht*, *Wir streiken* und *Solidarität*. Alle drei stammten aus Theaterstücken. *Solidarität* aus einem Theaterstück des Lehrlingstheaters ROTE STEINE. Die beiden ersten aus Stücken des HOFFMANNS COMIC TEATERS, kurz H.C.T.

Das H.C.T war ein ungewöhnliches Theaterensemble, es spielte in der zweiten Hälfte der 60er Jahre Straßentheater mit phantasievollen Kostümen und kunstvoll gefertigten Masken, die über den Kopf gestülpt wurden. Es bestand im Kern aus Rios beiden Brüdern, Peter und Gert, sowie Dietmar Roberg und Wolfgang ›Blalla‹ Hallmann, einem Kunstmaler. Die Beziehung zwischen dem H.C.T. und den Scherben hat Dietmar Roberg einmal so formuliert: »Die unsichtbaren Wurzeln, die 1970 den scheinbar wildwüchsigen ›Scherben-Baum‹ aus dem Berliner Straßenpflaster trieben und die mit ihrem Saft seine Blüten gefärbt haben, waren in der Tiefe mit dem Wurzelwerk eines anderen, älteren Baumes verwachsen, aus dem sie zu einem wesentlichen Teil ihre Kraft zogen: dem HOFFMANNS COMIC TEATER ... und etliche Musiker der Ton Steine Scherben kamen – wie Rio und Lanrue – erst über eine ›Grundausbildung‹ beim H.C.T. zur Band: Kai, der Bassist, Werner Götz und später Martin, der Keyboarder. Alle haben sie irgendwann einmal unter den Schwellköpfen des H.C.T.s geschwitzt und in seinen Produktionen neben der Musik auch kleinere Rollen gespielt.«

Im Herbst 69, ein Jahr bevor die Scherben gegründet wurden, hatte das H.C.T. sein Singspiel *Rita & Paul* im Kreuzberger Jugendhaus in der Naunynstraße aufgeführt, und zwar im Auftrag der Sendung *Report* vom Bayrischen Rundfunk.

Die Handlung des Stücks bestand im wesentlichen darin, daß der Arbeitersohn Paul und die Fabrikantentochter Rita sich ineinander verlieben, aber nicht zu einander können und dürfen, weil sie aus verschiedenen Klassen der Gesellschaft stammen. Auf groteske und humorvolle Weise wurden mehrere gesellschaftliche Konfliktsituationen durchgespielt. Die Schauspieler trugen phantasievolle Masken, hantierten mit stilisierten, übertrieben großen Requisiten, und zum Abschluß jeder Szene wurde ein Song gespielt. In einer der Szenen schaltete der frustrierte Paul den Fernseher ein, sah auf dem Bildschirm den erzkonservativen Kommentator und Springer-Herold Matthias Walden und schmiß vor lauter Wut den Apparat auf den Boden. Der Song, der sich an diese Szene anschloß, war: *Macht kaputt was euch kaputt macht.*

Während der Aufführung wurden die Zuschauer immer wieder animiert, sich mit Fragen und Zurufen in das Geschehen ein-

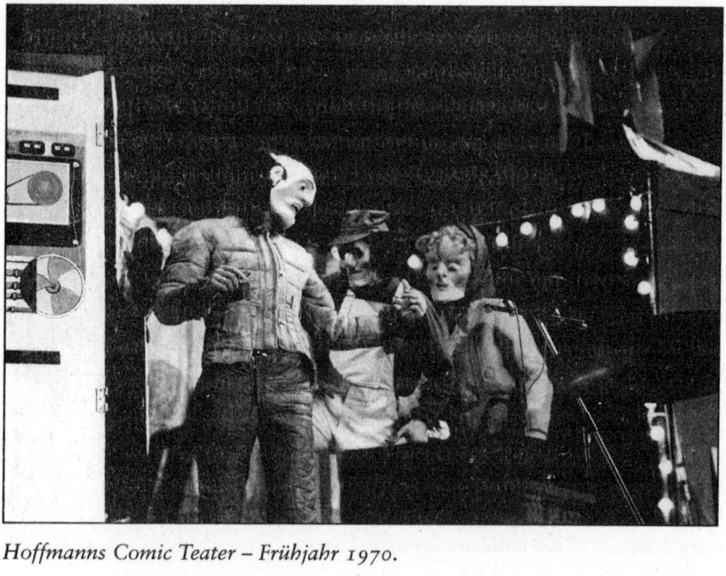

Hoffmanns Comic Teater – Frühjahr 1970.

zumischen, und am Ende der Vorstellung wurden alle aufgefordert, sich Masken aufzusetzen und eigene Szenen zu entwickeln. An diesem Abend in der Naunynstraße waren im Publikum einige Kreuzberger Lehrlinge und Jungarbeiter, die der Aufforderung zum Mitspielen mit besonderer Begeisterung nachkamen. Sie bestachen durch so viel Witz, Präsenz und Schlagfertigkeit, daß ein Vergleich mit den MARX BROTHERS nicht abwegig war. ›Läppi‹ Lepin, Lkw-Fahrer, Raymond Fleschner, Steinsetzerlehrling, Bernhard Käßner, Betonbauerlehrling, und Jako Benz, angehender Speditionskaufmann, waren waschechte Kreuzberger Jungs. Zwischen ihnen und dem H.C.T. entwickelte sich im Laufe der nächsten Monate eine kreative Zusammenarbeit, aus der schließlich eine eigene Theatergruppe hervorging: das proletarische Lehrlingstheater ROTE STEINE. Der harte Kern der Gruppe bestand aus Bernhard und Jako. Während Läppi und Raymond die Truppe alsbald wieder verließen, kamen später andere hinzu, wie Bonner, Achim Müller, Annette Cozette oder Hansi Niete.

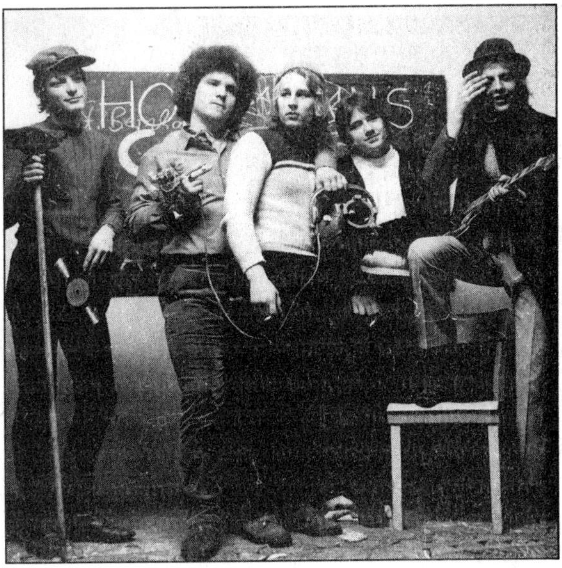

Die Roten Steine – Winter 1969/70 Bonner, Bernhard, Raymond, Jako, Läppi.

Den Text zu *Macht kaputt was euch kaputt macht* hatte Norbert Krause geschrieben. Krause war damals Mitglied des H.C.T. Er war groß, hatte blonde Locken, eine tiefe Stimme und lief immer in einem langen Ledermantel herum. *Macht kaputt …* war der einzige Songtext, den er je geschrieben hat. Er entstand angeblich unter dem Einfluß von Bob Dylans *Subterranean Homesick Blues*.

Rio hatte den Text schon einigemal vertont, war aber jedesmal unzufrieden gewesen und hatte die Ideen immer wieder verworfen. Als die Band nun in dem schwarzen Ballsaal anfing, an dem Stück zu arbeiten und jeder einzelne die Vibration einer vorher eingenommenen »Purpel Haze«, eines LSD-Trips, in sich zu spüren begann, entstand eine neue Version, passend zu dem düsteren Ambiente, in dem man sich befand. Der Gitarren-Riff am Anfang stammte aus der von Rio komponierten Bühnenmusik zu dem Stück *Die Nacht der Puppen*, das damals im Forum-Theater lief, aber der Rest entstand ganz aus dem Augenblick. Ähnlich war es bei *Wir streiken*. Die Aufnahmen der drei Playbacks – auch *Solidarität* wurde noch aufgenommen –, und die anschließenden Gesangsaufnahmen von

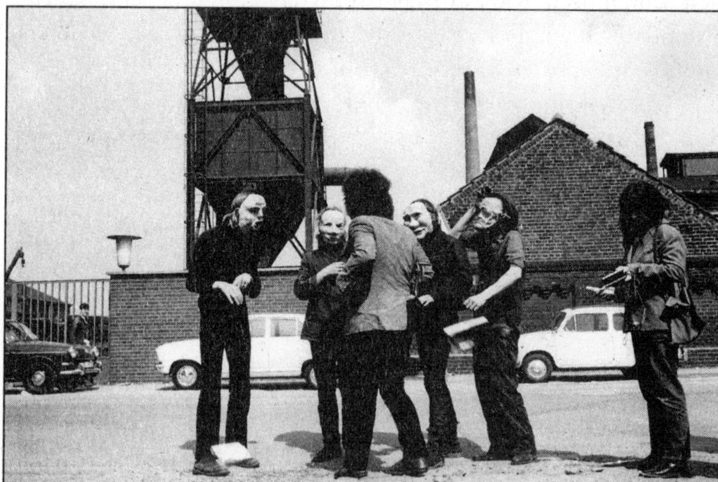

Die Roten Steine – 1970

Rio dauerten nicht länger als zwei bis drei Stunden, dann hatte Klaus Freudigmann alles auf dem Schnürsenkelband seiner REVOX-Maschinen.

Damit waren die Songs für die erste Single eingespielt, aber wie sah es mit einem Plattenvertrag aus? Schlecht. Es gab keinen. Es gab zwar einen Produzenten, der sich für die Band mit den deutschen Rocksongs interessiert hatte, und das war kein geringerer als Peter Meisel gewesen, aber *Macht kaputt ...* hatte sie ihm nicht vorgespielt.

Jens Johler: »Ich hab die Situation noch vor Augen, es muß kurz vor der Gründung der Scherben gewesen sein. Rio hatte zwei Songs geschrieben und mit der Band geprobt. Der eine hieß *Baby, Baby*, der andere *Freitagabend*. Der Refrain lautete: Ich warte auf den Freitagabend, Freitagabend bin ich frei. Rio, Lanrue, Kai, Dietmar Roberg und ich sind zum Potsdamer Platz getigert, wo das Studio von Meisel war. Ich hatte die Aufgabe, auf einer Kinderflöte einen Refrain zu spielen. Wir haben den Song aufgenommen und sind dann alle in Meisels Büro gegangen. Meisel saß hinter einem riesigen Schreibtisch, Rio auf einem Stuhl davor, und in gemessenem Abstand saßen wir anderen. Dann kam der Moment, den ich überhaupt nicht begriffen habe. Meisel schob Rio ein Blatt Papier und einen Kugelschreiber über den Tisch und sagte: Okay, der Sänger oder die ganze Band? – Rio saß da, starrte vor sich hin und sagte nichts. Vielleicht hat er auch was gemurmelt, so genau weiß ich das natürlich nicht mehr. Jedenfalls sind wir aus dem Studio gegangen, auf den leeren Potsdamer Platz hinaus, und ich habe gedacht: Jetzt hat er sich seine Karriere versaut.«

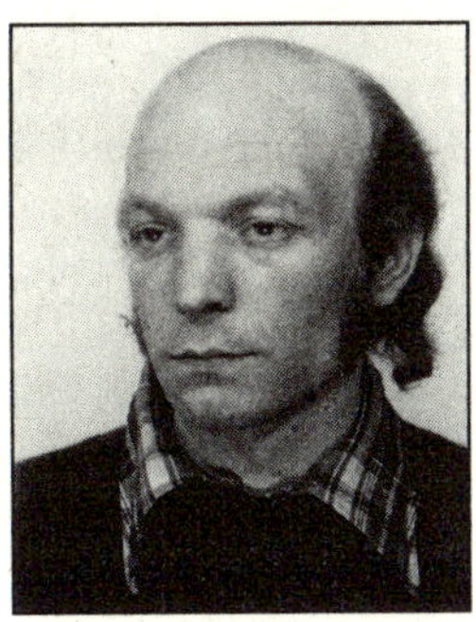

Klaus Freudigmann

Es gab keinen Vertrag, aber es gab Gert Möbius. Rios Bruder war damals zusammen mit Lothar Binger, einem politischen Hansdampf-in-allen-Gassen, der immer in einer abgeschabten braunen Ernst-Thälmann-Lederjacke herumlief, im Raubdruckgeschäft tätig. Sie druckten illegal Bücher nach. Der Sinn dieser Raubdrucke war es, verschollene oder in der Zeit des Nationalsozialismus verbrannte und verfemte Bücher auszugraben und der Öffentlichkeit zugänglich zu machen, Bücher über Marxismus, Anarchismus, Syndikalismus, wie auch über Psychoanalyse. Die Raubdrucker der ersten Stunde waren Entdecker, Pioniere, Idealisten. Im Laufe der Zeit wurde mehr und mehr ein Geschäft daraus. Und das Geschäft ging nicht schlecht.

Rio: »Wenn du mit nem guten Buch, das gerade sehr gefragt war, in die Mensa gegangen bist, wo die ganzen fliegenden Händler standen, da konntest du einen guten Schnitt machen. Das ging ziemlich schnell. Zwar waren die Bücher wesentlich billiger als in Buchgeschäften, aber trotzdem hattest du den Schnitt. Es war aber nicht immer angenehm, weil jeder immer sagte, die Bücher seien zu teuer. Wir, die die Bücher verkauft haben, hatten ja nicht die Preise gemacht. Wir waren ja letztlich doch nur Angestellte der Raubdrucker, aber das durfte man so nicht sagen, daß es sich eigentlich schon wieder um ein Angestelltenverhältnis handelte.«

Gert und Lothar Binger boten sich nun an, die Herstellung der Single zu organisieren und sie vorzufinanzieren. Nach Gerts Einschätzung war es kein Problem, wenigstens so viele Platten zu verkaufen, daß die Kosten wieder hereinkamen. 1000 Stück – die würde man allein schon in Berlin loswerden.

Der Song *Macht kaputt was euch kaputt macht* sollte auf die A-Seite kommen, *Wir streiken* auf die B-Seite. Der gerade gefundene Bandname wurde in einem besonders schönen Schriftzug von Blalla Hallmann gezeichnet. Rio und Gert gestalteten gemeinsam einen ersten Entwurf für das Cover, den Gert im Laufe der nächsten Wochen noch zweimal änderte. Gert druckte das Cover auf seiner uralten ROTAPRINT-Maschine, die übrigens einst im Besitz der berühmt-berüchtigten Kommune Eins gewesen war. Als die erste Auflage der Single von der Pressfirma ankam, durften die Scherben-Musiker, sowie alle Freunde und Bekannten, die weißen Papierschutzhüllen, in denen die Singles steckten, mit dem gedruckten Cover bekleben.

Ende August 1970, die Studioaufnahmen für die Single waren abgeschlossen, die Pressungen lagen noch nicht vor, begannen die Scherben für ihren ersten Live-Auftritt zu proben. Der sollte Anfang September bei einem Open-Air-Festival auf der Ostseeinsel Fehmarn stattfinden. Zu diesem, von der Erotik-Versandunternehmerin Beate Uhse gesponserten »Festival der Liebe« waren so bekannte Musik-Acts wie Jimi Hendrix, Ginger Bakers Airforce, Canned Heat, The Faces mit Rod Stewart und Sly and the Family Stone angekündigt worden. International bekannte Rockgrößen also, die für ein deutsches Woodstock sorgen sollten.

Aber Ton Steine Scherben? Eine völlig unbekannte, gerade erst gegründete deutsche Rockband, deren einzige Platte eine selbst produzierte Single war? Wie kam diese Band auf die Bühne? Eigentlich gar nicht. Nicht die Scherben waren eingeladen, sondern

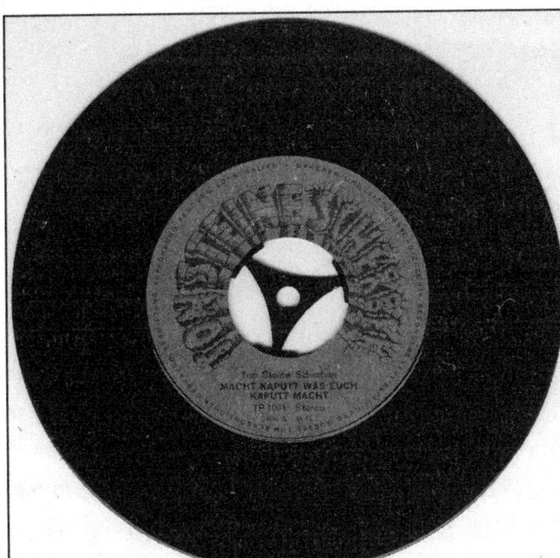

Original Single
Macht kaputt …

die ROTEN STEINE. Der Grund dafür war ein sehr pragmatischer: Theater ist Kultur, Kultur ist steuerbegünstigt, und die Kieler Veranstalter des Fehmarn-Festivals wollten eine Theatergruppe im Programm haben, um Steuern zu sparen. So war Gert gefragt worden, ob die ROTEN STEINE nicht für eine Gage von 500 Mark auf dem Festival der Liebe auftreten wollten.

Gert Möbius: »500 Mark für uns war zwar ein Pappenstiel, aber einmal vor 100.000 Besuchern zu spielen, kann auch ein sehr erregendes Gefühl sein. Und da die ROTEN STEINE damals keinen richtigen Bock oder nicht das richtige Stück hatten, um dort aufzutreten, vereinbarten wir, daß Ton Steine Scherben auf Fehmarn ihre Songs vorstellen sollten. Aber auf die Frage, wer dorthin mitkommt, gab es nur eine Antwort: Alle. Chris Sievernich, damals in Berlin verschuldet, heute erfolgreicher Filmproduzent in den USA, unter anderem für Wim Wenders, machte seinen alten Post-OPEL-Bus klar, und in ihm verstauten wir die Instrumente, Verstärker, Tonbandmaschinen, die alte Raubdrucker-ROTAPRINT und das Stromaggregat. Wir hatten in diesem Bus alles geladen, womit man eine mittlere Revolution in Alices Wonderland hätte anzetteln können. Berlin wollte nun den Nordlichtern zeigen, wo es lang geht ...

Zusätzlich wurde noch der VW-Bus eines Kreuzberger Psychiaters samt Fahrer gechartert und andere diverse Personenkraftwagen zwangsrekrutiert. Schließlich standen 28 Leute am Grenzpunkt Dreilinden und begehrten Durchlaß. Gegen morgen kamen wir – bei strömendem Regen – auf der Insel an. Begrüßt wurden wir am Stacheldrahtzaun, den man um das Spielgelände gezogen hatte, von mehreren Hamburger Rockern, die als Wachtposten von den Veranstaltern angeheuert waren. Sie schlugen erst einmal mit ihren Gummiknüppeln auf unsere Wagen ein, nur so zum Spaß, als Einstimmung sozusagen auf das ›Festival der Liebe‹. Mit einer kleinen Abordnung eilte ich zuerst einmal in das Containerbüro des Veranstalters. Aber der war bereits vor dem eigentlichen Ereignis dermaßen mit den Nerven fertig, daß er statt des Telefonhörers die Kaffeetasse hochhob und sich mit der anderen zittrigen

Hand zwei Zigaretten gleichzeitig anzündete. Ein anderer Kollege, sein Assi, fummelte schweißgebadet an einem Monitor herum, der heute abend die Bilder mittels Fernsehkamera von der Bühne in ihren Verschlag übertragen sollte – zur Kontrolle – damit man alles fest im Griff hat.

Ich wollte eigentlich schon wieder das Büro verlassen, aber Bernhard und Jako (von den ROTEN STEINEN) hauten auf den Tisch und fragten auf Kreuzbergisch: ›Wo jib's denn hier wat zu pennen?‹ Der Mann am Monitor drehte seinen Kopf um 3 Grad nach rechts und starrte dann völlig geistesabwesend ins Leere, und der Mann mit der Kaffeetasse schaute uns aus seinem unrasierten Gesicht an, als hätte genau in diesem Augenblick sein Herz versagt. Bernhard wollte ihn schon mit seinen Betonbauerhänden zurück ins Diesseits schütteln, griff dann aber doch zu der Kaffeetasse und trank sie mit einem Schluck aus. So, jetzt dämmerte dem Pop-Festival-Geschädigten etwas, und er brachte sogar richtige Worte heraus: ›Ach, seid ihr die ROTEN STEINE aus Berlin? ... Ja, da müßt ihr mal sehn ... da draußen ...haben wir so Zelte aufgebaut, müßt ihr mal sehn ... ja.‹

›Zelte, Zelte?‹ Jako murmelte immer wieder diese Worte vor sich hin und zog uns dabei ins Freie. Immer noch strömender Regen, dann öffnete er noch einmal die Bürotür und schrie etwas sehr laut: ›Zelte! Aha!‹ und dann noch: ›Wir sehen uns die Zelte mal an!‹

Draußen stand der frierende und nasse Rest und wartete auf eine Botschaft. Zelte. Unruhe machte sich breit.

Wir suchten den ganzen Platz ab. Überall lagen schon Open-Air-Süchtige in Planen gehüllt und ihre Rumflaschen umarmend auf dem feuchten Ackerboden. Kurz und gut, wir stellten fest, daß Zelte wohl auf dem Lager gewesen waren, da aber keiner wußte, wer sie und wie man sie aufstellen sollte, hatten sich die erstbesten Besucher die einzelnen Planen gegriffen und sich in Bundeswehrmanier regenabweisende Biwaks gebaut.

Jetzt wurde eine etwa zehnköpfige Delegation aus unseren Reihen gewählt, die noch einmal nach Unterkunft fragen sollte. Diesmal aber war das Büro dermaßen überfüllt, daß man kaum zum

Schreibtisch des Veranstalters vordringen konnte. Rio schrie deshalb über die Köpfe hinweg: ›Wir wollen in unser Hotel!‹ Der Assistent des Chefs brüllte auf hamburgisch und ironisch zurück: ›Hier gibt's keine Hotels‹. O-Ton Rio: ›Und wo wohnt Jimi Hendrix?‹ Jetzt schaltete sich wieder der Entnervte ein: ›Wir werden schon was für euch finden, kommt später noch mal vorbei‹, und dann schob er noch die Frage hinterher: ›Wieviel seid ihr denn eigentlich?‹ Worauf ich meinen Einsatz hatte und die Zahl korrekt mit 28 angab. Ich habe noch genau im Ohr, wie er nur noch die Worte: ›Seid ihr denn wahnsinnig?‹ herausheulte.

Natürlich waren wir wahnsinnig, sonst wären wir ja gar nicht hergekommen, und im Geiste schmissen wir schon unsere Druckmaschine mit eigenem Aggregat an. Papier hatten wir genug geladen, damit hätten wir ganz Fehmarn, samt Ureinwohnerschaft, agitatorisch gegen die Veranstalter aufstacheln können. Aber wir taten es nicht, wir harrten der Dinge, die nun oben auf der Bühne geschehen sollten: Im gleißenden Discolicht und in weißen Hawaii-Anzügen war soeben die erste Formation des Abends, GINGER BAKERS AIRFORCE, angetreten, und unten im Dreck saßen die von weit Anmarschierten und ließen sich vom starken Ostseewind und Regen den letzten Hoffnungsschimmer ausblasen, historischer Zeuge eines deutschen Woodstock gewesen zu sein. Fronttheater!

Aber nun bekamen wir plötzlich unser Hotel. Auf Fehmarn. Es gab nämlich doch eins, und es war das gleiche, in dem auch Jimi Hendrix wohnte. Und dort haben wir erst einmal gut gegessen und getrunken, denn am nächsten Tag, es war der 6. September 1970, sollte Jimi in seine Gitarre beißen und später Ton Steine Scherben ihre Premiere haben.

Vor dem Auftritt der Scherben zupfelte noch die Münchner Gruppe EMBRYO auf ihrem fernostindischen Instrumentarium, und sie merkte dabei nicht, daß sich bereits Unruhe auf dem Gelände breit gemacht hatte: Es sprach sich nämlich in Windeseile herum, daß mehrere angekündigte Gruppen, zum Beispiel die TASTE, nicht mehr auftreten würden, da der Veranstalter sich bereits hoch verschuldet aus dem Staub gemacht hatte. Blitzartig dämmerte uns, daß, wenn wir diesen Auftrittsort noch nutzen wollten, alles ganz schnell gehen mußte. Und so wurden Ton Steine Scherben kurzerhand Abschlußband des Festivals auf Fehmarn. Rio schrie erst einmal zum Auftakt ins Mikrofon: ›Hauen wir die Veranstalter ungespitzt in den Boden!‹ Applaus. Nach zwei Tagen Regen, Desorganisation in jeglicher Beziehung, traf er damit die allgemeine Stimmung auf dem Platz. Und dann spielten sie frisch drauflos, ihre ganze Darbietung war ohne jegliche Technic-Control, da die Tontechniker auch bereits entschwunden waren, und so wurde das Finale dieses ›Festival der Liebe‹ ganz einfach und unbürokratisch den Punks der beginnenden siebziger Jahre überlassen.

Eine halbe Stunde später stand alles in Flammen. Als wir mit Chris Sievernich und seinem Postauto diesen Ort des Feuers der enttäuschten Seelen verließen, kamen uns jede Menge Feuerwehrautos mit Blaulicht entgegen.«

Noch hinzuzufügen wäre: Jimi Hendrix' Auftritt war sehr gut. Und leider auch sein letzter. Jimi starb zwei Wochen später, am 18. September, in London; die Todesursache ist bis heute nicht eindeutig geklärt, eine Version sagt, er sei an einer Überdosis Tabletten gestorben, eine andere sagt, er sei an seinem Erbrochenen erstickt, eine dritte behauptet, es sei ärztliches Versagen gewesen.

Für die Scherben war es der erste öffentliche Auftritt unter diesem Namen; gespielt hatten sie die drei Stücke, die sie für die Single geprobt hatten: *Solidarität*, *Wir streiken* und zum Schluß *Macht kaputt …*

Kai, auf die Frage, ob sie nicht nervös und aufgeregt gewesen seien, vor einer so großen Kulisse zu spielen: »Na ja, ein bißchen schon. Immerhin waren die Zuschauer schon dabei, Gegenstände auf die Bühne zu werfen, obwohl die Musiker am allerwenigsten für das allgemeine Chaos verantwortlich gemacht werden konnten. Aber obwohl das Haschisch auf der Insel knapp war, hatten wir vorgesorgt: Rechtzeitig vor dem Auftritt war ein Joint zur Stelle gewesen!«

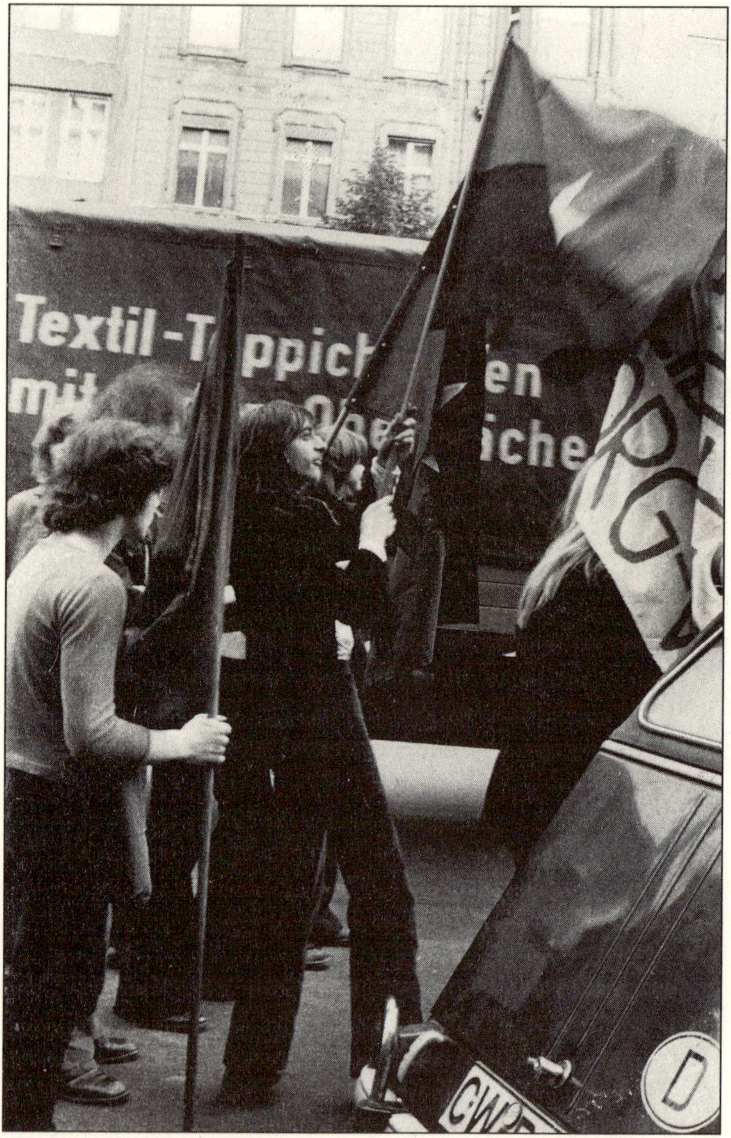

Rio als Demonstrant – 1972

Wochen später bekam Gert Möbius von der Hamburger Staatsanwaltschaft eine mehrere Seiten lange Anzeige. Unter anderem wurde den Scherben Brandstiftung und Aufruf zur Gewalt vorgeworfen. Zum Glück verlief die ganze Sache irgendwie im Sande. Leider auch die Bezahlung. Die 500 Mark Gage erhielt Gert in Form eines ungedeckten Schecks.

Was aber nicht mehr so schlimm war. Denn am 28. September 1970 strahlte das Erste Deutsche Fernsehen einen Film über die politische Linke aus, mit dem Titel *Fünf Finger sind eine Faust.* Co-Regisseur Michael Böhme hatte dafür gesorgt, daß die drei Songs der Scherben als Hintergrundmusik zu hören waren. In den folgenden Tagen wurde der Sender von einer Flut von Briefen überschwemmt, in denen es immer um die gleiche Frage ging: Von wem stammt die Musik? Und: Wo kann man sie kaufen?

In den normalen Plattenläden gab es sie kaum. Der Vertrieb lief hauptsächlich über die linken oder politischen Buchhandlungen. So wie es heute in jeder Stadt eine esoterische Buchhandlung gibt, so gab es damals Buchläden, in denen von Mao-Bibeln über die Werke von Marx, Engels, Lenin und Bakunin bis hin zu den Schriften von Wilhelm Reich und Herbert Marcuse alles zu kriegen war, was sich politisch als links einordnen ließ. Die Scherben-Single paßte gut in das Programm. Und bald gab es auch keine linke Szenekneipe, in deren Musikbox die Platte nicht gespielt wurde. Zu Weihnachten waren dreitausend Stück verkauft.

Die erste Single war aus dem Stand zum Szene-Renner geworden, der erste Auftritt vor immerhin 50.000 Zuschauern ein Riesenerfolg, die Reaktion auf die Musik im Fernsehen überwältigend. War das der Durchbruch? Der unaufhaltsame Aufstieg von Ton Steine Scherben zu den deutschen STONES? Zu Geld, Groupies und goldenen Schallplatten?

Trotz der über Nacht entstandenen Scherben-Fangemeinde war an einen Massenerfolg mit dem ungewöhnlichen Songmaterial der Band Anfang der Siebziger nicht zu denken. Die Aggressivität der Rhythmen und Gitarrenriffs, vor allem aber auch die radikalen Texte paßten nicht in das gut sortierte deutsche Plattenregal. Rockmusik durfte zwar provokant sein, aber bitte auf Englisch, die deutsche Sprache war für Schlager und Herz-Schmerz-Reime reserviert.

Mit einem ZDF-Auftritt bei Dieter Thomas Hecks *Hitparade* war nicht zu rechnen. Vor allen Dingen der Titel *Macht kaputt ...* begründete den Ruhm der Scherben und sorgte zugleich für finanziellen Dauerstreß. Bis spät in die 80er Jahre hinein wurden sie mit diesem Titel identifiziert, und das, obwohl sie ihn nur bis Mitte der 70er live spielten. Von den knapp 80 veröffentlichten Scherben-Songs kann man die Stücke mit radikalem Text an einer Hand abzählen. Trotzdem gibt es auch heute noch Leute, die fragen: »Ton Steine Scherben? War das nicht diese Gruppe, die gefordert hat: Macht alles kaputt?«

Ein Kerl mit Ziegenbart

Im Oktober, einige Wochen nach dem Auftritt auf Fehmarn, hatten die Scherben ihren ersten öffentlichen Auftritt als Ton Steine Scherben in Berlin. Das Konzert fand im Veranstaltungssaal der Hochschule für bildende Künste, HfbK, am Steinplatz statt. In einer Pause wurde Drummer Wolfgang Seidel von einem Kerl mit Ziegenbart angesprochen, der sagte, er hätte was, das die Scherben todsicher interessieren würde, und ob er nicht mal vorbeikommen dürfe.

Ein paar Tage später erschien er in einem blauweiß gestreiften Sommeranzug in Gert Möbius' damaliger Wohnung in der Görlitzer Str. 74 und erzählte, daß er auch auf Fehmarn im Publikum gewesen sei. Er hieß Nikolaus Pallat, genannt Nikel, und sollte als »Scherben-Mitglied, dabei, mit einem Hackebeil das Studio zu zertrümmern« in die Geschichte deutscher Fernseharchive eingehen.

Was Nikel dabei hatte und was die Scherben interessierten sollte, waren nicht, wie insgeheim gehofft, eine paar Schachteln Zigaretten oder ein Klumpen »Schwarzer Afghane«, sondern – Songtexte. Nikel hatte sie geschrieben und bestand nun darauf, sie der

Band vorzutragen. Wohlgemerkt, er hatte nur die Texte geschrieben, die Melodien dazu gab es schon, aber er ließ sich trotzdem nicht davon abbringen, die Texte vorzusingen, anstatt sie bloß aufzusagen oder in geschriebener Form zu verteilen. So stand jetzt also einer in blauweiß gestreiftem Anzug in Gerts Wohnzimmer, sah aus wie ein mittlerer Mafioso, sang ohne Begleitung seine Songs, und die Scherben wußten nicht, wie sie sich das Lachen verkneifen sollten.

»Und sonst?« fragte Rio, als Nikel fertig war, »was machst du sonst?«

»Steuern«, sagte Nikel.

»Autos?«

»Nee, Geld. Ich mach in Steuerberatung. In so nem Büro. Aber ich häng nicht an dem Beruf.«

Es kommt nicht alle Tage vor, daß einem ein Steuerberater, oder was der Ziegenbart nun genau war, a capella Songtexte vorträgt. Für die Scherben war es jedenfalls das erste Mal. Was sollten sie mit dem Kerl machen? Singen konnte er nicht besonders, die Texte waren so lala, der Anzug faschingsreif, und der Bart paßte dazu. Aber er war charmant, verrückt und fest entschlossen, bei der Band mitzumischen.

»Steuerberatung«, sagte Rio und wiegte nachdenklich den Kopf. »Dann kannst du also rechnen.«

»Klar«, sagte Nikel. »Zwei mal zwei sind fünf.«

»Und organisieren.«

»Logisch.«

»Wie wär's, wenn du uns bei unserem nächsten Auftritt hilfst?«

So kam es, daß Nikel gleich das nächste Konzert in Berlin mitorganisierte. Der Job war genau der richtige für ihn. Er hatte kaufmännisches Know-how, Organisationstalent, ein grandioses Gedächtnis für Namen und Zahlen und war Besitzer eines etwas klapprigen TRIUMPH-Cabrios, das gute Dienste leistete. Daß er zudem noch ein Bariton-Saxophon besaß, dem er einige Töne zu entlocken wußte, spielte eine eher untergeordnete Rolle.

Seinen Beruf behielt er zunächst noch, was finanziell für alle von Vorteil war. Erst Ende 1971 kündigte er seinen Job und wurde der Manager von Ton Steine Scherben.

Kai: »Die Zeit vor der Bandgründung und die erste Anfangszeit waren schon sehr hart. Wir haben oft gehungert. Monatelang sind Lanrue und ich ohne eine einzige Mark in der Tasche mit der U-Bahn – schwarz natürlich – zur TU-Mensa gefahren und haben dort Raubdrucke verkauft, meistens waren das politische Themen. Der absolute Renner war ein Buch von Paul Sweezy mit dem Titel *Die Entwicklung des Spätkapitalismus*. Aber auch so exotische Sachen wie zum Beispiel *Das Tibetanische Totenbuch* hatten wir damals schon im Angebot. Wenn wir die ersten zwei Bücher verkauft hatten, ging einer von uns los und kaufte erstmal was zum Frühstücken. Nach dem dritten oder vierten Buch reichte es dann für eine Schachtel Zigaretten. Als Nikel zu uns stieß, ging es uns etwas besser. Er brachte bei jedem Besuch Kuchen und Martini mit, und später, als er unser Manager geworden war, schaffte er es immer irgendwie, daß wir was zu essen hatten.« Mit dem Essen war das so eine Sache für sich. Später, als die Scherben am T-Ufer wohnten, wurde fast jeden Tag gemeinsam gekocht. Aber in dieser Zeit ernährten sie sich fast ausschließlich von Junk-Food.

Kai: »Am Kottbusser Tor gab's 'n kleinen Freiluft-Stand, an dem ein älterer Typ seine Currywürste verkaufte. Das Besondere daran war, daß sie nicht gebraten wurden, sondern gekocht. Daher waren sie nicht so fett. Es waren mit Abstand die leckersten Currywürste in ganz Berlin. Monatelang haben Lanrue und ich so gut wie nichts anderes gegessen als diese Dinger. Wir waren richtig süchtig danach. Lanrue sagte, der Typ hätte wahrscheinlich Opium in die Currywürste gemischt, und bestellte immer ›Eine Currywurst mit O‹. Der immer lächelnde Verkäufer tat dann, als hätte er nicht richtig verstanden und fragte höflich zurück ›Mit Ketchup?‹ Nikel machte sich einen Heiden-Spaß daraus, immer noch einen draufzusetzen, wenn wir an der Bude waren. ›Kommt, laßt uns woanders hinfahren‹, sagte er, ›ich kenn da ne Currywurstbude, da werden die mit altem Fett gemacht.‹ Auch dazu lächelte der Verkäufer. In ganz Kreuzberg kursierte das Gerücht, der Typ sei Millionär.«

Der nächste Schritt für die Band hieß: Langspielplatte. Neben den drei schon erwähnten Songs, von denen *Wir streiken* allerdings nicht mit auf die LP sollte, gab es noch andere Lieder aus Theaterstücken: *Alles verändert sich wenn du es veränderst* stammte aus dem Singspiel *Rita & Paul*. Gert Möbius und Rio hatten den Text gemeinsam geschrieben.

Sklavenhändler war der Titelsong eines Theaterstücks der ROTEN STEINE. »Sklavenhändler« – so nannte man die Arbeitsvermittler in Kreuzberg, die einem für einen Tag oder manchmal nur für ein paar Stunden schlecht bezahlte Hilfsarbeiten vermittelten.

Ich will nicht werden was mein Alter ist war ein Text, den Rio aus den Gesprächen mit den ROTEN STEINEN entwickelt hatte. Die Titelzeile stammte übrigens von Raymond Fleschner. Rio und er waren zu einer Geburtstagsparty gegangen und hatten vorher ihren ersten LSD-Trip genommen.

Rio: »Durch den Trip kam so eine telepathische Beziehung zu Raymond auf. Ich wußte genau, wo er gerade war. Die anderen haben geredet und geredet, nur wir nicht. Wenn mich jemand was gefragt hat, dann mußte er damit rechnen, daß es ne Stunde dauerte, ehe ich ihm eine Antwort darauf gebe. Das war bei mir ja immer so, aber durch den Trip wurde es noch verstärkt. Und Raymond hat auch nicht mehr als einen Satz in der Stunde gesagt, über den dann aber alle lachen mußten, weil er irgendwie genau den Punkt traf. Irgendwann hat Raymond dann gesagt: ›Ich will nicht werden, was mein Alter ist.‹ Das war so ein Satz – genau in der richtigen Reihenfolge. Den hab ich mir natürlich sofort aufgeschrieben.«

Darüber hinaus entstanden für die LP drei neue Songs: *Mein Name ist Mensch, Warum geht es mir so dreckig* und *Der Kampf geht weiter*.

Der Musikjournalist Albrecht Koch schreibt in seinem Buch *Angriff aufs Schlaraffenland* über die Scherben und den Text von *Mein Name ist Mensch*: »Selbst mit den einfachen Bildern rissen sie die

Widersprüche auf, statt sie mit einer vollautomatischen marxistischen Dialektik zuzukleistern. Das war schon allein eine Leistung in einer Zeit, da man Werke von Marx, Lenin und Mao im Kopf haben mußte, um verstehen zu können.«

Der Song *Warum geht es mir so dreckig*, der zum Titelsong der LP werden sollte, geht auf einen Einfall von Lanrue zurück. Von ihm stammen die Zeilen »Warum geht es mir so dreckig, was kann ich allein dagegen tun«, mit denen der Song beginnt. Rio griff die Idee auf und schrieb den ganzen Text, den Lanrue dann wiederum vertonte.

Das Lied *Der Kampf geht weiter* hat eine besondere Entstehungsgeschichte. Es war ein Auftragswerk. Die politische Lage in der BRD und besonders in West-Berlin hatte sich verschärft. Der wegen Kaufhausbrandstiftung verurteilte Andreas Baader – er hatte im April 1968 gemeinsam mit Gudrun Ensslin, Thorwald Proll und Horst Söhnlein in zwei Frankfurter Kaufhäusern Brände gelegt, um gegen Vietnamkrieg und Konsumterror zu protestieren – wurde im Mai 1970 von Gesinnungsgenossen befreit, als er sich gerade in einer Bibliothek des Instituts für soziale Fragen aufhielt. An der Befreiung beteiligt waren die Journalistin Ulrike Meinhof, Baaders Freundin Gudrun Ensslin und Astrid Proll. Dabei wurde ein 62jähriger Angestellter des Instituts durch einen Schuß lebensgefährlich verletzt, und die Vier mußten in den Untergrund gehen. Dies war die Geburtsstunde der ROTEN ARMEE FRAKTION, kurz RAF, die in der Boulevardpresse mit dem romantischen Namen »Baader-Meinhof-Bande« bedacht wurde.

Gleichzeitig mit den vier Gründungsmitgliedern der RAF tauchte der renommierte Berliner Rechtsanwalt Horst Mahler unter und schloß sich der Gruppe an. Fünf Monate später, im Oktober 1970, wurde er in Berlin verhaftet. Um ihn zu unterstützen, planten einige Gesinnungsgenossen ein Teach-In, bei dem auch ein Videofilm gezeigt werden sollte.

Cristina Perincioli und Angela Lutter von der Videogruppe nahmen Kontakt zu den Scherben auf, weil sie einen Song zu dem Video haben wollten. Später kam noch ein Schweizer dazu, der sich

Philip nannte. Das Motto des Videos lautete: Freiheit für Mahler! Freiheit für alle politischen Gefangenen! Die Antwort der Scherben hieß: Freiheit für alle Gefangenen! Rio schrieb zu diesem Anlaß den Text *Der Kampf geht weiter*, Lanrue vertonte ihn, und die Band nahm den Song erst einmal provisorisch auf, damit er rechtzeitig für das Teach-in fertig wurde.

Angela Lutter und Philip, der eigentlich Werner Sauber hieß, wurden später steckbrieflich als RAF-Mitglieder gesucht; letzterer wegen mutmaßlicher Beteiligung an der Entführung des Vorsitzenden der Westberliner CDU, Peter Lorenz, Ende Februar 1975. Werner Sauber arbeitete zu der Zeit unter falschem Namen bei KLÖCKNER-HUMBOLDT in Köln an der Stanze und wurde am 9.5.75 auf einem Parkplatz in Köln-Gremberg bei einem Schußwechsel mit der Polizei tödlich verletzt. Cristina Perincioli war später maßgeblich an der Gründung einer der ersten deutschen Frauenbands beteiligt, den FLYING LESBIANS.

Noch im Dezember 1970 begannen die Scherben mit den Proben für die LP. Erste Aufnahmen fanden in einem Jugendzentrum in Berlin-Borsigwalde statt, in dem sich ein kleines Tonstudio befand. Die Aufnahmetechnik war, von heute aus gesehen, denkbar primitiv. Erst wurde ein Playback aufgenommen, also die reine Instrumentalfassung. Beim nächsten Durchgang wurde das Playback abgespielt und die Overdubs kamen darauf, also weitere Instrumente, zum Beispiel Klavier, und schließlich der Gesang. Dabei durfte es nicht zu viele Überspielungen geben, weil sonst die Klangqualität zu sehr gelitten hätte. Zwei oder drei Overdubs waren das Äußerste. Man konnte auch nicht, wie heute, nachträglich Klangeffekte produzieren, man mußte sich vorher überlegen, in was für einen Raum man ging und wie es klingen sollte. In Borsigwalde gab es einen großen Duschraum, und der Techniker stellte eine Box und ein Mikrofon in diesen Duschraum und nahm das, was sich dort an Klang ergab, auf, um einen Halleffekt zu bekommen. Die Dusche als Hallgerät, sozusagen. Trotz allem waren die Scherben, als sie die fertigen Bänder abhörten, nicht zufrieden. Die Borsigwalde-Bänder blieben unveröffentlicht. Die Aufnahmen der ersten LP wurden später doch wieder von Klaus Freudigmann gemacht. Der hatte sich bis dahin im Hinterhof der Kreuzberger Admiralstraße 36 ein neues Studio eingerichtet und wieder alle Räume schwarz gestrichen.

Das Jahr 1970 neigt sich dem Ende zu. Die neu gegründete Rockband Ton Steine Scherben hat es geschafft, etwas wirklich Neues zu kreieren: Rockmusik mit deutschem Text, ohne daß es peinlich wirkte oder ins Schlagerhaft-Banale abdriftete. *Alles verändert sich* war ihre Version von *The times they are a-changing*, aus *We gotta get out of this place* machte sie *Wir müssen hier raus* und *Macht kaputt was euch kaputt macht* war ihre Antwort auf *I can't get no satisfaction.*

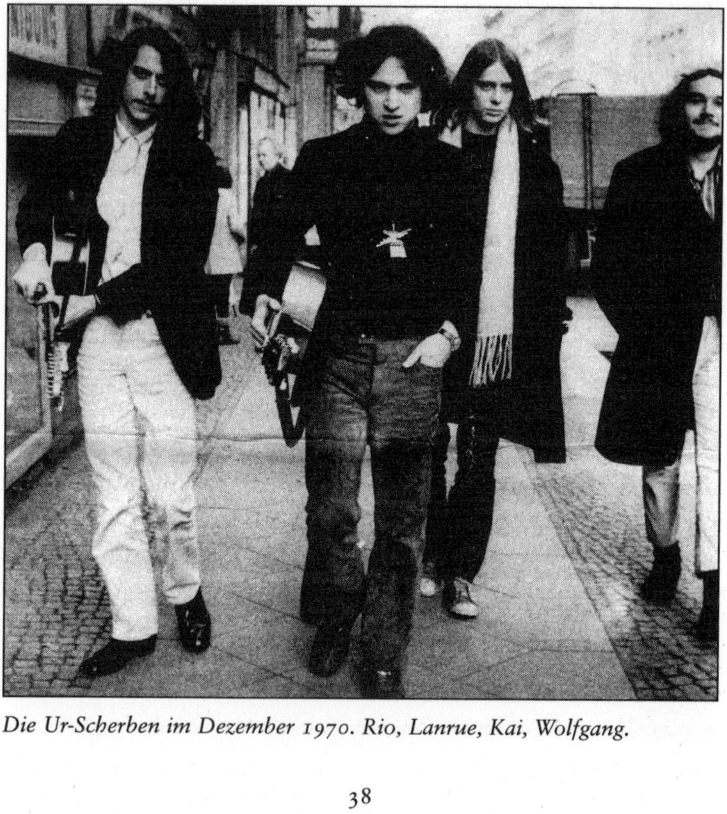

Die Ur-Scherben im Dezember 1970. Rio, Lanrue, Kai, Wolfgang.

Der Bruder – Gespräch mit Gert Möbius

Gert, du warst der mittlere der drei Möbius-Brüder – Peter, Gert, Rio. Rio war der jüngste. Was für eine Rolle hast du für ihn gespielt?

Ich bin ja sieben Jahre älter als Rio. Schon früher in Traunreut / Bayern war ich oft so eine Art Beschützer von ihm. Habe ihn beschützt vor den Stärkeren, zum Beispiel auf dem Spielplatz. Dieses Betreuersyndrom hatte ich gegenüber meinem Bruder bis zu seinem Tod. Besonders auch Ende Sechzig, als es bei uns allen losging mit Trips und Shit, immer hatte ich Angst, es könnte ihm was passieren.

Ihr drei Brüder hattet ein sehr enges Verhältnis?

Es war ja so: Wir als Familie sind damals alle paar Jahre umgezogen, das hieß, wir waren immer die Fremden, wo wir auch waren, ob in Schwaben, Bayern oder Hessen, überall waren wir die »Zugereisten«, dadurch hat die Familie dann auch so einen engen Zusammenhalt gehabt. Die ganze Familie hat sich sehr für Kultur interessiert. Mein Vater war ein begeisterter Fotograf, meine Mutter hat Klavier gespielt, Peter hat gemalt, nur ich wußte immer nicht so recht, was aus mir werden wird. Rio wußte spätestens mit 12 ganz genau, daß er Musik machen will.

Es heißt, du hättest Rio zur Musik gebracht.

Ich war bei den Nerother Wandervögeln, und da haben alle ein bißchen Gitarre gelernt, ich auch. Und das hat Rio interessiert. Besser konnte ich Blockflöte spielen, aber dieses Instrument hat ihn nie interessiert. Irgendwann hat er sich meine Gitarre gegriffen und konnte in einer Woche mehr Griffe als ich.

Ihr wart künstlerisch veranlagt und habt unwahrscheinlich viel gemacht. Ihr seid mit einem Theaterwagen über Land gezogen, habt in Berlin im Theater des Westens die erste Rockoper der Welt herausgebracht, – und wenn auch fast alles schief ging, die Möbius-Brüder haben weitergemacht. Was war eure Motivation?

Na ja, da gab's auch viel Pleiten, Pech und Pannen. Ich glaube, das hängt damit zusammen, daß keiner von uns angestrebt hat, im bürgerlichen Sinne Karriere zu machen. Auch bei Rio war es so, er hätte ja aus seiner Solokarriere viel mehr rausholen können, aber das hat ihn überhaupt nicht interessiert. Auch mein Bruder Peter macht ständig künstlerisch gute Sachen, schreibt Theaterstücke und schafft optische Erlebniswelten, hat aber nie so richtig den Ehrgeiz, damit berühmt zu werden. Bei mir ist es nicht anders. Aber warum das so ist, weiß ich nicht. Rio hat mal gesagt: »Je bekannter man ist, desto höher sind die Erwartungen, die an einen gestellt werden – und dann wird es Streß«. Erregtheit über diese Welt hat was mit Kunst zu tun – Streß nicht. Schau ins Fernsehen, die machen sich alle einen riesigen Streß, aber es kommt nur lauwarme Luft durch den Äther.

Der ganz große Durchbruch ist auch Rio nicht gelungen. Aber er hat mit unglaublicher Power weitergemacht. Was war sein Ziel?

Rio war immer so ein Gerechtigkeitsfanatiker. Er wollte sich zum Beispiel nicht konfirmieren lassen, wir waren ja in der evangelischen Kirche, aber er hat das nicht gemacht, er wollte Quäker werden, weil er meinte, daß diese Religionsgemeinschaft ehrlicher ist, eine genauere Bibelauslegung hat und auch mehr für Gewaltverzicht ist. Das war so eine starke Motivation. Er war auch ein unglaublicher Fan von diesem Film *Ben Hur* – jeden Tag lief damals die Platte mit dem Soundtrack bei uns. Das hat ihn sehr beeinflußt, also der christliche Gedanke. Gerechtigkeitssinn und Wunsch nach Liebe, diese beiden Sachen spielen eine ganz große Rolle, das kommt ja auch in allen seinen Songs durch.

Kann man sagen, die zwei wichtigsten Figuren für Rio waren Gott und Karl May?

Ich glaube, daß Gott eine große Rolle für ihn gespielt hat. Rio hat fast jeden Tag in der Bibel gelesen. Da hat er immer so ein silbernes Lesezeichen gehabt, das hat er immer so reingesteckt. Das vom letzten Tag vor seinem Tod steckt noch immer drin. Eine interessante Seite übrigens. Er hat sich auch für andere Religionen interessiert, wir haben ja hier im Rio-Reiser-Archiv alle Bücher von ihm, er hatte speziell viele Werke über alle Religionen. Er hat sich auch für Sprachen interessiert, er hat versucht Arabisch zu lernen und auch Hebräisch zu verstehen. Karl May war sicher nicht sein Gott, aber er liebte ihn dafür, daß er versuchte, die verschiedenen Glaubensrichtungen und Mentalitäten zu verstehen. Rio war auch Mitglied der Karl-May-Gesellschaft. Mindestens ebenso wichtig war für Rio die Beat-Bewegung ab 1962. Zuerst die BEATLES, dann die ROLLING STONES und Bob Dylan – das waren für ihn seine großen musikalischen Vorbilder. Ziemlich bald konnte er ihre Songs auf seiner Gitarre spielen und sie singen. Er war sowieso eine lebende Musikbox, auch deutsche Schlager und Volkslieder konnte er auswendig. Er hat sich überhaupt für alles interessiert. Ob er sich einen QUELLE-Katalog oder Ameisenstraßen angeguckt oder in der Bibel gelesen hat, ihm war alles gleich wichtig.

Hat er eigentlich innerhalb der linken Bewegung sein Christentum verschwiegen? Damit ihn die Linken nicht für einen religiösen Spinner hielten?

Nein, kann ich mir nicht vorstellen. Das wäre auch nicht seine Art gewesen. Aber Rio ist auch nicht herumgerannt und hat versucht, es den anderen aufzudrängen. Es war ja mehr so, daß die anderen ihm was aufzwingen wollten. Daß die gesagt haben, du mußt jetzt die und die Dinge schreiben. Hat er ja auch oft gerne gemacht, Rio war ja ein begnadeter Auftragskünstler. Er hat immer versucht, die

Sache auf den Punkt zu bringen, das hat er bei Theaterstücken, bei Filmmusiken und bei der linken Bewegung geschafft.

Du warst gegen die ganzen RAF-Geschichten. Rio sagt, das war der einzige Punkt, wo du gesagt hast, »Komm, laß den Scheiß«.

Ich hab das auch nicht mitgemacht. Auch nicht bei der BEWEGUNG 2. JUNI. Weil ich das für absoluten Blödsinn halte und immer gehalten habe, diese ganze Schiene mit Bommi, Inge Viett und dieser ganzen Truppe, die dann in den Untergrund abtauchen mußten. Die waren ja öfters auch am T-Ufer. Da hat sich dann auch einiges auf die Scherben abgefärbt. Aber Rio liebte ja auch die Dramatik, und wenn er dann singt: »Wieviel sind hinter Gittern, die wir draußen brauchen ... «, dann merkt man schon, aha, da war ein guter

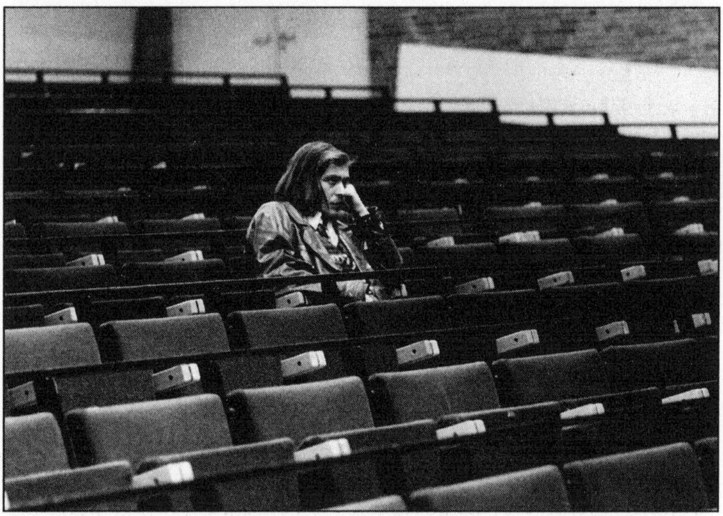

Gert Möbius, Jahrgang 1943, ist der mittlere der drei Möbius-Brüder. Er war Mitbegründer des Hoffmann Comic Teater, hat in Berlin einige Jahre Kindertheater gemacht und war ständiger Wegbegleiter der Scherben. Heute leitet er das Rio-Reiser-Archiv, schreibt Drehbücher und arbeitet als Produzent.

Werbetexter am Werk. Später ging es ihm aber auf den Keks, diese Geheimnistuerei, dieses konspirative Gehabe, das war auch der Grund, warum die Scherben 1975 aus Berlin weggegangen sind. Diese ständige Beeinflussung, jetzt mußt du unbedingt das unterschreiben, jetzt mußt du unbedingt auf diese Demo rennen. Schluß mit Lustig war für Rio ein Konzert im TU-Audimax 1974. Zwei Mädels aus dem *Georg-von-Rauch-Haus* tanzten zu ihrer Musik auf der Bühne, und die strenge puritanische Linke pfiff sie aus, weil sie meinten, die Scherben hätten zwei GoGo-Girls engagiert.

War Fresenhagen eine Art von Flucht vor dieser Linken?

Ja, sag ich doch. Bin ich ganz fest von überzeugt.

Fresenhagen ist also ein Bruch, ein Wendepunkt in der Scherben-Geschichte?

Na auf jeden Fall. Schlotterer, Nikel, Kai und Funky wurden plötzlich zu Bauern. Die haben das Haus ausgebaut, die haben versucht, das Reetdach zu decken, was nicht einfach ist, aber sie haben es mit Hilfe von Fachleuten getan. Aber als Scherben haben sie erstmal nicht mehr viel gemacht. Außer Lanrue und Rio, die kleinere Auftragswerke angenommen haben.

Es sollte dann eine richtige große Familie sein. War das nicht die Verwirklichung der elterlichen Spießerträume mit anderen Mitteln?

Erstmal war es eine Großfamilie und keine Kleinfamilie. Und zweitens war es eine Wahlfamilie und keine, in die man hineingeboren wurde. Und was jetzt fehlte, war das, was sie in Berlin zu viel des Guten oder des Schlechten hatten: gedrängt zu werden, Songs über und mit dem politischen Alltag zu schreiben. Erst vier Jahre später erschien ihre neue Platte: die *Schwarze*. Und da hört sich plötzlich alles ganz anders an. Individueller, künstlerischer und phantasievoller. Berlin ist weit, weit weg. Ihr Gegner, der Staat – machte sich nur noch durch gelegentliche Besuche seitens der Polizei bemerkbar. Ansonsten nur Kühe und gegen den dortigen Großgrundbesitzer anarchistisch gesinnte Bauern.

Aber das Paradies, das Rio in seinen Liedern gemalt hat, hat es nie gegeben. Auch nicht in Fresenhagen. Hat er ein Traumland besungen?

Das Land in jedes Menschen Herz. Er sagt ja: »Der Traum ist aus, zu dieser Zeit, aber nicht mehr lange, mach dich bereit – für den Kampf ums Paradies«.

War das ein naiver Traum?

Es gibt nur naive Träume. Alle großen Kunstwerke sind naiv. Sonst würde man ja nicht von ihnen berührt werden.

Wenn man sich die Geschichte der Band heute anguckt, bekommt man manchmal das Gefühl, die Scherben hätten den Erfolg gemieden wie der Teufel das Weihwasser. Warum haben die Scherben sich von der linken Ideologie die Zügel anlegen lassen, anstatt eine Goldene Schallplatte zu produzieren?

Du kannst nicht Songs schreiben und herausbringen, die *Keine Macht für Niemand* heißen und erwarten, daß die, die du beschimpfst, dich fördern. Das geht nicht. Fragt Schlotterer, fragt Nikel oder Kai, warum sie lieber alles selbst gemacht haben, als sich den Majors anzupassen. So konnten sie zwar nur von Büchsengemüse und gedrehten Zigaretten leben, aber keiner konnte ihre Arbeit zensieren. Sie hatten ihr eigenes Label und ihren eigenen Vertrieb. Auch die *Schwarze* hätte keine Major-Firma produziert. Lanrue hat, wann immer es Ansätze gab, daß einer der »Großen« sie »groß raus zu bringen« beabsichtigt, die Verhandlungen verzögert. Und das war richtig so.

Das heißt aber auch, daß die Scherben selbst ihre größten Erfolgs-Verhinderer waren. Und nicht die Politmanager oder die Medien.

Das meine ich ja, wenn ich sage, daß keine unabhängige Produktion mit TELEFUNKEN oder sonst wem möglich gewesen wäre … .

… ARIOLA …

Scherben waren nicht Juliane Werding oder Udo Jürgens, zeitkritische Künstler im netten Rahmen …

Aber es gibt doch wunderschöne Liebeslieder …

Das ist doch alles im Zusammenhang zu sehen. Ist ja alles auf einer Platte drauf. Du kannst es ja nicht trennen. Kannst ja nicht sagen, gut, da machen wir Lieder für die großen Konzerne und die anderen machen wir für uns.

Welche Bedeutung hat Rio heute für dich?

Ich bin seit seinem Tod mit seinem Nachlaß beschäftigt. Rios Tod hat meinen Alltag, beruflich wie privat, erheblich verändert.

(Pause) Und die Scherben? Sind sie für dich Vergangenheit oder Gegenwart?

Immer noch Gegenwart. Erstens habe ich ständig damit zu tun, und zweitens berührt es mich noch sehr stark. Nach Rios Tod hatte ich Probleme seine Songs zu hören, seine Tagebücher zu lesen, mittlerweile mußte ich mir ein dickes Fell zulegen. Aber spätestens wenn ich in Fresenhagen vor seinem Grab stehe, berührt mich sein plötzlicher Tod im Sommer 1996 immer wieder aufs neue.

Was sind die Scherben heute?

Auf jeden Fall sind sie ein wichtiger Bestandteil der Jugendkultur in den 70er, 80er Jahren, und das wird auch so bleiben. Die Scherben sind ja schon mehrere Generationen durchgelaufen, und ich denke mir, daß viele Songs, wie man so sagt, unsterblich sind. Es ist schon sehr viel, wenn man das erreicht hat. Von Matthias Claudius kennt man nur *Der Mond ist aufgegangen*. Vielleicht bleiben von Rio und den Scherben ein paar mehr Lieder in Erinnerung.

Und was bedeuten sie dir persönlich?

Ich kann das schlecht beantworten, das Persönliche. Ist ja auch ein Teil von mir. Was bedeuten mir die Scherben? Ich bin noch heute sehr häufig von den Leuten enttäuscht, die damals in den 70er Jahren die Zeit geprägt haben, die sogenannte APO, daß sie bis heute nicht imstande sind, über ihre »Hoch-Zeit« zu reflektieren. Sie haben einfach alles verdrängt, ihren Doktor gemacht und ihr damaliges Organisationstalent für ihre bürgerliche Karriere genutzt. Da kann ich nur sagen, daß man froh sein kann, daß es die Scherben gab und ihre Songs noch heute gespielt werden. Songs, die ein Bild malen von Hoffnung, Träumen, Krisen, Aufbegehren und Liebe. Damit kann sogar heute noch ein 14jähriger etwas anfangen, mit der »Roten Fahne« der KPD-AO von einst wohl niemand mehr. Da siegt mal wieder die kreative Naivität über das organisatorische Allmachtsdenken.

1971: Musik ist eine Waffe

Umherschweifende Haschrebellen

Die linke Berliner Underground-Szene Anfang der 70er war fast wie eine große Familie. Man kannte sich, respektierte sich mehr oder weniger und ging relativ friedlich miteinander um. Neben den Scherben tummelten sich da noch andere Musikgruppen, viele von ihnen spielten in jenen Tagen psychedelische Instrumentalmusik. Zum Beispiel Tangerine Dream mit Edgar Froese und Agitation Free mit Gitarrist Lutz Ulbrich. Letzterer musizierte später zusammen mit der Sängerin Nico, die in New York bei der von Andy Warhol geförderten Avantgarde-Rock-Gruppe Velvet Underground gesungen hatte und sich auch schon mal in Berlin blicken ließ. Oder die Gruppe Ash Ra Temple mit dem Gitarristen Manuel Gottsching und dem Drummer und Elektronik-Freak Klaus Schultze. Später nahm Ash Ra Temple zusammen mit dem US-amerikanischen »LSD-Propheten« und ehemaligen Harvard-Dozenten Timothy Leary eine LP auf.

Timothy Leary, der Protagonist der Drogen-Subkultur, wurde wegen seiner positiven Einstellung zur Bewußtseinserweiterung durch die Einnahme von LSD – »Tune In, Turn On, Drop Out« – von US-Präsident Nixon als »gefährlichster Mann der Welt« bezeichnet.

Eine der wenn nicht gefährlichsten so doch geheimnisumwobensten Frauen der Berliner Subkultur war damals Elfie Nikesch. Sie fehlte bei keiner der angesagten Feten oder Szene-Veranstaltungen. Elfie war ziemlich dünn, stets bunt-hippiehaft gekleidet, meistens bekifft und wirkte wie die Elfe eines fernen Planeten, die staunend die Spezies Mensch entdeckt. Kein Wunder, daß der britische Blues-Gitarrist Peter Green, damals noch Mitglied der Formation Fleetwood Mac, einen Song über Elfie schrieb: *Black Magic Woman*; dieses Stück, später von Santana zum Super-Hit gemacht, hat sich mittlerweile als internationaler Klassiker etabliert.

Fester Bestandteil der Szene waren auch die UMHERSCHWEIFENDEN HASCHREBELLEN. Der Kern dieser Truppe nannte sich ZENTRALRAT und bestand unter anderem aus Happy Dieter, Hannibal, dem langen Shorty, Bommi Baumann, Anne Reiche, Thomas Weißbecker, Georg von Rauch und Knolle; auch eine Band namens HOUND DOG gehörte dazu. Einige aus dieser Gruppe gaben sich später auch den Namen BLUES. »Morgens einen Joint – und der Tag ist dein Freund«, war ihre Losung. »War ja 'ne gute Zeit, der ganze Sommer 69 bis Anfang 70«, schreibt Bommi Baumann in seinem Buch *Wie alles anfing*, »fast ein Jahr sind wir denn durch Berlin gezogen. Du hattest denn nur noch ein Stück Shit in der Tasche, und einen Dietrich und ein bißchen Geld und hattest ein paar bunte Sachen an, und so ist immer ein Trupp von Leuten herumgezogen. Und trotzdem waren wir so organisiert, daß wir etwas unternehmen konnten. – Natürlich sind denn wieder Aktionen gelaufen, da hat sich dann die *883*, diese Undergroundzeitung gebildet und wir sind denn sofort da mit eingestiegen und haben jede Woche Artikel drin veröffentlicht.

Wir haben dann angefangen, diesem ganzen losen Haufen einen Namen zu geben. Das war der ZENTRALRAT DER UMHERSCHWEIFENDEN HASCHREBELLEN. Wir haben gesagt, wir nehmen Dope, das ist eine wichtige Sache. Und Rebellen, klar, waren wir eh, und ZENTRALRAT war einfach eine Ironie auf die damaligen Politzirkel, weil sich alle ZENTRALRAT nannten. Es gab also schon wieder mal 1000 Zentralräte, das war einfach schwer ironisch, die Bezeichnung.«

Anders als die Mitglieder der RAF, die bald in schnellen BMWs durch Westdeutschland rasten, sich einer militärischen Ausbildung im Libanon unterzogen, sich die Haare kurz schnitten und versuchten, mit dem aus Südamerika stammenden »Konzept der Stadtguerilla« eine straffe, paramilitärische Organisation aufzubauen, blieben die Mitglieder des BLUES in Berlin, in der Stadt, in der sie sich auskannten. Und sie blieben sich selber treu als das, was sie waren: Freaks mit langen Haaren. Ihre Militanz richtete sich weniger nach einem strammen ideologischen Konzept als vielmehr nach spontanen Eingebungen wie zum Beispiel der, die Fahrkartenautomaten der BVG (Berliner Verkehrsgesellschaft) zu zerstören, als die Fahrpreise erhöht werden sollten. Revolution oder Revolte sollte trotz aller Härte immer noch Spaß machen. Ihr Manifest waren die Musik von Jimi Hendrix und den DOORS oder Filme wie *Viva Maria*. Anfang 1972, als die Situation sich verschärft hatte, fingen allerdings einige aus der Gruppe an, es der RAF nachzumachen: Sie unterzogen sich einer militärischen Ausbildung im Nahen Osten, steckten sich Knarren ein, besorgten sich illegale Wohnungen und Autos und nannten sich BEWEGUNG 2. JUNI, zum Gedenken an den Tag, an dem Benno Ohnesorg erschossen wurde. Wie fast überall in der linken Bewegung bekamen auch die militanten Gruppen Krach untereinander.

Bommi Baumann: »Bei der BEWEGUNG 2. JUNI wurde den Vorwürfen der RAF dann mehr und mehr Rechnung getragen. Gudrun Ensslin sagte immer ›Ihr rennt durch zig Wohnungen, fickt lauter Bräute und raucht Haschisch. Das macht euch wohl Spaß? Dieser Job darf keinen Spaß machen. Das ist ein harter Job.‹ – Da steht rigides Studententum für mich dahinter, das ist die totale Lustfeindlichkeit. Es fehlt jede Ekstase, ohne die eine Revolution gar nicht laufen kann. In der Pariser Commune sind die Leute singend auf die Barrikaden geklettert und nicht mit einem verbissenen Gesicht und der Stempelkarte im Rücken.«

Das sah die harte Fraktion natürlich anders. Inge Viett, damals BEWEGUNG 2. JUNI und später RAF dazu in ihrer Autobiographie *Nie war ich furchtloser:* »Ich hatte vor meiner Verhaftung Bommi und Knolle kennengelernt. Sie waren ausgestiegen und hatten sich von der Bewegung abgesetzt. Eine Auseinandersetzung mit dem Staat auf Leben und Tod hatten sie sich nicht vorgestellt. Sie hatten Räuber und Gendarm gespielt, wollten high und frei sein, umgeben von Ihren Fans.«

Sein Unbehagen an diesen rigiden Formen führte schließlich dazu, daß Bommi Baumann sich von der BEWEGUNG 2. JUNI trennte und dem Terrorismus abschwor.

Die Underground-Szene traf sich – außer im Tiergarten, wo sich die Kiffer-, Sponti- und Anarcho-Szene regelmäßig zu irgendwelchen Smoke-Ins zusammenfand – in Kneipen, Clubs und Diskotheken. Je nachdem, wen oder welchen Teil der Szene man treffen wollte, ging man in den entsprechenden Laden. Zum Beispiel in das *Park*, am Kudamm 135, nahe Halensee, Treffpunkt aller Drogenfreaks in der Zeit von 69 bis 72. Der Eintritt kostete vier Mark, aber das hieß nicht, daß jeder hereingelassen wurde. Ein Türsteher machte Gesichtskontrollen und sorgte dafür, daß jeder, der nach Bürger, Bauer oder Drogenfahnder aussah, draußen blieb.

Kai: »Im *Park* haben wir Musik gehört und uns allmählich zugekifft dabei. Ich hatte von Raymond, dem damals besten Jointdreher West-Berlins, gelernt, wie man das macht und nach einigem Üben bekam ich ganz brauchbare Dinger hin. Es waren zwar keine Kunstwerke wie die Joints von Raymond, aber sie erfüllten ihren Zweck. Also habe ich einen Joint nach dem anderen gedreht. Natürlich hat man auch ein Auge auf die eine oder andere Braut geworfen, aber meistens lief da nichts ab, die Anmache ging wohl im Haschisch-Qualm unter. Alkohol haben wir damals kaum getrunken, meistens Faßbrause. Auch getanzt haben wir nicht. Die Musik von damals stoned zu hören, reichte völlig aus; Stücke wie *Gimme Shelter* wurden so zu Hör-Erlebnissen der dritten Art, das hatte schon etwas Magisches. Wenn ich heute die Songs *I'm A Man* von CHICAGO oder *Magic Bus* von den WHO höre, dann muß ich unwillkürlich ans *Park* von damals denken, wenn das Drop-Light anging und man in diesem Flackerlicht die wild zuckenden Körper der Leute auf der Tanzfläche sehen konnte. Einfach irre!«

Das Ende war jedesmal das gleiche: So gegen fünf Uhr morgens machte das *Park* dicht, und eine kleine Herde total bekiffter, übermüdeter Freaks fand sich plötzlich dem fahlen Licht des Morgengrauens ausgesetzt. Die meisten bestiegen dann den 29er Bus, der von Halensee kommend den Kudamm Richtung Gedächtniskirche und weiter nach Kreuzberg fuhr.

Die angesagte Musik-Kneipe in Kreuzberg war das *Vereinshaus* im Hinterhof der Adalbertstraße 21, in der Nähe der Mauer, wohin später auch die Redaktion des Undergroundblattes *Agit 883* zog. Ursprünglich war das *Vereinshaus* eine stinknormale Kneipe, in der unter anderem die Jungs vom Cowboyclub ihr Bier tranken, wenn sie mit der wöchentlichen Sitzung in ihrem Blockhäuschen fertig waren. Auf der anderen Straßenseite tagte witzigerweise der Indianerclub, und Raymond, der ein waschechter Kreuzberger war, erzählte gern von den Straßenschlachten, die sich die beiden früher geliefert hätten, die Kreuzberger Cowboys und die Kreuzberger Indianer.

Jetzt saßen hier Anarchisten und Syndikalisten gemütlich neben den Männern im Cowboykostüm und kippten ihr *Berliner Kindl*. Für Gert Möbius war das *Vereinshaus* »der Sammelpunkt aller derjenigen, die wußten, wo es langging, aber allzu oft vergaßen, wie sie überhaupt hierher gekommen waren. Bereits Stunden vor Arbeitsbeginn der Zapfer saßen im lauen Wind des Juni 1970 schon die ersten aus dem Aachener, Frankfurter oder Bonner Spießer-Ghetto, Vertriebene und nun heimatlose Gesellinnen und Gesellen, auf den Stufen dieses *Vereinshauses* und gaben sich in Zeit und Raum bedingungslos ihrem Schicksal als Befreite hin. Diese Kneipe paßte nach Kreuzberg wie die Faust aufs Auge, und alles was noch keinen Rang und Namen hatte, kannte diese Kultstätte und besuchte sie von Zeit zu Zeit. Leider gibt es dieses Lokal heute nicht mehr, sonst müßte man an seine Pforten den Spruch nageln: ›Wenn schon Wahnsinn, dann bitte hier und jetzt‹«.

Im *Vereinshaus* gab es eine Musikbox. Die darin am meisten gewählten Songs waren *Vietnam* von Jimmy Cliff, *You can't always get what you want* von den ROLLING STONES, *The Witch* von den RATTLES, *American Woman* von GUESS WHO, *Rag Mama rag* von THE BAND, *Archangel Thunderbird* von AMON DÜÜL II und *Macht kaputt was euch kaputt macht* von Ton Steine Scherben. Eines schönen Abends kamen irgendwelche verrückten Typen, drückten in der Musikbox *Macht kaputt* … und schlugen den ganzen Laden kurz und klein. Davon erholte sich das *Vereinshaus* nicht mehr, es machte dicht.

Natürlich gab es noch zahlreiche andere Einrichtungen, in denen sich die Scherben rumtrieben, wie zum Beispiel *Der rote Punkt* in der Kulmerstraße, das *Mr. Go* bei den Yorkbrücken, Hippels *Meisengeige* in der Goebenstraße oder das *Café kaputt* in der Steinmetzstraße – auch hier war der Name Programm.

Zur Szene gehörten nicht nur die, die draußen waren, sondern auch ein paar Leute, die drinnen saßen – zum Beispiel die Knast-Band OUTLAWS. Einmal bekamen die Scherben eine Anfrage, ob sie nicht leihweise für einen Tag Teile ihrer Verstärkeranlage samt Lautsprecherboxen in den Knast bringen könnten, wahrscheinlich für ein Konzert, das die OUTLAWS im Knast geben wollten. Wie so oft, konnten die Scherben nicht nein sagen. Eine kleine Abordnung von Leuten, unter ihnen Gert Möbius und Kai, fuhren in die Admiralstraße zu Klaus Freudigmanns Studio, um die Sachen abzuholen. Doch kurz vor dem Einladen in den FORD-*Transit*-Bus hatte Ringo, der Oberkiffer, der bei Klaus wohnte, die glorreiche Idee, eine kleine Tüte voll mit Marihuana in einem der Verstärker zu verstecken. Anschließend wurde die Musikanlage wie verabredet in den Knast nach Plötzensee gebracht. Als der gleiche Trupp das Equipment wieder abholen wollte, wurde ihm verkündet, sie seien alle festgenommen.

Kai: »Ein aalglatter, straight aussehender Zivilbulle fragte uns, ob wir uns denken könnten warum. Wir zuckten nur mit den Schultern. Dann fragte er uns: ›Raten Sie mal, was wir in einem Verstärker gefunden haben?‹ Wir: ›Keine Ahnung!‹ Er: ›Erdbeerkuchen mit Schlagsahne‹. Ha,ha! Er war wirklich ein großer Witzbold. Gert telefonierte dann mit seinem Anwalt, und nach einigen Stunden mußten die Bullen uns wieder laufen lassen. Wir hatten die Anlage abgeholt, aber sie konnten nicht beweisen, daß wir auch diejenigen gewesen waren, die sie hingebracht hatten. Damit waren wir draußen, aber der Ärger war noch nicht vorbei: Zu Hause, im Probenraum, mußten wir feststellen, daß die Baßbox durchgeknallt war.

Unsere Vermutung war, daß einer der OUTLAWS überlaut verzerrt Sologitarre darüber gespielt und die Box das nicht verkraftet hatte, aber vielleicht hatte sie ja nur das Marihuana nicht vertragen.«

Die Untergrundzeitung *Agit 883* war die Zeitung der vordersten Anarcho-Front, deren Zielgruppe hauptsächlich aus Spontis, Kaputtniks, Kiffern und all denen bestand, die eine radikale Verweigerungshaltung gegenüber dem Staat eingenommen hatten. Ihr Name leitete sich von der Telefonnummer der Redaktion ab, die ihre Räumlichkeiten zunächst in der Uhlandstraße 52 hatte: 883 56 51. Bereits im Mai 1970, ein paar Monate vor Gründung der Scherben, war der komplette Text von *Macht kaputt was euch kaputt macht* auf der Titelseite der *883* abgedruckt worden. In einer späteren Ausgabe, pünktlich zu Heiligabend 1970, erschien eine programmatische Selbstdarstellung der Scherben: »Musik ist eine Waffe!«

Musik kann zur gemeinsamen Waffe werden, wenn du auf der Seite der Leute stehst, für die du Musik machst!

Wenn du mit deinen Texten etwas sagst und eine Situation nennst, die zwar alle kennen, die aber jeder vereinzelt in sich hineingefressen hat, dann werden alle hören, daß sie nicht die einzigen sind, die damit noch nicht fertig geworden sind, und du kannst ihnen eine Möglichkeit zur Veränderung zeigen.

Musik kann also zur Waffe werden, wenn du mit ihr die Ursachen deiner Aggressionen erkennst. Wir wollen, daß du deine Wut nicht verinnerlichst, daß du dir darüber klar wirst, woher deine Unzufriedenheit und deine Verzweiflung kommen.

Wir wollen die Feinde des Volkes nennen. »Macht kaputt, was euch kaputt macht – zerstört das System, das euch zerstört!«

Unsere Musik soll ein Gefühl der Stärke vermitteln.

Unser Publikum sind Leute unserer Generation: Lehrlinge, Rocker, Jungarbeiter, »Kriminelle«, Leute in und aus Heimen.

Von ihrer Situation handeln unsere Songs.

Lieder sind zum Mitsingen da.

Ein Lied hat Schlagkraft, wenn es viele Leute singen können.

Unsere Lieder sind einfach, damit viele sie mitsingen können. Wir brauchen keine Ästhetik; unsere Ästhetik ist die politische Effektivität. Unser Publikum ist der Maßstab und nicht irgendwelche ausgeflippten Dichter.

Von unserem Publikum haben wir gelernt, Lieder zu machen, nur von ihnen können wir in Zukunft lernen, Lieder für das Volk zu schreiben.

Wir sind in keiner Partei und in keiner Fraktion.

Wir unterstützen jede Aktion, die dem Klassenkampf dient. Egal, von welcher Gruppe sie geplant ist.

Wir werden in Berlin und Westdeutschland vor und in Betrieben und in den Jugendheimen der Arbeiterviertel spielen. Dazu zeigen wir Dias, die eine Ergänzung zur Musik und zum Text bilden.

Das Ziel ist es, unsere Aktionen den jeweiligen Situationen in den Betrieben oder Stadtteilen anzupassen. Dazu brauchen wir die Unterstützung der dort arbeitenden Gruppen.

Die Scherben auf Tournee

»Wir unterstützen jede Aktion, die dem Klassenkampf dient. Egal, von welcher Gruppe sie geplant ist« – die Gruppen ließen sich das nicht zweimal sagen. Aus der ganzen Bundesrepublik und sogar aus der Schweiz kamen jetzt Konzertanfragen der verschiedensten Organisationen: von Kultur- oder Studentenverbänden (ASTA) bis hin zu kirchlichen Jugend- und Schülergruppen, von der Sozialistischen Deutschen Arbeiterjugend (SDAJ) über die Falken, die Jusos, bis hin zu Knasthilfegruppen wie Rote und Schwarze Hilfe.

So begann Nikel, für die Zeit von März bis November einige längere Konzertreisen zusammenzustellen, und er sorgte dafür, daß die Scherben bei einer Versteigerung für 500,- DM einen ausrangierten *Mercedes*-Postbus erwarben. Später wurde der Postbus durch einen Hanomag-Lkw ersetzt.

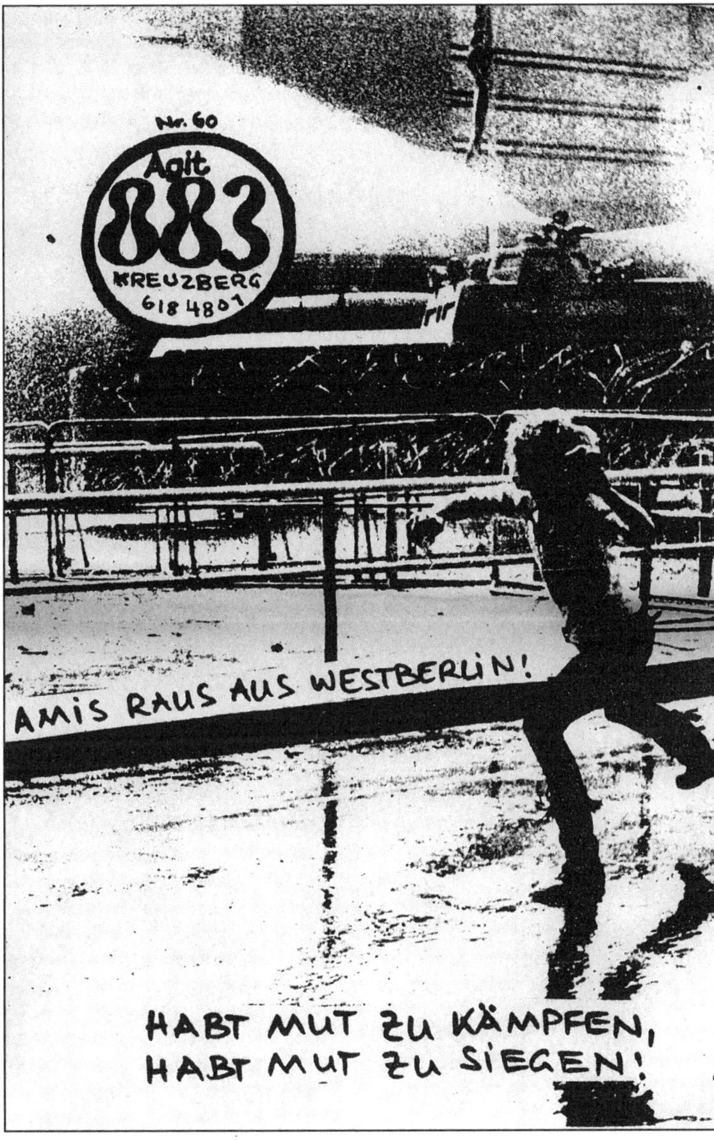

Mai 1970 – Titelseite

Diejenigen, die im Bus oder Lkw mit der Verstärkeranlage fuhren, waren gegenüber denen, die im Pkw anreisten, schwer benachteiligt, weil sie früher losfahren mußten, und zwar nicht nur, weil ihr Auto langsamer war. Das größte Hindernis waren die Kontrollen an den Grenzen. Genau viermal wurde man befragt und/oder durchsucht. Bei der Ausreise aus Berlin vom West-Berliner Grenzschutz, bei der Einreise in die DDR von den Vopos, bei der Ausreise aus der DDR noch einmal von den Vopos und bei der Einreise in die BRD vom Bundesgrenzschutz. Immer wieder wurde die Band aus der Schlange der Transit-Reisenden herausgewunken und mußte die komplette Anlage einschließlich der Instrumente aus- und wieder einladen. Den Gipfel der Schikane erlebten Lanrue und Kai auf dem Weg nach Regensburg im Mai 1971, als die DDR-Vopos von ihnen verlangten, die Rückwände sämtlicher Lautsprecherboxen abzuschrauben, vermutlich um zu sehen, ob sich irgendwelche Drogen darin versteckten. Republikflüchtlinge hätten jedenfalls nicht hineingepaßt. 1972, nach Inkrafttreten des Transitabkommens der beiden deutschen Staaten, wurde die Durchfahrt allerdings wesentlich leichter.

War die erste Hürde in Form der Grenzkontrollen genommen und hatte auch keine Motor- oder sonstige Panne die Ankunft in der betreffenden Stadt verhindert, galt es natürlich, den genauen Veranstaltungsort ausfindig zu machen. Wenn die Scherben bei der Fahrt durch die Straßen einige Plakate sahen, die das Konzert ankündigten, konnten sie aufatmen. Erstens wußten sie so die Adresse des Auftrittsortes und zweitens war klar: Es sind verantwortungsbewußte Veranstalter am Werk. Das war nicht immer so. Es gab Fälle, wo niemand im ganzen Ort davon wußte, daß ein Konzert stattfinden sollte, und schon gar nicht: wo. Hier war »PSI-Minister« Lanrue mit seinen übersinnlichen Fähigkeiten gefragt. Mehr als einmal schaffte er es, die Band mit sicherem Instinkt an ihr Ziel zu führen, ohne jemals zuvor in der Stadt gewesen zu sein.

Lanrues PSI-Faktor war wirklich außergewöhnlich. Das Wort PSI, 23. Buchstabe des griechischen Alphabets, wird ja dazu verwendet, außersinnliche Wahrnehmungen und paranormale Fähigkeiten zu bezeichnen, und Lanrue kam aus einer Familie, in der solche Fähigkeiten normal waren. Aus Spaß nannte er sich auch »Dr. Losanow«, nach einem bulgarischen Forscher, über den er in dem Buch *PSI* von Ostrander & Schröder gelesen hatte, und er nahm wirklich Unglaubliches wahr.

Lanrue: »Es war einige Jahre nach Auflösung der Scherben. Ich war damals in Fresenhagen und bekam eines Tages einen Anruf von Rio, der zu der Zeit in Berlin war und in einem Theaterstück mitspielte. Die letzte Vorstellung stand bevor, und Rio lud mich ein, nach Berlin zu kommen und sie mir anzuschauen. Gesagt, getan. Rio hatte mir eine private Unterkunft in einer Seitenstraße vom Kudamm besorgt. Spät in der Nacht fuhr ich mit dem Auto dorthin. Ich hatte nichts getrunken, weil ich ja fahren mußte. Ich ging in die Wohnung, legte ich mich ins Bett und las noch ein bißchen im *Spiegel*. Plötzlich hörte ich ein deutliches ›Klack-Klack‹, ein spezifisches Geräusch, das ich als leidenschaftlicher Billardspieler sofort erkannte: Das Aufeinanderstoßen von Billardkugeln. Klack-Klack. Und wieder: Klack-Klack. Es gab für mich nicht den geringsten Zweifel, daß jemand in der Wohnung über mir Billard spielte. Als ich am nächsten Morgen beim Frühstück meine Gastgeberin wegen der Billardgeräusche ansprach, erzählte sie mir, daß in der Wohnung über ihr tatsächlich irgend ein bekannter Billard-Crack wohne.

Monate später, wieder in Fresenhagen, bekomme ich einen Anruf aus Berlin, diesmal von meinem alten Kumpel Bernhard Käßner. Bernhard erzählte mir, daß der Billardsalon am Nollendorfplatz aufgelöst und alle Billardtische verkauft wurden. Einer davon sei noch da, sagt er, und ob ich den kaufen wolle? Wegen der Kaufmodalitäten telefonierte ich mit dem Besitzer des Billardsalons, dem mehrmaligen Billard-Weltmeister Dieter Müller. Als er mir während des Gesprächs seine Adresse gab, stutzte ich: Es war das Haus, in dem ich damals, bei Rios letzter Theatervorstellung, übernachtet und das Klack-Klack von Billardkugeln gehört hatte.

Ich erzählte ihm davon, und er bestätigte auch, daß er über der Wohnung meiner damaligen Gastgeberin wohnte. ›Aber‹, sagte er, und das hat mich wirklich umgehauen, ›ich habe in meiner Wohnung nie einen Billardtisch gehabt.‹«

Juni 1971 fanden in Braunschweig im Rahmen eines Musik- und Straßentheater-Festivals mehrere Konzerte statt, an denen auch die ROTEN STEINE teilnahmen. Die Scherben begegneten dort erstmals der Musik- und Agitations-Gruppe FLOH DE COLOGNE, die mit kabarettistischen Songtexten wie »Die Milch wird sauer, das Bier wird schal, im Fernsehen spricht der Löwenthal« Erfolge feierte. Eine Zeit lang wurden die Scherben ziemlich oft mit dieser Gruppe verglichen, entweder zustimmend oder ablehnend, aber auch wenn es zustimmend war, hörten sie sich das Lob nur mit gemischten Gefühlen an, weil sie vor allem Rock-Musiker sein wollten, während bei FLOH DE COLOGNE die Agitation an erster Stelle stand.

Am meisten Spaß hatten die Scherben während der Tage in Braunschweig, als sie in einer Obdachlosensiedlung spielten und

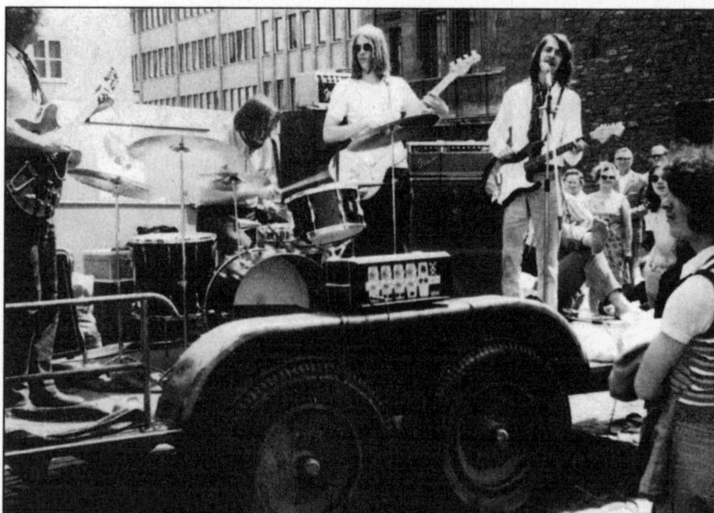

Straßentheatertreffen Braunschweig, Juni 1971. Lanrue, Wolfgang, Kai, Rio.

einfach als Rockband gut ankamen, ohne daß die Leute viel von den Texten verstanden. Es machte den Scherben auch nichts aus, Sachen wie *Butterfly*, den Sommerhit des Jahres, als Zugabe zu spielen, oder was die Leute sonst so verlangten.

Kai erinnert sich im Zusammenhang mit Braunschweig vor allem an die Geschichte mit dem Herrn: »Nach einem unserer Auftritte trafen wir überraschend einen netten alten Bekannten wieder, einen Haschisch-Dealer, der durch ein Erweckungserlebnis zu einem gläubigen Christen geworden war. Er lebte jetzt hier in Braunschweig in einer Art christlicher Kommune. Sie beteten täglich miteinander, und ihre Gebete hatten, wie er uns erzählte, dazu geführt, daß sie plötzlich Geld für einen Hauskauf geschenkt bekamen. Sie lebten jetzt in dem Haus, und er lud uns alle dahin zum Essen ein. Ich hatte eine Nacht zuvor eine Braut abgeschleppt, ein wirklich nettes, hübsches Mädel, das aus einem Heim abgehauen war. Babsy wurde sie genannt. Ich war ganz schön verknallt in sie und nahm sie mit zu diesen Leuten. Vor dem Essen wurde natürlich gebetet, und als wir dann endlich zu Messer und Gabel greifen durften, fragte Babsy unseren Bekannten: ›Wem gehört eigentlich das Haus hier?‹, und er sagte: ›Dem Herrn.‹ Und sie: ›Wie jetzt, welchem Herrn?‹ – Und er wieder: ›Na ja, dem Herrn!‹ Sie war furchtbar irritiert und fragte immer weiter: ›Ja, welcher Herr denn, wie heißt denn der Herr?‹ Noch Jahre später war es bei den Scherben üblich, auf Fragen, die irgendwelche Besitzverhältnisse betrafen, mit ›dem Herrn‹ zu antworten.«

Nach Auftritten in Braunschweig sollte die Band in Wuppertal einige Gigs geben. Wolfgang, Lanrue und Kai fuhren auf der Autobahn in Nikels offenem TRIUMPH-Cabrio Richtung Wuppertal. Wolfgang saß am Steuer und besaß die Kühnheit, ein Polizeiauto zu überholen. Ein altes, klappriges, offenes Cabrio mit drei langhaarigen Typen darin, das war natürlich ein gefundenes Fressen für die Jungs in Uniform, die auch sofort anfingen mit der Stoppkelle zu winken. Auf der Fahrt zum nächsten Parkplatz entfernte Lanrue schnell noch die Wäscheleine, mit der Fahrer- und Beifahrertür gegenseitig zugebunden waren, weil die Türschlösser nicht richtig funktionierten. Auf dem Rastplatz angekommen, inspizierten die beiden Polizisten den TRIUMPH, und sie fanden so einiges, was nicht vorschriftsmäßig war. Schließlich sagte der eine zu Wolfgang: »Ziehen Sie mal die Handbremse an!« Als Wolfgang tat, wie ihm geheißen, schaffte es der Uniformierte, den Wagen mühelos ein Stückchen nach vorn zu schieben. Die Konsequenz war absolutes Fahrverbot. Die Scherben holten dann aber doch noch die Erlaubnis heraus, auf der Landstraße weiterzufahren und die nächste Werkstatt aufzusuchen, was sie natürlich nicht taten.

In Wuppertal angekommen, gaben die Scherben einige Konzerte im Rahmen einer einwöchigen Kulturveranstaltung mit Namen »urps«. Auch die ROTEN STEINE waren mit von der Partie.

Bernhard Käßner: »Einige der Organisatoren der urps kamen zu uns und sagten, sie hätten vor, die Wuppertaler Oper zu stürmen. Den genauen Grund weiß ich nicht mehr. Wir, die ROTEN STEINE und die Scherben, sind dann zusammen mit diesen urps-Leuten zur Oper gefahren und da einfach reingeplatzt. Mitten in der Vorstellung sind wir auf die Bühne gegangen, und die Sänger waren völlig verdattert. Das Publikum war natürlich auch nicht begeistert. Es wurde dann irgendwas verlesen, gab eine kurze Diskussion, und dann sind wir wieder abgezogen und haben die Leute weitersingen lassen. War jedenfalls 'n ziemlicher Skandal, stand auch am nächsten Tag in allen Zeitungen.«

Im Oktober führte eine Tour die Band unter anderem in die Schweiz. Auch hier waren die ROTEN STEINE wieder dabei. Nach Auftritten in fünf verschiedenen Schweizer Städten war Basel die letzte Station. Nach dem Gig gab es noch irgendeine Solidaritätsdemo. Anschließend, auf der Fahrt zur Unterkunft, stoppte ein Motorradpolizist ein Auto mit ROTE-STEINE- und Scherben-Mitgliedern und konfiszierte aus bis heute unerklärlichen Gründen die Wagenschlüssel. Annette Cozette, damals Mitglied bei den ROTEN STEINEN, fing an, sich darüber künstlich aufzuregen, ja sie flippte geradezu aus. Das heizte die anfänglich eher harmlose Stimmung auf. Bernhard forderte die Wagenschlüssel zurück und bekam sie auch. Dazu muß man wissen, daß Bernhard außergewöhnlich kräftig war; jeder der ihn nur ansah, wußte, daß es besser war, ihn nicht herauszufordern. Die Niederlage konnte der eidgenössische Polizist natürlich nicht auf sich sitzen lassen. Außerdem sah er sich inzwischen einer noch gewaltigeren Übermacht gegenüber, da mittlerweile in einem zweiten Wagen die restlichen ROTE-STEINE- und Scherben-Mitglieder hinzugekommen waren. Er forderte über Funk Verstärkung an, ein Mannschaftswagen mit Bereitschaftspolizei kam, eine Schlägerei brach los, und das Ende vom Lied war, daß alle Steine und Scherben im Polizeigefängnis landeten. Zum Glück hatte der Baseler Veranstalter des Konzerts genug Einfluß, um dafür zu sorgen, daß keiner der Beteiligten eine Anzeige bekam und alle gleich wieder aus dem Gefängnis entlassen wurden. Ein längerer Aufenthalt im Knast wäre der Band wahrscheinlich schlecht bekommen, die Schweizer Polizei war bekannt für ihre Brutalität. Was die Veranstalter allerdings nicht verhindern konnten, war die Ausweisung der Truppe: Eine Polizeieskorte, bestehend aus zwei Polizeiautos, eins vor, das andere hinter den beiden Pkws und dem Bus mit der Verstärkeranlage, sowie einigen Motorradpolizisten, die die Flanken absicherten, geleitete die Band gegen Mitternacht zur deutsch-schweizerischen Grenze. Zum Abschied bekam jeder noch einen Stempel in den Paß: Unerwünschte Person!

Auf deutscher Seite gingen die Schikanen weiter. Der Bundesgrenzschutz hielt die Gruppe an und kontrollierte so lange, bis er schließlich fündig wurde: Der Reifen eines der Pkws habe zuwenig Profil, hieß es. Die Konsequenz war wieder einmal absolutes Fahrverbot.

Bei all diesen Konzerten Anfang der Siebziger, hatten die Scherben es sich angewöhnt, bei bestimmten Stücken, zum Beispiel bei *Der Kampf geht weiter*, einen mehrere Minuten langen Improvisationsteil einzufügen. Diese Improvisationen bestanden meist daraus, daß Rio auf seiner FENDER-*Stratocaster*-Gitarre den Barré-Akkord A-Moll griff und anfing, auf diesem einen Akkord die verschiedensten Rhythmen zu spielen. Wolfgang hielt mit, indem er auf seinem PREMIER-Schlagzeug wie verrückt drauflos trommelte, Kai versuchte, auf seinem FENDER-*Mustang*-Baß außer dem Grundton auch noch andere Töne zu finden, und Lanrue schließlich, damals noch ohne Hut, garnierte das Ganze mit gewagten Soli auf seiner roten GIBSON-Gitarre. Immer in A-Moll. Lanrue schlug damals scherzhaft vor, die Band solle sich in »The A-Molls« umbenennen.

Kai: »Jens Johler hatte mir mal, das war noch bevor ich zu den Scherben kam, auf dem Klavier einen Blues in B vorgespielt und mir gezeigt, wie man improvisiert. Das war ein absolutes Schlüsselerlebnis für mich, es war, als ob ich durch ein Tor ging und mit Harmonien und Blue Notes direkt in Kontakt kam. Auf dieser Grundlage fing ich an, die Baßlinien der CREAM-Songs nachzuspielen und von CREAM-Bassist Jack Bruce zu lernen, wie man auf dem Baß improvisiert. Aber diese endlos langen Improvisationen – möglichst vorher noch ne dicke Tüte rauchen –, das mochte ich nicht. Für mich war das Gedudel. Hin und wieder mal ein paar kurze Takte während eines Songs, okay, aber ich finde, wir haben das damals übertrieben mit der Improvisation, besonders auf der Bühne.«

Manche behaupten, die Scherben seien ihrer Zeit voraus gewesen; denn das, was sie damals boten, hätte eine verdammte Ähnlichkeit mit Punk-Musik gehabt, auch wenn diese Stilbezeichnung erst in der zweiten Hälfte der 70er Jahre auftauchte. Die Ähnlichkeit war zweifellos auch da. Aber es gab wesentliche Unterschiede. Was sie gemeinsam hatten mit den späteren Punk-Bands, das war das Anti-Bürgerliche, Aggressive, technisch Ungehobelte ihres Sounds und ihres Auftretens. Der Haß, der in *Macht kaputt was euch kaputt macht*, zum Ausdruck kommt, ist noch am ehesten mit dem späteren Punk verwandt. Aber genau in dieser Formel zeigt sich auch der Unterschied. *Macht kaputt ...* ist Agitation. Die Punker dagegen dachten nicht daran, irgendwen zu agitieren. *Macht kaputt ...* ist gerichteter Haß, hinter dem eine große Menschenliebe und die Hoffnung auf Veränderung stehen. *Macht kaputt ...*, *Alles verändert sich* und *Schritt für Schritt ins Paradies* gehören zusammen. Der Haß der späteren Punker dagegen hatte die Hoffnungen und Illusionen längst hinter sich. Er war ungerichteter, blanker Haß. »I hate« stand auf dem T-Shirt von Johnny Rotten, dem Sänger der SEX PISTOLS, der ersten berühmten Punk-Band. Das ist von *Halt dich an deiner Liebe fest* Lichtjahre entfernt. »Das einzige, worauf wir uns einigen konnten, war, daß wir alles hassen«, erinnert sich der SEX PISTOL-Manager Malcom McLaran. Darauf hätten sich die Scherben gewiß nicht geeinigt. Nein, sie waren irgendwie punkig, aber sie waren nicht Punk.

Dirk Schlömer, späterer Scherben-Gitarrist: »Also bei der LP *Warum geht es mir so dreckig*, der man ja nachsagt, sie wäre punkig, war es ja nicht so, daß man sich bewußt von Kollegen oder Vorbildern abheben wollte, um garagenmäßig zu klingen, sondern man hatte nur diese sehr beschränkten Produktionsmittel, und dann klang das eben so. Die Scherben waren damals ja auch erst so um die 20. Daß in dem Alter die Ausdrucksmittel noch ein bißchen knapp sind, ist ja auch klar. Für mich ist *Warum geht es mir so dreckig* eine Rockplatte, keine Punkplatte. Ich habe dahinter auch nicht diese Einstellung gefunden, die man zum Beispiel Iggy Pop unterstellt, dem Großvater des Punk, wo man sagt, da wird bewußt auf technische Fertigkeiten verzichtet, um nur die pure Aggression auszudrücken. Die Scherben-Songs sind ja sehr unterschiedlich und vielseitig. Wenn wir die späteren LPs mal nehmen, da sind ja richtig Stilübungen drauf, von Hardrock bis Psychedelic, über Balladen, witzige Reggae-Parodien, Chöre, also die ganze Palette eigentlich. Und insofern empfinde ich es als bedrückend, daß da offensichtlich ein Mißverständnis stattfindet.«

Kai: »Als wir 1971 die erste LP aufnahmen, hatten wir nicht den Anspruch, perfekte Musiker zu sein. Die Freude am Spielen war wichtiger, und wenn es mal kleine Patzer gab, dann fanden wir das nicht weiter schlimm. Im Gegenteil, es hatte einen gewissen Charme. Wir haben diese Haltung eigentlich nie ganz aufgegeben.«

Die ersten Konzerte nach dem Fehmarn-Auftritt waren noch recht gewöhnlich verlaufen, das heißt, die Band baute ihre Verstärkeranlage auf und spielte ihre Songs, einen nach dem anderen. Rio sang und spielte meistens Rhythmusgitarre, bei einigen Liedern auch ein HOHNER-Clavinett, Lanrue spielte Leadgitarre, Kai Baß und Wolfgang Schlagzeug. Ab Mitte 1971 begann die Gruppe jedoch, die Livedarbietungen zu verfeinern. Als erstes begann sie, die Reihenfolge der Stücke neu zu ordnen, um einen Spannungsbogen vom ersten Stück, dem Opening-Song, bis zum letzten Lied, dem Finale, zu halten. Außerdem befestigten sie ein riesiges knapp sechs Meter langes Spruchband hinter der Bühne, auf dem die während der 1848er Revolution von Georg Büchner geprägte Parole: »Friede den Hütten, Krieg den Palästen« zu lesen war. Sodann kamen ein Diaprojektor und ein Epidiaskop zum Einsatz; zum Thema des gerade vorgetragenen Songs wurden Bilder an die Wand projiziert. Und manchmal, wenn die Veranstaltung nicht sowieso schon zu einer Redeschlacht ausgeartet war, las Rio zwischen den Songs kleine Absätze aus der Mao-Bibel vor, die er damals immer in seiner Jackentasche trug. Auch die anderen gingen zwischendurch zum Mikrofon und lasen Mao-Texte vor oder beteiligten sich auf andere Weise an der Agitation. Nur einer blieb stumm.

Kai: »Rio wollte unbedingt, daß ich einen Abschnitt aus dem Text ›Yü Gung versetzt Berge‹ vorlese, es war wirklich nur ein ganz kurzer Abschnitt, aber ich wollte das nicht.«

Yü Gung versetzt Berge

Es gibt ein altes chinesisches Gleichnis, die Parabel ›Yü Gung versetzt Berge‹. Darin wird erzählt, daß in alten Zeiten im Norden Chinas ein Greis aus den Nördlichen Bergen namens Yü Gung (»Närrischer Greis«) lebt. Den Weg, der von seiner Haustür nach Süden führte, versperrten zwei große Berge: der Taihang und der Wangwu. Yü Gung faßte den Entschluß, gemeinsam mit seinen Söhnen diese Berge mit Hacken abzutragen. Ein anderer Greis namens Dschi Sou (»Weiser Alter«) lachte, als er sie sah, und meinte: »Ihr treibt aber wirklich Unfug; ihr paar Leute könnt doch unmöglich zwei solche riesigen Berge abtragen!« Yü Gung antwortete ihm: »Sterbe ich, bleiben meine Kinder; sterben die Kinder, bleiben die Enkelkinder, und so werden sich die Generationen in einer endlosen Reihe ablösen. Diese Berge sind zwar hoch, aber sie können nicht mehr höher werden; um das, was wir abtragen, werden sie niedriger: Warum sollten wir sie da nicht abtragen können?« Nachdem Yü Gung mit diesen Worten die falsche Auffassung Dschi Sous widerlegt hatte, machte er sich daran – ohne auch nur im geringsten zu wanken –, Tag für Tag die Berge abzutragen. Das rührte Gott, und er schickte zwei seiner Boten auf die Erde, die beide Berge auf dem Rücken davontrugen. Gegenwärtig lasten ebenfalls zwei Berge schwer auf dem chinesischen Volk. Der eine davon heißt Imperialismus, der andere Feudalismus. Die Kommunistische Partei Chinas ist schon längst entschlossen, diese beiden Berge abzutragen. Wir müssen unseren Entschluß beharrlich in die Tat umsetzen, wir müssen unermüdlich arbeiten, und wir werden Gott ebenfalls rühren. Und unser Gott ist niemand anders als die Volksmassen Chinas. Wenn sich das ganze Volk erhebt, mit uns gemeinsam diese Berge abzutragen, sollten wir sie da etwa nicht abtragen können?

Yü Gung versetzt Berge, aber keine Bassisten. Rio redete mit Engels- und mit Teufelszungen auf Kai ein, und schließlich gab er seine Bemühungen, Kai in eine Agitatorenrolle zu drängen, auf.

Kai: »Nachträglich gesehen, bin ich noch einmal doppelt froh darüber. Diese Mao-Verherrlichung damals war doch fürchterlich. Was waren wir naiv und blauäugig. Wenn man bedenkt, daß Ende der 50er in China durch den Großen Sprung und Mitte der 60er durch die Kulturrevolution über 30 Millionen Menschen ums Leben gekommen sind und daß Mao dafür mittelbar verantwortlich war – unfaßbar, wie wir so jemanden verherrlichen konnten.«

Daß die Scherben nicht nur bereit waren, »jede Aktion, die dem Klassenkampf dient« zu unterstützen, sondern auch selbst an der Agitation teilnahmen, um den Klassenkampf »voranzutreiben«, hatte seinen Preis. Die Linken waren ihr Publikum, ihre Fan-Gemeinde, und die nahm sprunghaft zu, aber die Genossen waren nicht bereit, dafür zu zahlen. Man zahlte, wenn die STONES kamen, klar, man zahlte für die WHO – aber für die Scherben? Das waren doch Linke! Das waren doch Genossen! Gute Genossen nahmen doch von Genossen kein Geld! – Das war der Segen und der Fluch, der von Anfang an über der Band lag: Sie war Teil der linken Szene. Die Linken tanzten sich auf ihren Feten zu *Sklavenhändler* und *Wir müssen hier raus* die Lunge aus dem Leib – aber natürlich erwarteten sie von den Scherben, daß sie umsonst spielten oder jedenfalls nicht reich wurden, sonst wären sie ja Kapitalistenschweine gewesen.

Kai: »Mehr als circa zwei Mark Solidaritätsbeitrag – das Wort ›Eintritt‹ wurde vorsichtshalber gar nicht erst gebraucht – traute sich kein Veranstalter zu nehmen, das hieß, mehr als 500 Mark am Abend waren nicht drin. Das reichte man gerade so für die laufenden Kosten, wenn überhaupt. Was das Catering und die Unterbringung für die Nacht betraf: Hotels bekamen wir in dieser Zeit so gut wie nie, in seltenen Ausnahmefällen eine billige Pension. In der Regel wurden wir auf zwei oder drei Wohngemeinschaften verteilt, wo man uns als Nachtlager eine Matratze auf dem Fußboden anwies. Uns vor dem Konzert etwas zu essen anzubieten, fiel den wenigsten Veranstaltern ein, meistens gab es nur Kaffee oder Cola. Nach dem Gig war es oft schon so spät, daß es reine Glücksache war, wenn noch ein Grieche, Italiener oder Jugoslawe auf hatte.«

Von hungrigen Rockmusikern hatten weder Marx noch Mao etwas geschrieben. Also gab es sie nicht.

HAUSBESETZUNG NR.1

Peter Paul Zahl, Mitarbeiter von *Agit 883*, plante im Juni 1971 eine Informationsveranstaltung zusammen mit der ROTEN HILFE Westberlin, wieder einmal in der Alten Mensa der TU. Damit auch die richtige Stimmung aufkommen sollte, wurden zu diesem Abend verschiedene Bands eingeladen. Unter anderem ASH RA TEMPEL, AGITATION FREE und die Scherben.

Klar, daß die Band zusagte. Aber diesmal nicht bloß, weil sie Lust hatte zu spielen und von der politischen Notwendigkeit der Veranstaltung überzeugt war, sondern noch aus einem weiteren Grund: Die Studioaufnahmen für die geplante LP verliefen unbefriedigend; irgendwas Fetziges fehlte, etwas, das nur aufkam, wenn die Band live spielte. Also bat sie Klaus, den Live-Auftritt mitzuschneiden.

Das Konzert bekam über das Musikalische hinaus noch eine historische Bedeutung: Wie es der Zufall wollte, war Lothar Binger gerade jetzt auf die Idee gekommen, ein leerstehendes und zum Abriß freigegebenes Fabrikgebäude in Kreuzberg zu besetzen, um daraus ein selbstverwaltetes Jugendzentrum zu machen. Das hatte zwei Gründe: Zum einen fehlten den Jugendlichen, besonders denen, die aus Heimen ausgerissen und »auf Trebe« waren, Orte, an denen sie sich aufhalten konnten, zum anderen gab es zu dieser Zeit Pläne von Bauspekulanten, die Häuser, die an der Mauer lagen, abzureißen und eine Schnellstraße dort entlangzuführen. Kreuzberg sollte plattgemacht werden, das war der Eindruck, der entstand. Dagegen wollte man sich wehren. Lothar Binger verabredete daher mit Rio, daß nach dem Auftritt der Scherben zu einer Fabrikbesetzung aufgerufen wurde.

Die Veranstaltung fand am 3. Juli 1971 in der TU-Mensa statt und wurde zu einer fast schon legendären Anarcho-Fete. Es war rappelvoll, als die Scherben spielten und Klaus Freudigmann das Konzert für die LP *Warum geht es mir so dreckig?* auf Tonband aufnahm. Danach kam es, wie geplant, zu einer der ersten spontanen Hausbesetzungen in Berlin und der ganzen BRD.

Rio: »Ja gut, Besetzung der leerstehenden Fabrik am Mariannenplatz, das war die Idee. Und zwar als Vorschlag, alle Fabriketagen eigentlich zu benutzen als Räume für selbstorganisierte, selbstbestimmte Freizeitgestaltung von Jungarbeitern, Schülern, Lehrlingen. Und dafür wurde in der TU ne Veranstaltung gemacht. Es gab Redebeiträge, dann haben wir gespielt, und danach wurde eben aufgefordert, da hinzugehen und das zu besetzen. Das heißt, da waren auch die ROTEN STEINE, und dann waren ja mittlerweile in den umliegenden Kreuzberger Jugendhäusern genug agitierte Jugendliche versammelt, die auch schon mittlerweile da zu ner Clique geworden waren, zum Teil verwandt oder verschwägert oder sonstwas. Also, ich würde mal sagen, da war vielleicht ne Clique von hundert Mann von Kreuzberger waschechten Proletariern, Jugendlichen, die nach dem Konzert zusammen mit den Studenten dieses Jugendzentrum besetzen sollten, was auch geschehen ist.«

Die Besetzung lief, zu aller Überraschung, vollkommen friedlich ab. Niemand kümmerte sich darum, daß die leerstehende Fabrik nun nicht mehr leer stand, daß nun auf einmal hundert Jugendliche da drinnen herumliefen oder in irgendeiner Ecke saßen, Bongo oder Gitarre spielten, Tee kochten und sich Joints drehten. Den Jugendlichen gefiel es so, aber die Politmanager waren unzufrieden. Es reichte ihnen nicht, wenn eine Sache einfach nur passierte, sie mußten unbedingt ein politisches Lehrstück daraus machen. Eine friedliche Hausbesetzung taugt dafür nicht, eine Konfrontation mit der Staatsmacht schon eher. So geschah es – das wenigstens ist Rios Version –, daß Politmanager Lothar Binger mal eben zur Telefonzelle ging und der Polizei die illegale Besetzung einer leerstehenden Fabrik am Mariannenplatz meldete.

Rio: »In meiner Erinnerung ist es so, daß Lothar die Bullen geholt hat, als er merkte, daß da kein Schwein drauf reagiert, daß da 'n Haus besetzt ist, er wollte ja den Konflikt mit der Staatsmacht. Ich meine, es war letztlich in seinen Auswirkungen überhaupt nicht weiter schlimm, muß man sagen, weil es hätte ja so oder so irgendwann ausgefochten werden müssen, ob wir da drin bleiben dürfen oder nicht. Und dann wußte man halt, das ist es jetzt, bevor man da ewig sitzt und wartet. Ich meine, wir wollten ja auch irgendwann nach Hause gehen und man konnte da ja nicht Tag und Nacht verbringen, bis die Bullen kommen. Insofern kamen sie ja dann auch rechtzeitig. Was ja zu nichts weiter führte als zu ner Festnahme über Nacht und eigentlich nur Probleme mit sich brachte wie das, wo Raymond seine Tüte Gras, die er dabei hatte, versteckte oder ich mein piece Haschisch oder sowas. Und dann wurde es ja zum Politikum, und das Bezirksamt Kreuzberg mußte darüber entscheiden. Und der Besitzer mußte sich auch dazu verhalten, wir sind ja dann erstmal da dringeblieben.«

Vielleicht war es sogar wirklich ein kluger Schachzug gewesen, sofort die Polizei zu holen, denn um die Fabrik halten zu können, brauchte man Öffentlichkeit. Und die war in der Folge reichlich vorhanden. »Fabrikgebäude besetzt. Polizei nahm 76 Jugendliche fest«, schrieb die *B.Z.* am 5.7.71.

Und auch die anderen Berliner Zeitungen, *Der Abend*, *Der Tagesspiegel*, sogar die überregionale *Bild-Zeitung* brachten je nach politischer Ausrichtung empörte oder verständnisvolle Berichte über das, was da in Kreuzberg vorgefallen war.

Aber auch wenn es ein geschickter Schachzug war – für Rio war es zugleich eine Enttäuschung. Oder zumindest ein Lehrstück darüber, wie es in der Linken zuging.

Rio: »Plötzlich wurde mir klar, daß da noch 'n ganz anderes Spiel abgeht, was nur er, Lothar Binger, durchschaut. Nämlich als er die Polizei da geholt hatte, und als er da stand und wir abgeführt wurden, runter die Treppen vom Jugendzentrum, und er da eben neben dem Hundertschaftenführer oder weiß ich, wie das da hieß, neben dem Chef der Bullen da stand und uns alle angrinste und ab und zu mal locker ne Faust zum sozialistischen Gruß erhob, da wurde mir klar, daß er da sein eigenes Politspiel spielt, weil das Wichtige war ja zur weiteren Agitation der Jugendlichen, daß sie eben in nen Konflikt mit der Staatsmacht kamen. Denn auf Demonstrationen –, so weit war das ja nicht, daß die da sofort mitgetigert sind. Das war so 'n ziemlich enormer Bruch, wo ich merkte, die haben da was ausgekungelt, die Politmanager, wie ich sie dann so langsam anfing zu nennen, über unsere Köpfe hinweg. Wie es ja öfter passiert ist. Da gibt's ja tausend Gerüchte und Geschichten, wo auch regelrecht Leute geopfert wurden. Da, würde ich heute mal sagen, zeigte so der eiskalte Leninismus sein Gesicht.«

Tatsächlich wurde die Fabrik am Tag nach der Verhaftung und der darauffolgenden Freilassung der Jugendlichen erneut besetzt. Lothar Binger hatte sein Ziel erreicht. Nun waren die Politiker gefordert. Mehr als hundert Kreuzberger, die sich dem Abrißprogramm des Senats widersetzten, das hatte kommunalpolitisches Gewicht. Und die Kommunalpolitiker gehörten der linken SPD an, die konnten nicht so einfach draufhauen, wie es vielleicht eine CDU-Riege getan hätte. So blieb dem Berliner Senat nichts anderes übrig, als zu verhandeln. Ob diese Hausbesetzung wirklich die erste in Westberlin und möglicherweise sogar auch ganz Westdeutschland war oder nicht, ist nicht mit Sicherheit verbürgt. Manche sagen, es hätte zuvor in Frankfurt schon eine gegeben, andere meinen, in der Berliner Pohlstraße wäre die erste gewesen. Wie dem auch sei. Auf jeden Fall war die Besetzung der von Lothar Binger ausgespähten Fabriketage in der Mariannenstraße 13 eine der ersten überhaupt und hatte Signalwirkung für alle weiteren, die in den nächsten Monaten und Jahren in Berlin und vielen größeren Städten Westdeutschlands folgen sollten. Berlin wurde zur »Hauptstadt der besetzten Häuser«. Anfang der 80er waren zeitweise fast 300 Häuser in Berlin besetzt. In vielen Fällen erfolgte die Räumung allerdings erst, wenn die rechtlichen Voraussetzungen für eine sofortige Sanierung vorlagen. Daß es im Laufe der Jahre bei den Hauseigentümern und beim Berliner Senat zu einem Umdenken kam und statt Abriß und Neubau in großem Maße Altbausanierung betrieben wurde, ist zweifellos auch ein Verdienst der Hausbesetzer-Szene.

Einige Zeit später reiste Albrecht Metzger, vom Süddeutschen Rundfunk, nach Berlin. Er und sein Fernsehteam wollten vier Scherben-Songs für das Jugendmagazin *Jour fixe* aufnehmen.

Rio: »Wir kannten Albrecht noch aus Wuppertal, wo er mit der Gruppe Hotzenplotz aufgetreten war. Hotzenplotz hatte sich der Lehrlingsagitation angenommen und die spielten so Lieder wie ›Lehrlinge zusammenhalten, Solidarität‹ oder ›Du begreifst es, wenn du mal echt auf der Rolle hängst‹ Oberschüler, die sich die Lehrlingsagitation verordnet hatten. Die standen irgendwo zwischen FLOH DE COLOGNE und Scherben. Metzger las alles vom Blatt und sang seine Texte auch vom Blatt. In Wuppertal sprach er uns das erste Mal an, das hatte Folgen, Albrecht verschaffte uns mehr Medienöffentlichkeit. Abgesehen davon waren wir mindestens dreimal in diesen *Jour fixe*-Sendungen. Über die Jahre kam Albrecht immer wieder und hatte auch über uns gefilmt. Damals ging das ja noch. Da war eine große Freiheit in den Sendern, so eine Art Aufbruchstimmung, die eigentlich die Folge davon war, daß Willy Brandt damals ›mehr Demokratie wagen‹ gesagt hatte, und das war der Wagen, mit dem sie alle fuhren. Auf einmal trauten sich auch die Leute in den Chefetagen nicht mehr rumzumosern. Albrecht hat mal erzählt, daß nach Abnahme von einer Sendung Emil Obermann oder irgend so ein anderer Stoppelkopp beim Südfunk aufgestanden ist und ›Heil Moskau‹ gesagt hat. Aber trotzdem hat er die Sendung durchgehen lassen. So waren sie druff damals. Auch der *SF-Beat* durfte Dinge senden, die er später nie wieder senden durfte.«

In Klaus Freudigmanns schwarzem Studio in der Admiralstraße wurden *Ich will nicht werden was mein Alter ist* und *Solidarität* aufgenommen. Für den nächsten Song, *Alles verändert sich*, wurde außen gedreht, in der Nähe des Mariannenplatzes, vor dem Hintergrund eines frisch abgerissenen Hauses. Der vierte und letzte Song mußte noch geschrieben werden.

Rio: »*Allein machen sie dich ein* war wieder eine andere Sache. Das war fürs Jugendzentrum, darüber wollte Albrecht auch eine Sendung machen, und er wollte gern, daß wir irgendwas dazu machen. Da kam dann die Idee, wir machen irgendeinen Song, der in dem Zusammenhang steht, und den man auch irgendwie mit Gitarren und so machen kann.«

Den Text schrieb Rio, Lanrue vertonte ihn – und die gesamte Mannschaft des Jugendzentrums sollte dabei mitmachen.

Vor den Filmaufnahmen gingen Lanrue, Kai, Wolfgang Seidel und Rio ins Jugendzentrum, um den Song noch einmal mit allen zu proben. Während das Kamerateam das Milieu um den Mariannenplatz herum filmte, beobachtete Nikel, wie zwei Polizisten ein paar Türken daran hindern wollten, auf dem Mariannenplatz Fußball zu spielen. Nikel empörte sich darüber lautstark, es kam zu Handgreiflichkeiten und das Team um Albrecht Metzger begann das Handgemenge zu filmen. Die Polizisten riefen Verstärkung, und auch aus dem Jugendzentrum kam Verstärkung, nur für die andere Seite. Seit wann durfte man auf dem Mariannenplatz nicht mehr Fußball spielen? Während die Jugendlichen zusammen mit den Scherben auf den Mariannenplatz zu eilten, kamen mit Tatüüütataaa und blinkenden Blaulichtern die Mannschaftswagen der Bereitschaftspolizei herangebraust. Binnen einer Viertelstunde war der Mariannenplatz abgeriegelt und alle, die dort wohnten, waren von der Außenwelt abgeschnitten. Nach einer Stunde zogen die Polizisten sang- und klanglos wieder ab, und die Jugendlichen feierten die Aktion als Sieg. In diesem Hochgefühl machten die Scherben mit ihnen vor laufender Kamera die Aufnahme von *Allein machen sie dich ein*. Der Film-Beitrag wurde am 6. August 71 als *Jour fixe III* in der ARD gesendet und hatte, was die Scherben-Musik betraf, eine ähnliche Resonanz wie ein Jahr zuvor der Film *Fünf Finger sind eine Faust*.

Warum geht es mir so dreckig – Die erste LP

Im Spätsommer 1971, ziemlich genau ein Jahr nach Gründung der Band, waren die Aufnahmen zur ersten LP abgeschlossen. Die vier Scherben-Musiker, sowie Gert Möbius und Nikel, einigten sich auf folgendes Konzept: Auf Seite 1 sollten fünf Songs aus dem Live-Mitschnitt des TU-Mensa-Konzertes kommen, und zwar *Ich will nicht werden was mein Alter ist*, *Warum geht es mir so dreckig*, *Der Kampf geht weiter* und *Macht kaputt* … plus einer Zugabe. Seite 2 sollte die besten Studioaufnahmen enthalten: *Mein Name ist Mensch*, *Sklavenhändler*, *Alles verändert sich* und *Solidarität*.

Macht kaputt … hatte als Livenummer mehr Drive als die Studioaufnahme der Single, außerdem war der Übergang von Strophe zu Refrain hier um die Hälfte gekürzt, was dem Song nur gut tat.

Die Livefassung von *Warum geht es mir so dreckig* war bereits die dritte Version; die allererste, eine ganz passable Beatnummer, war für eine Rundfunksendung im SFB aufgenommen worden, die zweite Studiofassung, eine langsame Orgelversion, war musikalisch nicht uninteressant, aber mit Sicherheit nicht so gut wie die Livefassung.

Eines der wenigen Gitarrensoli, die Rio bei Scherben-Songs spielt, ist in *Alles verändert sich* zu hören. Für das Arrangement von *Mein Name ist Mensch* brauchten die Scherben am längsten. Damals war die britische Rockband CREAM auf dem Höhepunkt ihres Schaffens, und Lanrue und Kai spielten gerne CREAM-Nummern nach. Irgendwie kamen sie auf die Idee, den Grundgroove von *Strange brew* auf *Mein Name ist Mensch* zu übertragen. Rio hatte anfangs Probleme damit, akzeptierte dann aber diese Idee. Ähnlich war es bei *Solidarität.* Die erste Aufnahme, vom Sommer letzten Jahres, gefiel der Band nicht mehr. Sie probierte alles mögliche aus, aber *die* Version wollte nicht aufkommen. Schließlich kam der Zufall zu Hilfe. Als Wolfgang Seidel einmal nicht da war,

1. We Are Goin' Down Jordan (Les Humphries Singers)
2. In My Own Time (Family)
3. Soldier Boy (Buffy St. Marie)
4. Gong Gong, The Elephant Song (Burning Red Ivanhoe)
5. Banner Man (Blue Mink)
6. Our Guessing Game (Moody Blues)
7. Macht kaputt, was euch kaputt macht (Ton, Steine, Scherben)
8. Sweet Hitch-Hiker (Credence Clearwater)
9. It's A Beautiful Day (Warm Dust)
10. Sweet Leave (Black Sabbath)

Top Hits im Pop-Club. Hannoversche Allgemeine Zeitung, Sept. 71 setzte sich Lanrue ans Schlagzeug, Rio spielte Gitarre dazu, und auf einmal war allen klar: So mußte der Song gespielt werden. Rio hatte Lanrue aus alter Freundschaft und vermutlich auch, weil er wußte, wie sehr sie einander wechselseitig inspirierten, angeboten, alle Songs als Duo Möbius/Steitz herauszugeben. So steht es auf den Platten. Es erinnert an das Duo Jagger/Richards, und die Assoziation ist sicherlich auch nicht falsch. Bei einigen Songs handelt es sich jedoch nicht um die ganze Wahrheit. Nicht nur, weil Lanrue – bis auf einen halben – überhaupt keine Texte schrieb, sondern weil Rio einige Songs ganz allein geschrieben hat: *Ich will nicht werden was mein Alter ist*, *Mein Name ist Mensch* und *Sklavenhändler* auf der ersten LP, und bei späteren Produktionen zum Beispiel *Der Traum ist aus*, *Rauch-Haus-Song*, *Land in Sicht* oder *Laß uns ein Wunder sein*.

Nach der Auflösung der Scherben hat Rios Manager Georg Glück einmal nach dem Grund für das »Möbius/Steitz«-Etikett gefragt. Warum nicht Möbius/Möbius? Rio antwortete: »Möbius/Steitz klingt besser.« Darauf Georg Glück: »Möbius/Glück klingt noch besser.«

Daß die technischen Aufnahmemöglichkeiten für diese LP sehr bescheiden waren, ist natürlich nicht zu überhören. Gut zwanzig Jahre später schrieb der Musikjournalist Ralf Schlüter in *Zounds:* »Die Klangqualität von *Warum geht es mir so dreckig?* war verdammt nah dran an der Klospülung. Eine Garagenband aus Kreuzberg forderte nicht weniger als den totalen Umsturz der Verhältnisse: *Macht kaputt was euch kaputt macht* wurde zum Klassiker auf Demonstrationen. Diese Platte gehörte in jeden besetzten Haushalt.«

Der Coverentwurf stammt von Gert Möbius: Bandname, Titel, Emblem. Es sollte so etwas wie eine Kolonialwarenverpackung sein, zwei braune Pappkartondeckel, die rechts, links, oben und unten mit Heftklammern zusammengetackert wurden. Das war wieder mal Heimarbeit für die Scherben.

Rio: »Es hat sich natürlich keine Druckerei und überhaupt keine Firma auf der Welt bereitgefunden, den Scheiß zusammenzutackern, vor allem dann so, daß die Platte da noch reinpaßt.«

Rio hatte Wert darauf gelegt, daß die LP nicht mehr, wie noch die Single, ohne Plattenlabel erschien. Er wollte nicht, daß es so aussah, als sei man nur zu irgendeinem Automaten gegangen, wie es sie damals in Kaufhäusern gab, und hätte sich einen Gruß an seine Großmutter pressen lassen. Nein, eine richtige Band erschien bei einer richtigen Firma: Die BEATLES bei Odeon, die BEACH BOYS bei Capitol, die STONES bei Decca – und die Scherben? Wie wär's mit DAVID VOLKSMUND PRODUKTION? David Volksmund war der Künstlername, den Rio sich zugelegt hatte, als er noch mit seinen Brüdern im Theaterkarren durchs Land gezogen war (Gert hieß damals übrigens Giacomo Reiser). DAVID VOLKSMUND PRODUKTION – das war's. Als Emblem entwarf Gert die Hand mit der Steinschleuder: David Volksmund im Kampf gegen Goliath Kapitalismus. Wenn später jemand fragte, wer David Volksmund sei, bekam er die Antwort, das sei ein verrückter Millionär aus Basel, der einen Narren an den Scherben gefressen hätte. Nach dem ersten Novum, deutschsprachige Rockmusik authentisch und mitreißend zu gestal-

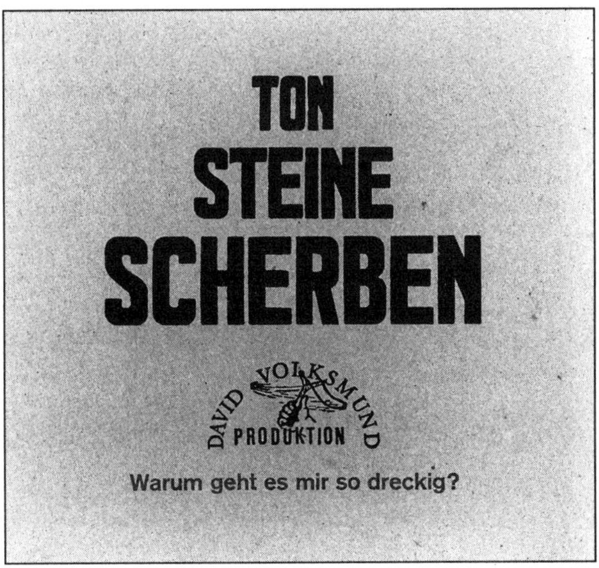

Original-LP-Cover von 1971

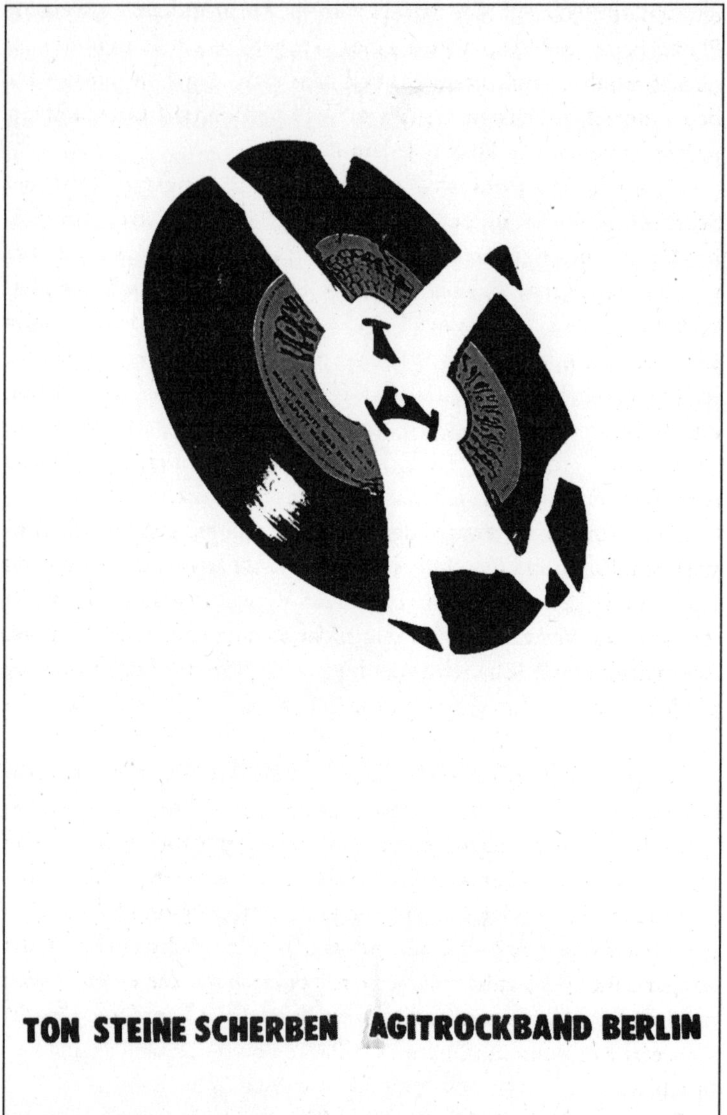

Plakat-Beilage zur LP »Warum geht es mir so dreckig«

ten, schafften die Scherben so ein zweites: Sie gründeten ihre eigene Plattenfirma und bauten ein eigenes Vertriebsnetz auf. Im Laufe der nächsten Jahre fand dieses Modell zahlreiche Nachahmungen bei den unterschiedlichsten Gruppen; die sogenannten Independent-Labels schossen wie Pilze aus dem Boden.

Warum geht es mir so dreckig, die erste Langspielplatte der Scherben, erschien im September 1971. Jeder LP wurde ein kleines Plakat im DIN-A-2-Format beigelegt. Dieses Plakat und später all die anderen, die noch folgen sollten, ließen die Scherben natürlich bei *dem* angesagten Drucker der Szene drucken: Martin Dürschlag, ein wirklich netter Typ, der seine Druckerei ebenfalls in Kreuzberg hatte, und zwar in der Admiralstraße 18e. Unzählige Male half Dürschlag den Scherben aus der Patsche. Wenn sie dringend irgendwelche Drucksachen brauchten, aber gerade keine Kohle hatten, wurden sie trotzdem immer bedient.

Die zerbrochene Platte, die das Plakat ziert, gab es übrigens wirklich. Raymond Fleschner hatte die *Macht kaputt …* -Single mit nach Hause genommen, um sie seiner Verwandtschaft vorzuspielen, aber die Verwandtschaft war nicht so entzückt, wie Raymond es erwartet hatte. Sein Schwager hörte sich *Wir streiken* an, verzog die Miene und nahm einen kräftigen Schluck *Berliner Kindl.*

»Paß auf«, sagte Raymond, »die andere Seite ist noch besser.«

Der Schwager nahm noch einen Schluck Bier und hörte sich die andere Seite an. Das, was er hörte, war laut und aggressiv, und es gefiel ihm nicht, es machte ihn kaputt. Was ihm gefiel, war nur, daß ihm der Sänger – aber war das überhaupt ein Sänger, dieser Schreihals? Peter Alexander war ein Sänger, Freddy Quinn war ein Sänger, aber dieser hier? – na, jedenfalls gefiel dem Schwager, daß der Sänger sagte, was man mit Sachen machen soll, die einen kaputt machen. Er nahm einen letzten Schluck *Berliner Kindl*, die Flasche war jetzt leer, stand auf, nahm die Platte vom Plattenteller und zerbrach sie.

Einigermaßen geknickt brachte Raymond die Scherben in die Oranienstraße, aber Rio oder Gert oder alle beide waren begeistert. Sie hatten beide dieses schöpferische Talent, aus scheinbarem Nichts etwas zu machen, diesen Blick für die vielfältigen Möglichkeiten, die in allen Alltagsdingen stecken, diesen Blick, den auch Picasso hatte, wenn er aus einem alten Fahrradsattel und einem Lenker einen Stierkopf machte. Rio und Gert sahen die Scherben der ersten Scherbenplatte – und auf einmal war klar, wie das Plakat aussehen mußte!

Gert zerbrach noch ein paar weitere Platten, bis er ein richtig schönes Puzzle zusammen hatte, photographierte es und brachte das Foto auf das Plakat. Darunter stand: TON STEINE SCHERBEN – AGITROCKBAND BERLIN.

Das Wort »Agitrock« war ein Verschnitt der Wörter Acidrock und Agitprop. Acidrock war damals der angesagte Sound der Underground-Szene. Es gab praktisch keine Band, die nicht versuchte, »beißenden, sauren« Rock aus den Verstärkern erklingen zu lassen, wobei die Doppelbedeutung von Acid – »Säure« und »Drogen« – natürlich noch einmal Zusatzpunkte auf der Coolheitsskala gab.

Agitprop, die Kurzversion aus Agitation und Propaganda, stammte dagegen aus der linken Bewegung der 20er Jahre. Die Kombination »Agitrock« war nicht nur eine treffende Bezeichnung für die Musik, die die Scherben in ihren Anfangsjahren machten, sie war auch ihr Spiegel: zur Szene dazugehören, sich gleichzeitig von ihr abgrenzen und aus dem Widerspruch etwas Neues entstehen lassen.

Schlotterer und das T-Ufer

Auf der Rote-Hilfe-Veranstaltung in der TU-Mensa war den Scherben ein Pärchen aufgefallen, das sich irgendwie von der Masse der Fans abhob. Es waren Jörg Schlotterer, von dem man wußte, daß er im SDS eine Rolle spielte, und den man auch als Redner von Teach-Ins her kannte, und Christine ›Schischi‹ Schily, Ehefrau des Rechtsanwaltes Otto Schily. Beide, Schlotterer und

Schischi, hatten das gewisse Etwas; sie sahen gut aus, und es schien so, als umgäbe sie eine geheimnisvolle Aura. Rio fand, sie wirkten konspirativ. Hinter vorgehaltener Hand wurden sie als das »Anarcho-Traumpaar« bezeichnet.

Ein paar Tage später kam es durch die Initiative von Schischi zu einem Gespräch zwischen Rio und den beiden in der Disco *Lichtspiele*. Die Disco war ein ehemaliges Kino, in dem man tanzen, Drogen konsumieren und verrückte, psychedelische Lichtspielereien auf der ausgedienten Kinoleinwand betrachten konnte. Obwohl Rio die laute Musik nicht als ideale Voraussetzung für ein stilles Gespräch mit Christine und Schlotterer sah, fühlte er sich zum ersten Mal aufgefordert, darüber nachzudenken, wie, warum und für wen er seine Texte schrieb.

Einige Wochen später besuchte Lanrue Schlotterer in dessen Wohnung am Tempelhofer Ufer, um ihm die gerade neu erschienene Scherben-LP zu überreichen.

»Mann«, sagte er, als Schlotterer ihm die riesige 8-Zimmer-Altbauwohnung zeigte, »das wär genau das richtige für uns.«

»Könnt ihr haben.«

»Mach keinen Scheiß.«

»Doch, im Ernst.«

Schlotterer wollte die Wohnung sowieso aufgeben, weil zwei seiner ehemaligen Mitbewohner, Holger Meins und Heinz Brockmann, als Terroristen gesucht wurden und auf der Flucht waren. Der dritte, Hanns Baukhage hielt sich für unbestimmte Zeit im Krankenhaus auf.

Noch im September zogen Lanrue, Nikel, Rio und Kai in den zweiten Stock am Tempelhofer Ufer 32, am Landwehrkanal in Berlin-Kreuzberg ein. Für die Band war dieser Umzug zugleich Anlaß zu einer Neuorientierung. Rio hatte in der letzten Zeit mit Gert und seiner Freundin Ilse zusammengewohnt und verstand sich mit Ilse nicht besonders. Er war froh, daß er Abstand zu ihr gewinnen konnte. Aber er wollte sich auch von Gerts und vor allem Lothar Bingers Einfluß lösen. So gab es eine Art »Split«.

Rio: »Ich wollte Scherben eigentlich auch davon unabhängig machen, von dieser Binger-Raubdrucker-usw.-Kiste. Insofern kam da der Split.«

Die Trennung betraf aber nicht nur die Finanziers und Organisatoren, sondern auch den Schlagzeuger. Wolfgang Seidel zog nicht mit in die Wohnung am Tempelhofer Ufer. Er hatte eine kleine Wohnung am Kottbusser Tor und wollte sie nicht aufgeben. Und die Scherben drängten ihn auch nicht besonders.

Rio: »Einzug war erstmal nur zu viert, nee, nicht mal –, es lief ja darauf hinaus, daß Wolfgang ausstieg, ausgestiegen werden sollte. Da gab's noch mal so ne Art Split. Lanrue – aber ich auch –, wir wollten nicht mehr mit Wolfgang zusammenspielen. Das war nicht unser Schlagzeuger. Das war klar. Also haben wir pro forma die Gruppe aufgelöst, um niemanden rausschmeißen zu müssen, und haben sie eine Woche später neu gegründet.«

Schlotterer blieb zunächst am T-Ufer wohnen, weil er noch keine neue Wohnung hatte. Doch im Laufe der nächsten Wochen und Monate entwickelte sich das, was als Sympathie begonnen hatte, zu einer echten Freundschaft zwischen Schlotterer und den Scherben. Schließlich gab Schlotterer die ohnehin nur noch halbherzig betriebene Wohnungssuche ganz auf und wurde vollwertiges Mitglied der Scherben. Die Band ernannte ihn zu ihrem »Religiösen Berater«, ein ironisches Zitat von einem Cover der MC5-Platte *Kick out the jams*, die bei den Scherben eine Zeit lang ununterbrochen lief. Irgend jemand fungierte auf dem Cover als »Religiöser Berater« – und nun hatten die Scherben auch einen.

Ideologischer Berater wäre allerdings korrekter gewesen, denn im Gegensatz zu Rio hatte Schlotterer mit Religion wenig am Hut. Auf alle Fälle waren die Scherben durch sein Wissen und seine Redebegabung bei Konzerten mit studentischem Publikum jetzt besser gegen verbale Angriffe gewappnet. Außerdem spielte Schlotterer Querflöte und half Nikel bei der Organisation von Konzertveranstaltungen und Plattenvertrieb. Die beiden ergänzten sich ganz gut, auch wenn es nicht ohne gelegentliche Streitigkeiten abging.

Schlotterer, der eigentlich Langstreckenläufer werden wollte, hatte in Berlin schon einige legendäre Stationen durchlaufen. Er war als Sekretär aktiv im SDS-Vorstand tätig gewesen, arbeitete mit Rudi Dutschke zusammen und lebte eine Weile in der K II, unter anderem zusammen mit Georg von Rauch und Bommi Baumann.

K II ist eine Abkürzung für KOMMUNE ZWEI, die in der Nachfolge der spektakulären KOMMUNE EINS entstand. Die Anfang 67 gegründete K I war bis zu ihrer Auflösung Ende 1969 der Inbegriff der Subkultur. In ihr hatten unter anderem die als Bürgerschreck bekannt gewordenen Kommunarden Fritz Teufel, Dieter Kunzelmann, Rainer Langhans und Uschi Obermeier gewohnt und mit neuen Wohn- und Lebensformen experimentiert.

Hier am T-Ufer hatten die Scherben zum ersten Mal die Gelegenheit, in der Küche zu zeigen, was sie konnten. Das abendliche Kochen entwickelte sich bald zu einer Art Ritual. Es setzte sich auch über die Jahre hin fort und erreichte später, als die Scherben aufs Land gezogen waren, seinen Höhepunkt. Natürlich nicht jeden Abend. Manchmal war kein Geld da, oder es war nichts organisiert worden, dann mußte doch wieder jeder selber sehen, wie er satt wurde. Oder irgend jemand, der einen Führerschein hatte, wurde zum nächsten Imbiß geschickt. Dann gab es doch wieder Junkfood.

Es war gar nicht leicht, für so einen Haufen Menschen zu kochen. Die Zahl der Anwesenden schwankte beträchtlich, und man wußte nie genau, für wie viele Personen das Essen reichen mußte. Es kam oft vor, daß es schon auf dem Tisch stand und dann überraschend hungrige Gäste auftauchten. Aber alle, die den Koch-Job übernahmen, versuchten ihr Bestes zu geben. Jedes Scherben-Family-Mitglied hat gekocht, am häufigsten wohl Rio. Und später, in Fresenhagen, die CARAMBOLAGE-Mädels. Es gab auch oft Gäste, die kochten oder es zumindest versuchten. Einmal hatte so ein Gast ein makrobiotisches Körnergericht zubereitet. Alle, die am Tisch saßen, warfen sich verstohlene Blicke zu, keiner traute sich, etwas zu sagen. Bis schließlich Johnny Banse seinen Teller beiseite schob und krähte: »Schmeckt ganz gut, is aber nicht ganz meine Richtung!«

Lecker waren immer die schwäbischen Gerichte von Anne Reiche am T-Ufer und viel später dann, in Fresenhagen, die selbstgemachten Spätzle von Claudia Roth. Aber auch Hollys *Huhn Ananas* erfreute sich größter Beliebtheit. Als Getränk zum Essen setzte sich Weißwein durch, und das, obwohl es damals Leute in der Szene gab, die Wein als »Getränk der Bourgeoisie« ablehnten.

Als Mitte der 70er das Geld immer knapper wurde, war es verdammt schwer, aus ein paar bescheidenen Zutaten etwas zu zaubern. Doch kreativ zu sein und zu improvisieren, gehörte zum Leben dazu. Den Vogel abgeschossen hat wahrscheinlich Nikel, als er aus Mangel an geeigneten Zutaten ein Dessert aus Fanta und Gummibärchen zubereitete.

Die Scherben hatten jetzt mit Schlotterer zwar ein neues Mitglied, aber da Wolfgang Seidel draußen war, fehlte ihnen ein Drummer. Lanrue wollte unbedingt einen Farbigen als Drummer, »laßt uns 'n Schwarzen nehmen«, sagte er immer wieder, »die haben den besten Groove.« Aber erstens wußte man nicht, ob er es wirklich ernst meinte, und zweitens war das im damaligen Berlin ein ziemlich frommer Wunsch. Man hätte sich höchstens bei der US-Army nach einem farbigen GI umschauen können, aber das war für die Scherben nun wirklich nicht die richtige Adresse. Rio brachte schließlich Sven Jordan ins Gespräch. Sven war ein ziemlich faszinierender, gutaussehender Junge, der immer in einem langen Ledermantel herumlief und etwas Mysteriöses an sich hatte. Er war ein musikalisches Multi-

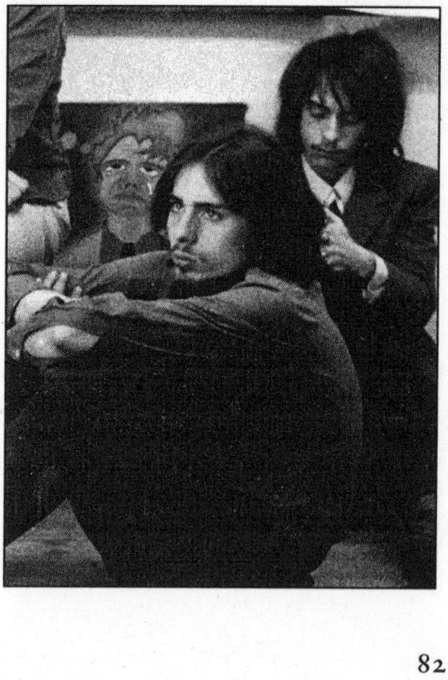

Sven Jordan und Rio

talent. Er spielte neben Schlagzeug auch noch Gitarre und Baß. Anfang 1970, als Rio, Gert Möbius und die ROTEN STEINE sich vom H.C.T. getrennt hatten – das H.C.T. machte damals mit Peter Möbius, Dietmar Roberg, dem Kunstmaler Blalla Hallmann und zunächst auch noch Lanrue und Kai weiter – hatte Rio schon einmal mit Sven Musik gemacht; da hatte Sven allerdings Baß gespielt. Die Scherben verabredeten sich tagsüber mit Sven in der Kreuzberger Diskothek *Lichtspiele*, um mit ihm zu proben. Für Sven war das Schlagzeug nie sein Hauptinstrument gewesen, und er hatte noch einiges nachzuholen, aber im großen und ganzen war sein Spiel okay. Der einzige Haken war, daß er mit Drogen dealte und selbst ein Junkie war. Rio nannte ihn den ›schwarzen Engel‹, düster, gefährlich und stotternd.

Sven wurde Nachfolger von Wolfgang Seidel und zog mit seiner Freundin Regina am T-Ufer ein. Bald gab es die ersten Probleme. Sven und Regina hatten so etwas wie eine Sadomaso-Beziehung. Es verging kein Tag, an dem Sven Regina nicht beschimpfte, oft mit: »Du blöde Pute, du.« Durch die tägliche Wiederholung setzten sich diese Worte in den Köpfen so fest, daß von Regina, wenn sie nicht da war, bald nur noch als von »der Pute« gesprochen wurde. Hin und wieder verprügelte Sven die Pute auch. Regina aber konnte es nicht lassen, ihren Schwarzen Engel weiterhin anzuhimmeln. Und die Scherben konnten es nicht übers Herz bringen, Sven zu feuern. Noch nicht.

NIKEL MIT DEM HACKEBEIL

Die Medien blieb den Scherben auf den Fersen. Schon Anfang 1971 hatte die Band einen solchen Bekanntheitsgrad erreicht, daß sich alle möglichen Leute bei Nikel meldeten. So zum Beispiel der Berliner Fotograf und spätere Manager von NENA und SPLIFF Jim Rakete, der im Februar zusammen mit dem Reporter Peter Winkler eine Fotosession mit Interviews von den Scherben machte. Sein

Beitrag erschien am 16.2.1971 auf der mittleren Doppelseite der großen Berliner Boulevard-Zeitung *B. Z.* »Eine Band macht ›Geschichten‹ « lautete die Schlagzeile, die sich auf den Bericht darüber bezieht, wie die Scherben ihre Texte aus Alltagssituationen heraus entwickeln. Als Text-Kostprobe wurde *Ich will nicht werden was mein Alter ist* vollständig abgedruckt. In der *B.Z.*!

Im August war die Sendung *Jour Fixe III* ausgestrahlt worden, für die Albrecht Metzger seinen Fernsehbeitrag über die Scherben gedreht hatte. Wenn alles gut gegangen wäre, hätte es in diesem Jahr noch einen weiteren gegeben: Karl-Heinz ›Kalle‹ Freynik, Ex-Mitglied der Hamburger Gruppe CITY PREACHERS, war nach Berlin gekommen, um die Scherben für die Musiksendung *Beat-Club* zu filmen. Kalles Idee war, daß die Band in der DETEWE-Fabriketage *Macht kaputt* ... spielte. Die Geschäftsführung der DEUTSCHEN TELEFON WERKE war bei der Vorbesprechung sehr entgegenkommend und sogar bereit, kostenlos etwas zu essen und trinken bereitzustellen. Allerdings wußte sie nicht, was für eine Band da spielen würde. Als die Aufnahmen begannen und die DeTeWe-Manager merkten, auf was sie sich da eingelassen hatten, versuchten sie, die Sache zu stoppen. Aber Kalle Freynik hatte vorgesorgt. Cool verwies er auf den Vertrag, den er sich vorher hatte unterschreiben lassen. Zähneknirschend, mit frostigen Mienen, wenn auch zur Freude der an den Werkbänken arbeitenden Lehrlinge, mußte die Geschäftsführung zusehen, wie in ihrem Hause *Macht kaputt* ... gespielt und aufgenommen wurde. Von einem kostenlosen Imbiß war natürlich keine Rede mehr. Die Manager ließen die Sache auch nicht auf sich beruhen. Auf höchster Lobbyebene, über den BDI (Bundesverband der Deutschen Industrie), wandten sie sich an den Rundfunkrat und erreichten mit der Begründung, sie seien arglistig getäuscht worden, daß der Film nie gesendet wurde. Leider ist er bis zum heutigen Tag auf Nimmerwiedersehen verschwunden.

Höhepunkt und krönender Abschluß des Jahres in Bezug auf die Medien-Präsenz der Scherben aber wurde Nikels legendärer Fernsehauftritt.

Am 3. Dezember 1971 sollte im WDR im Zuge der Sendereihe *Ende offen ...* eine Diskussion stattfinden mit dem Titel: »Pop und Co – Die andere Musik zwischen Protest und Markt.« Dazu hatte der WDR verschiedene Diskussionsteilnehmer nach Köln eingeladen: als Vertreter der Plattenindustrie Rolf-Ulrich Kaiser, Chef der Platten-Label Ohr und Pilz, den Soziologen Heinz-Klaus Metzger (nicht zu verwechseln mit Albrecht Metzger), den Journalisten Wolfgang Hamm sowie Conny Veit als Mitglied der Musikgruppen GILA und POPOL VUH und einen Vertreter der Scherben. Am T-Ufer überlegte die Band, wer hingehen und wie man sich dort verhalten sollte. Nach einigem Hin und Her heckten die Scherben einen Plan aus, und die Entscheidung, wer fahren sollte, fiel auf Nikel.

Nikel bereitete sich nicht nur gedanklich gut auf die Diskussion vor, er hatte noch einen besonderen Trumpf im Jackett. Der Gegner, auf den er sich während der Diskussion besonders einschoß, war der Vertreter der Plattenindustrie, Rolf-Ulrich Kaiser. Mit ihm kam es in den letzten zehn Minuten zu folgendem Wortgefecht:

Nikel: Ja ich meine, ganz konkret jetzt, ist die Situation echt objektiv so, und das kann man an Fakten nachmessen. Sie haben einen Vertrag mit Peter Meisel (Hansa-Studios, Berlin). Peter Meisel ist eine Kapitalistensau, ein Musikdieb höchsten Ranges, ein Pop-Gangster usw. Der braucht einen Mann, der draußen für ihn die Gruppen einkauft. Er holt sich jemanden, der einen Namen hat, der ein progressives Image hat. Wieviel gibt's davon in Deutschland? Das sind nur ein paar Musikjournalisten, und die Wahl fällt auf Rolf-Ulrich Kaiser, okay?

Kaiser: So ist das überhaupt nicht gelaufen!

Nikel: Wie geht es dann weiter? Der Mann soll dann die Leute anschaffen. Er hat auch seine Beziehungen zu einigen Gruppen, und die nutzt er jetzt aus; die produziert er dann und kann jetzt hier schöne Begründungen geben. Wir wollen ja eine schöne neue Welt bauen usw. Das gibt er vor. Aber im Grunde genommen stellt er sich voll auf die Seite des Systems und ändert damit überhaupt nichts. Er macht keine Trennungslinie, er ist nicht parteiisch, beziehungsweise er ist auf jeden Fall auf der einen Seite ...

Kaiser: Ich bin kein DKP-Mann.

Nikel: Du sollst auch gar kein DKP-Mann sein. Aber du willst doch was ändern. Du sagst doch selber, du findest einen Kinderladen dufte ...

Kaiser: Evolutionär werden wir diese Gesellschaft ändern, und das ist keine Sache, die morgen passiert. Das war die Illusion der Leute, die 1965 und 1966 auf die Straße gingen; obwohl das auch eine wichtige Sache war. Aber es wird nicht morgen passieren. Das ist eine Entwicklung, die wahrscheinlich noch hundert Jahre geht, und in diesen hundert Jahren ...

Nikel (*fällt ihm ins Wort*): Und in diesen hundert Jahren willst du unterstützen, daß die Unterdrückung weitergeht, indem du für das System arbeitest. Ja, du arbeitest für den Unterdrücker und nicht gegen den Unterdrücker. Weißt du das; ganz konkret.

Kaiser: Das ist deine Meinung ...

Nikel: Ja, aber natürlich. Für wen arbeitest du denn? Für Peter Meisel, ja, aber natürlich ...

Kaiser: Das ist deine Meinung. Ich kann die Geschichte auch andersherum erzählen, ja, aber ich habe da keine Lust zu, weißt du.

Nikel: Im Ergebnis kommt da dasselbe raus, ja.

Kaiser: Ich weiß nicht, ob es sinnvoll ist, in den Medien alles zu erzählen, wie man arbeitet, daß man auch mal lernen ...

Nikel: Ja guck mal, für wen arbeitest du denn? Du kannst doch echt objektiv nicht bestreiten, daß du für den Kapitalisten arbeitest.

Kaiser: Für wen sitzt du denn hier? Meinst du, das Fernsehen ist nicht auch ein kapitalistisches Organ?

Nikel: Ja prima. Jetzt sind wir nämlich an der Frage, ja ...

Kaiser: Was er jetzt sagt, sagt er für die Zuschauer und nicht für irgendwelche Fernsehbosse, das ist ja wohl auch klar! Man muß sich auch mal überlegen, welche Funktion wir hier in dieser Runde haben ...

Nikel: Darüber bin ich mir vollends im klaren, und darüber können wir jetzt ganz objektiv reden, ja. Das Fernsehen macht hier so eine scheiß-liberale Sendung. Wir haben die Möglichkeit, sozialistisch zu quatschen; einige können evolutionär reden, einige dürfen revolutionär reden, ja, und was passiert objektiv? An der Unterdrückung ändert sich nichts. Das Fernsehen ist ein Unterdrückungsinstrument in dieser Massengesellschaft. Deswegen ist es ganz klar: Wenn überhaupt noch etwas passieren soll hier, muß man sich gegen den Unterdrücker stellen. Man muß parteiisch sein und nicht hier einfach sagen ... Und deshalb mach ich jetzt mal diesen Tisch hier kaputt, ja, damit du mal endlich genau Bescheid weißt ...

Nikel zog ein Beil hervor, das er unter seinem Jackett verborgen hatte, und fing mit zunehmendem Eifer an, den Diskussionstisch zu zerhacken. Der WDR übertrug dieses anarchistische Happening genau 45 Sekunden lang. Techniker und Sendeleitung waren wie gelähmt. Daran, daß ein wildgewordener Waldschrat mit einer Axt ihr Sendestudio zerlegen könnte, hatten sie nicht im Traum

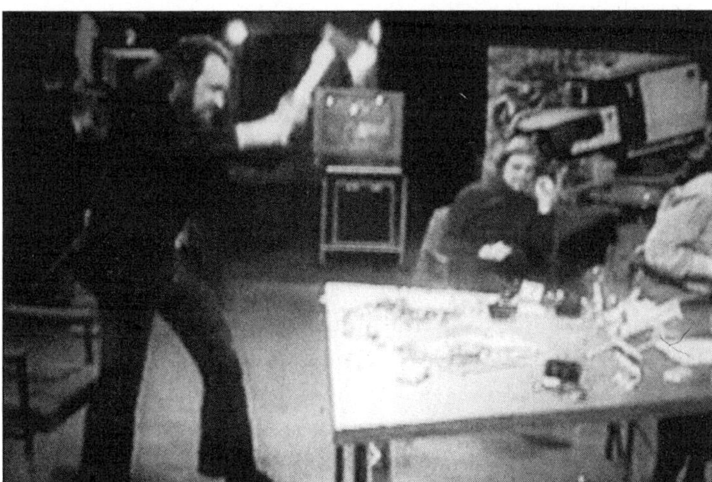

Nikel schlägt zu

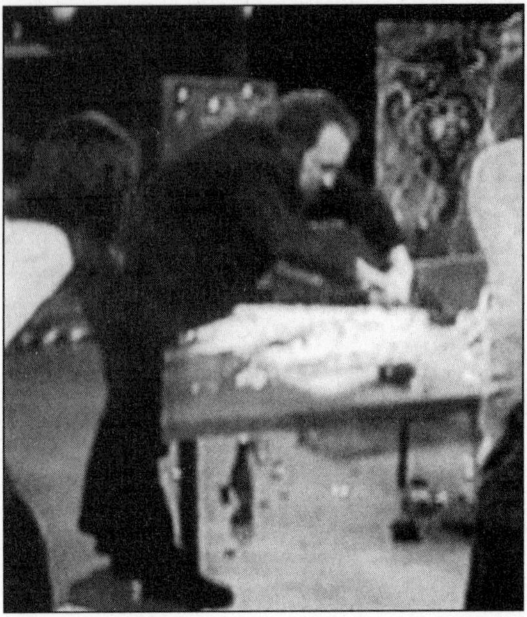

Nikel schraubt das erste Mikrophon ab

gedacht. Erst als Nikel anfing, die Mikrophone abzumontieren, schritten sie ein. Die Sendung wurde unterbrochen. Was damals niemand ahnte: Nikel schrieb sich mit seiner Aktion nicht nur in die Herzen der Scherben-Fangemeinde ein, sondern auch in die künftiger Fernsehreporter. Es gab seitdem im deutschen Fernsehen kaum einen Beitrag über die Scherben, in dem Nikel mit dem Hackebeil fehlte.

Später, so gegen Ende des Jahres 1973, erfuhren die Scherben, daß einige Rundfunkanstalten sie auf eine sogenannte schwarze Liste gesetzt hatten, die es offiziell natürlich nicht gab. Es spricht einiges dafür, daß Nikels Hackebeil-Aktion mit dazu beitrug.

Aber auch vorher schon waren nicht viele Scherben-Songs im Radio gelaufen, wahrscheinlich wegen der radikalen Texte und weil die Scherben-Musik nur schwer ins Mainstream-Programm der Rundfunkanstalten zu integrieren war. Florian Barckhausen, heute Chefredakteur Berlin des SFB-Hörfunk und in den siebziger Jahren freier Mitarbeiter bei SF-Beat, erinnert sich: »Eine schwarze Liste in dem Sinne hat es nie gegeben. Ich glaube, die Verantwortlichen im Sender waren da viel geschickter. Eine Liste, die kursiert, hätte man veröffentlichen können und das wollte natürlich niemand. Uns wurde mit anderen Mitteln deutlich gemacht ›Das kann man nicht machen‹ oder ›Das ist keine Musik, was die Scherben machen, das ist Agitation‹. Nach dem Motto ›Steter Tropfen höhlt den Stein.‹ wurden wir regelmäßig vom Hörfunkdirektor einbestellt, wenn beispielsweise *Keine Macht für Niemand* im Programm gelaufen war. Dann hieß es ›Sind Sie sich klar, daß wir hier in einer öffentlich-rechtlichen Anstalt sind?‹ oder ›Der Rundfunkrat hat einen Mitschnitt Ihrer Sendung bestellt.‹ Die haben ihr Drohpotential schon ausgenutzt. Was aber andererseits dazu geführt hat, daß wir beim SF-Beat die Songs erst recht gespielt haben, allerdings getarnt, indem wir beispielsweise eine Themensendung über rebellische Jugend gemacht haben. Das größte Problem mit den Scherbensongs war: Sie hatten deutsche Texte. Die haben auch Hörfunkdirektoren verstanden. Bei *Streetfighting Man* von den STONES oder *My Generation* von den WHO gab es die Probleme nicht so zwangsläufig.«

Mitte der 70er Jahre hatte es den Anschein, als wären die Scherben gar keine Band, sondern eher eine Art geisterhafte politische Gruppierung, vor der man sich in acht nehmen mußte, weil sie radikal und gefährlich war. »Für viele Leute sind wir ein paar Anarchisten, die mal ne Gitarre in die Hand genommen und sowieso keine Ahnung haben«, sagte Rio in einem Interview mit der *tageszeitung* im Januar 1982. Außer einigen auflagenschwachen linken Blättern schrieben ab Mitte der 70er weder Musikzeitungen noch andere Kulturmagazine über die Scherben. Als Udo Lindenberg 1973 mit seiner *Andrea Doria* populär wurde, feierte ihn die Presse als Erfinder deutschsprachiger Rockmusik.

»Dieser ganze Rummel um Udo L. Als hätte es IHRE KINDER nicht gegeben und die Scherben nicht«, schrieb Teddy Hoersch zu diesem Thema 1982 im *Fachblatt.* »Nichts gegen Udo, aber die Pioniere waren vergessen, oder es steht was Verstümmeltes in den Blättern und Zeitungen.«

Um der Wahrheit Genüge zu tun: Tatsächlich war es wohl die bereits 1967 gegründete und aus Nord-Baden stammende Gruppe Checkpoint Charlie, die als erste Band Rockmusik mit deutschen Texten gemacht hatte; und ähnlich wie die Scherben hatte auch Checkpoint Charlie eine gewisse anarchistische Grundhaltung gehabt. Udo Lindenberg selbst hat sich zu diesem Thema damals nicht geäußert; Ende der 90er sagte er in einer Fernsehsendung: »*Macht kaputt was euch kaputt macht*, Ton Steine Scherben – das war grandios, das war total wichtig und super.«

Das ist unser Haus – Die Rauch-Haus-Besetzung

Zwei Tage nach Nikels Fernsehauftritt waren die Scherben wieder in Aktion. Nach der erfolgreichen Besetzung des Jugendzentrums am Mariannenplatz im Juli hatten einige Leute die Idee, so etwas noch einmal zu machen. Zu diesen Leuten gehörte auch Anne Reiche vom Blues, die im Herbst nach neunmonatiger Haft aus der Justizvollzugsanstalt Lehrter Straße entlassen worden war und nun öfter bei den Scherben am T-Ufer auftauchte, meist in Begleitung von Christine Schily.

Die treibenden Kräfte, die eine neue Hausbesetzung befürworteten, waren, außer Anne Reiche und den Scherben einschließlich Gert Möbius, der unermüdliche Polit-Tausendsassa Lothar Binger sowie einige Leute vom Jugendzentrum. Objekt ihrer Begierde war das seit ein paar Monaten leerstehende und schon für die Abrißbirne freigegebene Kreuzberger *Bethanien-Krankenhaus.* Der aus sechs Häusern bestehende Gebäudekomplex lag direkt gegenüber dem Jugendzentrum, sein Terrain, zu dem auch ein großer, parkähnlicher Garten gehörte, wurde an einer Seite von der Berliner Mauer begrenzt. An dieser Seite lag auch das *Martha-Ma-*

ria-Haus, über dessen Tür zu lesen war »Eins tut Not«, ein Bibelspruch, der sich auf die Geschichte der beiden Jesus-Schwestern Martha und Maria bezieht, der aber auch sehr schön zu der Besetzer-Absicht paßte. Anne Reiche und Rio träumten davon, zuerst das *Martha-Maria-Haus*, das ehemalige Schwesternwohnheim, zu besetzen und später auch noch die anderen Gebäude, um irgendwann einmal die »Freie Republik Bethanien« auszurufen. Die Besetzung war für den 8. Dezember geplant, an diesem Tag sollte es ein großes Teach-In in der Alten Mensa der TU geben. Ein trauriges Ereignis verlieh diesem Teach-In und der gesamten Besetzung noch eine weitere Bedeutung. Der Kampf zwischen dem Staat und seinen Dienern auf der einen und militanten Gruppen wie der RAF und BEWEGUNG 2. JUNI auf der anderen Seite hatte sich im Laufe des Jahres 1971 gefährlich zugespitzt. Die Fahndungsliste der gesuchten Terroristen wurde länger. Die am meisten gesuchten RAF-Mitglieder, ihr sogenannter harter Kern, waren zu dieser Zeit: Andreas Baader, Gudrun Ensslin, Ulrike Meinhof, Holger Meins und Jan Raspe. In der gesamten Bundesrepublik, besonders aber in Berlin, Frankfurt und Hamburg, kam es zu zahlreichen Großfahndungen. Mit Straßensperren, Verkehrskontrollen und Hausdurchsuchungen versuchten das Bundeskriminalamt und die mit Maschinenpistolen ausgerüstete Polizei die Terroristen hinter Schloß und Riegel zu bringen. Der Kampf eskalierte. Es gab Opfer auf beiden Seiten: Am 15. Juli 1971 wurde die als mutmaßliche Terroristin gesuchte Petra Schelm in Hamburg von einem Polizisten erschossen; am 22. Oktober wurde in derselben Stadt ein Polizist von einem mutmaßlichen RAF-Mitglied erschossen.

»Seit gestern 14 Uhr Großfahndung«, steht in großen Lettern auf der Titelseite der *B.Z.* am 4. Dezember 1971. »Sie gilt der gefährlichsten Verbrechergruppe, die seit langem im gesamten Bundesgebiet gesucht wird. Der ›Baader-Meinhof-Bande‹.« Um 17.24 Uhr desselben Tages ruft ein ziviler Zeuge per Notruf 110 die Polizei und meldet eine Schießerei in Berlin-Schöneberg, in der Eisenacher Straße zwischen Fugger- und Kleiststraße. An dem Schußwechsel sind auf der einen Seite Georg von Rauch, Bommi Baumann, Knolle und Heinz Brockmann beteiligt, auf der anderen einige Polizisten in Zivil. Dabei wird Georg von Rauch durch einen Kopfschuß tödlich verletzt, obwohl er kurz vorher von dem Todesschützen, Kriminalhauptmeister Hans-Joachim Schulz, erfolglos nach Waffen durchsucht worden war. Was hatte er getan? Beziehungsweise hatte er etwas getan? Der genaue Tathergang wurde trotz monatelanger Untersuchung niemals vollständig geklärt. Georg von Rauch – er war übrigens mit Schlotterer durch die gemeinsame Zeit in der K II gut befreundet – wurde zwar mit Haftbefehl gesucht, aber selbst die Bundesanwaltschaft wußte, daß keine Veranlassung dafür bestand, ihn auf die Fahndungsliste für die RAF zu setzen.

Georg hinterließ Frau und Kind. Doch der Staat verweigerte ihnen jegliche Entschädigung: Illo von Rauch mußte sich mit ihrer kleinen Tochter Yamin alleine durchschlagen. Es gibt Stimmen, die Bommi Baumanns Rolle in dieser Geschichte für zumindest fragwürdig halten, nicht zuletzt deshalb, weil er zweieinhalb Jahre später, im Juli 1974, in einem *Spiegel*-Interview auf die Frage, wer in der Eisenacher Straße zuerst geschossen habe, antwortete: »Klar Georg, aber geschossen wurde fast gleichzeitig.« Damit war die Sache mit der Entschädigung für Illo erledigt. Die Empörung über den Tod von Georg von Rauch spielte auf dem Teach-In am 8. Dezember 1971 natürlich eine große Rolle. Und ebenfalls die Verurteilung Dieter Kunzelmanns, der zwei Tage zuvor von einem West-Berliner Schwurgericht zu neun Jahren Haft verurteilt worden war. Der Grund: ein Brandanschlag auf den Berliner Juristenball im Januar 1970, der ihm als versuchter Mord angelastet wurde. Wie die geplante Hausbesetzung im Anschluß an das Teach-In und den Auftritt der Scherben dann im einzelnen verlief, hielten die Mitglieder des Jugendzentrums Kreuzberg e.V. fest. Im Sommer 72 verfaßten sie die Broschüre: *Kämpfen Leben Lernen – Georg von Rauch-Haus*:

»Der Tag erschien uns günstig für eine Besetzung, erstens waren viele Jugendliche auf dem Teach-In, und zweitens wußten wir, daß

Stadtrat Beck eine Woche später in Urlaub fahren wollte. Alle beteiligten Gruppen trafen sich abends im Jugendzentrum. Dabei kam es zu heftigen Diskussionen, weil viele Leute aus dem Jugendzentrum die Besetzung für verfrüht hielten. Schließlich faßten wir doch den Beschluß, das *Martha-Maria-Haus* nach dem Ende der Veranstaltung in der TU zu besetzen. Die letzten Vorbereitungen wurden getroffen. Jemand bügelte den schon bei der Besetzung des Jugendzentrums benutzten Stofflappen mit der Aufschrift: BESETZT auf. Essen und Kerzen mußten beschafft werden, außerdem Spray gegen die scharfen Hunde, die nachts im *Bethanien*-Gelände herumschnüffeln. Seitenschneider für den Maschendraht, Dietriche für die Türen, Sicherungen für Licht und Taschenlampen.

In der Zwischenzeit wurden in der TU Flugblätter verteilt und über Mikrofon über die Besetzung informiert und aufgefordert, mit nach Kreuzberg zu fahren. Ungefähr 600 Leute fuhren mit der U-Bahn und dem Auto nach Kreuzberg, sie versammelten sich zunächst am Jugendzentrum und wußten nicht, was sie machen sollten. Erst als einige, die an der Besetzung mitgeplant hatten, ihnen den Weg zum *Bethanien*-Gelände zeigten, wurden sie aktiv. Da gab es für manche ziemliche Schwierigkeiten beim Überklettern der Mauer. Manche konnten auch das kleine Loch im Drahtzaun nicht finden. Also mußte er ganz weg. Die Bullen waren noch nicht ganz vollzählig versammelt, denn sie guckten ruhig zu, wie etwa 300 Jugendliche ins *Martha-Maria-Haus* eindrangen, dann jedoch riegelten sie das gesamte Gelände ab. Wer drin war, war drin, und wer draußen war, und das waren etwa noch einmal so viele, mußte nun draußen bleiben.

Die Bullen wollten die draußen Gebliebenen verjagen, dabei kam es zu einer regelrechten Straßenschlacht. Die Bullen trieben die Jugendlichen mit Tränengas und Schlagstöcken auseinander und verfolgten sie durch die Straßen bis zum Görlitzer Bahnhof. Währenddessen richteten wir uns im Haus ein und besprachen, wie wir uns am besten gegen die Bullen verteidigen könnten. Gegen Mitternacht wurde uns durch Megaphon von den Bullen zugerufen, daß der Stadtrat Beck eingetroffen wäre und wir Vertreter zur Verhandlung rausschicken sollten. Das wurde von uns abgelehnt. Wenn wir verhandeln, müßten alle dabei sein. Wir forderten Beck auf, zu uns zu kommen. Da wir den Eingang und die Hintertür verbarrikadiert hatten, sollte er über die Leiter durchs Fenster steigen. Das lehnte Beck ab, mit der Begründung, er würde es nicht schaffen. Wir mußten die Tür doch öffnen. Falls es ein Vorwand der Bullen war, um das Haus zu stürmen, versammelten sich viele Leute mit Stuhlbeinen an der Tür, um sich in diesem Fall gegen die Bullen zu wehren.

Das geschah nicht. Beck erschien mit Senatsangestellten, und wir versammelten uns in einem großen Raum, um zu verhandeln. Sie versuchten abzuwiegeln und uns zu beschwichtigen, indem sie sagten, sie hätten das Haus uns doch schon versprochen. Aber in Wirklichkeit hatten sie es schon zig anderen Gruppen versprochen. Wir bestanden auf unserem Recht und waren nicht bereit, das Haus zu räumen. Nach langen Hin und Her versicherte uns Beck, daß wir auf jeden Fall bis zum nächsten Tag bleiben könnten. Daraufhin zog ein Teil der Bullen ab, und wir hatten freien Zugang zum Haus.«

Cristina Perincioli: »Ich erinnere mich an den Auftritt der Scherben im Audimax der TU, bei dem zwischen den Liedern immer ein kurzer politischer Text vorgetragen wurde. Das war neu und toll, bisher hatte Rockmusik ja nur den Bauch angesprochen. Die Krönung aber kam, als die ganze Veranstaltung plötzlich aufbrach, und wir *Bethanien* besetzten. Mich kann das heute noch begeistern, diese Umfunktionierung einer Kulturveranstaltung in politisches Handeln. Wie ich höre, mußten die Scherben das später noch so oft wiederholen, daß es sie heute vielleicht nicht mehr so begeistert.«

Zum Gedenken an Georg wurde das *Martha-Maria-Haus* in *Georg von Rauch-Haus* umbenannt. Im Laufe der Zeit wurde daraus einfach: Das *Rauch-Haus*. Und so heißt es heute noch.

Deine erste Begegnung mit den Scherben. Erinnerst du dich daran?

Klar, logisch. Das war auf dem Fehmarnfestival. Da habe ich die Band zum ersten Mal live gesehen. Ein paar Wochen später spielte sie dann in der HfbK, und da sprach ich Wolfgang Seidel an, ob man sich nicht mal treffen könnte. Ich bin dann hingegangen mit eigenen Texten unterm Arm und hab ihnen die Songs vorgesungen.

Hast du gemerkt, daß die anderen gekichert haben?

Na ja, so herumgealbert, klar. Ich war ja nun kein Musiker in dem Sinne, also kein Komponist. Das waren meistens Texte, die ich zu irgendwelchen anderen Songs geschrieben habe, irgendwelche Hits,

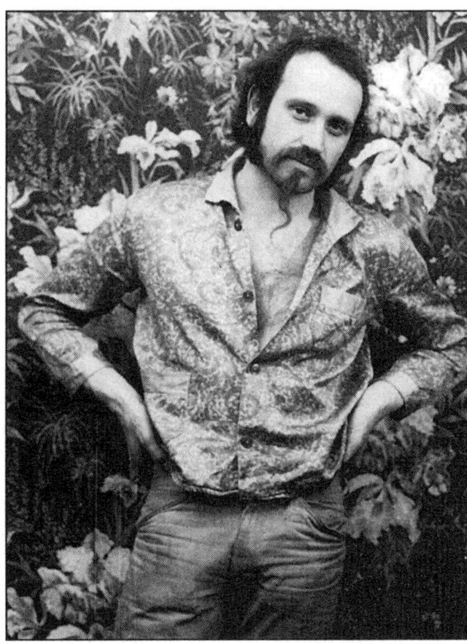

Nikel Pallat, Jahrgang 1945, war Angestellter eines Berliner Steuerberatungsbüros, als er zu den Scherben stieß. Heute arbeitet er als Mitbegründer der Hamburger Indigo Musikproduktion und Vertrieb GmbH, die auch die Scherben-CDs vertreibt.

wo dann mein neuer Text mit dem Original überhaupt nichts mehr zu tun hatte.

Du bist dann die einzige Scherbe geworden, die außer Rio singen durfte. Kompliment. Wie kam es dazu?

Ich hab ja Texte geschrieben, *Paul Panzers Blues*, *Guten Morgen* – die durfte ich dann auch singen. Angefangen hat es aber damit, daß sehr schnell klar war: Der Nikel, der hat noch ganz andere Ebenen drauf. Wir machen hier gemeinsam Alltag, und dann versuchst du mal Management und solche Sachen.

Rio schreibt in seinem Buch vom Steuerberater Nikel. Warst du wirklich einer?

Richtiger Steuerberater nicht, ich hab nur zu dem Zeitpunkt beim Steuerberater gearbeitet. Ich hatte eine abgeschlossene Ausbildung als Finanzinspektor zum gehobenen Dienst an der Finanzverwaltung Niedersachsen. Das Steuerbüro, in dem ich gearbeitet habe, war interessanterweise gar nicht weit weg von der Hardenbergstraße, also von der TU. In der Mittagspause bin ich dann oft in die TU-Mensa essen gegangen, und da wurden ja auch die Scherben-Singles verkauft. Da hab ich mir dann eine gekauft, und das war sozusagen das allererste Lebenszeichen, das ich von der Gruppe bekam.

Es gab ja viele Bands, auch in Berlin. Was hat dich gerade an den Scherben gereizt?

Also, das erste waren natürlich die deutschen Texte. Das war wirklich der Kick. Und dann eben diese Mischung aus Aggression und Musik. Wo man einfach merkte, hier ist eine ganz andere Wucht. Das ist nicht Unterhaltung oder Blabla, sondern da ist mehr dahinter. Das waren rebellische Zeiten, und da war das genau der Soundtrack dazu, beziehungsweise, um es etwas hochtrabender zu sagen: die mediale Umsetzung dieses Gefühls in Musik.

Und wieso hast du deine bürgerliche Existenz für das unsichere Leben bei den Scherben aufgegeben?

Du, es war ja damals alles viel offener. Der Steuerberater war froh, daß ich bei ihm arbeitete, weil ich vielleicht gar nicht so schlecht war. Der hatte hervorragende Mandanten, das darf ich hier ja nicht so erzählen, also wirklich die Crème de la Crème. Ich hatte bei ihm eine ziemlich große Freiheit, was meine Zeiteinteilung betraf, aber als es dann immer mehr wurde mit der Band, als die Tourneen anfingen, wo es dann hieß, jetzt bin ich eben nicht nur ein Wochenende, sondern gleich mal eine ganze Woche weg, da ging es dann doch nicht mehr. Da mußte ich mich eben entscheiden.

Aber es waren doch auch zwei Gegenwelten. Die Welt des Geldes und die der Scherben, die eigentlich Protest war ...

... Protest gegen Großkapitalisten, für die man die Steuerberatung machte. Klar. Die Protestseite war ja dann bei mir doch etwas stärker als die bürgerliche Anpassung.

Geld und Scherben. Das ist ein ohnehin schwieriges Kapitel ...

Das war immer ein schwieriges Kapitel. Es gab einerseits ökonomische Aufgaben, die gelöst werden mußten. Sprich, man mußte Tourneen buchen, wir fingen ja auch sehr früh an mit unserem eigenen Schallplattenversand, das mußte organisiert sein. Andererseits wollten wir den Marktwert, unter dem man eigentlich normalerweise gehandelt wird, außer Kraft setzen. Also gerade Ton Steine Scherben mit ihrer mehr oder weniger antikapitalistischen Haltung waren ja Verfechter einer bestimmten Art von Gleichheit und Brüderlichkeit und Solidarität. Es ging nicht darum, in Marktkategorien zu denken. Jeder sollte für die gleiche Leistung und für eine ordentliche Arbeit dasselbe bekommen.

Warst du so ein bißchen der Versorger, sozusagen »der Mama« der Band?

Einerseits schon, klar, aber das würde es zu sehr überzeichnen. Es war für die anderen sicherlich eine Entlastung, daß ich mich um bestimmte Sachen gekümmert habe.

Kai hat gesagt: »Nikel kam, und von da an war eine gewisse Grundversorgung gesichert.« Das muß Kais …

… Gefühl gewesen sein, ja gut. Ich bin ja nun auch 5 Jahre älter, und die anderen hatten wahrscheinlich jahrelang von der Hand in den Mund gelebt oder sich einfach so durchgehangelt. Ich hatte ja ein gewisses ökonomisches Grundverständnis.

Alles, was mit Geldverdienen zu tun hatte, war für viele der Fans und die linke Szene ein rotes Tuch. Ihr hattet zwar großen Erfolg, aber immer leere Mägen.

Das war ja nun die interessante Gratwanderung. Wir hatten ja auch selbst eine Vorstellung davon, wie weit wir gehen konnten und wollten. Es war von vornherein klar, daß es hier keine Ausbeutungssituation geben darf. Wir wollten unsere Kosten reinbekommen, wenn wir irgendwo spielten, und die bekamen wir auch, aber es war von Anfang an klar, daß wir nicht auf einen Geldtrip kommen wollten. Wir wollten nicht sagen, okay, wir verkaufen uns so teuer wie möglich, sondern wir wollten einen solidarischen Beitrag bekommen, den haben wir auch eingefordert. Als wir das erste Mal drei Tage im Quartier Latin spielten, 1971 war das glaub ich, da war eben 3,50 DM Eintritt. Wir haben halt gerechnet, damit kommen wir einigermaßen durch, davon haben wir ein paar Tage was zu essen.

Hättet ihr auch 7 Mark nehmen können?

Ich weiß nicht, ob der Markt das hergegeben hätte. Wahrscheinlich nicht. Aber wir wollten es auch gar nicht ausreizen, es sollten ja gerade Leute kommen, die wenig Geld hatten. Oder – wenn wir sagten, wir fahren nach Köln, weil wir da ein Solidaritätskonzert haben, da haben wir gerechnet und gesagt, wir brauchen 500 Mark, weil wir soundsoviel Kilometer fahren und soundsoviel essen müssen. Wir haben denen dann die Abrechnung geschickt und denen auch eine Flasche Whisky mit auf die Spesenrechnung gesetzt, und das wurde dann in irgendeiner Kölner Zeitung veröffentlicht, und es gab einen Aufschrei! Wie kommen die Scherben dazu, sich von unseren Eintrittsgeldern eine Flasche Whisky reinzuziehen!

Ist Whisky nicht links genug?

Das war dann eben schon Luxus. Die Flasche war aus dem Intershop, kostete um die zehn Mark fünfzig oder sowas, aber das galt dann als unsolidarischer Luxus.

Ihr habt euch auch nicht getraut, eure neue Verstärkeranlage auf die Bühne zu stellen, aus Angst vor den Reaktionen der Fans.

Ja, es gab schon – Selbstbetrug wäre ein bißchen überzogen – ich meine, wir waren unter einem permanenten Rechtfertigungsdruck der Szene gegenüber, die einem sowas nicht zubilligen wollte oder sollte oder konnte.

Was war deine Rolle innerhalb der Scherben?

Einerseits Organisation, andererseits gewisse musikalische oder künstlerische Beiträge zu liefern. Und viele Sachen auch in der Außendarstellung, wozu die anderen keine Lust hatten. Ich war von Anfang an für Interviews zuständig.

Du hast mal gesagt, das Fernsehen sei ein Unterdrückungsinstrument in dieser Massengesellschaft. Weißt du noch, wann und wo das war?

Das war in der Fernsehdiskussion mit Herrn Kaiser ...

Wo du durch deinen spektakulären Auftritt mit dem Hackebeil – zumindest fernsehtechnisch – zur berühmtesten Scherbe geworden bist. War dir die Wirkung damals schon klar?

Also, die Sache war natürlich inszeniert. Ich meine, du gehst ja nicht mit einer Axt ins Studio, ohne zu wissen, was du da vor hast. Und daß das ein Skandal sein könnte, das war auch klar, das nimmt man in Kauf, wenn man sowas macht. Aber daß das heutzutage noch so breitgetratscht wird, daß es so ein Teil der Mediengeschichte geworden ist, das war damals natürlich noch nicht klar.

Würdest du das heute nochmal machen?

In der Form wäre das lächerlich, logischerweise. Es geht ja nicht darum, daß ich das Beil geschwungen habe, sondern um die Sache, die in der Diskussion eskaliert ist, so daß es schlüssig war, das zu machen. Wir hatten in der Band vorher darüber gesprochen, was kann eigentlich passieren innerhalb dieser Diskussion und wie weit wollen wir uns vereinnahmen lassen von den anderen? Weil Ton Steine Scherben war ja was anderes als die anderen Leute, die da so am Tisch saßen. Und da war uns allen klar gewesen, okay, bis dahin reden wir mit, und wenn dann bestimmte Situationen in der Diskussion auftauchen, was zu erwarten war, dann machen wir da Schluß. Ende. Und das habe ich dann physisch umgesetzt.

Die Sendung wurde abgeschaltet, so heißt es zumindest, als du auf die Lampen los bist.

Auf die Mikrophone. Alle waren noch völlig entsetzt, und dann fing ich an, die Mikrophone abzuschrauben, mit dem Hinweis, daß ich die für die Leute von der Knastband in Plötzensee gebrauchen könnte. Es gab sowieso viel zu viele, die hatten beim WDR einen Überfluß an Mikrophonen. Und dann kam ich ein bißchen runter von meinem Trip. Die waren ja alle aus Angst vor mir weg gestürmt. Aber dann merkten sie wohl, langsam kriegt sich der Kamerad da vorn auch wieder ein. Ich bin ja ein sehr umgänglicher Mensch, und ich war dann auch wieder sehr ruhig. Ich meine, der Auftritt war zu Ende. Es ist ja wie Theater, Fernsehen ist ja auch irgendwo Theater: Rolle ist vorbei, gut, jetzt muß man wieder normal werden. In die normale Realität zurück.

Du hast nie wieder so gut gehackt, oder?

Doch. In Fresenhagen. Da mußten wir viel Holz hacken.

Du und Schlotterer, ihr sollt die Klaukönige unter den Scherben gewesen sein. Kannst du uns ein paar Tricks verraten?

Ach, na ja jetzt, um diese Uhrzeit? Ich hab's mir ja abgewöhnt inzwischen.

Ja, ja. Ist schon klar.

Es gab ein paar sehr gute Tricks. Ja, also ich hatte …

Ja?

Also, ich hatte so einen langen schwarzen Mantel mit vielen Taschen darin, und den Rest kannst du dir ja denken. Na ja, zum größten Teil war es ja auch Mundraub. Also juristisch, ich meine, ich bin ja auch mal aufgeflogen, so ist das ja nun nicht.

Ach so?

Also, zwei oder drei Mal bin ich auch erwischt worden. Klar, das geht nicht ohne bei den Mengen. Oder bei der Häufigkeit, rein statistisch.

In Fresenhagen häuften sich dann die Konflikte, auch in Form des Wäscheberges, der dir besonders zu schaffen gemacht hat.

Ich war bestimmt nicht der Einzige, der sich über diesen Wäscheberg aufgeregt hat. Aber es gab ihn einfach. Es war einfach Standard. Und es war bei Ton Steine Scherben gang und gäbe, daß jeder verschiedene Socken anhatte. Daß einer zwei gleiche Socken hatte, war die Ausnahme. Es gab bestimmt 100 verschiedene Socken und die einzeln zuzuordnen nach einer Wäsche, also …

Es war aber sicher nicht der Wäscheberg, weswegen du Fresenhagen schließlich verlassen hast. Was war der Grund?

Es gab immer weniger internen Zusammenhang. Rio war fast kaum noch da, als Band gab es keine Perspektive mehr, und ich hatte immer noch sehr viel Verantwortung für das gesamte Projekt. Es gab überhaupt keinen gemeinsamen Willen mehr, letztlich. Nur Krach. Interne Kräche, Psychos wegen diesem und jenem. Sticheleien von allen Seiten gegeneinander. Und dann gab's irgendwann auch noch eine handfeste Auseinandersetzung mit Lanrue und anderen bei irgendwelchen gemeinsamen Gesprächen. Wo man eigentlich merkte, was machen wir hier eigentlich? Und wofür? Da war's Zeit, was anderes zu machen.

Wenn du heute auf diese Zeit zurückblickst. Was ist davon übriggeblieben?

Es ist natürlich jetzt 20 Jahre her. Es gibt mir aber auch heute noch einen Maßstab zur Beurteilung dessen, was ich tue. Wie konsequent oder wie inkonsequent ich geworden bin, auf welcher Seite ich stehe. Es gibt auch heute noch ne Subkultur, genau wie damals. Ich werde jeden Tag konfrontiert mit jungen Leuten, die in dem Alter sind, in dem wir damals waren, und mit welchen Schwierigkeiten die zu kämpfen haben, um als Musiker zu überleben oder überhaupt eine Chance zu haben. Auch wenn sie sich anders artikulieren, als wir es getan haben, ist es eine ähnliche Rebellion, nur mit anderen musikalischen Ausdrucksmitteln. Da gibt's also durchaus Brüder im Geiste, auch wenn sie sich anders austoben heutzutage.

Und die Scherben? Was bedeutet das Leben als Scherbe unter Scherben heute für dich?

Es war für mich die spannendste Zeit meines Lebens.

1972: Keine Macht für Niemand

Die Frage der Gewalt

Am 2. März 1972 wurde in Augsburg der unbewaffnete Anarchist Thomas Weißbecker bei der versuchten Festnahme von einem Polizisten aus drei Meter Entfernung erschossen. Die Scherben waren zu dieser Zeit in Frankfurt. Auf die Nachricht von Weißbeckers Erschießung hin kam es zu einer spontanen Aktion. Einer der Veranstalter des Scherben-Konzerts malte ein Plakat mit der Überschrift: ERMORDET, darunter die Fotos von Petra Schelm, Georg von Rauch und Thomas Weißbecker und ganz unten der Text: »Wir kämpfen weiter«. Dieses Plakat ließ er vervielfältigen. Eine Gruppe von Leuten, bestehend aus den Scherben, den Konzert-Veranstaltern und sonstigen Bekannten, teilten sich in Zweier- und Dreiergruppen auf und schwärmten nachts aus, um die Plakate überall in Frankfurt zu kleben, vor allem an Bahnhöfen und Bushaltestellen, wo viel Publikumsverkehr war. Am nächsten Tag berichteten die Zeitungen, die Polizei sei in Alarmbereitschaft versetzt worden, weil sie vermute, die RAF halte sich in Frankfurt auf.

Nach dem ermordeten Thomas Weißbecker wurde später in Berlin auch wieder ein besetztes Haus benannt, das *Thommy-Weißbecker-Haus*. Georg von Rauch und Thomas Weißbecker, die Namensgeber der beiden Kreuzberger »Toten«-Häuser, waren übrigens gut miteinander befreundet gewesen und sahen sich sogar ein bißchen ähnlich. 1969 hatten sie zusammen mit Bommi Baumann einen Reporter verprügelt, als »exemplarische Strafaktion« für einen Hetzartikel in der Illustrierten *Quick*. Dafür waren sie Anfang 1970 verhaftet und vor Gericht gestellt worden. Nach 14 Monaten Untersuchungshaft wurde Georg von Rauch verurteilt, Thomas Weißbecker dagegen freigesprochen. Der eine mußte bleiben, der andere konnte den Gerichtssaal als freier Mann verlassen. Sie umarmten einander zum Abschied, und einer verließ den Saal und das Gericht. Die Polizei wollte den anderen ins Gefängnis bringen, aber als sie ihm dabei hilfreich unter die Arme griff, protestierte er lautstark. Er sei nicht der Georg von Rauch, er sei Thomas Weißbecker! Und so war es auch. Thommy mußte freigelassen werden – und Georg war über alle Berge. Die ganze Linke lachte über dieses Go-Out. Polizei und Justiz hatten sich blamiert. Und nun, wenige Monate später, waren ausgerechnet diese beiden erschossen worden, beide unbewaffnet, beide aus nächster Nähe. Das ließ bei vielen den Verdacht aufkommen, daß es sich hier um eine gezielte Racheaktion gehandelt habe.

Auch die Scherben hatten diesen Verdacht. Zumindest Schlotterer kannte die Erschossenen – oder Ermordeten – persönlich, es waren Freunde oder Genossen, die zum BLUES gehörten, zu der Gruppe von anarchistischen Kämpfern, auf deren Seite die Scherben jedenfalls eher standen, als auf der des Staates. Den Staat kannte man von Demonstrationen her, da schlug er mit dem Knüppel zu. Andererseits, die Propagandierung von Gewalt, bewaffnetem Widerstand, Untergrundkampf und der »historischen Notwendigkeit, Köpfe rollen zu lassen«, war den Scherben auch nicht

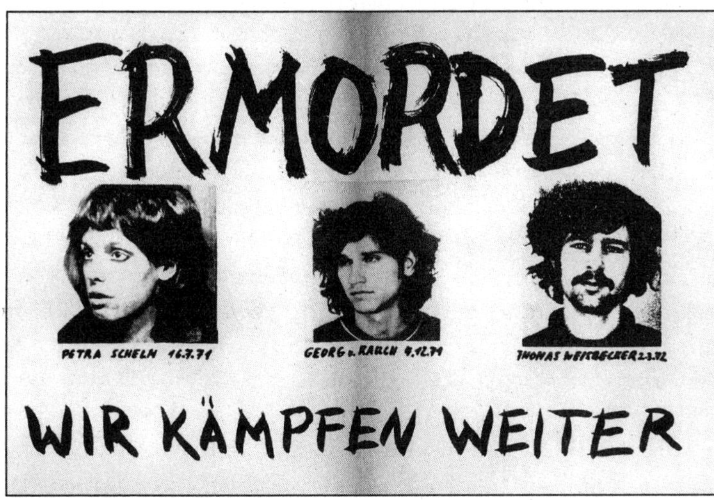

März 1972

unbedingt sympathisch. Je technokratischer und kaltblütiger die RAF und die BEWEGUNG 2. JUNI ihre Aktionen planten und durchführten, desto größer wurde der Zweifel an dem Sinn der Sache. Anfangs verteilten die Scherben während ihrer Konzerte noch Flugblätter und andere Propagandaschriften der RAF und forderten sogar gezielt Leute auf, ihre Personalausweise zu »verlieren«, um sie dann an Untergetauchte weiterzugeben. »Aber«, so Rio 1980 in einem Interview mit Steve Peinemann, »wir wurden immer unsicherer in der Beziehung, weil da so ein Druck auf uns ausgeübt wurde, daß ich mir schlimmer vorkam als in der Lehre. Ich hab gedacht, wenn du ständig ein schlechtes Gewissen hast, weil du noch nicht schreiend mit der MP losrennst, kann das nicht das Wahre sein. Die einen haben sich aufgeregt, daß wir den Kampf propagiert haben, die anderen, daß wir es nicht genug getan haben.«

Es gab noch einen anderen, einen inneren Konflikt, der Rio mehr quälte, als viele seiner Fans ahnten. Er war, seit er mit zwölf oder dreizehn Jahren ein Erweckungserlebnis hatte, gläubiger Christ und las täglich in der Bibel. Wer sich damals in der linken Szene als Christ geoutet hätte, wäre für gaga gehalten worden. Religion sei das »Opium des Volkes«, hatte Marx geschrieben, und wenn die Einnahme von Drogen auch sonst schwer in Mode war, Religion war es nicht. Daß Rio sich in der Bibel gut auskannte, konnte allerdings keinem, der seine Texte hörte, verborgen bleiben. Der Konflikt, in den Rio durch die RAF geriet, war der zwischen Bibel und Mao-Bibel, zwischen Christentum und Kommunismus. War es einem Christen erlaubt, dabei zuzuschauen und womöglich sogar zu unterstützen, daß Menschen umgebracht wurden, auch wenn es »Feinde der Revolution« waren, »Feinde des Volkes«? Andererseits, wenn man an die Revolution glaubte und sie befürwortete, konnte man sich dann einbilden, die Sache würde unblutig über die Bühne gehen? Hatte Mao nicht gesagt, die Macht der Revolution komme aus den Gewehrläufen?

Rio: »Ich konnte mir nicht vorstellen, daß, wenn die Massen plötzlich erwachen und zu den Schaltzentralen der Macht ziehen und sagen, gebt die Macht her, daß die dann sagen, ja, okay, ist in Ordnung, hier habt ihr sie. Das konnte ich mir nicht vorstellen.«

Wegen der Gewaltfrage kam es sogar zum Konflikt mit Gert Möbius, mit dem Rio sonst in politischer Hinsicht fast immer übereinstimmte. Als Rio seinen Bruder fragte, ob er nicht auch mal seinen Personalausweis verlieren wolle, fiel bei dem die Klappe. Mit dem bewaffneten Kampf wollte er nichts zu tun haben.

»Gewalt gegen Sachen, ja – Gewalt gegen Menschen, nein«, dieser Formel, die in der Linken immer weiter um sich griff, verschrieben sich schließlich auch die Scherben. Rio bekennt sich in diesem Zusammenhang zu einem großen deutschen Schriftsteller: »Dazu muß ich auch noch sagen, war ja meine christliche Haltung auch unter anderem, ich schäme mich nicht, das zu sagen, von Karl May beeinflußt. Kennen die meisten Leute, wissen vielleicht, wenn sie Karl May gelesen haben, auch Old Shatterhand hat ja geschossen, aber der hat dann ins Knie geschossen.«

Die Songs der neuen LP

Anfang 1972, die LP *Warum geht es mir so dreckig?* war gerade mal vier bis fünf Monate auf dem Markt, wurde die zweite LP geplant. Es war einfach so viel Material da, daß man gar nicht anders konnte, als daran zu denken. Außer den älteren Songs, die aber noch nicht auf Vinyl gepreßt waren, gab es schon wieder eine ganze Reihe neuer Stücke.

Die älteren Titel waren: *Komm schlaf bei mir*, *Allein machen sie dich ein* und *Schritt für Schritt ins Paradies*.

Was genau Rio zu *Komm schlaf bei mir* animiert hat, ist unbekannt. Fest steht, daß die Scherben diesen Song schon Anfang 71 bei Konzerten als Heavy-Metall-Nummer gespielt hatten, um ihn dann später als Akustik-Version mit Glöckchen so aufzunehmen, daß er Eingang in die Schlafzimmer der Wohngemeinschaften fand. Revoluzzer-Frauen, die ihren Auserwählten ins Bett kriegen wollten, legten einfach dieses Lied auf, und alles war gesagt. In Anspielung auf diesen Song schreibt Thommi Herrwerth später in *Sounds* (nicht zu verwechseln mit der anderen Musikzeitschrift *Zounds*): »Der größte Teil ihrer Lieder sind Liebeslieder. Ein Thema also, mit dem schon soviel Schindluder getrieben wurde, daß man glaubte, es eigentlich nur noch so geschickt wie möglich umgehen zu können. Ton Steine Scherben durchbrechen dieses Tabu. Die Scherben spielen und singen nicht über Liebe, sie spielen und singen Liebe.«

Allein machen sie dich ein war schon im Zuge der Jugendzentrumsbesetzung für die Fernsehsendung *Jour fixe* geschrieben und aufgenommen worden.

Der Song *Schritt für Schritt ins Paradies* hätte eigentlich schon auf die erste LP kommen sollen, aber Rio hatte ihn zurückgezogen, weil ihm die Kritik von Kais Schwester Barbara und ihrem Freund Jens Johler eingeleuchtet hatte und er ihn noch umschreiben wollte. Barbara und Jens waren Schauspieler in Dortmund gewesen und von dort nach Berlin gekommen. In Berlin waren sie auf die Möbius-Brüder und das H.C.T. gestoßen. Dadurch, daß sie den Kontakt mit Kai hergestellt hatten, gehörten sie zum entfernten Umkreis der Scherben-Family. Die Scherben nannten sie das »Prinzenpaar«. Rio hatte den beiden ein paar Texte gezeigt, und sie hatten ihm ein paar Sachen dazu gesagt. Die Richtung, aus der ihre Kritik kam, deckte sich mit Rios eigenen Überlegungen. Rio war zu dieser Zeit schon auf dem Sprung weg vom agitatorischen Du, hin zum lyrischen Ich. Texte in der Ich-Form können Botschaften viel besser übermitteln, da sie nicht mit dem Finger auf den Zuhörer zeigen und ihn bedrängen, sondern ihm die Möglichkeit zur Identifizierung lassen. Also nicht *Macht kaputt was Euch kaputt macht*, sondern *Ich will nicht werden was mein Alter ist*.

Rio: »Wer mir das dann nochmals so bewußt gemacht hat, waren Barbara und Jens. Die kritisierten das bei meiner ersten Version von *Schritt für Schritt ins Paradies*, wobei die natürlich den Schwerpunkt darauf legten, du stellst dich jetzt auf 'n Podest und bist der Besserwisser und sagst jemand anderem, was er machen soll. Das war für mich aber eine verstandesmäßig richtige Erklärung dafür, warum ich auch selber mit dem Text so unzufrieden war.«

Barbara Sichtermann und Jens Johler gründeten Anfang 1972 zusammen mit ein paar Freunden eine Zeitschrift mit dem Titel *Schwarze Protokolle – Zur Theorie der linken Bewegung*, in der sie sich kritisch mit dem Leninismus, Stalinismus, Trotzkismus, Maoismus auseinandersetzten, also mit den autoritären Theorien, denen viele der eben noch anti-autoritären Studenten inzwischen verfallen waren. Das hatte inzwischen zu einem ziemlich absurden Parteigründungsfieber geführt. Nur Spezialisten kannten sich noch aus: Neben der traditionellen DKP, der Nachfolgeorganisation der verbotenen KPD, und der SEW, dem West-Berliner Ableger der SED, gab es auf einmal eine KPD/AO (Aufbau-Organisation), mehrere KPD/ML (Marxisten/Leninisten), den KAB, (Kommunistischer Arbeiter Bund), den KBW (Kommunistischer Bund Westberlin), den KB (Kommunistischer Bund), die PL/PI (Proletarische Linke/Partei Initiative) und viele andere MGs (marxistische Gruppen), die alle darum konkurrierten, die Führung der Arbeiterklasse zu übernehmen, was den real existierenden Arbeitern allerdings ziemlich gleichgültig war.

Lanrue und Kai gründeten in dieser Zeit auch zwei, allerdings imaginäre, Gruppen, die sie je nach Situation aufleben ließen: Die »KPD/SQ« (Spekulanten/Querulanten), der sie die vielen verrückten Polit-Chaoten und Pseudo-Intellektuellen zuordneten, und ihren privaten »Club der Hedonisten«, in den sie nur selten jemanden als Ehrenmitglied aufnahmen, Leute wie Blalla oder Jens Johler.

Wenn die Scherben, was immer wieder vorkam, von einem Intellektuellen oder Studnik angegriffen wurden, überließ die Band gern Lanrue das Wort. An Lanrues sehr eigenwilliger Rhetorik kam nur schwer jemand vorbei. Der Satz, den er damals stets parat hatte und der zum Spaß der anderen für gewaltige Irritationen sorgte, lautete: »So lange Fiktionsapparaturen latente Illusionen nicht manifestieren können, ist eine Realisation des Illusionären latent fiktiv!« – Noch Fragen?

Im ersten Heft der *Schwarzen Protokolle* wurde übrigens noch einmal der Scherben-Text »Musik ist eine Waffe« abgedruckt. Außerdem erschienen im Vorabdruck zwei Texte der kommenden LP: *Menschenjäger* und *Die letzte Schlacht gewinnen wir.*

Die letzte Schlacht gewinnen wir war (zusammen mit *Wir müssen hier raus)* als Auftragsarbeit für einen Film von Clemens Kuby über das Jugendzentrum entstanden. Der Song war zugleich als Alternative zu *Macht kaputt was euch kaputt macht* gedacht. Die Scherben hatten immer weniger Lust, *Macht kaputt ...* zu spielen, der Song war einfach zu agitatorisch, zu destruktiv, und außerdem hatte er eine Eigendynamik entwickelt, die anfing, unheimlich zu werden. Auch Norbert Krause, der Textdichter, hatte sich inzwischen von seinem Werk distanziert.

Menschenjäger war als Reaktion auf den Tod von Thomas Weißbecker entstanden. Dieser Titel war zugleich der Titel eines Karl-May-Buches. Da Rio ein so großer Karl May-Fan war, wollte er auf jeder Scherben-LP einen Song nach einem Karl-May-Band benennen. Bei der ersten LP hatte er die Idee noch nicht gehabt, aber der Zufall hatte dafür gesorgt, daß es trotzdem halbwegs hinhaute. Der Songtitel *Sklavenhändler* war von dem Karl-May-Titel *Sklavenkarawane* nicht allzu weit entfernt. Von nun an aber sorgte Rio dafür, daß die Sache nicht mehr bloß dem Zufall überlassen blieb.

Mensch Meier wurde aus einem aktuellen Anlaß heraus geschrieben: Zum 1. März 1972 plante die BVG, die Berliner Verkehrsgesellschaft, eine Erhöhung der Fahrpreise für U- und S-Bahnen, sowie für Busse. Dazu schrieben die Scherben den *BVG-Song.* Klaus Freudigmann nahm das Stück auf, wobei einige Leute aus dem *Rauch-Haus* im Chor mitsangen, und ließ es auf einer alten Pressmaschine, die er kurz zuvor erworben hatte, als Folien-Single oder Flexidisc pressen. Auf die Rückseite kamen Interviews, die der Fotograf Rainer März auf der Straße mit verärgerten BVG-Kunden geführt hatte. Diese Folien-Single wurde im Zuge einer groß angelegten Kampagne gegen die Fahrpreiserhöhungen verteilt be-

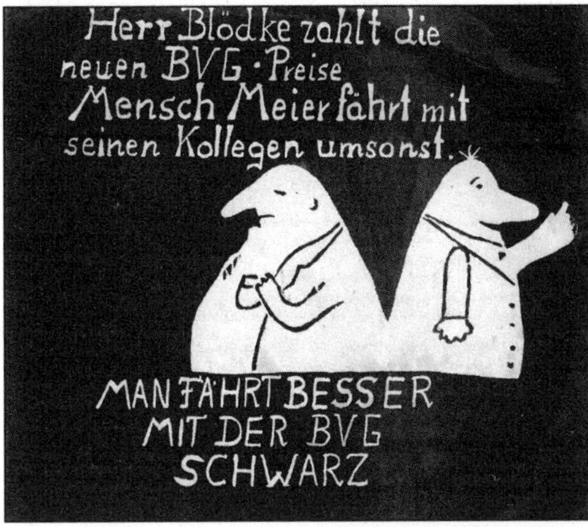

Links:
Original-Cover der Foliensingle »Mensch Meier«, 1971

Unten:
Foliensingle »Mensch Meier«, 1971

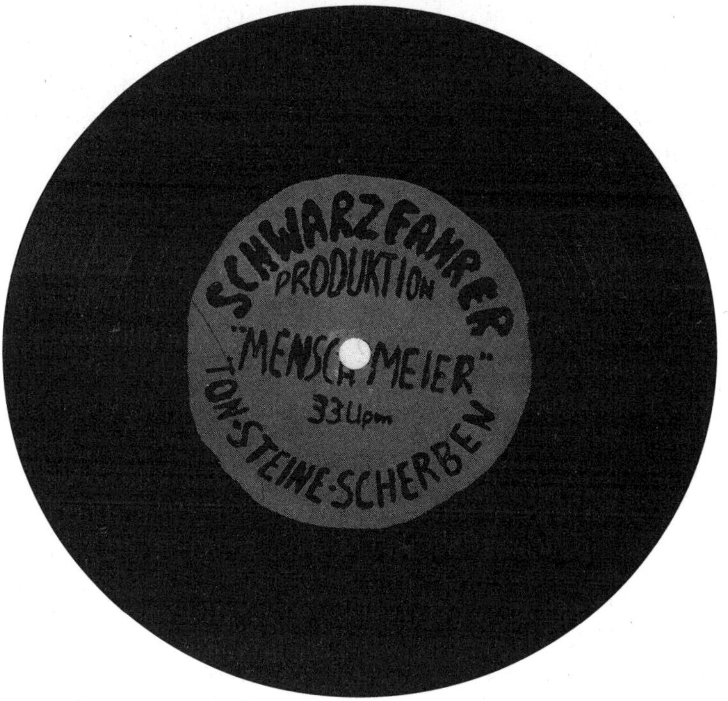

ziehungsweise für eine Mark verkauft. Für die LP bekam der Song dann den Titel *Mensch Meier*.

Der Traum ist aus war die Frucht einer Eingebung, die Rio buchstäblich über Nacht hatte. Er wachte eines Morgens auf, und der Song war da.

Kai: »Es war am T-Ufer. Ich kam morgens in die Küche, und Rio saß am Küchentisch und schrieb was. Es war ungewöhnlich, Rio schon so früh am Morgen wach zu sehen. Barfuß, im T-Shirt und noch etwas verschlafen murmelte er etwas von einem Song, den er im Kopf habe. Dann schnappte er sich eine Gitarre, probierte kurz ein paar Akkorde und spielte mir den kompletten Song wie aus einem Guß vor. Die Szene hatte beinahe etwas Feierliches. Es kam mir so vor, als wäre Rio über das, was er gerade gesungen hatte, genauso erstaunt wie ich. Wahrscheinlich wußten wir beide in diesem Moment, daß dieser Song eine Klasse für sich ist.«

Es gibt viele Songschreiber, die über das Phänomen berichtet haben, daß sie plötzlich ein fertiges Lied im Kopf hatten; beinahe so, als hätten sie den vollendeten Song aus einer unbekannten Quelle empfangen.

Auch Nikel war kreativ. Er schrieb den Text von *Paul Panzers Blues*: »Komm ich abends nach Hause / zu meiner Braut / mit nem bißchen was zu fressen / hab ich bei Karstadt geklaut / ich sag zu ihr ›Puppe, ich bin heut so geil!‹ / Und sie sagt: ›Mach dicht Junge, schalt den Fernseher ein.‹« Rio komponierte die Musik dazu, aber es war klar, daß nur Nikel diesen Blues würde singen können, was er mit Hilfe einiger Flaschen *Astra*-Biere dann ja auch auf seine sehr eigenwillige Art schaffte.

Keine Macht für Niemand war wieder ein Auftragswerk, mit dem Arbeitstitel »Hymne für den bewaffneten Kampf«. Anne Reiche vom BLUES hatte ihn bestellt. Rio schrieb den Text, Lanrue vertonte ihn. Die Titel-Zeile *Keine Macht für Niemand* hatte Rio in der Hamburger Anarcho-Zeitung *Germania* entdeckt. Angeblich wurde der Song später von der höchsten Kommando-Ebene der RAF als »Blödsinn, irrelevant und für den antiimperialistischen Kampf unbrauchbar« abgetan. Auch der *Rauch-Haus-Song* stieß auf ideologischen Widerstand. Rio schrieb den Song für ein Teach-In im Audimax der TU, das im März anläßlich einer drohenden Räumung des *Rauch-Hauses* stattfand. Aber die Politgurus, die im *Rauch-Haus* inzwischen das Sagen hatten, waren der Ansicht, der Song hätte »nichts mit der Realität zu tun« und untersagten den Scherben, ihn auf dem Teach-In zu spielen. Das hinderte dieselben Leute allerdings nicht daran, zwei Monate später in Klaus Freudigmanns Studio in der Admiralstraße zu kommen und im Chor mit zu grölen, als der Song für die LP aufgenommen wurde. »In der Zeit«, so Rio, »begann das Auseinanderdriften von *Rauch-Haus* und T-Ufer. Der erste Höhepunkt davon war dieses Verbot des *Rauch-Haus-Songs*. Beim Teach-In zu spielen, das war quasi Pflicht, wir waren ja requiriert, das war wie in der DDR. Man war halt anerkannter Künstler, aber das hieß noch lange nicht, daß man sagen und singen durfte, was man wollte. Das alles geschah noch, bevor *Keine Macht für Niemand* rauskam.«

Die letzten beiden Songs, die auf die Doppel-LP kommen sollten, waren *Feierabend* und *Wir müssen hier raus*, welches das Eröffnungsstück wurde. Aufgenommen wurden die Songs im Alsterstudio in Hamburg, das eine moderne 8-Spur-Anlage hatte. Das geschah durch Vermittlung von Klaus Schulz.

Alsterstudio Hamburg

Klaus Schulz wohnte damals in Ahrensburg bei Hamburg und gehörte zu einer bestimmten Hamburger Szene, der zum Beispiel auch Otto Waalkes und die Rattles angehörten. Er war Musiker und nebenbei auch Veranstalter, und vor allem einer der ersten, die die Scherben nach Westdeutschland einluden. Bereits im April 1971 hatte er in Hamburg und Ahrensburg Auftritte organisiert. Im März 1972 folgten weitere Konzerte, unter anderem in der Hamburger Justizvollzugsanstalt Neuengamme. Es wurde ein unvergeßliches Erlebnis, die Begeisterung der Zuschauer kannte keine Grenzen. Die Scherben bedankten sich bei dem Publikum auf ihre Weise. Sie gaben kleine Haschischkügelchen, die sie vorher in Silberfolie eingewickelt hatten, per Händedruck an die Gefangenen weiter.

Eine andere Schulz-Veranstaltung fand in Altona in einer Rokkerkneipe statt. Es gab Leute, die warnten vor dem Auftritt, es sei nicht ganz ungefährlich dort zu spielen, aber für die Scherben, die sich dort als echte Rock'n'Roller präsentierten, war so etwas eine Herausforderung. Zum Thema Hausbesetzung dachte sich Schulz, was den Berlinern recht ist, sollte den Ahrensburgern billig sein. Er hatte die dort leerstehende alte Posthalterei als zukünftiges Jugendzentrum im Visier. Und es kam wie geplant. Nach dem Konzert der Aufruf ans Publikum, ob man das Fehlen des Jugendzentrums nicht durch die Besetzung der alten Posthalterei beheben könnte, und fast alle der Zuschauer machten mit.

In den USA gab es damals eine Rockgruppe, die sich MC5 nannte. Albrecht Koch schreibt in seinem Buch *Angriff aufs Schlaraffenland* über sie: »Die Detroiter MC5 und ihre White Panther Kommune um Manager John Sinclair hatten mit *Kick Out the Jams, Motherfuckers!* das Programm totaler Freiheit mit Rock'n'Roll, Drogenrausch und Geschlechtsverkehr auf offener Straße verkündet.«

Als MC5 Anfang 1972 eine Deutschland-Tournee machten, bekamen die Scherben das Angebot, als Vorgruppe aufzutreten; auch eine Sache, die Klaus Schulz eingefädelt hatte. Es wurde eine erfolgreiche Tournee durch einige deutsche Städte, unter anderem Frankfurt, Würzburg, Stuttgart, Nürnberg und Berlin, wo die Scherben allerdings ihren Auftritt verpaßten. In Nürnberg kam es zu einer spontanen Demonstration, in deren Verlauf die Fensterscheiben des Rathauses eingeworfen wurden. Die MC5-Texte waren, ähnlich wie die der Scherben, teilweise radikal, die Musiker selbst waren ausgesprochen freundlich, auch darin ähnelten sich die Bands. Der Höhepunkt der MC5-Show war jedesmal, daß der Sänger Rob Tyner sich ins Publikum fallen ließ und ein Bad in der Menge nahm. Rob Tyner starb 1991, der Gitarrist Fred ›Sonic‹ Smith 1994; der zweite Gitarrist Wayne Kramer macht heute noch Musik und gab im Februar 1999 wieder ein Konzert in Berlin.

Die Anlage, über die die Scherben seit ihrer Gründung spielten, oder das, was man dafür halten konnte, war ein Sammelsurium verschiedener knisternder und brummender Verstärker, selbstgelöteter Kabel und ungewollt verzerrt klingender Boxen. Außerdem war die Wattzahl zu niedrig. Es war höchste Zeit für eine neue Anlage. Durch Plattenverkäufe war so viel Geld reingekommen, daß man immerhin eine überzeugende Anzahlung leisten konnte. Die Sache hatte nur einen Haken. Es gab zuviele Genossen im unmittelbaren Dunstkreis der Band, die sofort entsetzt aufschreien würden: »Was, die Scherben haben neue Verstärker? Für soundsoviel tausend Mark? Diese Kapitalisten! Verräter!«

Ohne neue Anlage würden die selben Genossen sich allerdings garantiert über den »beschissenen Sound« auf den Gigs beschweren. Was sollte die Band also machen?

Die neue Anlage wurde gekauft – aber heimlich. Die Scherben gingen zum Musikhaus Fechner am Hohenzollerndamm, bestellten drei ORANGE-Verstärker, sechs dazugehörige Boxen sowie ein Schlagzeug, ebenfalls Marke ORANGE. Nikel zahlte eine größere Summe an und nannte als Zustelladresse: Hamburger Flughafen, Fuhlsbüttel, Abt. Cargo, Selbstabholer, und für die telefonische Avisierung die Ahrensburger Telefonnummer von Klaus Schulz. Auf die Frage von Herrn Fechner, wer denn diese Band sei, hatten sich die Scherben vorbereitet: »Wir heißen ›Blue Flames‹.« Wahrscheinlich wußten weder Herr Fechner noch die Scherben, daß es in den 60ern wirklich eine Band mit diesem Namen gegeben hatte: Georgie Fame & THE BLUE FLAMES.

Auf jeden Fall kriegte es die Gruppe hin, daß niemand in Berlin etwas von der neuen Anlage erfuhr. Später, nach Beendigung der bevorstehenden Tournee, sah das neue Equipment schon nicht mehr so neu aus, und so blieben die inquisitorischen Fragen aus.

Klaus Schulz war es auch, der den Scherben einen, oder sogar zwei neue Drummer besorgte. Sven Jordan war nämlich gefeuert worden.

Sven war nie ein besonders umgänglicher Zeitgenosse gewesen. Er hatte aber nicht nur überspitze Ecken und superscharfe Kanten, er produzierte auch ständig kleine Streitereien und inszenierte irgendwelche Psychospielchen. Hinzu kam, daß sein Schlagzeugspiel schlechter wurde und alle das Verhältnis zwischen ihm und seiner Freundin zum Kotzen fanden. Es war einfach unerträglich, ein unhaltbarer Zustand, dessen Beendigung längst überfällig war. Am Morgen nach einem Konzert in Tübingen kam es auf dem Markplatz zum Eklat. Sogar die Hunde bellten, als die Scherben Sven Geld für die Heimfahrt gaben und er wutschnaubend mit seiner Pute von dannen zog. Für den Abschluß der Tour, einen Auftritt in Siegen, spielte Lanrue Schlagzeug; es war das einzige Mal, daß die Band als Ton Steine Scherben in dieser Formation ein Konzert gab.

Der neue Drummer, den Klaus Schulz den Scherben für die LP besorgte, war ein sechzehnjähriges Naturtalent mit blonden Afro-Locken aus Hamburg: Olaf Lietzau. Schon auf der ersten gemeinsamen Probe war klar: Der kann's.

Rio: »Der war bis dato mit Abstand unser bester Schlagzeuger. Unvergleichlich! Für mich war das das Ding, daß ich plötzlich mit einem Schlagzeuger spielte, der richtig spielt, der ein instinktives Gefühl dafür hat, wo die Breaks sind.«

Mit ihm konnten die Scherben beruhigt ins Alsterstudio gehen, um die LP aufzunehmen. Das Studio war eigentlich ein Synchronstudio, aber der dort arbeitende Toningenieur Richard Borowski, ein Bekannter von Klaus Schulz, hatte große Lust, statt der üblichen Werbespots mal richtige Rockmusik aufzunehmen. Die Scherben waren natürlich auch begeistert über die Möglichkeit, ihre Songs in einem professionellen 8-Spur-Studio aufzunehmen, zumal Richard keine großen finanziellen Forderungen stellte. Allerdings stand das Studio nur an einem Wochenende zu Verfügung. Als Termin für die

Aufnahmen wurde das letzte April-Wochenende vereinbart. Zweieinhalb Tage, von Freitagnachmittag bis Sonntagabend.

Als die Aufnahmen am 28. April 1972 im Hamburger Alsterstudio begannen, saß also Olaf Lietzau hinter der Schießbude. Die folgenden acht Songs, die aufgenommen werden sollten, hatten Rio, Lanrue und Kai schon in Berlin arrangiert und geprobt, mit Olaf allerdings nur kurz einige Male angespielt: *Wir müssen hier raus*, *Feierabend*, *Die letzte Schlacht gewinnen wir*, *Paul Panzers Blues*, *Menschenjäger*, *Allein machen sie dich ein*, *Schritt für Schritt ins Paradies* und *Keine Macht für Niemand*. Außerdem gab es zwei Reserve-Songs, sogenannte Bonus-Tracks, für den Fall, daß die Zeit noch reichen würde: *Der Traum ist aus* und *Komm schlaf bei mir*.

Es war erstaunlich, wie zügig und problemlos die Aufnahmen vorangingen. Geradezu sensationell war, daß die Aufnahme zu *Der Traum ist aus* nur aus einer einzigen Session bestand. Rio hatte den Song vorher nur ein- oder zweimal mit Kai und Lanrue durchgesprochen, Olaf kannte ihn noch gar nicht.

Rio: »Bei *Der Traum ist aus* hört man, was für ein Spitzen-Drummer Olaf ist, wenn man weiß, daß er wirklich das erste Mal, ohne das Stück vorher zu kennen, dazu spielt, so wie es auf der Platte ist. Und das ist ein Stück mit vielen kleinen Klingelings und so. Wir haben das einfach improvisiert. Auch die anderen hatten das noch nicht gespielt, das muß man dazu sagen. Aber die kannten es schon. Ich hatte es vorher mal auf der Gitarre vorgeklimpert. Wir haben's im Studio schnell arrangiert, und das war's dann.«

Richard Borowski bewies Fingerspitzengefühl, als er gleich bei der ersten sogenannten Probe das Band einfach mitlaufen ließ, denn eine zweite Session wurde nicht besser. Schlotterer gelang übrigens bei diesem Titel mit einem wunderschönen Solo sein Debut als freier Querflötist.

Es gab allerdings Dinge im Leben der Scherben, die fast noch wichtiger waren als Rock-Musik: Am 29. April 1972 fand im Englischen Wembley-Stadion das Fußball-Länderspiel Deutschland gegen England statt. Grund genug, für Lanrue, Nikel, Schlotterer und Kai, alles stehen und liegen zu lassen und sich im Studio vor die Glotze zu setzen. Erstmals gewann eine deutsche Nationalmannschaft auf englischem Boden. Die Mannschaft um Franz Beckenbauer, Günter Netzer, Gerd Müller und Sepp Maier war die spielerisch bessere Mannschaft, siegte verdient 3:1 durch Tore von Uli Hoeneß, Günther Netzer und Gerd Müller und erreichte damit die Endrunde der Europameisterschaft. Später, am 18.6.72, holte sie sich im Brüsseler Heysel-Stadion durch einen Sieg gegen die Mannschaft der UdSSR den Europameistertitel. Die Fachleute sind sich bis heute einig: Das war die spielerisch beste deutsche Fußballnationalmannschaft aller Zeiten. Zu der Mannschaft gehörte auch der Offensiv-Verteidiger Paul Breitner. Die Scherben mochten ihn nicht nur wegen seines kraftvollen Spiels, sondern auch, weil er die USA wegen ihres Einsatzes in Vietnam öffentlich kritisierte. Außerdem sah er stark aus: Seine provozierende Langhaarfrisur gab ihm den Revoluzzer-Look.

Sport, besonders Fußball, hatte bei allen männlichen Mitgliedern der Scherben-Family, auch bei denen, die später noch dazukamen, große Bedeutung. Einzige Ausnahme war Rio. Während der gesamten fünfzehn Scherben-Jahre wurde mit besonderer Aufmerksamkeit darauf geachtet, daß Tage, an denen wichtige Fußballspiele im Fernsehen übertragen wurden, Off-Tage waren. Wenn das aus organisatorischen Gründen nicht möglich war, wurde im Vorfeld versucht, am Veranstaltungsort ein Fernsehgerät aufzutreiben, um entweder vor oder nach dem Konzert dieses Spiel in der Zusammenfassung – oder in späteren Jahren auf Video – anschauen zu können. Doch nicht nur als Zuschauer waren die Scherben vom Fußball fasziniert, sie spielten auch selbst leidenschaftlich gern. Lederball, Sportschuhe und Trikots gehörten zur Grundausstattung bei jeder Tournee. Sei es während einer Pause auf der Autobahn-Raststätte, vor einem Konzert oder während eines Off-Tages, eine kleine Wiese oder sonst irgendein Plätzchen zum Kicken fand sich fast immer. »Den Ball flach halten« war dabei natürlich die oberste Devise.

Als am Sonntagabend, dem 30. April, die Aufnahmen beendet waren, wurde den Scherben klar, daß es für eine Doppel-LP reichen würde, wenn nur noch zwei Stücke hinzukämen. Der *BVG-Song* – umbenannt in *Mensch Meier* – und der *Rauch-Haus-Song*. Der *BVG-Song* war ja bereits aufgenommen worden, nur für den *Rauch-Haus-Song* mußte man noch einmal ins Studio. Dafür gingen die Scherben in Berlin wieder zu Klaus in die Admiralstraße. Das Playback spielten sie in einer höchst ungewöhnlichen Besetzung: Rio am Piano, Lanrue an den Drums und Kai mit einem achtseitigen Mandolinen-Banjo. Rio sang und die *Rauch-Haus-*Crew – Anna Schimany, Annette Cozette, Achim Müller, Bernhard Käßner, Biggi Plage, Eddie, Hansi Niete, der Rote Hansi, Harald, Irene Moessinger, Jako Benz, Lesch, Marina, Pepe, Ringo, Renate Friedrich, Ulli und Yogi – grölte im Chor dazu.

Für die Abmischung der Bänder war mit Richard Borowski das Pfingstwochenende in der zweiten Mai-Hälfte verabredet worden. Vorher hatten die Scherben noch einige Live-Auftritte – und brauchten wieder einen neuen Schlagzeuger. Olaf Lietzau war gerade erst 16 geworden, und seine Eltern verweigerten ihm die Erlaubnis, mit den Scherben auf Tournee zu gehen. Auch ein Besuch von Schlotterer, der aus gutbürgerlichem Haus stammte und sehr charmant und seriös aussehen konnte, nützte nichts. Olaf spielte ein paar Mal im Raum Hamburg mit den Scherben, aber eine größere Tournee mit ihm war nicht drin. Sein letzter Auftritt mit den Scherben war der am 1. Mai, als die Scherben auf einem LKW im Demonstrationszug mitfuhren, die Boxen obendrauf, und revolutionäre Lieder spielten.

Die Scherben brauchten also wieder einen Drummer, und wieder schlug Klaus Schulz einen aus der Hamburger Szene vor: Hans-Jürgen Hynding war ein nordisch aussehender Student mit schulterlangen blonden Haaren und ausgestattet mit einem gesunden Maß an Humor. Er besaß nicht nur einen dänischen Paß, er hatte wirklich etwas von einem Wikinger. Wahrscheinlich wurde er deshalb von den Scherben nur ›der Captain‹ genannt. Captains Schlagzeugspiel war professionell, er konnte eigentlich alles, sowohl einfach und rockig, als auch jazzig mit viel Beckeneinsatz.

Captain: »Die erste Tour, die ich mit den Scherben machte, war Mitte April 72. Gleich der erste Auftritt in Höxter begann recht merkwürdig. Ich kannte keinen einzigen Song der Band, und wir hatten auch vorher noch nie zusammen gespielt. Vor jedem Song bekam ich lediglich vage Ansagen wie ›schnell‹, ›jetzt langsam‹ oder ›rockig‹. Während der gleichen Tour, es war nach einem Konzert in Celle, wollten wir in einem Restaurant essen gehen, wurden dort aber nicht bedient, wahrscheinlich, weil wir zu freakig aussahen. Als wir verärgert und hungrig im Begriff waren, das Lokal zu verlassen, schnappte sich Nikel vor lauter Wut beim Rausgehen ein Porzellan-Sparschwein, das auf dem Tresen stand, und schmiß es scheppernd zu Boden. Ich hab noch heute die Menschentraube vor Augen, die aus dem Lokal herausstürmte, um uns zu verfolgen. Ob du's glaubst oder nicht, wir rannten um unser Leben! – Vor der zweiten Tour, die im Juni begann, hatten wir verabredet, daß

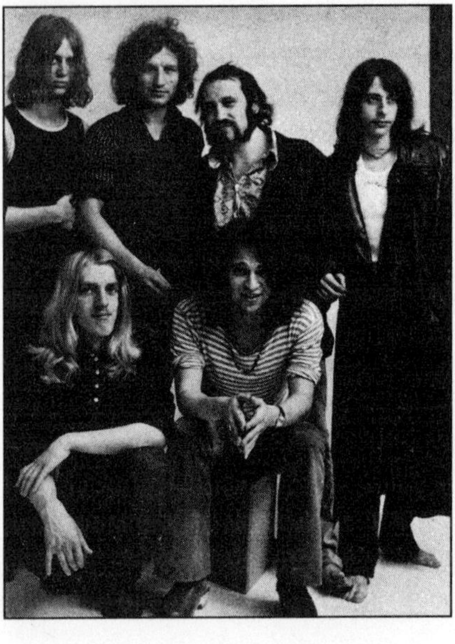

Die Band im Oktober 1972
Stehend: Kai, Schlotterer, Nikel, Rio.
Sitzend: Captain, Lanrue.

diesmal aber geprobt werden sollte. Ich kam deshalb drei Wochen vorher nach Berlin und wohnte am T-Ufer. Geprobt haben wir in dieser Zeit genau zweimal. An dem Tag, an dem die Tour losgehen sollte, bin ich früh aufgestanden, um noch einige Besorgungen zu machen. Als ich gegen Mittag wieder ans T-Ufer kam, in der Erwartung, daß die Abfahrt unmittelbar bevorstand, schliefen alle noch. Es dauerte endlos, bis es endlich losging. Spät am Abend stellten wir dann fest, daß kein Hihat, also dieses Ding mit den zwei Bekken, da war. Daraufhin fuhren wir noch zu irgendeinem Drummer, um uns eins auszuleihen. Es war das totale Chaos. Als wir Berlin verließen, war es schließlich halb vier in der Nacht. So gegen Mittag des nächsten Tages erreichten wir Neheim-Hüsten, den Auftrittsort, und fuhren in das Hotel, das eigentlich schon für die vergangene Nacht gebucht gewesen war.«

War die Band einfach zu faul oder zu chaotisch, um mit ihrem neuen Drummer intensiv zu proben?

Kai: »Klar waren wir chaotisch. Aber wir haben natürlich auch am T-Ufer Musik gemacht, nicht so laut eben, oder unplugged. Jeder von uns hat auch versucht, sich auf seinem Instrument weiterzuentwickeln, neue Sachen auszuprobieren, zum Beispiel indem er andere Songs nachgespielt hat, die er stark fand. Aber keiner hat sich hingesetzt und angefangen, stundenlang irgendwelche Läufe oder Soli rauf und runter zu spielen; gemäß dem tieferen Sinn des Spruches von Billy Cobham ›Wer übt, kann nichts.‹«

Die Bänder für die LP wurden an einem langen Wochenende über Pfingsten bei Richard Borowski im Alsterstudio abgemischt. Am Dienstag, dem 23. Mai 1972, ging's zurück nach Berlin.

Kai: »Ich saß am Steuer unseres Postbusses, Lanrue und Rio saßen neben mir, und wir hörten irgendeine Musik im Radio, ich glaube, es war *Mother and Child Reunion* von Paul Simon. Und ich weiß noch, wie Rio sagte: ›Vier Master-Tapes, für jede Plattenseite eins, das wird ne Doppel-LP, Leute. Ich hätte nie gedacht, daß wir das in dieser kurzen Zeit schaffen!‹«

Das Cover für die LP sollte etwas ganz Unkonventionelles werden. Rio und Gert Möbius beauftragten ihren Vater, den Verpakkungsingenieur Herbert Möbius, aus seinem Lieblingsmaterial Pappe einen Karton zu entwickeln, der leicht auf- und zugeklappt werden konnte, und in dem soviel Platz war, daß neben den zwei Langspielplatten und einem illustrierten Textheft noch eine Schleuder beigelegt werden konnte. Wer die Idee mit dem Kinder-Katapult gehabt hatte, ist nicht genau bekannt, sie lag aber nahe, da die Schleuder ja das David-Volksmund-Emblem war. Kai: »Ich glaube, das mit dem Katschi war Lanrues Idee.« Nikel und Kai bestellten über einen Spielwarengroßhandel 10.000 solcher Katapulte, und alle freuten sich, als die Ware direkt aus Hongkong per Seefracht in Berlin eintraf.

Die grafische Gestaltung des Covers übernahm wieder Gert Möbius. Er ließ – »schreibt die Parole an jede Wand« – den Schriftzug *Keine Macht für Niemand* an eine Wand sprühen und fotografierte den Grafitto.

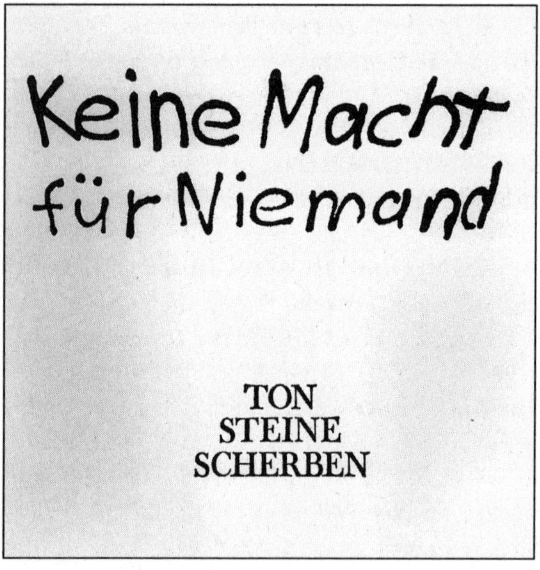

Original-LP-Cover von 1972

Das Textheft war eine Produktion der gesamten Scherben-Family, jedes Mitglied durfte mindestens einen Text illustrieren. Im Oktober 1972 wurde die Doppel-LP *Keine Macht für Niemand* zum erstenmal an die Läden ausgeliefert. Sie wurde die meistverkaufte Scherbenplatte überhaupt. Und das, obwohl sie in keiner Musikzeitung besprochen wurde. Zwanzig Jahre später schrieb der Musikjournalist Ralf Schlüter dazu in *Zounds*: »Musikalisch wesentlich differenzierter, fanden die Scherben hier den gemeinsamen Nenner der linken Zeit. *Der Traum ist aus* kam dem zarten, christlichen Gemüt entgegen, der *Rauch-Haus-Song* wurde zur Hymne der Besetzer-Szene, *Keine Macht für Niemand* brachte das Unmögliche auf den Punkt: Für den Besetzer und den Sponti, den Marxisten und den Anarchisten. Keine deutsche Platte erreichte diese Energie und Kraft.«

Szene-Wechsel

Anne Reiche wurde inzwischen steckbrieflich gesucht. Das hielt sie aber nicht davon ab, zu jeder Tages- und Nachtzeit am T-Ufer aufzutauchen, oft in Begleitung von Bommi Baumann und Knolle, die ebenfalls auf der Fahndungsliste standen. Rio nannte Anne Reiche respektvoll die »No-Name-Lady«, in Abgrenzung zu Gudrun Ensslin und Ulrike Meinhof, die in den Medien häufig mit aufreißerischen Schlagzeilen bedacht wurden. Anne gehörte zu den Menschen, die ein zur Hälfte gefülltes Glas als halbleer bezeichnen. Trotzdem war Anne kein durch und durch pessimistischer Mensch. Der Kontakt zwischen ihr und den Scherben lief besonders über Rio.

Eines Nachts war Anne mit Rio und Lanrue unterwegs in das Restaurant *La Palma* in Schöneberg. Wie so oft waren alle drei müde, hungrig und bekifft. Anne, die hinter dem Steuer saß, neigte in diesem Zustand zu gewagten Manövern und fuhr die beiden Scherben mit einem Affenzahn und quietschenden Reifen durch die Stadt. Was auch ein Streifenwagen mitbekam, der das Auto mit der brisanten Fracht – zwei bekiffte Rockmusiker und eine bewaffnete Terroristin – anhielt. Während die drei im Wagen immer nervöser wurden, kontrollierten die Beamten seelenruhig die Fahrsicherheit des Autos. Reifenprofil, Lichter, Bremsen.

Der ältere der Beamten leuchtete dann mit seiner Taschenlampe in den Wagen, direkt in Annes Gesicht.

»Haben Sie etwas getrunken?«

»Um Gottes Willen, nein« antwortete die bekiffte Anne. »Wo denken Sie hin?«

»Kann ich mal Ihren Führerschein sehen?«

»Tja, also, das ist mir natürlich sehr peinlich, jetzt, aber, also, Sie müssen wissen, ich war gerade zu Besuch, also, bei meiner Mutter, ja, in Esslingen gewesen und, na ja, total übermüdet halt, also irgendwie hab ich den, also den Führerschein, zuhause vergessen.«

Pause. Und Totenstille im Auto. Wie würde der Polizist reagieren? Und was würde Anne tun, wenn er ihre Angaben überprüfen ließe? Sich festnehmen lassen? Fliehen? Schießen?

Alles schien möglich.

»Junge Frau«, sagte der Beamte schließlich, »ich glaube, sie müssen sich mal dringend ausschlafen. Am besten parken sie hier irgendwo und nehmen sich ein Taxi bis nach Hause.«

Rio und Lanrue versprachen fast gleichzeitig, persönlich darauf aufzupassen.

Diesmal stand Anne das Glück zur Seite. Das nächste Mal nicht. Die *B.Z.* meldet in ihrer Ausgabe vom 8. August 1972 auf der Titelseite, neben Annes Foto: »Bewaffnete Anarchistin in Berlin festgenommen.« Zwei Tage zuvor war sie mit einer durchgeladenen Pistole in ihrer Tasche in Berlin-Wilmersdorf festgenommen worden. Die Folge war, daß sie wieder im Moabiter Frauenknast in der Lehrter Straße landete. Bommi und Knolle dagegen konnten sich einer Verhaftung noch jahrelang entziehen, bis Kommissar Zufall sie eines Tages im Ausland aufspürte.

Anne Reiche war nicht die einzige, die in dieser Zeit inhaftiert wurde. Es schien geradezu eine Verhaftungswelle im Gange zu sein.

Bereits am 1. Juni 1972 waren in einer Frankfurter Garage Andreas Baader, Holger Meins und Jan Raspe nach wilder Schießerei mit der Polizei festgenommen worden, eine Woche später Gudrun Ensslin in Hamburg und wiederum eine Woche darauf Ulrike Meinhof in Hannover. Damit war der RAF (zu der Anne aber nicht gehörte) erst einmal die gesamte Führungsspitze genommen.

Gegen Mitte 1972 verlagerte sich die Szene, in der die Scherben verkehrten, von Kreuzberg nach Schöneberg. Dralle's *Gottlieb* – der Name stammt von der berühmten Flipperautomatenfirma – lag im Schöneberger Kiez, nahe dem U-Bahnhof Kleistpark, und war damals *in*. Von außen sah die Kneipe genauso aus wie die auf dem Plattencover von THE BANDS *Moondog matinee*. Neben der Eingangstür war eine große, ziemlich hell erleuchtete Schaufensterscheibe, durch die man einen Flipperautomaten sehen konnte. Drinnen gab es eine Musikbox mit vielen Oldie-Klassikern, und hinter dem Tresen stand meistens Gerdchen, manchmal auch Rolf Zacher, der später in vielen Filmen zu bewundern war. *Gottlieb* war Treffpunkt einer Schöneberger Szene, zu der auch die engsten Scherben-Freunde jener Zeit gehörten: Antje Krüger und Holly, Micky und Luzie Tonke, Katja W., die damalige Freundin von Bommi Baumann, Gisela Minninger und Todora, die später zusammen mit Gerdchen Hippels *Dschungel* übernahm. Das *Gottlieb* war meist hoffnungslos überfüllt. Gisela erinnert sich, daß Rio dort einmal, nachdem er wild getanzt hatte, einen seiner Stiefel auszog, ihn mit Bier füllte und ihn Micky Tonke zum Trinken anbot. Ex-Kommunardin Antje Krüger war damals die Trendsetterin.

Rio: »Es gab da so ne Frauenclique, und in der war Antje, etwas überspitzt formuliert, die Chefin oder die Chefideologin. Aber das stimmt auch wieder nicht, weil sie eigentlich keine Ideologie hatte, sondern nur so eine Schnoddrigkeit besaß, wie sie über die Dinge und über Typen geredet hat, oder wie sie zum Beispiel Typen übers Maul fuhr, die gerade hochtrabend irgendwelche politischen Statements losließen. Wie sie gewichtet hat und wie wichtig sie auch und gerade die Alltäglichkeiten genommen hat, das kam meinen Tripbeobachtungen sehr nahe. Antje regte sich besonders über linke Männer auf, wie die rumliefen. Sie traf immer den Punkt. Das machte sie auch bei mir. ›Warum machst du denn das? Warum ziehst du dich denn so an? Achte doch mal auf dein Äußeres. Was willst du denn jetzt damit sagen?‹ Das war schon ziemlich wichtig, daß da jemand war, der mit so einer Autorität solche Sachen vertrat.«

Antje kannte einen Haufen Leute aus der Linken, und sie hatte eine solche Aura, daß die Leute ihr ziemlich bald folgten, wenn sie die Kneipe oder die Gegend wechselte.

Später zog diese Szene vom *Gottlieb* in der Nähe des Kleistparks weg und traf sich am Winterfeldtplatz, wo Hippel einen neuen Laden aufgemacht hatte, der *Dschungel* genannt wurde. Als es 1978 Probleme mit dem Vermieter gab, zog der Dschungel – inzwischen in neuer Bewirtschaftung – in die Nürnberger Straße, in ein ehemaliges Chinesisches Restaurant, und hieß von nun an *Neuer Dschungel.* Dieser Laden, in dem Rio in der Anfangszeit als DJ – damals sagte man noch Discjockey – arbeitete, war bis zum

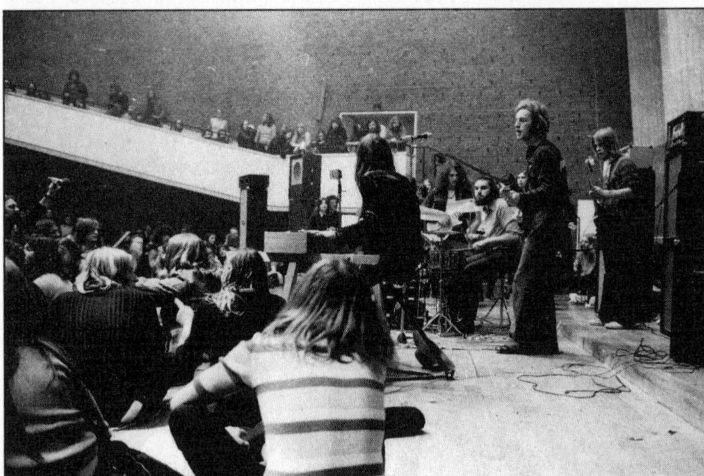

Die Scherben im Audimax der TU. März 1972. Halbrechts stehend: Holly.

Fall der Mauer im November 89 einer *der* angesagten Läden in West-Berlin.

Das *Flamingo*, ein anderer Laden in Schöneberg, in der Belziger Straße, war eine Mischung aus Club und Disco, in dem hin und wieder auch Musiker auftraten. Eines Abends waren die Scherben als Gäste dort, als ein Musiker dort allein mit seiner Gitarre auftrat und Lieder sang. Es machte Spaß, ihm zuzuhören. Er hieß Holly und sang unter anderem Songs von Donovan und Bob Dylan. Die Scherben kamen mit Holly ins Gespräch, und man verabredete sich für ein Treffen im *Gottlieb*. Aus dieser Begegnung entwickelte sich eine dauernde musikalische Beziehung. Die Scherben hatten immer schon großen Spaß daran gehabt, neben ihrem eigenen Material auch alte und neue Rock-Klassiker nachzuspielen. Mit Holly kam zusätzlicher Schwung in die Sache. War es vorher mehr ein lockerer Zeitvertreib gewesen, so wurde nun ernsthaft an den Stücken geprobt. Die Stimmen von Holly und Rio paßten gut zusammen, und wenn die beiden zweistimmig sangen, klang es wirklich stark. Als die Scherben im März 1972 anläßlich eines *Rauch-Haus*-Teach-Ins

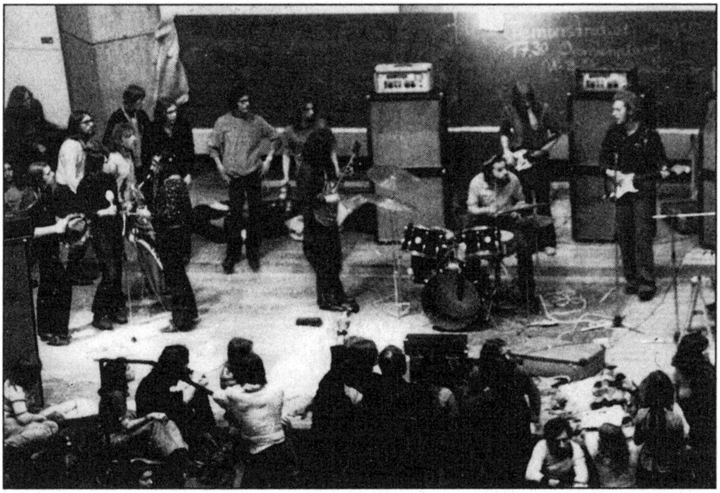

Die Scherben im Audimax der TU. März 1972. Rechts stehend: Holly.

im Audimax der TU in Berlin auftraten, spielten sie erst ihre eigenen Songs. Dann verkündete Rio übers Mikrofon: »Und nun – Holly ist hier – wollen wir noch ein bißchen Rock'n'Roll spielen.«

Es gab allerdings ein paar fanatische Revoluzzer, die das nicht wollten. Einfach nur Rockmusik spielen und eventuell tanzen und Spaß haben? Ja, wie denn! Buuuh! Mit der Ansage »wer gehen will, kann gehen, wer bleiben will, der bleibt«, nahm Rio den Dogmatikern den Wind aus den Segeln, und als die Band dann loslegte, waren alle, die geblieben waren, und das waren die meisten, restlos begeistert. Der Set mit Holly bestand aus den Songs *Proud Mary*, *It's all over now*, *The Weight*, *That'll be the day*, *Donna*, *Be bop a lula* und *Blue suede shoes*.

Ein anderes Mal traten die Scherben selbst als Act im *Flamingo* auf. Gegen Ende des Programms kam ein Typ auf die Bühne und sprach kurz mit Rio, worauf Rio anfing, auf seiner Gitarre einen einfachen Blues zu intonieren. Der Rest der Band stimmte mit ein, und der Typ sang dazu in Englisch, und zwar richtig gut. Hinterher stellte sich heraus: Es war Pete Brown, der Songschreiber der britischen Supergruppe CREAM. Er war mit der GRAHAM BOND ORGANISATION nach Berlin gekommen, die am nächsten Tag auftreten sollte.

Es lag sicherlich nicht direkt an Holly, aber ziemlich genau zu dieser Zeit tauchten zwei neue Komponenten auf, die Holly und die Scherben nachhaltig beeinflußten: Alkohol und Astrologie. Der große, unwiderstehliche Sog des Alkohol-Strudels erfaßte die Band. Whisky hieß die neue Droge, und das braune Gesöff sollte im Laufe der nächsten Monate immer mehr das Kiffen ersetzen, besonders was Rio und Kai betraf. Waren es vorher gelegentlich mal ein Bier oder etwas Wein gewesen, so gehörte nun die Flasche *Jim Beam* zum festen Bestandteil des Musikmachens. Die unvermeidliche Whisky-Flasche war allgegenwärtig und machte die Runde, auf Konzerten ebenso wie bei den Proben im Übungsraum, nach deren Ende mit Sicherheit mindestens eine leere Flasche im Mülleimer lag.

Kai: »In den 70ern hab ich öfter mit der Whisky-Flasche hantiert als mit dem Baß; das ging schon mal zu Lasten der Konzentration beim Spielen. Später hab ich dann doch wieder ein paar gerade Baßlinien hingekriegt. Glaub ich wenigstens.«

Was die Astrologie betraf, so waren es besonders Rio und Kai, die anfingen, sich intensiv damit zu beschäftigen. Damals gab es noch keine Computer, und es war eine mühselige Rechnerei, bis man sich durch Geburtszeit, Zeitdifferenz und Weltzeit, Längen- und Breitengrade gekämpft und von jedem, der es wünschte, den Aszendenten ausgerechnet hatte. Später wurden wichtige Scherben-Termine nur noch nach vorheriger astrologischer Absicherung getätigt.

»Alles Fick-Kisten!«, war damals ein Spruch am T-Ufer, der von allen Bewohnern, besonders jedoch von Schlotterer, oft gebraucht wurde, um anzudeuten, daß es in letzter Konsequenz bei allem, was man tut, immer nur und ausschließlich um eines geht.

Eine feste Beziehung innerhalb der Gruppe hatten damals nur Schlotterer und Angie. Schlotterer hatte Angie Ende Februar zum ersten Mal gesehen, als die Scherben in Kreuzberg auf dem Oranienplatz im Rahmen einer Demonstration gegen die Fahrpreiserhöhung durch die BVG spielten. Er selbst war damals nach erfolgreich überstandener Meniskusoperation erstmals als aktives Mitglied bei einem Scherben-Konzert dabei. Nach dem Auftritt erzählte er von dieser Wahnsinns-Braut, die er gesehen hätte, und einige Tage später schaffte er es, sie kennenzulernen. Sie hieß Angela Olbrich, war vierzehn, blond und atemberaubend schön. Zusammen mit ihrer Schwester Kora war sie von zu Hause abgehauen und wohnte jetzt im *Rauch-Haus*. Innerhalb kürzester Zeit wurden Angie und Schlotterer ein Liebespaar, und bereits Ende April zog Angie zu den Scherben ins T-Ufer. Von da an wurde sie festes Mitglied der Scherben-Family, eine enge Verbindung, die bis zum Ende der Scherben-Ära und darüber hinaus halten sollte. Allerdings blieben Angie und Schlotterer nicht lange ein Paar. Bereits zum Jahreswechsel 1972/73 trennte sich Angie von Schlotterer, weil sie lieber mit Kai zusammen sein wollte.

Kai trauerte zwar immer noch ein bißchen um seine große Liebe, Ina aus Ahrensburg, hatte sich aber inzwischen mit Anna Schimany getröstet, die Ende 1972, vier Tage nach der *Rauch-Haus*-Besetzung, zu den Scherben gestoßen war.

Anna hatte eines Tages einfach so vor der Tür gestanden, ihren Namen gesagt und um Einlaß gebeten. Sie käme aus der Nähe von Nürnberg, sagte sie, und hätte dort an der Kunstschule von einem Kommilitonen erfahren, daß es in Berlin eine Musikgruppe namens Ton Steine Scherben gäbe. Daraufhin habe sie der Gedanke, diese Band zu besuchen, nicht mehr losgelassen. Der Lkw-Fahrer, der sie als Tramperin mitgenommen habe, sei sogar so nett gewesen, sie direkt vor dem Haus am T-Ufer Nr.32 abzusetzen. Das sei doch ein gutes Zeichen, oder?

Die Scherben hatten sich längst daran gewöhnt, daß solche Sachen passierten. Sie riefen den Family-Rat ein, machten ein Palaver, ließen ein paar Joints von Hand zu Hand gehen und beschlossen, daß Anna erstmal bleiben durfte. Dafür bekam sie ein kleines Durchgangszimmer zugewiesen, in dem besonders Kai sich von nun an nicht ungern aufhielt. Anna half in den kommenden Monaten bei allen möglichen organisatorischen Dingen mit, begleitete die Band auf Tourneen und freundete sich mit Anne Reiche an. Im Frühjahr war sie allerdings ins *Rauch-Haus* gezogen, und seitdem war auch die Geschichte mit Kai und ihr wieder etwas abgekühlt, so daß Kai jetzt offen für Angies Avancen war. Was allerdings nicht hieß, daß er ihr besonders feurig entgegengekommen wäre.

Angie: »Wir waren, glaube ich, von Anfang an 'n bißchen verliebt ineinander, aber Kai war ja so gnadenlos schüchtern ... «

Dafür war er aber auch treu. Kai und Angie blieben 14 Jahre zusammen und produzierten immerhin das einzige echte Scherben-Kind: Lisa, die im Jahre 2000 neunzehn Jahre alt wurde.

Rio hat sein Schwul-Sein nie verheimlicht, es aber auch nicht an die große Glocke gehängt. In der Scherben-Anfangszeit hatte er eine längere Beziehung mit Raymond Fleschner von den ROTEN STEINEN. »Wir waren ständig zusammen, wie Pat und Patachon«, sagte er einmal.

Nach der *Rauch-Haus*-Besetzung lernte Rio dort Andy kennen, einen Strichjungen vom Bahnhof Zoo. Andy wohnte zeitweise, zusammen mit seinem Kumpel Klaus, am T-Ufer.

Wenn die Scherben auf der Bühne standen, war es jedoch unbestritten, daß Lanrue die größte sexuelle Ausstrahlung hatte. »Sexy Fiffi Lanrue« wurde er aus diesem Grund genannt. Lanrue hatte zu dieser Zeit seine feste Zweierbeziehung mit Susi aus Hermsdorf aufgekündigt und sich auf lockere Verbindungen mit verschiedenen Szene-Bräuten, wie Anne, Schischi und Katja W. eingelassen. Die Rolle des rocking Casanova fiel ihm besonders leicht, weil zwischen ihm und Rio das ungeschriebene Gesetz galt, daß Lanrue die aussichtslos in Rio verknallten Mädchen mit ins Bett nehmen durfte.

Anne Reiche: »Es war eben so, daß Lanrue den Teil, den Rio nicht erfüllen wollte oder konnte, ausgefüllt oder übernommen hat. Also, man kann sagen, daß die Frauen, die auf Rio standen –, die haben dann Lanrue oder der Rest der Scherben abgestaubt.«

Bei einem Konzert in Minden hatte Lanrue das bildschöne junge Mädchen Karin kennengelernt, aber auch schnell wieder aus den Augen verloren. Eines Tages im Winter stand Karin barfuß, nur in Sommerklamotten am T-Ufer und sagte, sie sei gerade aus Indien gekommen, heiße jetzt Makrishna Dasi und wolle Lanrue besuchen. Doch noch ehe Lanrue recht begriff, was überhaupt abging, funkte Anne Reiche dazwischen, indem sie Karin Geld für ein Ticket gab; und eins, zwei, drei war Anne die Rivalin los. Auch Nikel hatte hier und da mal eine Liebschaft, meist jedoch von kurzer Dauer; das änderte sich erst, als er 1974 die Französin Marie Sublet kennenlernte. Eine typische Groupie-Band waren die Scherben nie. Dafür war die Band zu szenespezifisch, ihre Aussagen zu anspruchsvoll; ein richtiges Groupie will am liebsten Superstars und »just for fun«, will sich weder mit weltanschaulichen, revolutionären Themen befassen, noch etwas mit verarmten Anti-Stars zu tun haben. Und doch gelang es Nikel, Lanrue, Schlotterer und Kai hin und wieder, nach einem Konzert die eine oder andere Braut abzuschleppen.

Rio hatte es ein bißchen schwerer, erstens weil er schwul war, was sich aber noch nicht allgemein herumgesprochen hatte, und zweitens weil er der Frontmann war und zusammen mit Schlotterer der Chef-Agitator der Band.

Rio: »Es ist doch so, wenn du von der Bühne runterkommst, das Feedback des Beifalls oder sowas, das reicht dir nicht, am liebsten möchtest du mit jemandem ins Bett gehen. Das ist zum Beispiel mal so ne Sache. Man will vielleicht nicht ficken, das würde ich gar nicht mal unbedingt sagen, sondern man will irgendwie ne Nähe spüren. Und da war der Beifall für uns ne unwesentliche Sache. Das haben wir nicht honoriert, wirklich nicht. Ich meine nicht nur mich, sondern so allgemein. Und dann kamst du eben in die WG-Küche, wo du dann wohnen solltest, wo dir dein Schlafplatz zugewiesen wurde, und in der WG-Küche wurde dann eben nochmal darüber diskutiert, und da war auch gar keine Möglichkeit, wenn ich nur von mir rede, daß jemand da auch noch in ner WG war, den ich irgendwie sexy fand oder so. Aber nehmen wir mal an, es wäre doch jemand da gewesen – es wäre ja überhaupt nicht möglich gewesen, den anzumachen vor soviel Diskussion über politische Inhalte. Und dabei wurde noch nicht mal über Vietnam geredet oder sonstwas, sondern über Scherben und so weiter, darüber wurde diskutiert, und das interessierte uns danach nicht mehr. Man wollte essen und ins Bett gehen und möglichst nicht allein. Das waren so die Bedürfnisse.«

Es gab damals einen relativ bekannten Transvestiten in Deutschland, über den auch die einschlägigen Illustrierten und Klatschblätter berichteten. Allerdings war *sie* ein wenig durchgeknallt und redete oft etwas wirr. An ihren Namen erinnert sich kaum noch jemand, eine vage Vermutung ist, daß sie Carmen hieß. Eines schönen Tages im Sommer 72 tauchte sie in einem langen, bunten, luftigen Sommerkleid am T-Ufer auf. Die Scherben fanden es amüsant, sich mit ihr abzugeben, weil sie zwar ein bißchen verrückt war, aber trotzdem charmant und sophisticated. Ein Joint machte gerade die Runde, als Carmen sich plötzlich ohne ersichtlichen Grund mitten in Lanrues Zimmer stellte, ihren Rock hoch hob – sie trug kein Höschen – und im hohen Bogen auf den Teppich pinkelte. Dabei rief sie laut mit ihrer etwas dunklen Stimme mehrmals hintereinander: »Sonne, Wasser, Wassermann – Sonne, Wasser, Wassermann.« Über die tiefere Bedeutung dieser Performance sind sich die Anwesenden bis heute nicht ganz im Klaren.

Kai: »Diese Geschichte werde ich mein Lebtag nicht vergessen. Ich traute meinen Augen nicht. Und als ich verlegen zur Seite schaue, sehe ich das ungläubige, erstaunte Gesicht von Raymond, der bekifft und mit offenem Mund diese verrückte Szene beobachtete. Später in der Nacht kam Carmen dann zu mir ins Bett und wollte mit mir schlafen. Ich fühlte mich ja geschmeichelt, sie war wirklich attraktiv, aber andererseits war mir die Sache nicht geheuer. Ich erinnere mich, daß ich in dieser Nacht total normal und vernünftig mit ihr reden konnte, was tagsüber gar nicht möglich gewesen war.«

Die Wohnung der Scherben am Tempelhofer Ufer 32 lag im zweiten Stock. Darunter, im ersten, wohnte Uli Hammer zusammen mit seiner Frau Anne und noch einer anderen, die Linde hieß. Anne Hammer führte damals die Boutique *OFF* in der Kantstraße, nahe dem Savignyplatz. Die Wohnung war genauso geschnitten und hatte auch genauso viele Zimmer wie die Scherbenwohnung.

Ulis Outfit war extrem. Als großer, dünner Typ mit dunklen Haaren trug er ausschließlich verrückte, selbstgenähte Klamotten aus schwarzem oder weißem Satin, dazu spitze Stiefel mit hohen Absätzen. Er schminkte sich mit Kajal, war aber nicht schwul. Er war einer der größten Kaffeetrinker, die die Welt je gesehen hatte, trank morgens, mittags, abends und nachts Kaffee und las unentwegt Science-Fiction-Romane. Letzteres führte dazu, daß er sich später ›Vegas von Trantor‹ nannte, nach einer Figur des Science-Fiction-Schriftstellers Isaak Asimov. Uli spielte ganz passabel Gitarre und hatte verschiedene Saiten- und Percussion-Instrumente samt Verstärker in seinem Wohnzimmer. Anfangs war es hauptsächlich Lanrue, der runterging, um Uli zu besuchen, später kamen auch die anderen. Dann wurde die Luft blau vom Qualm der dikken Joints, es wurde psychedelische Musik gehört oder gejammt.

Ein guter Bekannter von Uli war Kalle Hausmann, Keyboarder der Münchener Band AMON DÜÜL II, er tauchte später des öfteren am T-Ufer auf. Gegen Ende des Jahres 1972 zogen Anne Hammer und ihre Freundin Linde aus der Wohnung aus.

Wieder die Frage: Was sollte ein einzelner mit einer 8-Zimmer-Wohnung? Uli bot den Scherben an, bei ihm einzuziehen. Angie, Kai, Nikel, Rio und Schlotterer nahmen das Angebot an, weil Ulis Wohnung besser in Schuß war, nur Lanrue blieb oben.

Ungefähr zur gleichen Zeit hatten die intellektuellen Politgurus oder »Schriftgelehrten und Pharisäer«, wie Rio sie nannte, im *Rauch-Haus* die Oberhand gewonnen und alle möglichen straighten Verordnungen erlassen. Die *Rauch-Haus*-Renegaten und Ex-ROTE STEINE-Mitglieder Bernhard Käßner und Jako Benz, außerdem Renate Friedrich, eine alte Bekannte von Rio und Lanrue aus Nieder-Roden, sowie Harry Henschel und Benno, zwei Kreuzberger aus dem Kleinkriminellen-Milieu, hatten keinen Bock, sich diesen Verordnungen zu unterwerfen. Sie verließen das *Rauch-Haus* und zogen in die freigewordenen Räume des T-Ufers ein. Aber es gab immer noch Platz. So kam es, daß auch Ex-Kommunardin Antje Krüger mit einzog.

Antje hatte einen guten und sicheren Geschmack in Bezug auf Szene-Kneipen und Klamotten. Sie war es, die die Scherben in Bezug auf Kleidung und überhaupt auf ihr persönliches Outfit nachhaltig beeinflußte. Dazu muß allerdings gesagt werden, daß die Scherben sich auch vorher schon nach eigenen Vorstellungen gekleidet hatten. Die linke Kleiderordnung, Parka oder Palästinensertuch, hatte ohnehin keiner von ihnen je befolgt. In dieser Zeit fing die Band auch an, sich heimlich zu schminken, bevor sie auf die Bühne ging; heimlich, weil die Genossen das natürlich streng verurteilt hätten.

Am 8. November hatte der Captain Geburtstag. Nikel rief bei ihm in Hamburg an: »Hey Captain, du mußt sofort nach Berlin kommen. Es gibt einen Fernsehauftritt.« Captain, ein Mann der Tat, lud 30 Gäste wieder aus, ließ seine Geburtstagsparty sausen, stieg zusammen mit seiner Freundin ins Auto und quälte sich über die holprigen DDR-Straßen nach Berlin. Als er am T-Ufer ankam, diskutierten die Scherben gerade, ob sie den Fernseh-Gig überhaupt machen sollten. Am Ende entschied man sich dagegen. Das war der auslösende Moment dafür, daß der Captain von Bord ging. Nicht mit Groll; er traf nur eine längst überfällige Entscheidung. Der ständige Spagat zwischen Hamburg und Berlin konnte für ihn kein Dauerzustand sein; die Frage ob er in Hamburg wohnen blieb, um dort sein Studium zu beenden, oder nach Berlin zog, um bei einem Chaotenhaufen zu trommeln, war nun beantwortet. Niemand nahm dem Captain seine Entscheidung übel. Er und die Scherben blieben gute Freunde.

Am Donnerstag, dem 30. November 1972, gegen Mittag, saß die komplette Scherben-Kommune, inklusive einiger Bewohner aus dem 2. Stock am Frühstückstisch am T-Ufer. Mit dem Frühstück war man bereits fertig und der erste Joint machte gerade die Runde, als es an der Wohnungstür klopfte. Rio stand auf und öffnete die Tür. Kaum hatte er die Türklinke heruntergedrückt, wurde er durch das plötzliche Aufstoßen der Wohnungstür an die Wand geschleudert, und noch ehe er überhaupt begreifen konnte, was geschah, waren so an die dreißig mit Bleiwesten ausgerüstete und mit Maschinenpistolen bewaffnete Bereitschaftspolizisten in der Wohnung.

»Polizei! Hände hoch!«

Die am Frühstückstisch überraschte Gemeinschaft gehorchte. Auch Angie, die jedoch nach einigen Augenblicken bemerkte, daß sie in der rechten Hand einen Joint hochhielt, den sie dann geistesgegenwärtig fallenließ. Alle Anwesenden wurden verhaftet, sogar Henning Kuhlmann, ein Lehrer, der ein Stockwerk höher wohnte. Er war gerade im Treppenhaus gewesen und hatte – schwerer Fehler – die Scherben gegrüßt. In einem nur mit einer Plane bedeckten Lkw ging's dann in die Friesenstraße.

Kai: »Ich erinnere mich, daß wir auf dem Lkw gefroren haben wie die Schneider. Es war kalt draußen, aber wir durften uns keine Jacken anziehen. Ich kam zusammen mit Lanrue und John Banse in eine Zelle. Johnny hatte ein Stück Hasch bei sich, aber weder Zigaretten noch Feuer, und er jammerte uns die Ohren voll, weil er den Shit nicht rauchen konnte. Wir vertrieben uns dann die Zeit damit, aus irgend ner Pappe oder was Schachfiguren zu basteln. So gegen Abend waren wir damit fertig, aber gerade als wir anfangen wollten zu spielen, wurden wir wieder entlassen.«

Am nächsten Tag stand die Aktion in den meisten Berliner Tageszeitungen. Den Rest der 10.000 Katapulte, immerhin noch 6000 Stück, hatten die Bullen mit der Begründung »unerlaubter Waffenbesitz« beschlagnahmt. Dabei gab es die Dinger in jedem Spielwarengeschäft. Außerdem wurde noch Einbruchswerkzeug sichergestellt, nämlich Schlotterers Werkzeugkasten, sowie eine Stereoanlage als vermeintliches Diebesgut. Über die wahren Gründe für diese Aktion kann man nur spekulieren. Den Vorwand hatten Rios Freund Andy und sein Kumpel Klaus geliefert. Sie hatten an dem Morgen aus Langeweile mit den Katapulten Schießübungen veranstaltet und auf die Fenster des gegenüberliegenden Hauses gezielt. Dabei war eine Scheibe zu Bruch gegangen, und die Besitzerin hatte die Polizei gerufen. Normalerweise kommen bei einem solchen Anlaß zwei Polizisten in einem Streifenwagen und nehmen ein Protokoll auf und nicht dreißig mit Bleiwesten und Maschinenpistolen, die die ganze Wohnung auf den Kopf stellen.

Diese Heimsuchung durch die Berliner Bereitschaftspolizei war nur der Auftakt zu weiteren Aktionen dieser Art. Von nun an kamen die Jungs regelmäßig, um nach dem Rechten zu sehen.

Rio: »Beim ersten Mal hat man noch dumme Sprüche gemacht, aber später hat man gar nichts mehr gesagt oder nur gefragt: Wollt ihr nen Kaffee haben oder so. Das wurde dann so kollegial. Das war halt immer nervig, für die genauso wie für uns. Die kamen ja immer in voller Montur, mit Bleiwesten und sowas. Also wirklich, wie auf Terroristenjagd, so kamen die da rein, und immer ganze Hundertschaften und immer mit ihren Maschinenpistolen und so. Das erste oder zweite Mal hatte man noch Angst, aber dann – es war ja nur ein Ritual. Anstrengend war's für die vor allem, weil – , ich meine, ich hatte 'n Hochbett da oben. Ich lag da mit Andy in diesem einen winzigen Zimmer, und die mußten mit ihren MPs jetzt die Leiter hochklettern. Hätte ich da ne Knarre gehabt, wär der Kopf weggewesen von denen. Da hätte ich auch nicht mit ihnen tauschen wollen. Deswegen hatte ich immer beide Personalausweise neben dem Kopfkissen, hab ihnen die Ausweise gegeben und gesagt: Ich komm runter, machen Sie sich keine Sorgen, alles in Ordnung. Was wollen Sie sehen? – Da haben sie sich dann ein bis zwei Stunden aufgehalten, je nach Lust und Laune oder wie gerade der Einsatzleiter drauf war, und haben so rumgewühlt, aber meistens konnten sie keinen mitnehmen, hatten auch eigentlich gar keine Lust dazu. Was wollten sie damit? Ich weiß es nicht. Uns agitieren.«

Wie viele Berliner Altbauwohnungen hatte auch das Haus am T-Ufer einen Hinterausgang – den sogenannten Dienstboteneingang. Das kam den Leuten zugute, die damit rechnen mußten, verhaftet oder mitgenommen zu werden, aus welchen Gründen auch immer. Da die Polizei meistens früh morgens auftauchte, wußte man immer schon, wer da mal wieder Einlaß begehrte. Die Gesuchten nahmen dann den Hinterausgang und verschwanden. Eine Alternative dazu bestand darin – zum Beispiel, wenn die Zeit zum Anziehen zu knapp war – nur mit Unterhose bekleidet durch den Hinterausgang die hintere Treppe hinauf zu laufen, um dort oben frierend zu warten, bis jemand kam und signalisierte, daß die Bullen wieder weg waren. So erging es Nikel einmal, als er zu einem Gerichtstermin zwangsweise vorgeführt werden sollte.

Zur direkten Konfrontation zwischen den Scherben und der Polizei kam es immer wieder. Sie waren bei der Polizei gut bekannt. Oft lauerten die Bullen ihnen auf, wenn sie zu einem Konzert fuhren, oder wenn sie mit ihren Gigs fertig waren. Ihre Autos wurden angehalten, und sie wurden mit vorgehaltenen MGs gezwungen auszusteigen und die Hände aufs Autodach zu legen. Dann wurden sie nach Waffen durchsucht und ihre Ausweise kontrolliert. Meistens konnten sie danach weiter fahren, denn die Polizei fand so gut wie nie etwas bei ihnen, obwohl sie eigentlich immer Shit und manchmal auch andere Drogen bei sich hatten. Aber das war's wohl nicht, wonach bei diesen Kontrollen gesucht wurde.

Kurz vor Jahreswechsel tauchte Hanns Baukhage, endlich von seinem Krankenhausaufenthalt genesen, wieder am T-Ufer auf. Hanns war ein kleiner, spindeldürrer Typ mit schulterlangen Haaren und hatte schon dort gewohnt, bevor die Scherben am T-Ufer einzogen, zusammen mit Schlotterer, Holger Meins und Heinz Brockmann. Jetzt war er also wieder da und wurde, als hätte es gar nicht anders sein können, Mitglied der Scherben-Family. Er war gelernter Elektriker und kümmerte sich um die technischen Belange der Band. Sein Spitzname war Happy Hanns, weil er so viel lachte und dabei immer die Tonleiter rauf und runter gickerte und gakkerte, was ungeheuer ansteckend war. Sein Lieblingsspruch war »Liebe und Strom gehen seltsame Wege.« Das konnte man von ihm genauso sagen. Und von den Scherben natürlich auch.

1973: »Wir können nicht mehr.«

Drop-Light

Am 11. Januar 1973 klopfte es an der Wohnungstür am T-Ufer. Kai schlurfte zur Tür, um zu öffnen. Draußen stand ein junger Mann mit langen Locken im Trainingsanzug und sagte mit stark Bayrischem Akzent: »Guten Tag, meine Name ist Breitner. Bin ich hier richtig bei den Leuten, die mir ihre Platten geschickt haben?«

War er. Schlotterer hatte dem Fußballer Paul Breitner die ersten beiden Scherbenplatten geschickt und dieser hatte die Gelegenheit für einen Besuch genutzt, als der FC Bayern München bei einem Hallenturnier in der Berliner Deutschlandhalle kickte. Kai war sprachlos. Auf Überraschungsbesuche von Terroristen, Trebekindern oder Sondereinsatzkommandos waren die Scherben jederzeit vorbereitet. Aber ein Fußballgott vor der Wohnungstür – das war einfach zu viel. Irritiert bat Kai Paul Breitner erst mal in die Wohnung, um ihn mit Schlotterer zusammenzubringen. Doch er hatte seine Rechnung ohne Johnny ›Asterix‹ Banse gemacht. Johnny, ein *Rauch-Haus*-Bewohner, der oft am T-Ufer zu Gast war, wußte von Fußball nicht einmal, wie man es schreibt, war nie in Berührung mit gesellschaftlichen Konventionen gekommen und reichte Paul Breitner bis zum Bauchnabel. Was ihn aber keineswegs daran hinderte, von dem schwarzgelockten Fremdling Rechenschaft für dessen Besuch zu fordern.

Johnny: »Wer bist denn du? hab ich auf jeden Fall gesagt und wollte ihn nicht reinlassen. Aber da hat Schlotterer auch schon laut Ahhhhhh geschrien, er kannte ihn ja nun, den Breitner, hat ihn begrüßt und an unseren Tisch gesetzt. Und dann haben alle über Fußball geredet. Und ich hab gesagt: Wie denn, du spielst Fußball? Wo spielst du denn? Und er: Ich spiel bei Bayern München. Und ich wieder: Na, wenn du bei Bayern München spielst, dann bin ich Giacomo Agostini. Ich kannte den ja wirklich nicht! Und Schlotterer hat dann solche roten Ohren bekommen! Mann, war das dem peinlich. Na ja, und dann hat der Paul den Schlotterer zum Fußball eingeladen, hat zehn Karten dagelassen, und ich hab gesagt, ich will auch mitkommen. Und der Breitner hat gesagt: Was? Du interessierst dich doch gar nicht für Fußball. Aber ich wollte unbedingt. Und dann sind wir alle in die Deutschlandhalle zum Hallenturnier. Da ist dann Hertha Deutscher Hallenmeister geworden. Ich hab so gelacht. Ausgerechnet gegen Bayern München haben die gewonnen, das war vielleicht eine Blamage! Und wir haben hinter der Bayernbank gesessen, und ich hab immer für Hertha geschrien. Das war ja so peinlich für die Jungs, sowas von peinlich.«

Paul Breitner selbst hat sich im Februar 99 rückblickend so geäußert: »Es gab in München eine Gruppe, die sich SDAJ (Sozialistische Deutsche Arbeiter-Jugend) nannte. Anfang 1972, zu dem Zeitpunkt war ich schon Profi bei Bayern München, beteiligte ich mich an einigen ihrer Aktionen, und dabei habe ich auch Ton Steine Scherben kennen gelernt. Anfang 1973 habe ich die Band wiedergesehen. Damals war ich wegen eines Bundesligaspiels in Berlin und nutzte die Gelegenheit, Ton Steine Scherben in ihrer damaligen Wohnung am Tempelhofer Ufer zu besuchen. An das Treffen selbst kann ich mich nicht mehr so gut erinnern, es ist ja auch fast 30 Jahren her. Jedenfalls brach der Kontakt, er war sowieso nur sporadisch gewesen, nach diesem Treffen ab.

Ich habe mich damals zu vielen politischen Ereignissen geäußert, was in Bayern natürlich auffiel. Dieses Interesse für Politik war auch der Grund dafür, daß ich Kontakt zu Ton Steine Scherben hatte. Es ergab sich so und war ganz normal, man lernte sich halt einfach kennen. Ich mochte die Musik der Scherben, war aber kein eingefleischter Fan. Was mich interessierte, war ihre kritische Haltung zum Establishment und ihre Verbindung zu nicht-privilegierten Gruppen, zu Studenten. Ich selbst war ja nicht nur Fußballer, sondern studierte auch noch Sonderpädagogik. Ich führte so eine Art Zwitter-Dasein. Einerseits stand ich als Fußballer auf der Seite der Privilegierten, andererseits war ich selbst Student. Deshalb fühlte ich mich Ton Steine Scherben verbunden.«

Der Kontakt zwischen Breitner und Schlotterer blieb noch für kurze Zeit bestehen, Schlotterer besuchte die Familie Breitner später noch einmal in München, doch dann verläpperte die Geschichte.

»Psycho« ist ein Wort, das in dieser Zeit am T-Ufer die Runde machte und noch heute zum Grundwortschatz jeder Scherbe gehört. Psycho, das waren die Launen von Rio, die stundenlangen Diskussionen am Küchentisch, sich türmendes dreckiges Geschirr, lärmende Trebekinder, Eifersüchte und Fickkisten, fehlende Privatsphäre und permanente Geldnot. Und die »Psycho«-Stimmung machte auch nicht vor dem Probenraum halt.

Besonders Schlotterer hatte so seine Probleme, von seinem klassischen Querflötenunterricht zu profitieren. Das wunderschöne Solo in *Der Traum ist aus* beweist zwar, daß Schlotterers Flöte und der Scherbenrock vollkommen harmonieren können – doch die im Probenraum üblichen Improvisationen über einen einzigen Akkord waren nie Schlotterers Sache. Schlotterer: »Ich kam nicht rein in die Musik. Also im Nachhinein war es meine Fremdheit gegen die Musik, es wurde geprobt, ich sollte meine Flöte spielen, und ich kam einfach nicht zu Potte mit der Art Musik, ganz einfach. Wahrscheinlich war das mein eigener Frust oder meine Enttäuschung darüber, ich weiß es nicht mehr.«

Jedenfalls sollte an einem dieser Tage *Mein Name ist Mensch* geprobt werden. Und Schlotterer kam damit nicht zurecht.

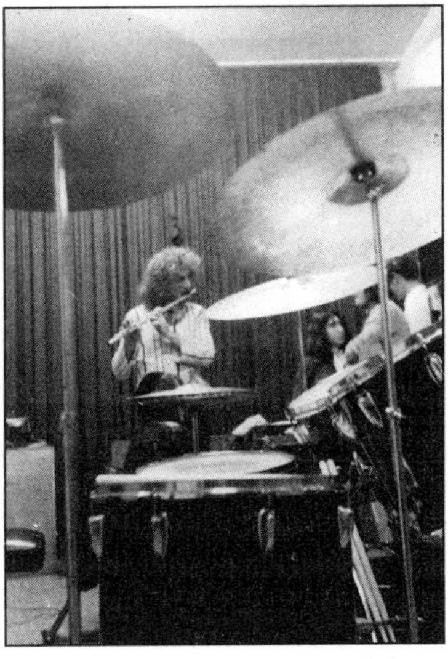

Schlotterer mit Querflöte

Rio: »Alle die Leute, die mit zehn oder was weiß ich wieviel Jahren klassischem Unterricht gequält worden sind, kamen mit uns nicht zurecht. Das war einfach die falsche Ausbildung für Rockmusik.«

Die Szene, die sich an diesem Tag abspielte, verlief ungefähr so:

Lanrue: »Was kommt als nächstes?«

Rio: »*Mein Name ist Mensch.*«

Schlotterer: »Ach ja?«

Rio: »Ja.«

Schlotterer: »Ich bin aber auch ein Mensch!«

Rio: »Hat doch niemand bestritten.«

Schlotterer: »Jetzt werd nicht noch zynisch.«

Rio: »Wieso, ist doch die Wahrheit.«

Schlotterer: »Ja, die Wahrheit! Aber die Wahrheit ist auch, daß du *Mein Name ist Mensch* singst und denkst, du bist der einzige Mensch, und wir sind alle nur Marionetten oder Charaktermasken oder sowas!«

Wutentbrannt klemmte sich Schlotterer seine Flöte unter den Arm und verschwand.

Schlotterer: »Ich weiß, daß ich den Probenraum dann stocksauer verlassen habe und nach Hause bin. Ich weiß sogar noch, ich hab einen Zettel geschrieben: Unter den Blinden ist der Einäugige König, und habe das der Band irgendwie hingelegt und habe furchtbar geschmollt. Und später in der Wohnung kam es wieder zu einem Wortwechsel zwischen Rio und mir. Er war in seinem Zimmer und ich in der Küche, und da ging das hin und her, und er kam wieder raus. Da hab ich ihn wieder reingeschubst, wir waren richtig handgreiflich. Und irgendwie habe ich dann die Tür zugeknallt und Rios Finger steckte drin. Er hat tierisch geblutet damals, hat davon auch ne Narbe am Finger behalten, aber der Finger ist heil geblieben, gottseidank. Rio konnte am nächsten Tag schon wieder Gitarre spielen.«

Für die bevorstehende Tournee, die im Februar beginnen sollte, brauchten die Scherben mal wieder einen neuen Trommler. Durch eine Anzeige in einer Musikzeitung stießen sie auf den Schwaben Helmut Stöger. Er war ein ruhiger, netter Typ und spielte ein unkompliziertes, bodenständiges Schlagzeug. Normalerweise erwarteten die Scherben von ihren Band-Mates, daß sie mit ihnen zusammenwohnten, denn das Selbstverständnis der Gruppe war klar definiert, sie wollten eine Einheit von Arbeit und Leben. Aber Helmut hatte bereits eine kleine Wohnung in der Nähe des Band-Domizils, in der er zusammen mit seiner schwäbischen Freundin Moni wohnte; und außerdem waren die Scherben froh, überhaupt auf die Schnelle einen guten Drummer gefunden zu haben.

Auf dieser Tour gab es mit Hanns Baukhage zum erstenmal jemanden, der die Band ins rechte Licht setzte. Die Beleuchtungsanlage war nicht besonders raffiniert, aber sie brachte immerhin Farbe ins Spiel. Zusätzlich hatte Happy Hanns sich Folgendes ausgedacht: Jeder Musiker bemalte sein Gesicht mit einer speziellen Theater-Farbe, die bei normalem Licht unsichtbar war. Nur durch Beleuchtung mit einem speziellen lila UV-Licht wurden die Farben sichtbar. Bei dem Song *Alles verändert sich* brachte Hanns das UV-Licht zum Einsatz, machte gleichzeitig alle anderen Scheinwerfer aus, und nun leuchteten die Gesichter der Musiker in den verschiedensten Farben; ein einfacher, aber ungeheuer wirkungsvoller Effekt.

Neben der Sache mit dem UV-Licht, hatte Hanns noch andere Überraschungen in petto. Bei *Wir müssen hier raus* schaltete er ein Drop-Light ein, ein Flackerlicht, sprang auf die Bühne und tanzte zur Musik. Während sein Körper im Flackerlicht hin und her zuckte und seine lange Mähne durch die Luft wirbelte, fing er – »wir sind geboren, um frei zu sein, frei, frei, frei« – an, sich auszuziehen. Zum Schluß hatte er nur noch einen winzigen Lederslip mit einem seitlichen Reißverschluß an. Wenn dann die Zuschauer dachten, so das war's wohl, kam der letzte Kick: Ein kurzer Ruck am Reißverschluß, und auch der Slip war weg.

Hanns zog seine kleine Befreiungsshow auch ab, als die Scherben auf Einladung eines protestantischen Pfarrers in einem kirchlichen Gemeindesaal in Bremen spielten. Diesmal steckte Hanns mit seiner Performance sogar einen Teil der Zuschauer an: Etwa fünfzig Leute, Männlein wie Weiblein, zogen sich ebenfalls nackt aus und hüpften polonäseartig zur Musik von *Wir müssen hier raus* durch die heiligen Hallen. Diese Gospel-Ekstase von Scherben plus Publikum löste einen mittleren Skandal aus und kostete den Pfarrer zwar nicht den Kopf, aber doch seine Gemeinde.

Im Rahmen dieser Tour spielten die Scherben auch in Frankfurt, auf Einladung des studentischen Asta, der eine Informationsveranstaltung zum Thema Häuserkampf geplant hatte.

Wie in vielen Städten der BRD, blühte auch in Frankfurt das Spekulantentum. Schöne Altbauten mit günstigen Mieten wurden abgerissen und durch häßliche Betonklötze ersetzt. Die Mieten der Betonklötze waren für die bisherigen Mieter unbezahlbar. Aus Protest dagegen hatten Wohnungssuchende im Laufe der Zeit 17 Häuser im Frankfurter Westend besetzt.

Zu den Organisatoren der Informationsveranstaltung gehörten auch der damalige Ober-Sponti Joschka Fischer sowie Daniel Cohn-Bendit, der ›Rote Dany‹, die Symbolfigur des Pariser Mai 68.

Als die Scherben nachts in Frankfurt ankamen und mit Hilfe von Dr. Losanows Psi-Fähigkeiten die Wohnung gefunden hatten, in der sie übernachten sollten, öffnete ihnen ein splitterfasernackter Mann die Tür: Dany Cohn-Bendit. Er bugsierte die Scherben in ein großes Zimmer, forderte sie auf, es sich bequem zu machen, und verschwand wieder.

Am Tag nach dem Frankfurt-Gig fuhr er zusammen mit der Band nach Rüsselsheim, wo sie ihr nächstes Konzert gab. Er hatte sich bereit erklärt, an der Kasse zu sitzen, aber er machte es nach seinen eigenen Regeln. Als die Scherben ihn baten, ihren Freund Hannes Eyber auf die Gästeliste zu setzen, nuschelte Dany nur: »Gästeliste? Is' nich! Wer rein will, muß zahlen.«

Die nächste Station der Scherben war wieder die Schweiz, aus der sie vor nicht allzu langer Zeit ausgewiesen worden waren. Aber sie hatten vorgesorgt: Alle, deren Paß durch einen häßlichen »Unerwünscht«-Stempel verunziert worden war, hatten ihre Ausweise als verloren gemeldet und sich neue ausstellen lassen. Mit den neuen Pässen konnten sie ungehindert in die Schweiz einreisen – so einfach war das damals ohne zentrale Computersysteme.

Ein kleines Problem gab es bei der Einreise allerdings doch. Kai, der den Lkw fuhr, und sein Beifahrer Eugen, ein Typ aus dem *Rauch-Haus*, hatten Fritz Prinz bei sich, ein Trebekind, das überhaupt keinen Ausweis hatte. Kurz vor der Schweizer Grenze machte Kai den Vorschlag, Fritz solle zu Fuß über die Grenze gehen, was bei Basel kein Problem war. So geschah es. Auf Schweizer Boden stieg Fritz wieder ins Auto, und die Fahrt ging weiter. Aber nach einer Weile wurden sie von einem Verkehrspolizisten angehalten, weil sie irgendwo falsch abgebogen waren. Während der Polizist auf das Auto zukam, versteckte sich Fritz Prinz im hinteren Wagenteil zwischen den Verstärkern, allerdings ragten seine Füße deutlich sichtbar aus dem Versteck heraus. Der Polizist schaute durch das Fahrerfenster und fragte, wieviel Personen sie seien.

»Nur wir zwei«, sagte Kai.

»Dann machen Sie mal den Laderaum auf.«

Kai öffnete den Laderaum, der Polizist warf einen Blick hinein, und kam wieder nach vorn.

»Und was ist das?« Er zeigte jetzt genau auf die Füße von Fritz Prinz.

Scheiße, dachte Kai, jetzt hat er uns.

»Meinen Sie das hier?« fragte Eugen geistesgegenwärtig und griff nach der Bonbontüte, die genau neben den Füßen von Fritz Prinz lag. »Bonbons. Wollen Sie auch einen?«

Der Polizist machte ein komisches Gesicht, nahm ein Bonbon und ließ den Lkw weiter fahren.

Am 1. Mai gab es in Berlin nach guter alter Tradition ein Volksfest auf dem Mariannenplatz. Die Attraktion in diesem Jahr war der ZIRKUS RENZ, der dort seine Zelte aufgebaut hatte. Alle Bewohner des T-Ufers hatten sich irgend etwas für das Fest ausgedacht. Zum Beispiel hatten einige ein großes Zwanzig-Mann-Zelt organisiert und auf dem Mariannenplatz aufgebaut, um darin

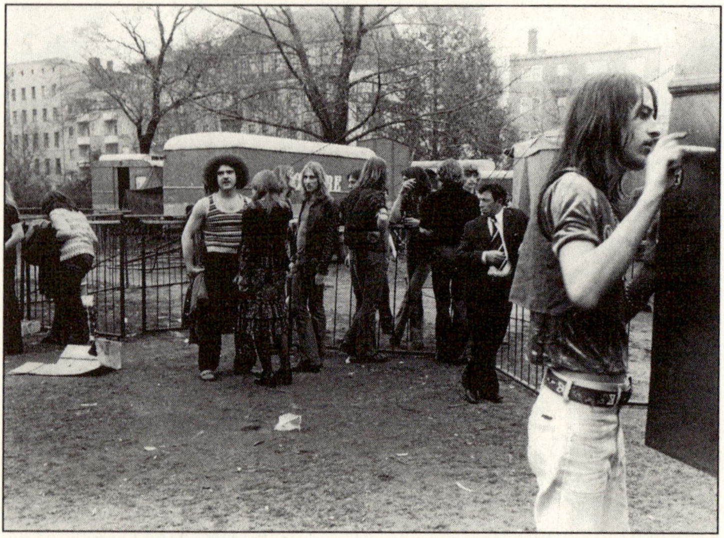

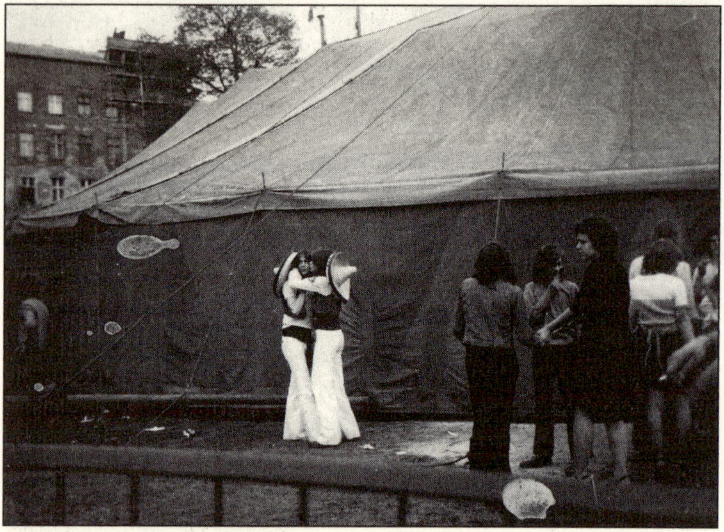

Mariannenplatz – 1. Mai 1973.
Oben: Im Hintergrund Bernhard und Raymond von den Roten Steinen.
Vorne rechts: Rio. Unten: Kai und Angie als Latinos

jedem, der es wollte, die Zukunft vorherzusagen, durch Handlesen, Kartenlegen oder chinesische Glückskekse. Angie hatte im T-Ufer einen riesigen Kübel mit Bowle angesetzt, die sie während des Festes becherweise verkaufen wollte.

Angie: »Kai sollte die Bowle zusammen mit mir im FORD-*Transit* zum Mariannenplatz fahren. Ich saß hinten mit meinem Zwergkaninchen ›Swabble‹ auf dem Schoß. Vor mir stand der Behälter mit der Bowle. Kai fuhr extra langsam, damit nichts überschwappte. Kurz vor der Möckernbrücke lief plötzlich ein Kind vors Auto, und Kai mußte eine Vollbremsung machen. Swabble rutschte von meinem Schoß herunter und fiel genau in die Bowle. Das Bad in der Bowle dauerte nur ein paar Sekunden, aber Swabble war den ganzen Tag nicht mehr zu gebrauchen. Und die Bowle? Sollten wir die etwa wegkippen?«

Die Scherben spielten an diesem Tag gleich zweimal: Nachmittags als Rock-Gruppe, abends als Latino-Band. Weiß gekleidet, mit riesigen Sombreros auf den Köpfen. *Olé O'Cangaceiro*, *La Bamba* und *Guantanamera* sorgten für eine tolle Atmosphäre. Sogar die strengen Parteisoldaten, für die Spaß haben eigentlich verpönt war, gerieten an diesem Tag in eine ausgelassene Stimmung. Ob es mehr an der musikalischen Darbietung der Latino-Scherben lag oder an der durch Swabble verfeinerten Bowle, läßt sich nicht mehr klären.

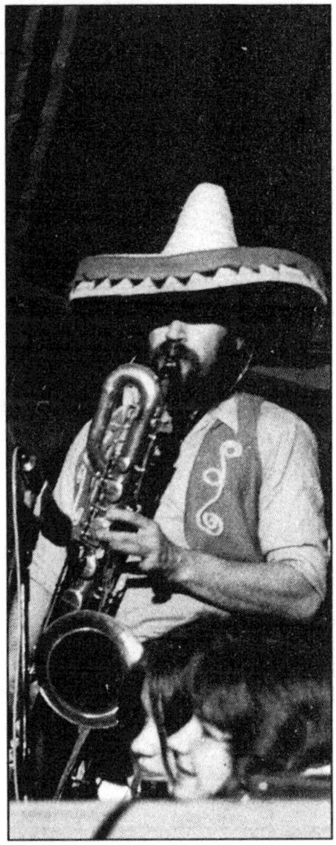

Nikel in der Scherben-Latino-Band – 1. Mai 1973

Danach setzten die Scherben ihre Tournee fort.

Die Polizei ging bei ihrer Jagd nach Terroristen immer aggressiver vor, der Zeigefinger am Abzug ihrer Maschinenpistolen zuckte immer nervöser. In den Jahren 1972-73 kam es, wie Rechtsanwalt Otto Schily in seinem Plädoyer bei einem Prozeß im Zusammenhang mit dem Tod von Georg von Rauch darlegte, zu mindestens acht Erschießungen von unbewaffneten Personen. Für keinen der Schützen gab es je strafrechtliche Folgen; das Wort »Putativnotwehr« machte in deutschen Gerichtssälen die Runde. Das hieß so viel wie: Erst schießen, und dann schau'n mer mal, ob's notwendig war.

Eines der Opfer dieser härteren Vorgehensweise der Polizei war der 17jährige Lehrling Richard Epple aus Tübingen. Er hatte am 1. März 1973 mit einem gestohlenen Wagen eine Polizeisperre durchbrochen und war dafür von der Maschinenpistolensalve eines Polizisten durchsiebt worden.

In Tübingen wurde ein Teach-In mit Scherbenbeteiligung veranstaltet, und was danach kam, war beinahe schon ein Ritual. Die Veranstalter riefen zur Besetzung eines Hauses auf, und das besetzte Haus bekam den Namen des Toten. *Richard-Epple-Haus*. Wie würde das nächste heißen?

Aber egal, die Scherben würden dabei sein, wenn zur Besetzung des Hauses aufgerufen wurde, und sie würden natürlich umsonst spielen, für ein Vergelt's Gott oder Vergelt's Mao. Die Unkosten würden sie erstattet bekommen, mehr nicht. Dafür würden sie mit ihren alten Autos anreisen, unterwegs eine Panne haben und dann in irgendwelchen Wohngemeinschaften auf alten Matratzen und in schmuddeliger Bettwäsche ihr Lager beziehen, sie würden weder Bräute noch Lover mitnehmen können, nichts zu essen kriegen, billigen Lambrusco trinken und sich das Politgeschwätz ihrer Gastgeber anhören. Wenn sie in ihrem vorgedruckten Rundschreiben an die Veranstalter darum bäten, daß man ihnen beim Tragen und Aufbauen ihrer Anlage hilft, würden sie als größenwahnsinnige Stars beschimpft werden, denen der Erfolg zu Kopf gestiegen sei. Daß man durch das Tragen der schweren Boxen und Verstärker tiefe Einschnitte in die Finger bekam, mit denen man anschließend kaum noch Gitarre spielen konnte, interessierte niemanden. Und daß man, nachdem man sich in einem Konzert verausgabt hatte, nicht mehr politisch diskutieren wollte, interessierte auch nicht. Kein Mensch machte sich Gedanken darum, daß die Scherben nicht bloß eine Polit-Rock-Band waren, die einen Agitationsauftrag zu erfüllen hatte, sondern eine Künstlertruppe aus Individualisten, die alle ihre eigenen Wünsche, Sehnsüchte, Nöte und Hoffnungen hatten. Die Scherben hatten zur Stelle zu sein, wann immer es brannte – und sie hatten keinen Dank zu erwarten. Sie waren die freiwillige Feuerwehr im linken Veranstaltungsbetrieb. Und zu allem Überfluß gab es Leute, die ihnen vorwarfen, sie seien Verräter.

Rio: »Wen haben wir verraten? Die Bewegung, uns selbst oder sonstwas. Das kam zuerst aus dem *Rauch-Haus* und dann aber auch von anderen. Es war ja klar, daß wir relativ erfolgreich waren, das konnte uns ja keiner übel nehmen. Ich meine, das gehörte ja nun dazu. Daß wir reich waren, konnte uns zwar keiner unterstellen, aber gut, jeder andere war sowieso immer zu reich.«

Dieses ganze Paket von Verausgabung und Überforderung: Geben, geben, geben – und kaum was dafür wiederkriegen, führte schließlich dazu, daß die Scherben total ausgebrannt waren, ausgebrannt und überspielt. Beim letzten Konzert der Tour, in Schwäbisch Hall, mitten im Song *Schritt für Schritt ins Paradies,* schaute Rio Kai an, und Kai schaute Lanrue an, und Lanrue schaute wieder Rio an, – und jeder sah im Gesicht des anderen nur das, was er in seinem eigenen spürte: Leere, Leere, Leere. Und auf einmal, mitten im Song, hörten die Scherben auf zu spielen, und Rio ging ans Mikro und sagte: »Wir können nicht mehr. Es tut uns wirklich leid, Leute, aber – sorry!« Und dann war Schluß.

Es kam ganz unvermittelt und überraschend, für die Zuschauer und für die Band. Und erstaunlicherweise hatte das Publikum Verständnis dafür. Nicht einer machte von dem Angebot der Scherben, das Eintrittsgeld zurückzuzahlen, Gebrauch.

Die Scherben fuhren nach Berlin zurück. Sie hatten keine Kraft und keine Lust mehr, so etwas wie eine Musikbox mit Agitationsauftrag zu sein, die auf Knopfdruck Demonstrationen und Hausbesetzungen ausspuckt. Sie hatten keine Lust mehr, der eigenen Legende und den daraus abgeleiteten Ansprüchen hinterherzuhecheln. *Macht kaputt was euch kaputt macht* – und wenn es die eigene Legende ist.

Noch auf dem Rückweg nach Berlin beschlossen die Scherben, sich aufzulösen.

Herr Fressack

Die Wohngemeinschaft am T-Ufer sollte bestehen bleiben, aber zunächst stoben alle auseinander. Noch im Mai kaufte Kai zwei Tickets und flog zusammen mit Angie nach London. Sie wollten auswandern. Ihre Anlaufstelle war Holly, der inzwischen dort lebte, und der ihnen bei der Zimmersuche half. Sie fanden ein kleines Zimmer – wer London kennt, weiß wie klein –, und Angie verdingte sich als Fotomodell.

Holly ging übrigens später nach Kalifornien, um dort Musik zu machen. Unter anderem spielte er bei der Billy-Zoom-Band und landete mit dieser Formation 1975 einen Nummer-Eins-Hit in Finnland mit dem Titel *Rolling The Rock*.

Im Juni zerstreute sich auch der Rest der Family in alle Winde. Rio fuhr mit Jako und Antje Krüger nach Irland. Die irische Volksmusik, berichtete er später, habe seinen musikalischen Werdegang nicht unwesentlich beeinflußt. Schlotterer machte sich auf nach Marokko, wo er allein durch die Gegend wanderte, um seinen Schmerz über die Trennung von Angie zu überwinden. Nikel flog nach Ibiza. Lanrue und Uli Hammer trampten zusammen durch Schweden. Happy Hanns reiste nach Griechenland. Nur was aus dem Drummer Helmut Stöger wurde, weiß keiner mehr. Verließ er die Band, oder verlor man ihn nur einfach so aus den Augen?

Merkwürdig. Helmut Stöger – verschollen im Bermuda-Dreieck der Erinnerung.

Nach der Sommerpause Ende Juli, Anfang August, trudelten alle wieder am T-Ufer ein, auch Angie und Kai.

Angie: »London war ne aufregende Zeit, aber nach ein paar Wochen bekam ich Heimweh. Kai wollte nicht, aber mich zog es zurück in die Heimat, und wir sind dann zusammen wieder nach Berlin. Als wir am T-Ufer ankamen, war nur Lanrue da, und ich weiß noch, wie er zu uns sagte, daß wir jetzt nicht einfach so wieder einziehen könnten, denn wir wären ja richtig ausgestiegen aus der Gruppe. War eigentlich 'n starkes Stück, denn jeder Fremde, wer immer es war, konnte sich im T-Ufer niederlassen, ohne viel zu fragen. Immerhin sind Kai und ich dann vorübergehend in ner Wohnung von Lanrues Freundin untergekommen. War ne verdammt harte Zeit damals. Ein paar Monate später hatte sich die Situation aber wieder entspannt, und ich bin dann doch zurück ins T-Ufer, allerdings ohne Kai, der wollte nicht mehr.«

Am T-Ufer wußte auch niemand, wie es weitergehen sollte, doch just in diesem Moment tauchte Dietmar Roberg auf, zusammen mit einem Typen, der Werner Götz hieß. Werner spielte Baßgitarre und Saxophon und hatte auch schon bei HOFFMANNS COMIC TEATER mitgemacht. Er stammte, wie Dietmar, aus Bamberg, und da er etwas Dandyhaftes an sich hatte, wurde er nur ›Gino‹ genannt. Dietmar wollte die Scherben für ein neues Projekt gewinnen. Der Berliner Rotbuch-Verlag hatte ihn beauftragt, vom H. C. T.-Kindertheaterstück *Herr Fressack und die Bremer Stadtmusikanten* ein Hörspiel zu produzieren, mit Musik von Ton Steine Scherben. Rio und Lanrue ließen sich von der Idee überzeugen und versprachen, Songs zu schreiben. Die Aufnahmen begannen noch im August 1973, Klaus war wieder der Tontechniker.

Dietmar Roberg: »Die Aufnahmen fanden in der Wohnung der Scherben am Tempelhofer Ufer statt. Ein Verkehrsknotenpunkt. Die gelben U-Bahnzüge fuhren an dieser Stelle in Fensterhöhe des ersten Stocks vorbei, und die geschlossenen Fenster der Vorderfront mit weitem Blick nach Kreuzberg vibrierten unter dem Dröhnen der Autokarawanen zu beiden Seiten des Landwehrkanals. Die Türen standen den ganzen Tag offen, und ständig war ein Kommen und Gehen von allen möglichen Leuten, von denen ich einige kannte, andere noch nie gesehen hatte.

Halbe Kinder waren darunter, heimatlose zerrupfte Sperlinge, die in irgendeiner Ecke an kaputten Verstärkerteilen herumbastelten, um sich als ›Elektriker‹ gegen ein bißchen häusliche Wärme bei den Scherben nützlich zu machen. Pfiffige Fachleute für Stromzähler-Manipulationen und eingespielte Teams für kostenlose Großeinkäufe im Supermarkt, die dem abgebrannten Haufen zum Weihnachtsfest einen Gabentisch hinzaubern konnten, daß einem die Augen übergingen.

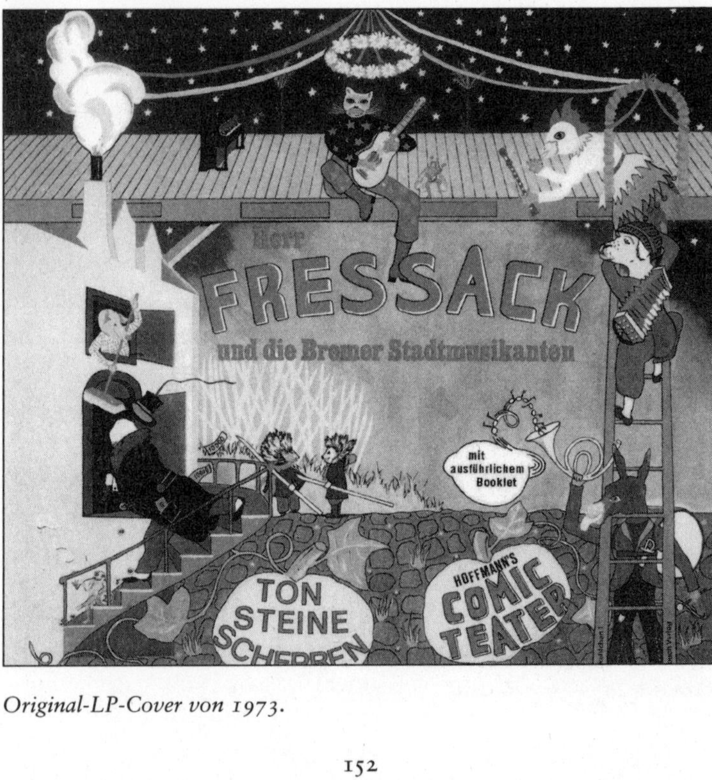

Original-LP-Cover von 1973.

Bis zum Schluß habe ich nicht rausgekriegt, wer wirklich zur Scherben-Family gehörte und wer nur Besucher war. Es gab eine Kernmannschaft: Rio, Lanrue, Kai, Nikel, Schlotterer, Angie. Um diesen Stamm hatte sich eine Crew von Beratern, Ideologen, Managern und verkrachten Lebenskünstlern gebildet, die sich nicht nur einfach mit der Rolle der Fans, Roadies oder Hintergrundstrategen zufrieden gaben: Sie alle wollten mit oben auf der Bühne stehen und sich kreativ betätigen. Die Scherben, das war eben keine Band, das war ein Lebensgefühl – und gleichzeitig ein Medium, über das sich dieses Lebensgefühl nicht nur irgendwie, sondern ganz konkret hier und jetzt verwirklichen ließ. Die Songtexte der Scherben – wörtlich genommen – luden zu dieser Identifikation geradezu ein. Und die Scherben konnten nicht ›nein‹ sagen. So hat-

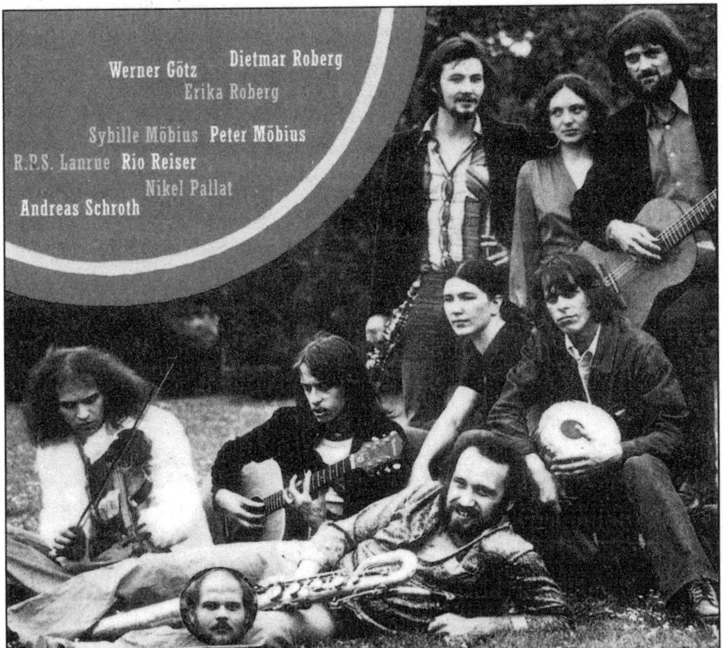

Rückseite der »Fressack«-LP.

ten auch sie ihr ›Sozialarbeitersyndrom‹. Vor allem Rio – damals Psychiater, Seelsorger, Lebensberater und Bandleader in einem –, nahm diese Rolle bis zur Selbstaufgabe an, während Lanrue doch immer wieder sein eigenes Zimmer erkämpfen konnte, in dem er sich einsperrte und abschaltete. So was wie Privatleben gab es nicht. Kein Raum, in dem man nur fünf Minuten ungestört sein konnte, um seine fünf Sinne zu ordnen. In jedem Winkel hatte sich irgend jemand niedergelassen, einen Karton und ein paar Plastiktüten mit persönlicher Habe um eine Matratze herum aufgebaut. Wollte man allein sein, mußte man auf die Straße. Die eigentlichen Besitzer dieser Wohnung waren zwei neurotische Katzen: Xerxes und Abraxas, die über Tische und Stühle springend wilde Verfolgungsjagden veranstalteten und die anwesenden Menschen als lebende Hindernisse und Sprungbretter für ihre überfallartigen Scheinangriffe benutzen. Unauslöschlich verbindet sich für mich die erste Kinderplatte mit dem scharfen Gestank von Katzenpisse: Um überhaupt in dieser Wohnung eine anständige Tonaufnahme zustande zu kriegen, mußten zwischen die Doppelfenster zwecks Schallisolierung alte Decken und Matratzen geklemmt werden. Wir benutzten dafür die verrotteten Spielwiesen von Xerxes und Abraxas. Wenn dann die Augustsonne auf die Fenster knallte, verschlug es einem schier den Atem im ›Tonstudio‹.

Das Ton Steine Scherben-Lebensmodell hatte auch seine ausgesprochenen Vorzüge. In *Fressack und die Bremer Stadtmusikanten* gibt es etliche ›Massenszenen‹. Wann immer wir die ›Massen‹ für eine ›rauschende Party‹ oder das Schlachtgetümmel eines ›Aufstandes der Tiere‹ benötigten, die ›Massen‹ waren da. Nach kurzer Einweisung fand sich die ganze umfangreiche Familie – die Kreuzberger Straßenkinder aller Altersstufen – als Hühner, Hasen, Gänse, als Tiere aus Wald und Flur hinter den Mikrophonen wieder. Dabei entstanden witzige, spontane Stimmungen, Situationen und Sprüche, die wir sofort in das Konzept einbauten.«

Kaum zu glauben, aber die Kinderplatte wurde tatsächlich termingerecht fertig und kam zu Weihnachten 1973 auf den Markt.

Für Kai und Happy Hanns aber hatte das Chaos am T-Ufer die Grenze des Erträglichen überschritten. Sie hatten den vor den Sommerferien gefaßten Beschluß zur Auflösung ernst genommen und noch vor dem Herbst das T-Ufer und die Band verlassen.

Kai: »Mir stand das Gruppenleben bis zum Hals, ich hatte das große Bedürfnis nach Ruhe und Abgeschiedenheit, nach mehr Privatsphäre. Ich fand eine Wohnung in Neukölln, in die später auch Happy Hanns einzog. Angie blieb am T-Ufer, aber unsere Beziehung hielten wir trotzdem aufrecht. Wir besuchten uns gegenseitig, und immer wenn ich bei Angie am T-Ufer war, hab ich bei mir gedacht: Ein Glück, daß du hier nicht mehr wohnst«.

1974: Die Scherben machen weiter.

Reunion mit Funky und Gino

In der Zeit des Jahreswechsels 1973/74 änderte sich etwas Grundlegendes bei den Scherben. Bis Mitte 1973 hatte man noch ziemlich genau gewußt, wer zur Family gehörte und wer nicht, und was die Rolle jedes einzelnen war. Jetzt geriet alles so durcheinander, daß man keine Grenzen mehr erkennen konnte. Es schien so, als ob jeder, der sich gerade in einer der beiden Etagen am Tempelhofer Ufer aufhielt, dazu gehörte und mitreden durfte. Chaos und Wahnsinn breiteten sich aus. Um so erstaunlicher, daß in diesem Durcheinander Anfang 1974 der Beschluß zu einer Scherben-Reunion gefaßt wurde.

Die Scherben wollten eine neue LP aufnehmen und auch wieder auftreten. Dazu mußte jedoch erst einmal die Band vervollständigt werden. Einen neuen Bassisten hatten sie bereits: Werner ›Gino‹ Götz, der bei der *Fressack*-Platte mitgespielt hatte, war tatsächlich bereit, ins T-Ufer einzuziehen. Aber ein Schlagzeuger fehlte. Zum fünften Mal mußten die Scherben sich einen neuen Schlagzeuger suchen.

Im März 74 entdeckte Nikel in dem Journal BMI, Berliner-Musiker-Initiative, folgende Anzeige: »Schlagzeuger zwischen Zen und Mao sucht Anschluß an Band«. Diese ungewöhnliche Formulierung erregte die Neugier der Scherben. Ein paar Tage später erschien ein drahtiger Typ mit Teppichjacke und roten Hennahaaren am T-Ufer und stellte sich vor. Er hieß Klaus Götzner und stammte aus Würzburg. Er hatte schon bei einigen Bands aus dem Frankenland getrommelt, unter anderem bei den Jazzrockern Embryo und Missus Beastly, und er überzeugte beim Vorspielen durch lebendiges, variables Schlagzeugspiel a la Keith Moon.

Rio war von ›Funky‹, wie er alsbald genannt wurde, allerdings nicht so begeistert. Er hatte nicht viel übrig für »diese Teppichjacken«, die neuerdings durch die Szene schlurften.

Rio: »Ich möchte wetten, der hatte ne Umhängetasche dabei aus Leinen oder sowas, wo eigentlich auch noch ne Flöte reingehört hätte.«

Auch sein Schlagzeugspiel überzeugte Rio nicht: »Er sagte, er wäre Schlagzeuger bei den EMBRYOS gewesen, das gab ihm bei mir nicht unbedingt Pluspunkte, weil da schon wieder zu viel ›Zen‹ drin war. Wir haben mit ihm dann so eine Session gemacht, im großen Zimmer, und er wollte bei uns mitspielen, das war irgendwie klar. Er zuckelte dann ab und mußte jetzt den schwierigen Prozeß der Meinungsbildung am T-Ufer abwarten. Das dauerte. Jeder hat was dazu gesagt, und jeder hatte ne spezielle Meinung, aber man kann es letztlich darauf reduzieren, daß es zwischen Lanrue und mir entschieden wurde. Lanrue war dafür, weil einfach, als wir mit ihm gespielt haben, klar war, daß er sein Schlagzeug beherrschte, daß da jetzt kein Täuscher ankam. Ich hatte das Problem, das ist ja ne Geschmacksache, daß er mir zu viel auf dem Becken rumhampelte, daß er mir zu verkringelt spielte, zu wenig straight. Wenn man zum Beispiel an Jimi Hendrix denkt, der hatte ja zwei Schlagzeuger, einmal Mitch Mitchel und dann Buddy Miles. Mitch Mitchel gehörte auch zu denen, die so viel Kringeling und Pingping machten, während Buddy Miles – zum Beispiel auf dieser *Band of Gypsies*, wo *Machine Gun* drauf ist –, das wäre mein Traumschlagzeuger gewesen. So wie der da spielte. Ehrlich, rhythmisch, groovy. Der ist viel unten geblieben und machte kleine Dinge, kein großes Klingeling und so. Und das war dann auch die Frage an Funky: Was würdest du sagen, wen ziehst du vor? Und er zog Mitch Mitchell vor und zog damit natürlich, für mich jedenfalls, die falsche Karte.«

Lanrue sah die Sache anders, er hatte unter dem Einfluß von Schlotterers Plattensammlung den Jazz entdeckt – Charlie Parker, Charlie Mingus und solche Sachen –, und er wollte eine Musik, die mehr sophisticated war, raffinierter, nicht unbedingt komplizierter, aber besser durcharrangiert. So kam es zu einer Pattsituation zwischen Rio und Lanrue – und die Entscheidung fiel durch ein

I-Ging. Acht Leute waren dabei, jeder bekam drei Münzen, Kopf oder Zahl? – und das I-Ging sagte: Ja!

Ganz dumm kann das I-Ging nicht gewesen sein. Funky war der Schlagzeuger, der blieb. Er paßte auch zu den Scherben. Er hatte wie Lanrue Dekorateur gelernt und war ein echter Freak, ein Aussteiger. Er brachte die fernöstliche Komponente in die Gruppe, meditierte regelmäßig und las indische Schriften wie zum Beispiel die *Bhagavad Gita*. Er erhielt ein großes Zimmer in der Wohnung im ersten Stock, das er sich schön zurechtmachte, mit lauter selbst gemalten Sternchen an der Decke. Seinen Spitznamen bekam er übrigens, weil er ein bißchen fremdgehen wollte, und das war bei den Scherben nicht gern gesehen.

Funky: »In Berlin hatten viele Musiker noch eine zweite Band, da konnte man noch etwas dazuverdienen. Ich hing dauernd auf'm Schlauch, deswegen hatte ich, nachdem ich bei den Scherben eingezogen war, noch eine Annonce aufgegeben: ›Schlagzeuger sucht Anschluß an Funk-Gruppe‹, dazu die Telefonnummer von Ton Steine Scherben. Das war natürlich absolut hart. Die haben das gelesen, und dann gab's Krach. Wir haben uns zusammengesetzt, und die haben mich gefragt, was das soll. Wieso ne andere Band? Und wieso Funk? Und von da an hieß ich Funky.«

Mit den beiden Franken Werner ›Gino‹ Götz und Klaus ›Funky‹ Götzner begannen die Scherben noch im März 1974 mit den Proben für eine neue LP.

Die Kurzen kommen

Am T-Ufer von damals herrschte ein unausgesprochenes Gastrecht. Jeder konnte kommen und bleiben, solange er wollte; tage-, wochen-, monatelang, und manche blieben für immer. Ein gern gesehener Gast war damals John ›Asterix‹ Banse. Zwischen 1972 und 1975 kreuzte er immer wieder auf und blieb ein paar Stunden oder, wenn er Lust hatte, auch ein paar Tage. Johnny war wahrscheinlich der bedingungsloseste Scherben-Fan überhaupt. Kaum hatte er in Braunschweig, wo er als 15jähriger im Heim lebte, die Scherben bei einem ihrer ersten auswärtigen Auftritte erlebt, riß er aus dem Heim aus und folgte ihnen nach. Später landete er im *Rauch-Haus*, geriet aber auch da, wie zuvor in den staatlichen Heimen, mit der Hausordnung in Konflikt. Er war klein und hatte einen Hüftschaden, aber wenn es auf Demonstrationen was zu kämpfen gab, war er dabei, als hätte er den Zaubertrank des gallischen Druiden bekommen. Wo immer er war, eckte Johnny an. Nur bei den Scherben fühlte er sich zu Hause.

Johnny: »Die Wohnung am T-Ufer, bei den Scherben, war der einzige Ort, an dem es keine Gebote oder Verbote gab. Niemand, der mir gesagt hat, das darfst du nicht, das ist verboten, oder jetzt mußt du dies oder jenes tun. Ich konnte wirklich tun und lassen, was ich wollte. Das gab's nur bei den Scherben am T-Ufer und später in Fresenhagen, sonst nirgends.«

Eine Woche nach Funkys Einzug ins T-Ufer, standen Britta Neander und Lothar Pelka auf der Matte. Auch sie kamen aus Nieder-Roden und waren deshalb keine Unbekannten, jedenfalls nicht für Rio und Lanrue. Britta war eine liebevolle, gutaussehende Blondine, und mit ihrem ausgleichenden Gemüt fiel es ihr nicht schwer, Anschluß zu finden. Sie kiffte gern, dadurch ergaben sich schnell gute Kontakte zu allen Family-Mitgliedern, besonders zu Rio, in den Britta sich auch prompt verliebte. Rio wiederum war in Lothar Pelka, den »Erfinder der Pellkartoffel«, verliebt, mit

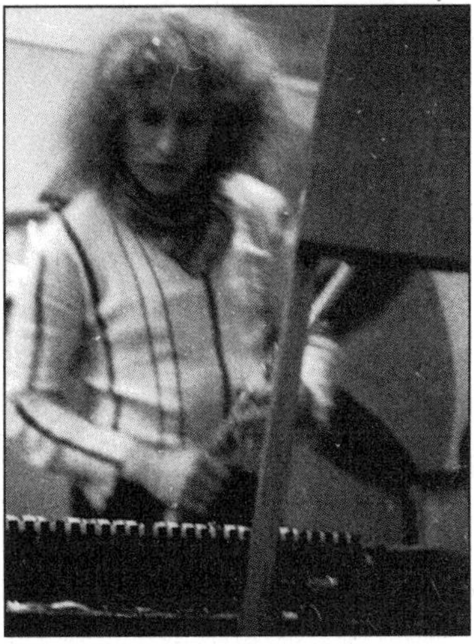

Schlotterer

dem er schon einige Monate vorher, als Lothar allein in Berlin gewesen war, eine Liebschaft angefangen hatte. Und Lothar wiederum war in Britta verknallt. Diese verzwickte Dreiecks-Situation löste sich schließlich dadurch auf, daß Lothar Pelka allein nach Nieder-Roden zurückfuhr und Britta, als sie merkte, daß die Sache mit Rio ziemlich aussichtslos war, Lanrue zu ihrem Prinzen erkor. Bald darauf waren Britta und Lanrue ein Paar, ein sehr schönes übrigens. So kam es, daß Britta Neander festes Mitglied der Scherben-Family wurde und es auch bis zum Ende blieb; sie half bei der Organisation, fuhr mit auf Tournee, spielte Percussions und sang im Chor. Später, in Fresenhagen, lernte sie Schlagzeug und entwikkelte sich zu einer vorzüglichen Drummerin. Zusammen mit Angie und Lanrues Schwester Elfie gründete sie die Band CARAMBOLAGE. Brittas Bruder, Albrecht ›Ali‹ Neander, war übrigens Mitglied der hessischen Rockband RODGAU MONOTONES.

Einige Wochen nach Funkys und Brittas Einzug gab es eine weitere Einzugswelle. Die *Rauch-Haus*-Bewohner Mecki, Micha ›Graf Luckow‹ und Olaf wurden verdächtigt, die *Rauch-Haus*-Kasse geplündert zu haben, und baten am T-Ufer um Asyl; Lutz, Ela und Ina, Olafs Schwester, schlossen sich ihnen an. Sie waren alle noch sehr jung, alle unter 18, und wurden der Einfachheit halber ›Die Kurzen‹ genannt. Platz war zwar nicht mehr viel, aber es ging gerade noch, weil Antje Krüger, sowie Harry Henschel- er starb später an einer Überdosis Heroin – und Benno einige Zeit vorher ausgezogen waren. Aber natürlich gab es, bevor die Kurzen einziehen durften, erstmal eine Abstimmung.

In der vorausgehenden Diskussion machten sich vor allem Schlotterer und Rio dafür stark, daß die Kurzen einziehen durften. Sie fürchteten, daß die Scherben sich unter dem intellektuellen Einfluß von Uli Hammer und Werner ›Gino‹ Götz in eine elitäre Künstlerkommune verwandeln könnten und wollten eine Art »proletarisches Gegengewicht« schaffen. Außerdem war bei Schlotterer und Rio das »Sozialarbeitersyndrom« am stärksten ausgeprägt. Rio hatte nach der Auflösung der Scherben für eine

Weile in Kreuzberg-Nord als Betreuer von Jugendlichen gearbeitet. Aus dieser Arbeit kannte er die Erzieher, die jetzt im *Rauch-Haus* den Ton angaben, besonders gut und verabscheute sie, weil sie genauso straight und disziplinversessen waren wie irgendwelche anderen Erzieher auch.

Rio: »Wir wußten es nicht besser, aber wir wußten, daß das Rezept ziemlich blödsinnig war, das die da ansteuerten. Daß das irgendwie so ne dröge, spießige Angelegenheit war. Leute zur Arbeit und zur Schule schicken – und immer mit der Perspektive, sie zum Nachwuchs der Revolution auszubilden.« Gegen den Einzug der Kurzen waren vor allem Gino und Lanrue, der konsequenteste Individualist am T-Ufer. Aber solange Lanrue sein eigenes Zimmer hatte und die Tür hinter sich zumachen konnte, war es ihm auch wieder egal, wer da draußen rumturnte.

Die Abstimmung, die schließlich erfolgte, brachte kein eindeutiges Ergebnis. Trotzdem zogen die Kurzen ein. Rio wollte es so, und jeder wußte, daß es dabei nicht nur um seine soziale Ader ging, sondern auch darum, daß er in Lutz verliebt war und auch schon, wie man so sagt, etwas mit ihm hatte. Wenn Lutz am T-Ufer einzog, würde sich die Beziehung zu ihm vielleicht stabilisieren. Also doch: Alles Fick-Kisten?

Wie auch immer: Jetzt wohnten so an die zwanzig Leute in den zwei Stockwerken des T-Ufers, zuzüglich einer von niemandem mehr zu überschauenden Anzahl von Freunden, Lovern und bekannten und unbekannten Besuchern.

Der Glitzer-Gig

Nach knapp einjähriger Konzertpause stand im April 1974 ein Berlin-Auftritt im Audimax der TU an; er sollte als der »Glitzer-Gig« in die Annalen der Scherbengeschichte eingehen.

Anders als das inzwischen von dogmatischen Linken dominierte und sehr straff geführte *Rauch-Haus* in Kreuzberg gab es im Wedding ein besetztes Haus, das noch echte Freaks und Spontis beherbergte. Es wurde *Putte* genannt. Die *Putte*-Leute wollten im Audimax der TU ein Teach-In veranstalten, weil ihr Haus von einer Räumung bedroht war, und fragten die Scherben, ob sie da spielen würden.

Rio: »Klar wollten wir da spielen, wir wollten alle auftreten, als ganze Kommune auf die Bühne gehen und uns so darstellen, wie wir waren. Normalerweise hingen ja im Audimax bei sowas immer irgendwelche Transparente im Hintergrund der Bühne, aber die *Putte*-Leute sagten: Macht das doch bunt oder malt irgendwas. Also haben wir das trostlose Audimax mit Bäumen und Blumen bemalt, links und rechts der Bühne Uli Hammers Kunstpalmen aufgestellt, uns bunt angezogen und eimerweise Glitzer gekauft. Wir haben auf dem ganzen Boden Glitzer ausgestreut, und am Schluß haben wir die revolutionären Massen mit Glitzer beworfen.«

Es kam zwar nicht direkt zum Eklat, aber die Genossen waren sprachlos vor Empörung und saßen da wie vor den Kopf gestoßen. Dabei war das, was die Scherben da gemacht hatten, gar nicht so ungewöhnlich, schließlich gab es zu dieser Zeit bereits den sogenannten »Glamrock«. Doch die linken Genossen maßen mit zweierlei Maß. Was bei David Bowie, Marc Bolan oder Lou Reed bejubelt oder als künstlerische Freiheit toleriert wurde, war, wenn es die Scherben machten, eine Sünde, eine Verirrung, eine tödliche Beleidigung. Von den Scherben wurde erwartet, daß sie sich politisch korrekt verhielten, und was politisch korrekt war, das bestimmten die anderen. Die Scherben waren, so sahen es viele, die Hofkapelle der Linken, und so glaubten alle, ein Recht darauf zu haben, über die Scherben mitzubestimmen.

Aber die Linke selbst war ja nicht einheitlich. Sie zerfiel in den dogmatischen Flügel der parteiähnlichen K-Gruppen und einen unorganisierten Teil von Spontis und Anarchisten, deren oberster Grundsatz lautete: Ni dieu, ni maitre, was so viel hieß, wie: Wir wollen weder Gott noch Herrn, »wir sind geboren, um frei zu sein.«

In einem Gespräch mit Lothar Binger am nächsten Tag vertrat Rio die Ansicht, daß endlich mal Schluß sein müsse mit der tristen linken Kleiderordnung, mit Parka, Bart und schlunzigem Pullover. Die linken Männer sollten endlich mal wieder Wert auf ihr Äußeres legen, wie jeder normale Mensch.

Es war nicht zuletzt der Einfluß von Ex-Kommunardin Antje Krüger, der Rio zu dieser Ansicht gebracht hatte. Lothar Binger, der selber immer noch in seiner braunen, abgeschabten Lederjacke herumlief, horchte auf. »Wie wär's, wenn du darüber mal ein Manifest schreibst?« sagte er.

»Und damit«, sagte Rio, »muß auch mal Schluß sein. Mit diesen ewigen Manifesten. Wie wäre es, mal wieder Tanzen zu lernen?«

Tanzen zur Musik der Scherben – und zwar live. Im Mai und Juli 1974 fuhr die Band wieder nach Westdeutschland, um einige Konzerte zu geben. Eine der ersten Stationen war wieder einmal Braunschweig, wieder Straßentheaterfestival, eine ganze Woche lang. Mehrere Konzerte waren dort vorgesehen. Bevor die Scherben auftraten, besuchten sie eine Veranstaltung in der Stadthalle. Es ging dabei um Solidarität mit Chile, der Saal war gerammelt voll, und viele mit Fremdwörtern gespickte Reden wurden gehalten.

Von Zeit zu Zeit standen alle Zuhörer auf und riefen: »Hoch die internationale Solidarität«. Doch je länger das Ganze dauerte, desto kürzer wurden die Abstände zwischen diesen massenhaften Solidaritätsbekundungen, und gegen Ende der Veranstaltung brüllte der ganze Saal bereits nach jedem zweiten Satz: »Hoch die internationale Solidarität«.

Schlotterer: »Es war grotesk. Diese Solidaritätsrufe verselbständigten sich. Es gab niemanden, der auf die Idee kam, das irgendwie zu stoppen. Es ging einfach immer so weiter, wie in einem Slapstick-Film. Wir haben uns beeimert vor Lachen.«

Nach Beendigung der Solidaritätsveranstaltung standen die Scherben draußen Spalier und riefen den herauskommenden Besuchern mit erhobener Faust zu: »Hoch die internationale Kinderschokolade.«

Das war das Ende. Mit-Veranstalter Egmont Elschner regte sich fürchterlich auf und sorgte dafür, daß die Scherben nur ein einziges Mal spielen durften, danach wurden sie ausgezahlt und mußten verschwinden.

Aber die Tour ging weiter. Und der Trouble auch.

In einem Düsseldorfer Plattenladen entdeckte Nikel die LP *Warum geht es mir so dreckig?* Das war ja an sich erfreulich, aber es gab eine Kleinigkeit, die ihn stutzig machte. Unten rechts stand die Telefonnummer vom T-Ufer: »Telefon 251 69 61«. Die Nummer stimmte, aber auf den Originalhüllen war »Telefon« nicht ausgeschrieben, sondern abgekürzt gewesen: »Tel. 251 69 61«. Wirklich nur ein kleiner Unterschied – aber Detektiv Nikel erkannte daran, daß es sich um eine Raubpressung handelte. Genauere Nachforschungen ergaben, daß eine Hamburger Plattenfirma dahintersteckte. Sie hatte über die Ladenkette einer Bremer Firma und über eine bekannte Postversandfirma bereits 20.000 Stück von diesem Bootleg verkauft. Ein herber finanzieller Verlust für die Scherben, den auch der Rechtsanwalt Heinrich Hannover, den sie in dieser Angelegenheit einschalteten, nicht wieder wettmachen konnte.

Die Ironie dieser Geschichte war, daß die Scherben sich anfangs selbst mit dem Verkauf von Raubdrucken über Wasser gehalten hatten. Sogar die Platte, die jetzt raubgepreßt worden war, war mit dem Geld aus Gert Möbius' und Lothar Bingers Raubdruck-Produktion vorfinanziert worden. Und, ob es nun ein Trost war oder nicht, immerhin waren die Scherben jetzt für ein weiteres Novum gut: Die erste deutschsprachige Raubpressung in der Geschichte der BRD.

Aber die Tour war noch nicht zu Ende. Und der Trouble auch nicht: In Krefeld wurden den Scherben die Platten, die sie zum Verkauf während der Gigs und zum Beliefern diverser Plattenläden dabei hatten, aus dem LKW gestohlen. Ein Verlust von rund zehntausend Mark!

And the trouble goes on – auch wenn die Scherben daran nicht ganz unschuldig waren. Nach einem Abstecher nach Amsterdam kamen sie zurück an die Grenze zur Bundesrepublik und wurden gefragt, ob sie was zu verzollen hätten. Haschisch hatten sie nicht mehr dabei, die letzten Krümel hatten sie kurz vor der Grenze in ihre Pfeifen getan und geraucht, und so glaubte Bernhard, der Bär von den ROTEN STEINEN, ungestraft ein paar freche Bemerkungen machen zu dürfen. Aber die deutschen Zöllner hatten keinen Sinn für Bernhards Humor. Sie nahmen die Scherben erstmal fest – und ihren LKW komplett auseinander. 16 Stunden später durften sie weiterfahren, aber den LKW hatte die Durchsuchung offenbar so tief getroffen, daß er es nicht mehr lange machte.

In Nürnberg schließlich – aber hier handelte es sich vielleicht nicht mehr um ein Unglück – unterbreitete der Veranstalter des Konzerts, Egon Bunne, den Scherben seinen Plan, einen Film über sie zu drehen. Obwohl er weder Kamera noch sonstiges Equipment besaß, kam er nach Berlin ans T-Ufer, um »vor Ort zu recherchieren«.

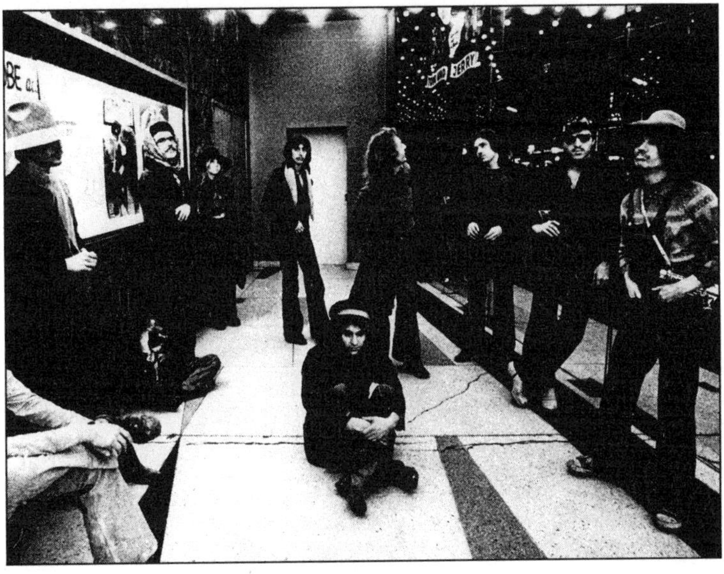

Die Scherben im Foyer eines Kinos

Er recherchierte ziemlich lange. Er war ein Gast, der niemals ging. Rio nannte ihn »der lange Gast«, weil er so lange blieb, und weil er so groß war. Im Laufe der Zeit gehörte Egon dann einfach irgendwie dazu, und niemand dachte mehr an seinen Film.

Zu dieser Zeit war der Verkauf der Scherbenplatten rückläufig. Viele Konzerte gab es auch nicht mehr, weil die Scherben darauf bestanden, mit 12 Personen anzureisen, und dafür 1200,- Mark pro Auftritt wollten. Eigentlich eine lächerliche Forderung, doch die meisten Veranstalter lehnten mit der Begründung ab, bei 1200 DM Abendgage wären sie gezwungen, den Eintrittspreis zu verdoppeln, von 2,50 DM auf 5,- Mark. Ja, wie denn! Eine Schweiz-Tournee kam aus diesem Grunde nicht zustande. »Die Scherben sind auf nem Business-Trip«, hieß es.

So wurde das Geld am T-Ufer von Tag zu Tag knapper, die Versorgungslage immer prekärer. Man lebte mittlerweile an der Untergrenze der Armut. Wer in dieser Zeit mit einer vollen Schachtel Zigaretten am T-Ufer zu Besuch war, hatte innerhalb weniger Minuten keine Fluppe mehr. Nikel und Schlotterer entwickelten sich unter dem Druck der Not zu gewieften Einkaufsdieben in diversen Supermärkten.

Meist begnügten sie sich nicht mit einzelnen Artikeln, sondern klauten gleich im großen Stil, zum Beispiel kistenweise Obst und Gemüse. Ein erfolgreicher Trick war, die billigen Sachen oben in den Einkaufswagen zu legen und brav zu bezahlen, während in der Einkaufstasche, die unten lag oder vorn angehängt war, die teuren Sachen wie Fleisch und Spirituosen durchgeschmuggelt wurden. Gipfel der Klaukunst war es, volle Bierkästen mitgehen zu lassen und die Kästen mit den leeren Flaschen am nächsten Tag zurückzubringen, um das Pfandgeld dafür zu kassieren. Das war die perfekte Umkehrung von Cash & Carry: »Carry – and Cash.«

Zu den Platten, die in diesen Jahren am T-Ufer besonders oft und gern gespielt wurden, gehörten die LPs *Carl and the Passions* von den BEACH BOYS, *Superfly* von Curtis Mayfield, *Live* von COLOSSEUM mit Chris Farlow als Sänger und Clem Clempson an der Gitarre, und last but not least *Innervisions* von Stevie Wonder. Der Einfluß von Stevie Wonder auf die Scherben war sogar besonders groß, weil Rio sich ein Instrument zugelegt hatte, das auch Stevie Wonder spielte: das HOHNER-Clavinett.

Rio: »HOHNER im Schwarzwald, die berühmten Mundharmonika- und Akkordeon-Hersteller, die hatten damals einen Welthit gelandet. Die hatten so ein E-Klavier konzipiert, das 1,20 m breit und 40 bis 50 Zentimeter tief war, so in der Größe wie heute die Keyboards sind. Die hatten das mit Saiten bespannt, die aber nicht geschlagen wurden wie beim Klavier, sondern gezupft. Das gab einen ganz eigenartigen neuen Sound. Und wer das weltweit zu einem Erfolg gemacht hatte, das war Stevie Wonder gewesen, der hatte das irgendwie entdeckt. Und ich hatte mir auch so ein Ding gekauft. Das Problem, das damals auftauchte, war ja, daß die Musik immer lauter wurde. Wenn es in den sechziger Jahren noch möglich gewesen war, auf der Bühne Klavier zu spielen, und das dann mit nem Mikro abgenommen wurde, dann sagt das ne Menge über die Lautstärke aus, in der sowas ablief. Zu unserer Zeit war das schon nicht mehr möglich. Man hätte die Mikros so weit aufziehen müssen, daß da Rückkoppelungen entstanden wären, und trotzdem wäre das Klavier nicht rübergekommen. Also mußten die Firmen sich etwas ausdenken, das dem Pianisten half, sich durchzusetzen. Und das haben dann witzigerweise die HOHNER-Leute geschafft.«

Rio spielte dieses Instrument bereits 1972, sowohl live, als auch im Studio. Abgesehen von den oben erwähnten Bands, waren natürlich die ROLLING STONES immer ein Thema bei den Scherben, zumal sie in dieser Zeit zwei ihrer besten Alben herausbrachten, *Sticky Fingers* und *Exile On Main Street*. Und natürlich lasen die

Scherben auch die Geschichten und Sprüche dieser Bands in den Klatschspalten der Illustrierten. Besonders ein Spruch der STONES wurde in Scherben-Kreisen gerne zitiert: »Die STONES suchen einen Gitarristen, der sich selbst schminken kann.«

Die Geschichte dahinter war folgende: Der ROLLING STONES-Gitarrist Brian Jones, von Kennern noch heute als der genialste und innovativste aller STONES gelobt, war im Sommer 1969 unter nicht ganz geklärten Umständen in seinem Swimmingpool in London ertrunken. Kurz vor diesem Unglücksfall war er aus der Band herauskomplimentiert worden. Da die STONES sich gerne schminkten, bevor sie auf die Bühne gingen, und noch keinen neuen Gitarristen hatten, machte eben jener Spruch die Runde. Es ist bekannt, daß Mick Jagger und Keith Richards eine gute Wahl trafen, als sie sich für den Bluesgitarristen Mick Taylor entschieden. Aber – konnte er sich selber schminken?

Lanrue entdeckte in dieser Zeit auch den Jazzrock. Er hörte LPs des texanischen Gitarristen Larry Coryell, des Pianisten Chick Corea, der Gruppe WEATHER REPORT mit dem österreichischen Keyboarder Joe Zawinul oder Platten des schottischen Gitarristen John McLaughlin mit seinem MAHAVISHNU ORCHESTRA und ließ sich davon durchaus beeinflussen. Er wollte weg vom Draufhau-Sound der ersten Stunde, er wollte bessere Arrangements, mehr Professionalität. Und tanzbar sollte die Musik sein, da waren Lanrue und Rio sich einig. Bereits Anfang 1974 hatten sie sich zusammengesetzt, um Material für eine neue LP zusammenzustellen. Sie sichteten alte Titel und schrieben neue. Am Ende waren es zwölf Stücke, die auf die neue LP kamen:

Land in Sicht war ein Lied, das Rio schon 1971 mit englischem Text geschrieben hatte. Nun bekam es einen deutschen Text.

Aus dem gleichen Jahr stammte die kraftvolle Lanrue-Komposition *Wenn die Nacht am tiefsten*, der spätere Titelsong der neuen LP, für den Rio nun die endgültige Textfassung schrieb.

Der Text zu *Samstagnachmittag* stammte sogar noch aus 1970, aus der Zeit mit den ROTEN STEINEN. Nun wurde er vertont.

Neu geschrieben wurden die Nummern *Heut Nacht*, *Nimm den Hammer*, *Steig ein* und *Komm an Bord*.

Nimm den Hammer ist eine ziemlich eindeutige Übertragung des Traditionals *Take this hammer*, das im Europa der 50er Jahre als Skiffle-Song zunächst von Ken Colyer und später auch von Lonnie Donegan gespielt und populär gemacht wurde. »Take this hammer – and carry it to the captain« heißt es im Original, bei Rio: »Nimm den Hammer – und bring ihn zum Chef«.

Aus seiner Verliebtheit zu Lutz heraus schrieb Rio den Song *Halt dich an deiner Liebe fest*, über den später der Musikjournalist Ralf Schlüter sagte, es sei »die schönste Ballade, die Rio je gesungen hat«.

Den Text zu *Ich geh weg* hatte Rio während seines Urlaubes in Irland geschrieben und von Lanrue vertonen lassen.

Beim Schreiben des Song-Textes von *Durch die Wüste* ist Rio durch Uli Hammers Science-Fiction-Fantasien beeinflußt worden. Ursprünglich hieß das Stück »Strafkolonie Erde« – doch bei der Suche nach einem Karl-May-Titel, der ja auf keiner Scherben-LP fehlen durfte, kam Rio dann auf *Durch die Wüste*.

Zwei Texte gehen auf Nikels Konto: *Guten Morgen*, den Rio vertonte, eine gelungene Fortsetzung von *Paul Panzers Blues*, und *Wir sind im Licht*, für den Lanrue die Musik schrieb.

Für die Aufnahmen griffen die Scherben wieder auf die gute Zusammenarbeit mit Richard Borowski zurück und begaben sich in das Alsterstudio in Hamburg, das inzwischen seine Aufnahmekapazität von 8- auf 16-Spur verdoppelt hatte. Diesmal jedoch reichten nicht mehr, wie bei der letzten LP, zwei verlängerte Wochenenden. Zwischen Mai 1974 und April 1975 reisten sie einige Male nach Hamburg; der Mix, bei dem außer Richard nur noch Rio, Lanrue und Gino anwesend waren, dauerte sogar länger als die Aufnahmen.

John, du stammst aus Berlin, warst aber 1970 in einem Kinderheim in Braunschweig, als du einen der ersten Auftritte der Scherben außerhalb Berlins mitbekommen hast. Was war das für ein Gefühl?

Ich wußte sofort, die Band ist es. Und da bin ich dann aus dem Heim abgehauen, hab mich in Helmstedt hinten im Lastwagen versteckt, und dieser Lastwagen wurde in Marienborn kontrolliert. Und da war ich erst mal einen Monat in Ost-Berlin im Knast, bis die rausbekommen haben, daß ich wirklich 'n Westgör bin.

Du bist also praktisch für die Scherben einen Monat in den Knast gegangen?

Ja, weil ich dazugehören wollte.

Und wer hat dich dann rausgeholt?

Na ja, meine Vormundschaft hat mich wieder in den Westen geholt. Ich bin dann erstmal ins Hauptkinderheim gekommen. Dann aber wieder abgehauen, wieder auf Trebe gegangen, dann wieder nach Braunschweig, also anständig hin und her.

Was haben die Scherben für dich bedeutet?

Ohne die Scherben wäre ich heute gar nicht mehr am Leben. Das meine ich ernst. Hätten sich Rio und Lanrue nicht um mich gekümmert, wäre ich heute gar nicht mehr hier. Hätte ich mir irgendwo 'n goldenen Schuß gesetzt. Hätte auch gar nicht gelernt, mit Drogen umzugehen. Rio hat da immer noch so 'n Balken vorgeschoben und gesagt: »Ey, Johnny, wenn du schon Drogen nimmst, dann überleg dir mal, warum du das tust. Nimm Drogen, wenn es dir gut geht, nicht wenn's dir schlecht geht.« Ohne Rio hätte ich die 70er Jahre nicht überlebt.

Weswegen? Drogen?

Wegen vielen Sachen. Damals im *Rauch-Haus* ging das ja los. Wegen Beihilfe zum Mord, Mordversuch, Mordanschlag durch Sprengstoff, Drogen- und Waffenhandel – dann bin ich noch mal eingefahren. Rio hat mir dann wirklich bis 82 jeden Monat einen Brief geschrieben.

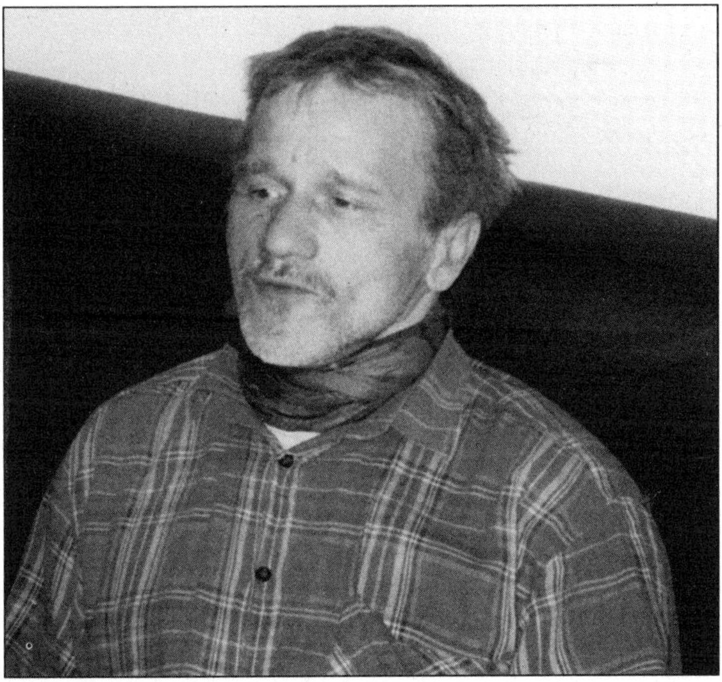

John Banse, Jahrgang 1955, war eines der Trebekinder, die Anfang der Siebziger im Rauch-Haus Unterschlupf fanden. Er gehörte zum erweiterten Kreis der Scherben-Family. Heute arbeitet er als Musiker und lebt in Berlin und Fresenhagen.

Hattest du Kontakte zur RAF?

Na ja, ich weiß noch damals, die Jungs, die in den Untergrund gingen, Fritze Teufel. Da hab ich damals mit Fritze Teufel am Grunewaldsee gesessen, und der Teufel hat zu mir gesagt: »Na Kleener«, ich hieß ja damals noch Asterix, da hat er gesagt »Asterix, ich muß in den Untergrund, ich muß weg und so. Wir müssen uns verstecken.« Also ich kenn Leute von der RAF und habe mit denen auch mehr oder weniger zusammen gelebt. Die waren ja immer unmittelbar überall anwesend, und ich weiß noch, als ich 71 aus dem Knast kam – wegen diesen Bombenanschlägen im Yachtclub Gatow hab ich doch gesessen, Beihilfe zum Mord und versuchten Mordanschlag durch Sprengstoff und so – wären die Scherben da nicht gewesen, wäre ich ja gleich wieder in irgendein geschlossenes Heim gekommen. Wären die Scherben nicht dagewesen, wäre ich damals in irgendeiner Irrenanstalt lobotomiert worden oder so.

Hat dich einer von denen offiziell adoptiert, oder wie lief das?

Na ja, das war mal im Gespräch, wie auch ein paar andere, daß die hätten adoptiert werden sollen, und Rio hat gesagt, wir adoptieren den. Und da hat mein Vormund damals gesagt, Frau Knittel hat gesagt, laßt ihn aus dem Knast und nicht mehr ins Heim, weil er sowieso alle Kinderheime ansteckt, lassen wir ihn zu den Scherben. Rio war mein Gottvater. Alles was ich heute in meinem Herz trage und in meinem Kopf, sind die Scherben.

Wie stand Rio eigentlich zu den RAF-Geschichten?

Ja, so wie ich das gesehen habe, war er so gar nicht auf dieser Gewalt, die nun mal Krieg mit sich bringt. Aber aus Solidarität und aus Liebe zu den Leuten, die er kannte, hat er sich diesen Leuten nicht abgewandt. Er war über Jahre fast der einzige, der Anne Reiche geschrieben hat und der Pakete in den Knast reingebracht hat für den und den. Hat ja gar kein anderer dran gedacht. Oft sollte ich ja die Briefe schreiben, die in den Knast gingen, und ich kann ja nun nicht Deutsch schreiben, da haben die sich manchmal totgelacht. »Los Johnny, du schreibst jetzt die Briefe.« Als Legastheniker schreib mal Briefe an Leute, die im Knast sitzen und politischen Anspruch haben, seitenlange Briefe. Und Rio hat immer die Hände übern Kopf zusammengeschlagen: »Nein, nein, nein, nein, die denken, wir sind alle Analphabeten.« Aber ich hab meinen Job gut gemacht.

Du hast ja anfangs noch im Rauch-Haus gewohnt. Gab es da schon den engen Kontakt zwischen den Rauch-Haus-Kindern und den Scherben?

Das erste Weihnachten, das werde ich nie vergessen! Nikel Pallat in seinem langen Mantel. Der hatte so nen langen Mantel und da waren vielleicht 30 Taschen innen drin, und dann hat der für 40 Jugendliche Weihnachten gemacht! Für 40 Jugendliche klauen gegangen. Hat das gesamte Weihnachtsfest zusammengeklaut, bei EDEKA, bei SPAR, bei REICHELT, überall. Wirklich, für 40 Jugendliche! Und ne Woche nach Neujahr erwischen sie ihn mit einem verdammten Briekäse.

Aber die Beziehung zwischen den Rauch-Haus-Leuten und den Scherben ging ja dann nicht allzulange gut. Vor allem in Erziehungsfragen gab es Konflikte.

Dieser große Krach zwischen *Rauch-Haus* und Scherben war eigentlich wegen mir. Die Politmanager im *Rauch-Haus*, die haben immer gesagt »Johnny, was willst du eigentlich bei den Scherben? Die können dir gar nix beibringen, außer Drogen nehmen und Strom-Gitarre spielen. Die sind absolut Stulle.« Und irgendwann abends hab ich das halt Rio gesteckt. Hab ich gesagt: »Mensch Rio, die haben mir letztens gesagt, ich soll hier nicht mehr vorbeikommen, weil ihr mir nichts lernen könnt und weil hier nur Drogen genommen werden und Strom-Gitarre gespielt.« Und dann hat Rio ein Plenum einberufen, da mußten die Politmanager aus dem *Rauch-Haus* zum Tempelhofer Ufer kommen. Da war die Hölle los in dem großen Wohnzimmer an diesem Riesentisch, an dem wir immer alle gesessen haben. Da war die Hölle los, Mann. Da hat Rio dem einen Typ ne brennende Zigarette ins Gesicht geschnippt. Und hat gesagt: »Ich bring dich um, du Sau! Und wenn du hier noch einmal so eine Scheiße erzählst, wenn du den Jugendlichen noch einmal erzählst, daß wir ihnen nichts lernen können außer Drogen nehmen und Strom-Gitarre spielen!« Ich hab Rio später nie wieder so böse erlebt. Und da ging diese ganze Diskussion los um die »Kurzen«. Das war der große Bruch zwischen *Rauch-Haus* und Scherben.

Es gab ja auch dann diese Razzia im Rauch-Haus, *wo angeblich Molotow-Cocktails und andere illegale Sachen beschlagnahmt wurden. Die* Rauch-Haus-*Leute haben gesagt, das sind nur leere Flaschen. Was stimmt denn nun an der Sache?*

Nee, das ist ja die Scheiße!! Die haben das alles in meinem Zimmer gelagert! Als die Razzia war, da haben die Bullen mich verhaftet und mir vorgeworfen, ich hätte die Bombe im Yachtclub Gatow gelegt, von der dieser englische Offizier zerrissen worden ist. Oh, Mann!!! Weil die ihre Scheiße in meinem Zimmer abgelegt haben, bin ich eingefahren. Ich wußte zu der Zeit noch nicht mal, wie man Bombe schreibt. Und dann hab ich zwei Wochen lang hintereinander Farbfotos gesehen von zerrissenen Menschen und zwischendurch mit der Rückhand in die Schnauze gekriegt und gehört: »Das warst du! Das hast du getan!« Für ne Sache, ich wußte überhaupt nicht, wie mir geschieht. Aber dann haben sie, also die Genossen, unter die Haupttreppe vom Amtsgericht Moabit noch so eine Bombe von demselben Typ hingelegt wie beim Yachtclub, zusammen mit nem Riesenschild »Freiheit für den politisch unschuldigen Gefangenen John B.« Da war dann klar, daß ich unschuldig war. Ich bin dann auch 14 Tage später auf Haftverschonung freigelassen worden.

Warum war für dich in dem Moment nicht Schluß mit der ganzen Szene?

Für mich war in dem Moment klar, daß ich kämpfen möchte, daß ich meinen Beitrag dazu geben möchte, aber daß ich kämpfen möchte im künstlerischen Bereich, singen möchte. Rio hat immer gesagt: »Du hast so ne schöne Stimme, Johnny, du mußt singen!« Ich hab auch nie in meinem Leben vorher gemalt. Und Rio hat mir Lackfarbe und Leinwand hingestellt und gesagt: »Male!« Und da hab ich Sachen gemalt. Das hab ich vorher nie gewußt, daß ich sowas kann. Aber Rio hat gesagt: »Johnny, dein Weg ist nicht die Barrikade, dein Weg ist die Kunst. Und überleg dir das genau, ob du jemanden erschießen möchtest, oder ob du jemandem deine Meinung sagen möchtest.« Ja, und da war mir klar, daß mein Kampf eigentlich die Straße ist, mit Musik, und ich hab ja bis vor drei Jahren, bis Rio gestorben ist, noch Scherben-Songs auf der Straße gespielt.

Der Umzug von Berlin nach Fresenhagen. War das nur ein Ortswechsel oder auch eine Flucht vor der linken Bewegung?

Na ja, das ging ja so nicht mehr. Das Tempelhofer Ufer war immer voll, da waren, was weiß ich, da haben sich jeden Tag so zwischen 15 und 25 Jugendliche aufgehalten. Und Rio hat in allen Projekten immer sein Geld gelassen. Und für die Scherben war eigentlich gar nichts mehr da. Die Leute haben irgendwie versucht, Rio auf einen Weg zu schicken, auf den Rio gar nicht gehen wollte, oder auf den die Scherben gar nicht gehen konnten. Die haben sich dann befreit von der Szene, sonst hätten die sie aufgefressen. Die hätten sie einfach eingeatmet und ausgespuckt. Die mußten weg, sonst hätten die gar nicht weitermachen können, alle diese Politmanager von der KP-was-weiß-ich, Marxisten-Leninisten, die haben ja jeden Tag deren Wohnung gestürmt. Und dann die Leute aus dem *Rauch-Haus*, die haben ja wirklich gesagt: »Ihr müßt das und das machen«. Die Scherben hatten ja zum Schluß keine eigene Freiheit mehr, hätten sie das mit Fresenhagen nicht gemacht, wären sie 1975 aufgefressen worden. Spätestens 1976 wäre das abgegessen gewesen.

Kann man sagen, daß sie von ihren eigenen Fans zerdrückt worden wären?

Nicht von den Fans, von den Politmanagern, von den Leuten, die damals so irgendwelche Ansprüche auf Menschen und deren Freiheit gelegt hatten. Bist du Revoluzzer, oder bist du nicht Revoluzzer? Rio hat so schöne Lieder gemacht, so wunderschöne Lieder, Rio, Kai und Lanrue, die haben so wunderschöne Musik gemacht. Aber durch diesen politischen Anspruch, den die Leute an Rio gestellt haben, dadurch konnte der nie seine Liebeslieder bringen. Da gab's keine Freiheit, zu der Zeit. Ihr seid Revoluzzer, ihr müßt das jetzt machen. Da gab's keinen Platz für *Komm schlaf bei mir*. Aber das war ja das Schlüssellied überhaupt für viele Menschen. Ohne *Komm schlaf bei mir* hätten viele Leute bestimmte Sachen gar nicht erlebt. Wenn das Lied gelaufen ist, dann haben Frauen Typen gekriegt, die hätten sie sonst nie gekriegt, und da haben Typen Frauen gekriegt, die hätten sie sonst gar nicht bekommen.

Galt das auch für Johnny Banse?

Natürlich. Mann, ich war 15 oder sollte 15 werden, und sie sollte 30 werden und war Medizinalassistentin, ich war so verliebt und hab mich nicht getraut. Rio hat mich vor nen Spiegel gestellt, hat mir an den Haaren gezogen und gesagt: »Guck her, das ist Johnny Banse, guck dir das an. Und Johnny Banse ist ein lieber Mensch, hat ein gutes Herz, und wer ein gutes Herz hat und für Mutter Erde ist, für den wird Mutter Erde immer da sein. Die Frau ist für dich, geh hin.« Dann hat er mich rausgeschmissen, und am selben Abend habe ich die Frau bei *Komm schlaf bei mir* gekriegt. Christine von Graef, die war damals angeklagt, daß sie der RAF irgendwie medizinische Hilfe gegeben hat oder so. Da gibt's einige Geschichten, die hätte ich nie erlebt ohne Rio, Lanrue oder Kai. Die haben über viele Jahre hinweg viele Menschen ernährt, nicht nur mich.

Psychisch ernährt ... ?

... psychisch ernährt und vom Körper her auch. Die Arbeit, die die Scherben damals gemacht haben, war unbezahlt. Die haben sogar noch draufgelegt.

Hast du damals mal gesagt: »Hey Leute, warum verdient ihr nicht anständig Geld«? Die STONES *haben mit ihrem Revoluzzer-Image kräftig kassiert. Warum ging das nicht auch bei den Scherben?*

Das Traurige ist ja, Rio hat immer von einer »Goldenen« geträumt. Von einer! Aber weil die halt ihren Politanspruch hatten und Nikel auch dazu beigetragen hat mit seinem Hackebeilchen, deswegen war das halt nicht so.

Du hast mal gesagt, das T-Ufer sei der einzige Ort gewesen, an dem du machen konntest ...

... was ich wollte, sonst hieß das überall, laß das bleiben, laß das sein. Und bei den Scherben, also bei Rio, durfte ich wirklich tun, was ich wollte, ohne Angst. Und das, was ich bekommen habe von Rio, Lanrue, Kai oder Nikel, das war alles gratis, for free, aus Liebe. Da brauchte ich nie dran zu denken, daß ich dafür mal irgendwas zurückgeben muß.

Apropos Liebe. In Sachen Beziehungskisten herrschte ja am Tempelhofer Ufer ein reger Verkehr.

Ja, das war ein Drama. Da gab's Eifersuchtsgeschichten. Es gab Fick-Kisten bei den Scherben, das glaubst du kaum. Da ist Schlotterer hinter Lanrue hergelaufen und hat gesagt: »Zeig mir dein Ding, wie groß ist es? Hast du so dicke Eier? Wie kannst du mir die Braut wegnehmen?«

Welche?

Ich glaub, es ging da um Schischi.

Lanrue wollte auch was von Christine Schily?

Schlotterer war mit Schischi zusammen, Lanrue war mit Schischi zusammen. Aber das war alles nicht so furchtbar dramatisch wie bei normalen Menschen. Wir wollten ja eigentlich diesen freien Sex ...

Ohne Eifersucht? Ehrlich?

Ja, ehrlich, man hat sich damit auseinander gesetzt, aber man hat sich nicht vor den Kopf gehauen.

Wie hast du Rio erlebt?

Rio hat, wie jeder Mystiker, einen riesigen Weltschmerz gehabt. Und aus diesem Weltschmerz, aber nicht der Verzweiflung –, das hat Rio zu dieser dramatischen Musik verholfen. Zu seinen Texten. Rio war ein Mensch, der wirklich gefühlt hat, gesehen hat und den Vorteil hatte, was natürlich auch der Nachteil ist, daß er gleich verstanden hat, was er da gesehen hat. Und sehr oft hilflos war, Menschen zu helfen oder Dinge zu verändern. Und aus diesem Weltschmerz, der dadurch entstanden ist, hat Rio die Kraft geholt so zu komponieren.

Und welche Rolle hat Kai gespielt?

Also, so wie ich das gesehen habe, war Kai eigentlich der Ruhigste, der Zurückgezogenste, aber wenn der den Baß umgehabt hat, dann ist das losgegangen. Da waren nicht immer nur Rio oder Lanrue, da war eben auch Kai dazwischen, die Balance, der Ausgleich. Die waren ja sehr abgedriftet die beiden, Lanrue und Rio, jeder für sich, und Kai hat da die innere Ruhe reingebracht. Der war ein sehr wichtiges Glied in dieser Gruppe. Den Baß hätte auch kein anderer spielen können.

Was sind Scherben heute für dich?

Für mich sind sie Gegenwart. Keine Vergangenheit. Dadurch, daß die Scherben-Musik und Rios Musik keine Zeit besitzen, also zeitlos sind. Und es ist für mich total wichtig, daß das auch weitergeht, weiter hinausgetragen wird. Deswegen spiele ich ja auch heute noch Scherben-Songs, wenn auch mit meiner eigenen Musik.

Und was wäre die Welt ohne Scherben?

Öde, langweilig, ostgrau.

1975 / I: Bye Bye Berlin

Rudi Dutschkes Füsse

Auch diesmal wieder gab es das altbekannte Problem: Geld für die Produktion. Das Studio, die Pressfirma, die Druckerei für das Cover – all das mußte bezahlt werden. Wer auf die rettende Idee kam, weiß heute niemand mehr, aber die Idee war gut. Die Scherben gaben eine »Aktie« heraus – nicht börsennotiert natürlich, auch nicht frei handelbar, genaugenommen handelte es sich auch nicht um mehr als einen Schuldschein, aber Aktie klang besser. Und was es auch immer war, Hauptsache, es brachte Geld ein. Für 100 DM pro Stück wurde die Aktie der David Volksmund Produktion an Freunde und Bekannte verkauft, natürlich auch an Fremde. Das war Anfang 1975. Uli Hammer und Britta hatten die graphische Gestaltung übernommen. Auf der Vorderseite hatten alle Bewohner des T-Ufers unterschrieben, auf der Rückseite war in Rios Handschrift folgender Text zu lesen:

Guten Morgen. Du hast dieses Papier bekommen, weil Du uns, also der David-Volksmund-Produktion *für zwei Jahre hundert Mark geliehen hast. Das Geld brauchen wir, um unsere neue Platte rauszubringen. Wenn Du es zurückwillst, schreib uns. Du bekommst dann Dein Geld und wir dieses Papier wieder. Bis dahin schicken wir Dir alle* Volksmund-*Platten umsonst zu. Danke + Vergelt's Gott.*

Tatsächlich schafften es die Scherben mit dieser Aktion, ihre Produktionskasse um ein paar tausend Mark aufzufüllen. Mit zu diesem Erfolg beigetragen hatte vermutlich ein Artikel über die Scherben-Aktie im damaligen Satire-Magazin *Pardon*.

Was an Geld hereinkam, war zwar bei weitem nicht genug, aber es ließen sich immerhin einige Anzahlungen vornehmen. Wie schon bei den ersten beiden Alben, gestaltete Gert Möbius das Cover für die neue LP. Das dritte Werk von Ton Steine Scherben, die Doppel-LP *Wenn die Nacht am tiefsten,* sollte am 1. Juni

1975 erscheinen, dieses Datum findet sich auch in vielen Discographien. Tatsächlich aber kam die LP erst im September/Oktober auf den Markt.

Es gab nicht viele Rezensionen zu dieser Platte, aber immerhin gab es welche. Doch obwohl diesmal, anders als bei den beiden vorherigen Alben, eigentlich alle Songs rundfunktauglich waren, wurden sie so gut wie überhaupt nicht im Radio gespielt.

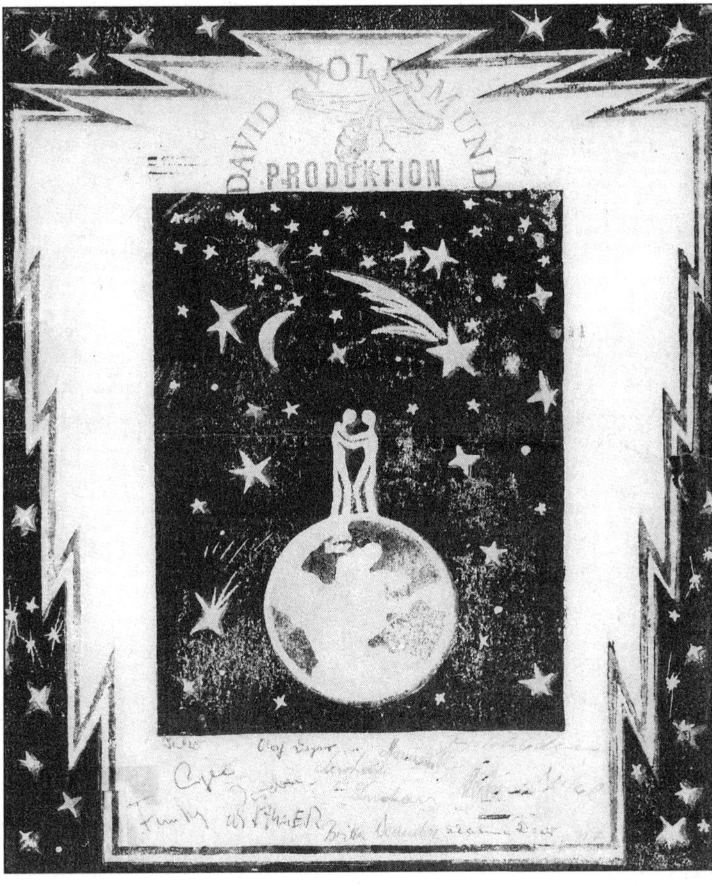

Die »Scherben-Aktie« – 1975

Die schwarzen Listen ließen grüßen! Einige Zyniker beim Funk, die früher gesagt hatten, »wir können euch nicht spielen, ihr seid zu radikal«, lehnten jetzt mit der Begründung ab: »Ihr seid nicht radikal genug.«

Einer der wenigen, die etwas über *Wenn die Nacht am tiefsten* schrieb, war erstaunlicherweise DJ Barry Graves. Im *Darmstädter Echo* schrieb er: »Phantasievoll, trickreich und zweckgerecht, präsentiert Ton Steine Scherben hier erdige Rockmusik, die wirklich zum besten gehört was die deutsche Szene im Augenblick zu bieten hat. Ein vorzügliches Album.«

Was für eine Ironie, so etwas von einem Typen wie Barry Graves zu hören! In ihrer 1972 erschienenen Selbstdarstellungs-Zeitschrift *Guten Morgen* hatten die Scherben geschrieben: »Wir wollen nicht, daß unsere Platte gekauft wird, weil irgendein schmieriger Discjockey sie anpreist, sondern weil sie gut ist. Das kann jeder selber beurteilen.« Und dabei hatten sie auch und gerade an Leute wie Barry Graves gedacht, unter anderem deshalb, weil Barry Graves die erste Scherben-LP im Berliner *Abend* lächerlich gemacht hatte.

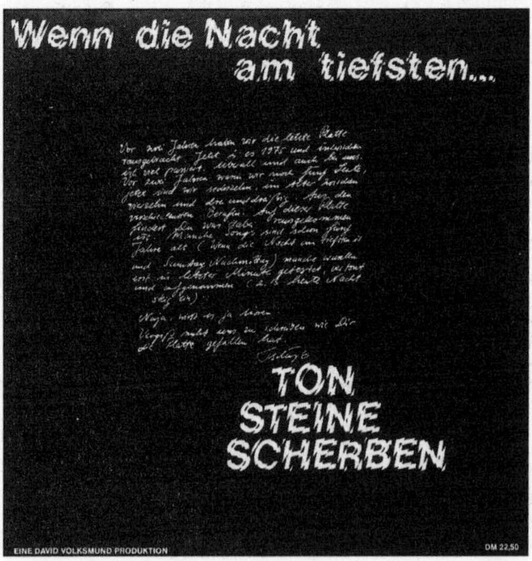

Links: Original-LP-Cover von 1975.

Rechts: Die Scherben-Family 1974. Hintere Reihe: Schlotterer, Gino, Jako, Lutz, Rio. Mittlere Reihe: Funky, Olaf, Nikel, Mecki, Britta Vorne: Lanrue, Bernhard, Micha »Graf Luckow«, Uli Hammer.

Man mußte kein großer Rechenkünstler sein, um zu sehen, daß sich durch den Einzug des Pleitegeiers ins T-Ufer, Anfang 1974, der Status Quo nicht mehr halten ließ. Strom und Gas waren meistens abgestellt, und so ziemlich das einzige, was noch funktionierte, war das Telefon, und das, obwohl die Scherben seit Monaten keine Rechnung mehr bezahlt hatten. Man wußte nicht genau, aber man ahnte, warum und wer dahinter steckte. Zufall war es ganz bestimmt nicht! Aber von den finanziellen Problemen mal abgesehen – die Scherben waren einfach berlinmüde und hatten keinen Bock mehr auf Großstadt.

Dietmar Roberg: »Die Ehrenplakette der Szene: ›Mobiles-musikalisches-Einsatzkommando-das-kostenlos-zu-jeder-Hausbesetzung-aufspielt‹ wurde immer mehr zum strangulierenden Mühlstein um den Hals, der jede Weiterentwicklung der Band verhinderte. Rio war es einfach leid, immer wieder nur im Tenor von *Macht kaputt was euch kaputt macht* gefordert zu werden, als Wind- und Stimmungsmacher für die inzwischen müde gewordenen und zerstrittenen Matrosen der Studentenbewegung.«

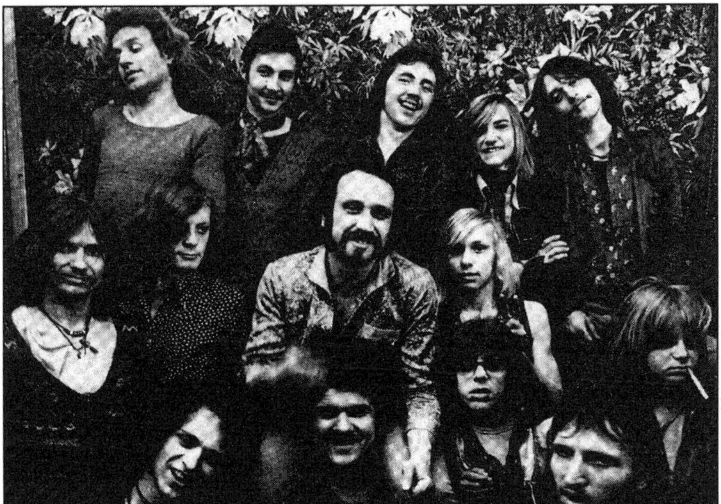

Der »Glitzer-Gig« im Audimax, die so unglücklich verlaufene letzte Tour, die ätzende Gerüchteküche, von wegen, die Scherben sind auf dem Business-Trip, während sie in Wirklichkeit am Hungertuch nagten, die geringen Aussichten auf eine Veränderung dieser Lage –, all das hatte ihnen den Rest gegeben. Eine neue Idee tauchte auf: auswandern, alles stehen und liegen lassen! Bloß weg hier!

Funky: »Wir haben auch von was anderem geträumt, als nur im Kreuzberger Kiez sein zu müssen und Straßenkämpfe auszufechten, und noch ne Demo und diesen ganzen Streß. Wir haben uns überlegt: Wie kann man denn generell das Leben noch anders gestalten?«

So kam es zu der Idee, irgendwo einen billigen Bauernhof zu kaufen und aufs Land zu ziehen.

Das erste Objekt, das die Scherben sich anschauten, war ein Hof im Münsterland, den Hanns Baukhage aufgespürt hatte. Doch die Kaufverhandlungen blieben erfolglos.

Die zweite Offerte kam durch eine Connection von Kai zustande. Sein Stiefbruder Sönke Blaue, Architekt im Norden Schleswig-Holsteins, vermittelte den Scherben das Angebot, für 50.000 DM einen stark renovierungsbedürftigen Bauernhof in Nordfriesland zu kaufen, nahe der dänischen Grenze. Fresenhagen hieß das Kaff. Und diesmal schafften es die Scherben, die erforderliche Summe aufzutreiben. Stichtag für den Umzug war der 1. Juni 1975. Bereit, aufs Land zu ziehen, waren: Rio und Lanrue, Nikel mit Freundin Marie, Schlotterer, Angie, Funky, Britta, Uli Hammer, Jako Benz, Egon Bunne, die Kurzen und, nicht zu vergessen, die Katzen Abraxas und Eddie.

Gino, der Bassist, ging nicht mit. Er sagte, er sei ein Stadtmensch, und zog es vor, sein Medizinstudium fortzusetzen. Auch Renate Friedrich und Bernhard Käßner blieben in Berlin, zogen aber auch aus dem T-Ufer aus. Lutz von den Kurzen verabschiedete sich am Tag der Abreise mit der Bemerkung, er müsse nur noch eben schnell zusammen mit seiner Mutter Küchenhandtücher kaufen. Und ward nicht mehr gesehen.

Doch die Scherben wären nicht die Scherben gewesen, hätten sie sich nicht standesgemäß verabschiedet. Eine große Abschiedsparty wurde geplant. Die Bewohner des T-Ufers hatten damit ihre Erfahrungen. Geburtstage der Familymitglieder oder ihrer Freunde wurden meist zusammengelegt und als Wassermann- oder Steinbock-Partys gefeiert; die waren immer sehr beliebt gewesen. Zur großen Abschiedsparty gaben sich dann auch die linken Honorationen die Klinke in die Hand, einschließlich Rudi Dutschke.

Rio: »Da kamen alle noch mal an und haben uns die Ehre gegeben. Zum Teil Leute, die uns vorher nie beachtet hatten; plötzlich fiel es ihnen ein.«

Irgend jemand kam auf die Idee, das Ganze im Film festzuhalten. Was lag näher, als Egon Bunne zu fragen, ob er den Job machen wollte, denn dafür war er ja schließlich zu den Scherben gestoßen. Man organisierte eine Super-8-Kamera und ein Tonbandgerät, und während der Party sah man Egon emsig mit der Kamera hantieren. Später, in Fresenhagen, stellte sich heraus, daß Egon die Party aus einer höchst eigenwilligen Perspektive gefilmt hatte: Alles, was man auf dem Film sah, waren die Füße der Partygäste. Das war seine avantgardistische Idee gewesen: Füße, Füße, Füße.

Lanrue: »Immerhin haben wir jetzt einen Film mit Rudi Dutschkes Füßen. Wer hat das schon?« Und rückblickend zur Berliner Zeit: »Berlin war damals *die* Stadt, wir hatten in Kreuzberg gelebt und waren dort integriert. Es war eine tolle Zeit: permanente Aktionen, die auch immer mit unserer Musik verbunden waren. Alles war sehr spontan, ein ständiges Happening. Der Grund, aus Berlin wegzugehen, war dann aber doch die Sehnsucht nach mehr Privatleben.«

Zweiter Teil

Die Scherben in Nordfriesland

1975/II: Land in Sicht

Radieschenkommunisten

»Letzte Ausfahrt vor der Bundesgrenze« steht auf dem Schild, das man auf keinen Fall verpassen darf, wenn man, von der A 7 Hamburg Richtung Flensburg kommend, die B 199 erreichen will. Von dort dauert es noch cirka eine halbe Stunde, bis man Richtung Niebüll in ein Nest namens Fresenhagen gelangt, welches zwei Kilometer von Stadum und Lichtjahre von der Zivilisation entfernt liegt. Es ist so klein, daß es keine Straßennamen braucht. Und ausgerechnet Fresenhagen – was soviel heißt wie »Friesen mit ner Hecke drumherum« – , ausgerechnet dieses Nest, das bloß aus sechs versprengten Anwesen besteht, war der Ort, an den es die Scherben verschlug. Sechzehn Scherben: Rio, Lanrue und Britta, Funky, Schlotterer, Nikel und Marie, Angie, die Kurzen – Mecki, Olaf, Ina, Ela, Micha »Graf Luckow« –, Jako von den Roten Steinen, Uli Hammer alias Vegas von Trantor und last but not least Egon Bunne, der Bauernsohn und Dutschke-Füße-Filmer.

In dieser Besetzung fielen die Großstadtmenschen in das verschlafene nordfriesische Bauerndörfchen ein, um die Natur zu entdecken.

Schlotterer: »Der erste Tag, den wir bewußt erlebt haben, war der 2. Juni 75. Wir sind abends angekommen, da hatte es noch geregnet, und dann fing dieser superschöne Tag an, der sich auf ungefähr drei Monate ausdehnte. Drei Monate lang Sommer. Supersommer für uns. Für die Bauern war es blöd, weil denen die Ernte vertrocknet ist, aber für uns war es toll, und ich glaube, am ersten Tag sind alle losgezogen und haben angefangen, im Garten zu jäten. Jeder hat sich irgendwo ein Stück Land gesucht, und dann haben wir uns geeinigt. Fast alle haben in der Erde gewühlt. Tomaten, Radieschen, Hanf. Auch Nikel und Marie, sogar Lanrue und Britta hatten einen Garten. Alle haben sich ein Stück genommen und gesagt: Ja gut, hier pflanze ich das und das an. Das war richtig Arbeit, in der Erde zu wühlen, aber es war ganz toll. Das hatte ich noch nie gemacht. Und auch die Arbeit beim Bauern empfand ich als etwas Sinnvolles, weil da Heu eingefahren wurde und so weiter, davon leben wir ja letztlich alle. Ich fühlte mich unheimlich geehrt, als die fragten, ob wir kommen wollten zu so einer Arbeit. Ich dachte, hoffentlich kannst du das und stellst dich nicht so blöd an wie die Städter häufig. – Wir hatten aber ein sehr gutes Verhältnis zu den Nachbarn rundherum. Das kann man gar nicht anders sagen. Die waren total nett zu uns und wir auch zu ihnen. Wir waren zuverlässig und kamen, wenn was zu tun war, und wurden in Naturalien bezahlt. Wir bekamen auch Trecker und Hänger geliehen, wenn wir die für den Umbau brauchten. Das war alles selbstverständlich und das Dorfleben sehr angenehm für uns als Zugereiste.«

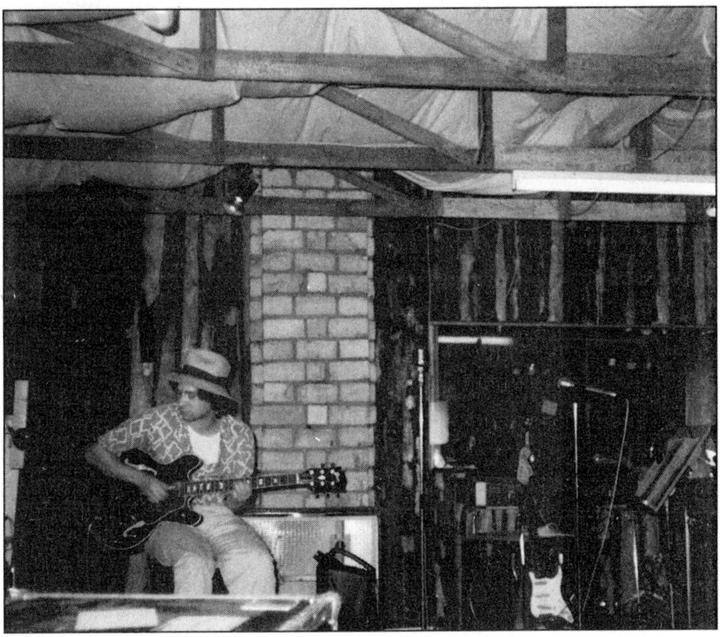

Lanrue im Studio von Fresenhagen

Das Landleben schien zunächst wie ein naturreligiöses Erweckungserlebnis. Gartenarbeit statt Hausbesetzungen, Kuhfladen statt Kommunismus und jede Menge Viecher.

Angie: »Es gab ›Eddie‹, einen schwarz-weißen Kater, und Schlotterer hatte einen Ziegenbock, ›Peter‹. Die beiden waren sich sehr ähnlich. Britta hatte ›Fritz‹, den Hund und später ›Alrun‹, ihr Pony, Elfie hatte zwei Singvögel, diese kleinen Zebrafinken, so kleine, bunte Vögel, genauso zerbrechlich wie sie. Lanrue hatte ein Pferd, ›Rapsie‹, das war völlig fixiert auf Lanrue, und wenn jetzt Britta Streit hatte mit Lanrue, die waren ja zusammen und haben sich ewig gestritten, dann ist Rapsie dazwischengefahren. Oder wenn Lanrue ankam, dann hat Rapsie ihm aus Spaß den Hut geklaut – der hat ihm auch die Hufe gegeben zum ›Guten Tag‹ -sagen.«

Die Eingebung, »Rapsie« so zu nennen, ist Lanrue übrigens im Traum gekommen. Der Name enthält nicht nur die drei Initialen von Lanrue – R.P.S.–, sondern auch die Fähigkeit, mit der Lanrue besonders ausgestattet war: Psi.

Besonders stolz war Lanrue darauf, daß Rapsie sein Freund, nicht sein Tier-Sklave war. Halb ernst, halb ironisch sagte er einmal, als alle in der Fresenhagener Küche saßen: »Ich hab mein Pferd gewaltfrei erzogen.«

Der Hof war allerdings gewaltig heruntergekommen, und die 16 Städter hatten von Landwirtschaft so viel Ahnung wie ein Karnikkel von Rock'n' Roll. Wochenlang versuchten sie ebenso gewaltfrei wie vergeblich, die Hühner zum Eierlegen zu bewegen. Als alle guten Worte und magischen Rituale nicht halfen, wurden die Hühnerhelden schließlich von einem Bauern darüber aufgeklärt, daß Hühner nur Eier legen, wenn man ihnen ein Lege-Ei hinlegt.

Die größte Frage aber war: Wie kriegen wir den verfallenen Hof wieder flott? Platz war – theoretisch – genug da, aber die Dächer waren nicht dicht, das Reet verfault, und es gab zu wenig Zimmer für die 16 Leute. Jeder sollte ein eigenes Zimmer haben, das war das Ziel. Und es war nicht unrealistisch. Zwei Drittel des Haupthauses standen leer, es gab einen Geräteschuppen, in dem noch eine alte Kutsche stand, einen runden und einen eckigen Silo, einen ausbaufähigen Hühnerstall und die sogenannte Osterscheune, in der Egon Bunne sofort anfing, ein Loch auszuheben, um sich einen kühlen Kellerraum als Dunkelkammer und Archiv für seine noch nicht gedrehten Filme auszubauen.

Vor allem mußte erstmal alles wind- und wasserdicht, trocken und bewohnbar gemacht werden. Wer sich dabei besonders ins Zeug legte, war Schlotterer. Er wäre sogar losgegangen und hätte das Reet selbst geschnitten, aber man kann Reet nur im Winter schneiden. So mußte man es aus Ungarn kommen lassen, und Barnie, dem der *Trichter*, die Diskothek in Niebüll, gehörte und der gelernter Reetdachdecker war, half ein bißchen mit beim Dachdecken.

Weniger begeistert von all der Natur und den handwerklichen Aktivitäten war Uli Hammer alias Vegas von Trantor. Er dachte nicht daran, sich Jeans und T-Shirt anzuziehen und kräftig mit anzupacken. Uli kleidete sich weiter in seine eleganten Satin-Anzüge, schminkte sich mit Kajal, lackierte sich die Fingernägel und stolzierte auf dem Hof herum wie ein gallischer Hahn auf dem Mist. Das Landleben beeindruckte ihn nicht. Die Landschaft auch nicht. Er kannte das alles, er kam aus der Gegend, nicht weit von hier war er aufgewachsen, in Missunde an der Schlei.

Rio: »Der hatte sich drüben sein Zimmer futuristisch mit bunten Plexiglasscheiben ausgebaut, was ihm herbe Kritik von Schlotterer einbrachte. Man zieht doch nicht in die Natur, um sie sich beim Rausgucken blau oder rosa zu verfärben. Aber Uli sah keine Perspektive darin, daß wir auf einmal alle Handwerker wurden: Wir wollen doch keine Handwerker werden, wir wollen Musik machen! Und obwohl er auch anfing, bei sich auszubauen, sagte er, wir sollten lieber einen Renovierungskredit aufnehmen und das Ganze professionellen Handwerkern überlassen.«

Schlotterer und Nikel schrien vor Empörung auf, wenn sie so etwas hörten. Schlotterer, weil er fand, man müsse jetzt alles selber machen, mit den eigenen Händen – Nikel, weil er fand, Handwerker seien zu teuer. Nikel hatte einen Bausparvertrag über 30.000 Mark zum Kauf des Hauses eingesetzt, durch den es mit einer entsprechenden Hypothek belastet war, und fühlte sich daher noch einmal besonders für die Finanzen verantwortlich. Deswegen wehrte er sich mit Händen und Füßen dagegen, daß jetzt teure Handwerker beschäftigt wurden und Schlotterer die Arbeit wegnahmen.

Schlotterer: »Als ich das Haus dann gesehen habe, in meiner Fantasie, da hab ich mich gleich als Handwerker gesehen, der alles irgendwie wieder in Ordnung bringt. Das hab ich in meinen Tagträumen, in meinen Vorstellungen auch richtig geplant und mir überlegt, wie man da vorgeht. Daß das erstmal nicht kaputt geht, daß man das erstmal erhält und so. Das war mir ziemlich klar. Daß ich da Riesenlust drauf hatte. Das war ja ne große Überraschung für mich, ich hab gemerkt, daß ich handwerklich eigentlich ziemlich geschickt war. Ich hatte zwar mal Schweißen gelernt, aber das hatte mich überhaupt nicht erfüllt irgendwie. Jetzt, in Fresenhagen, fing ich an, mit Holz zu arbeiten, und das ging richtig gut. Ich war mein Leben lang Städter gewesen, ich kannte gar kein Land. Aber auf einmal merkte ich, daß die Natur eine andere Lebensqualität ist.«

Die aber nicht unbedingt satt macht, im ersten Jahr sowieso nicht. Die 16-köpfige Landkommune hauste in 6 Zimmern und hatte pro Tag 15 Mark zur Verfügung. Nicht für jeden, für alle zusammen! Macht umgerechnet 93 Pfennig pro Person.

Reihum wurde eingekauft und für alle gekocht. Wenn das Geld partout nicht reichte, wurde nach der altbewährten Scherben-Methode »bargeldlos« eingekauft. Worauf die Scherben aber von Anfang an trotz aller Armut peinlich genau achteten, war, daß auf keinen Fall in der näheren Umgebung geklaut wurde. Sie waren von den Bauern freundschaftlich aufgenommen worden und wollten sich deren Sympathie nicht verspielen, indem sie sich gleich als Stadtratten und Kleinkriminelle einführten. Geklaut wurde nur weit weg, in Flensburg. Wenn da einer erwischt worden wäre, hätten es die Nachbarn wenigstens nicht erfahren.

Den Fresenhagener Bauern war vor allem wichtig, daß die neu eingezogenen Exoten nicht anfingen, ihnen Vorschriften zu machen oder ihnen sonstwie in ihr Leben hineinzureden. Toleranz ist ohnehin die Tugend der Nordfriesen. Ihr laßt uns in Ruhe, wir lassen euch in Ruhe.

Rio: »Woher das kam? Ich würde mal sagen, friesischer Grundsatz, aber vielleicht hatten die auch schon genug von den anderen Landkommunen gehört, die aus der Stadt, vor allem aus Berlin hierher gekommen waren und angefangen hatten, den Bauern zu erklären, wie Landwirtschaft ging. Damals ging es ja schon los mit dem ökologischen Anbau, Dünger war verpönt. Das haben wir später auch mitgekriegt, wie gerade die größten Stadtnasen sich deswegen mit den Bauern hier oben in die Haare kriegten. Die waren ja der Meinung, weil sie *Das große Buch vom Leben auf dem Lande* gelesen hatten, könnten sie dem Bauern erklären, was er falsch macht.«

Den Bauern zu erklären, was besser wäre, das war allerdings auch für die Scherben eine Versuchung. Die Schwaden von Pestiziden, die zu gewissen Zeiten auf ihren Hof hinüberwaberten und anfingen ihre Hälse zu verätzen, führten dann doch zu vorsichtigen Protestbekundungen.

Schlotterer: »Die reine Idylle mit den Bauern war dann schnell vorbei. Als wir da eine Weile gearbeitet hatten, war ja nicht zu übersehen, wie die zum Beispiel ihre Tiere halten. Und wie sie mit denen umgehen. Ich habe ganz schlimme Sachen gesehen bei manchen Bauern, ganz üble Kälberzucht und solche Sachen. Da haben viele von uns auch aufgehört, Fleisch zu essen. Vegetarier geworden, da oben. Das Leben da war eben auch nicht widerspruchsfrei.«

In Fresenhagen, da waren sich die Sechzehn sicher, sollte alles neu und anders werden. Auch die Musik. Keine Kampflieder mehr, keine Parolen, keinen Agit-Rock. Die Band war mal wieder aufgelöst. Es gab die alten Scherben nicht mehr. Es gab eine Landkommune von Stadtflüchtigen, die irgendwie auch ein bißchen Musik machen konnten und das auch weitermachen wollten, ohne genau zu wissen, wie. Nur was sie *nicht* machen wollten, das wußten sie.

Um den Neuanfang ganz deutlich zu machen, sollte auch der Name geändert werden. Ton Steine Scherben – das war einmal. Ein Auswahlverfahren, ähnlich wie das, mit welchem der Name Scherben gefunden wurde, brachte einen neuen zutage: »Zirkus Feuerstern«. Die Band »Zirkus Feuerstern« sollte Musik jeglicher Art spielen dürfen, auch Tanzmusik, und *alle* sollten daran beteiligt sein.

Doch noch bevor die ersten nordfriesischen Herbststürme übers flache Land fegten und einen vagen Vorgeschmack auf den kommenden Winter ankündigten, brachen wieder Konflikte auf. Und bei Einbruch des Winters war der romantische Traum einer »Zirkus-Feuerstern-Family-Band« bereits vom eiskalten Ostwind erfaßt und weit über die Nordsee auf Nimmerwiedersehen weggepustet worden. Quasi als Vorboten kommender Konflikte waren an einem Morgen im August um sechs Uhr früh alte Bekannte aus Berliner Tagen in der ländlichen Idylle aufgetaucht. Zwei Hundertschaften Bereitschaftspolizei hatten den Hof umstellt. So ziemlich alle Dezernate von Rauschgift bis Sitte hatten Beamte nach Fresenhagen geschickt, das Jugendamt war da und auch die Spezialisten der Terrorismusbekämpfung. Es schien schon so, als ob die innige Beziehung zwischen Polizeiapparat und Agitrockband hier ihre Fortsetzung finden sollte. Doch der Aufwand war vollkommen überflüssig. Die Beamten beschlagnahmten pro forma ein paar Briefe von Anne Reiche aus dem Frauenknast in der Lehrter Straße und zogen dann unverrichteter Dinge wieder ab. Die offizielle Begründung für die ganze Aktion lautete übrigens: Mecki sei nicht rechtzeitig zur Berufsschule erschienen. – Danach kamen die Bullen nur noch einmal und dann nimmermehr.

Die Wochen auf dem Land mit ihrer ungewohnten Ruhe ließen dann mit der Zeit ganz normale Alltagskonflikte zutage treten. Den Anfang machten die Kurzen.

Rio: »Sie interessierten sich nicht für das, was hier eigentlich abging, sie liefen da aus dem Ruder.«

Zum Beispiel nervten sie die Erwachsenen damit, daß sie 30 Mal hintereinander den damaligen Sommerhit *Paloma Blanca* von der GEORGE BAKER SELECTION in nicht zu überhörender Lautstärke abspielten, und das Tag für Tag. Zum Aus- und Einsteigen ins Haus benutzten sie konsequent das Küchenfenster statt der Haustür, was vor allem Nikel ärgerte. Und natürlich machten sie einen Haufen Dreck und vertrauten darauf, daß andere ihn schon wegmachen würden.

Die Botschaft dahinter lautete: Es ist langweilig hier, wir wissen nicht, was wir mit uns anfangen sollen, Scheiß-Landleben, in der Stadt war's schöner. Und wie in allen Gruppen sind es dann irgendwelche Kleinigkeiten, an denen sich der Streit letztendlich festmacht.

In Fresenhagen war es der Wäscheberg, Wäsche von 16 Leuten, und da sie nicht regelmäßig gewaschen wurde, sondern immer nur das Zeug, das gerade oben lag, faulte die unterste Schicht so vor sich hin. Alle Konflikte, die im Zusammenhang mit den Kurzen auftauchten, kreisten bald nur noch um diesen Wäscheberg.

Rio: »Es spitzte sich immer weiter zu. Ich hatte ja eigentlich die Verantwortung übernommen, dadurch, daß ich einen gewissen Druck ausgeübt hatte, damit die Kurzen einstiegen, und so kam es zu dem Tag, wo ich einfach sah, daß ich der einzige war, der sagen konnte, sie sollen gehen. Die Probleme waren eigentlich überall, aber alle haben auf diesen Wäschehaufen hingedeutet. Als es wieder einmal Krach gab – die Kurzen hatten Nikel in der Küche so sehr provoziert, daß dieser sich genötigt sah, Mecki einen Teller an den Kopf zu werfen – habe ich nach einer schlaflosen Nacht am nächsten Tag gesagt, ich bin der Meinung, die sollen abreisen, und wer dagegen ist, soll es sagen. Und keiner war dagegen. Der Wäschehaufen wurde dann weggeschleppt, denn das, was da lag, war ja offensichtlich das Zeug von den Kurzen. Aber als die Kurzen verschwunden waren, war der Wäschehaufen plötzlich wieder da.«

Dennoch: Fast alle atmeten auf, als Mecki, Ina, Olaf, Micha »Graf Luckow« und wenig später auch Ela wieder in Berlin waren.

Es ging jetzt ruhiger, vernünftiger zu. Das Durcheinander war nicht mehr ganz so groß. Weniger Esser, weniger Stimmen. Am Anfang waren es sechzehn gewesen. Jetzt waren es nur noch elf.

Aber die Probleme blieben. Die nächsten Auseinandersetzungen waren bereits vorprogrammiert.

Schlotterer: »Als wir nach Fresenhagen aufbrachen, herrschten Vorstellungen wie ›Wir brauchen keinen Chef, Gleichheit – alles gehört allen – Haus, Geld, Schulden, Bücher, Klamotten, Drogen‹, das hieß auch praktische Mitverantwortung für Haus und Hof und für die Firma DAVID VOLKSMUND PRODUKTION. Bald erwiesen sich diese Ideen als illusorisch. Hierarchische Strukturen verfestigten sich, scheinbar unaufhaltsam. Papst und König, geistige und weltliche Macht, einige Minister und Volk. Auch das Streben nach Privatbesitz erwies sich als unaufhaltsam. Ebenso, wie die Verteilung der praktischen Tätigkeiten sich nicht nach den Regeln der Gleichheit gestaltete. So sahen wir uns alsbald verstrickt in jene Lebensform, die wir hatten verlassen oder gar aufheben wollen.«

Schlotterers Ideologie war damals »Zurück zur Natur.« Er wollte sich mit dem Landleben und der Natur anfreunden, und er hatte angefangen, sich mit dem Leben, den Mythen, dem Denken der Indianer zu beschäftigen, was dazu geführt hatte, daß auf der Rückseite einer neuen Textbeilage zur *Keine Macht für Niemand*-LP der Brief des Indianerhäuptlings Seathle an den US-Präsidenten Franklin Pierce aus dem Jahre 1855 abgedruckt war:

Der große Häuptling in Washington läßt uns wissen, daß er unser Land kaufen will. Er sagt uns dazu Worte der Freundschaft und des guten Willens. Dies ist sehr freundlich von ihm, da wir wissen, daß er kaum auf unsere Freundschaft angewiesen ist. Wir werden aber euer Angebot überlegen, da wir wissen, daß, wenn wir es nicht tun, der weiße Mann vielleicht kommen mag, um uns unser Land mit Hilfe von Gewehren wegzunehmen. Was Häuptling Seathle sagt, kann der große Häuptling in Washington mit der gleichen Sicher-

heit als wahr nehmen, mit der unsere weißen Brüder mit der Wiederkehr der Jahreszeiten rechnen können. Meine Worte sind wie die Sterne, sie gehen nicht unter. Wie kann man den Himmel kaufen oder verkaufen – wie die Wärme des Landes? Diese Idee scheint uns sehr merkwürdig. Wir besitzen auch die Frische der Luft und das Glitzern des Wassers nicht! Wie könnt ihr sie da von uns kaufen? Jedes Stück dieses Bodens ist meinem Volk heilig. Jede schimmernde Kiefernnadel, jedes sandige Ufer, der zarte Dunst in der Dunkelheit der Wälder, jede Lichtung und jedes summende Insekt ist der Erinnerung und dem Erleben meines Volkes heilig.

Wir wissen, daß der weiße Mann unsere Art und Weise nicht versteht. Das Schicksal seines Landes ist ihm egal wie das eines anderen, da er in der Nacht kommt und vom Lande nimmt, was immer er braucht. Die Erde ist nicht sein Bruder, sondern sein Feind. Wenn er den Grund erobert hat, zieht er weiter. Er läßt die Gräber seiner Väter zurück und zerstört rücksichtslos den Boden für seine Kinder. Sein Appetit wird die Erde verschlingen und nur eine Wüste zurück lassen. Der Anblick eurer Städte schmerzt die Augen der Rothäute, aber vielleicht nur deshalb, weil der Rote Mann nur ein Wilder ist und nicht versteht …

Schlotterer: »Für mich bedeutete Fresenhagen auch, weit schauen, die Stille hören, in der Erde wühlen und etwas anzupflanzen und manch gute Lektion in Sachen Toleranz und Hilfsbereitschaft.«

Schlotterers Kleidung war schlicht und zweckmäßig für die Arbeit auf einem Bauernhof. Uli Hammer dagegen zog immer noch seine Satinanzüge an. Er hatte überhaupt keine Ideologie, er sprach nur aus, was er gerade so dachte, und war in seinen Aussagen oft widersprüchlich: »Ja, ja, ne, ne«, so fing fast jeder Satz von ihm an. Halb im Spaß, halb im Ernst lästerte er über die Idiotie des Landlebens. Während die anderen an der Renovierung der verfallenen Gebäude arbeiteten, gab Uli Sprüche von sich wie: »Vielleicht sollte man den ganzen Hof einfach abreißen und hier einen futuristischen Plexiglasbau hinstellen.«

Sowas hört man natürlich nicht gern, wenn man gerade ein paar Stunden lang Steine geschleppt hat. So ließ Schlotterer sich schließlich zu der Bemerkung hinreißen, für ihn sei Uli der Teufel. Dann schrieb er einen offenen Brief an den Teufel und forderte ihn auf, Fresenhagen zu verlassen. Da weder Rio noch Lanrue, der eigentlich Ulis Kumpel war, sich für ihn einsetzten, hatte Uli gar keine andere Wahl, als seinen Koffer zu packen und zu gehen.

Da waren es nur noch zehn.

Zum Jahreswechsel verließen noch zwei weitere Mitglieder die Gruppe, diesmal ohne Streit. Jako zog es nach Berlin zurück, weil seine Freundin Barbara dort im *Dschungel* arbeitete. Und Angie entfloh der ländlichen Armut, indem sie zu Kai zog, der nur eine Autostunde von Fresenhagen entfernt in einem Dorf namens Boknis wohnte und seiner Mutter in ihrer Töpferwerkstatt half und ihr bei Aufträgen für »Kunst am Bau« zur Hand ging.

Die Scherben-Family hatte sich also innerhalb von sechs Monaten um die Hälfte reduziert. Von den ursprünglich 16 Mitgliedern waren nur noch 8 übrig: die beiden Paare Lanrue & Britta, Nikel & Marie, sowie Rio, Schlotterer, Funky und Egon.

In dieser Besetzung, plus Kai, der in Begleitung von Angie zum Baßspielen anreiste, gaben die Scherben im Winter 75/76 ein Konzert im *Trichter*, einer Szenedisco in Niebüll. Es sollte so etwas wie ein Begrüßungsauftritt für alle in Nordfriesland lebenden Freunde und Bekannten sein, und die Scherben spielten natürlich mal wieder »für umsonst«.

Wann war dein erster Kontakt mit den Scherben?

Ich hatte die Scherben in einem Konzert erlebt und sie anschließend besucht, sozusagen im Auftrag der ROTEN HILFE. Ich sollte die Band für eine Solidaritätsveranstaltung zugunsten inhaftierter Genossen gewinnen. In einem dunklen Zimmer, in der Göbenstraße, traf ich auf viele mir unbekannte Gesichter, nur Rio habe ich wieder erkannt. Ich habe mit ihm gesprochen und ihm gesagt, was ich wollte. Irgend etwas in dieser Wohnung war ganz anders als in studentischen Wohngemeinschaften, ich kam mir etwas fremd vor, verließ die Wohnung aber mit einer Zusage. Das Konzert fand dann auch statt, und da wurde der zweite Teil der Platte aufgenommen. In der alten Mensa in der TU. So habe ich die Scherben kennengelernt.

Das zweite Treffen muß für Rio ziemlich einschneidend gewesen sein. Du warst mit deiner Freundin Christine in einer Disco. Rio hat erzählt, du seist der erste gewesen, der ihn zum Nachdenken über seine Texte gebracht hat.

Ich kann mich deutlich erinnern. Christine hatte sich in Rio verliebt. Sie sprach eine Weile allein mit ihm, und dann haben wir zu dritt weitergeredet. Es war ein ziemlich persönliches Gespräch. »Orpheus darf sich nicht umsehen, ob Eurydike ihm folgt. Tut er's doch, dann entschwindet sie«, gab Rio mir mit auf den Weg.

War es für dich eine Erleichterung festzustellen, daß Rio schwul ist? Schließlich war Christine deine Freundin?

Na ja, wir haben das mitunter nicht so genau genommen. Es hat zwar weh getan, aber wir haben ja die freie Liebe proklamiert. Lustig fand ich's wahrscheinlich nicht, aber es war halt Teil dieser

Wirklichkeit. Man hat aber doch anders reagiert, als man eigentlich glaubte, wie man reagieren würde. Ich glaube nicht, daß wir uns ewige Treue geschworen haben oder solche Sachen. Eher dachten wir, es geht gut, solange es gut geht. Es lief ja auch drei Jahre oder dreieinhalb. Auf jeden Fall – als sich abzeichnete, daß ich Mitglied in dieser Scherben-Truppe werden würde, da war es leichter für mich, aus dieser Geschichte mit Christine auszusteigen.

Du hast der Band spontan deine Wohnung am Tempelhofer Ufer zur Verfügung gestellt. Warum eigentlich?

Es war so: Eines Tages fuhren Lanrue und Nikel in Nikels Sportwagen am T-Ufer vor. Sie überreichten mir die erste Scherben-LP, deren zweite Seite ja auf dem ROTE HILFE-Konzert aufgenommen war. »Mensch«, sagte Lanrue, »so 'ne Wohnung bräuchten wir auch!« Und ich hab spontan gesagt: »Die könnt ihr haben, ich zieh sowieso aus.« Ich wollte nicht noch länger auf eine Entscheidung von Christine warten, mit der ich eigentlich in der Wohnung zusammenleben wollte. Aber der Entschluß war in diesem Moment wirklich spontan, ich war selber überrascht davon. Der Blues zwischen Christine und mir hatte mich zeitweilig gelähmt, vielleicht aber auch davor bewahrt, bei einer ebenso unsinnigen wie folgenreichen Aktion mitzumachen: Bei der sogenannten »Baader-Befreiung«. Ich hatte damals Kontakt zu den Leuten, die später die RAF gründeten und ebenso zu den Leuten von der BEWEGUNG 2. JUNI. Die Kontakte beruhten auf der Erfahrung vieler gemeinsamer Demos, Besetzungen, Provokationen, Straßenschlachten, und ebenso auf persönlichen Freundschaften – auf der Erfahrung des Zusammenlebens während der vorausgegangenen sieben Jahre. Diese ganze Geschichte mit dem »bewaffneten Kampf« spielte sich ja auf einer Ebene großer Emotionen und hoher moralischer Ansprüche ab. Freunde sind tot, andere sitzen im Knast – es war nicht leicht für mich, mich aus diesem Strudel herauszuhalten.

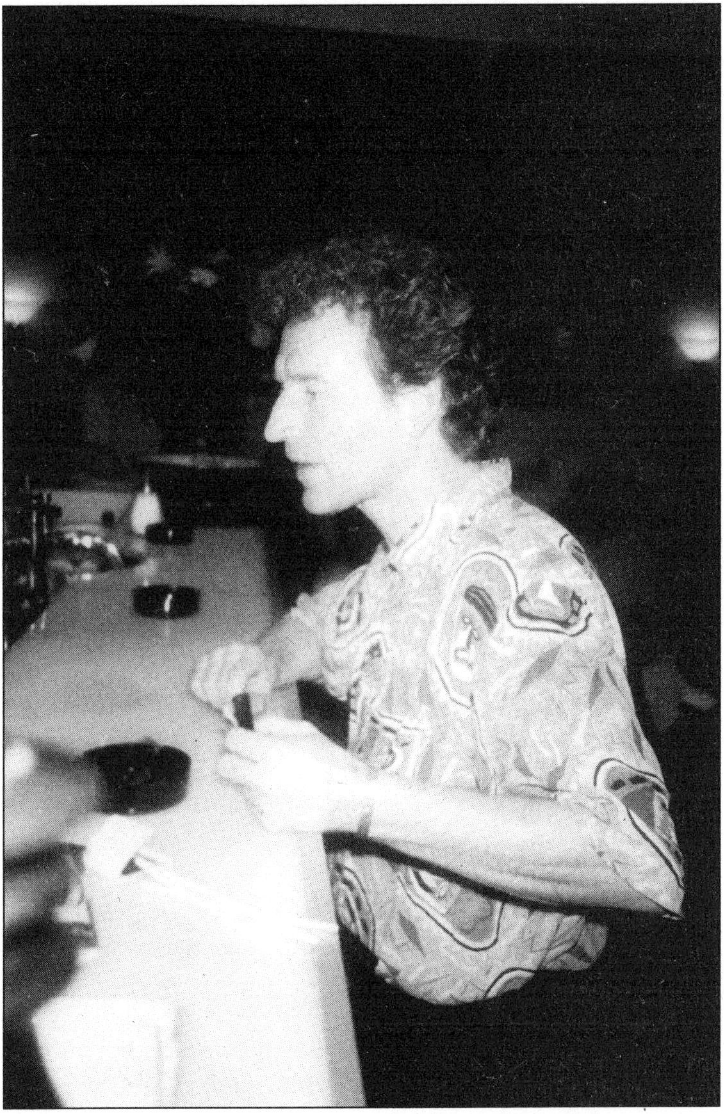

Jörg Schlotterer, Jahrgang 1942, ist gelernter Schweißer und war aktives SDS-Mitglied. Heute arbeitet er in Hamburg als Physiotherapeut.

In diesen Strudel wärest du aber hineingeratet, wenn …

… wenn ich nicht einen Streit mit Christine gehabt hätte. Ich sollte eigentlich zu einem »konspirativen Treffen« kommen, an dem dann, wie ich nachher erfahren habe, die Baader-Befreiung geplant wurde. Ein paar Tage später war Baader frei, und alle Beteiligten wurden steckbrieflich gesucht.

Dann hat dich der Liebeskummer damals vor dem Schlimmsten bewahrt?

Kannst du so sagen, ja. Dadurch bin ich wahrscheinlich um die RAF herumgekommen. Die waren ja von heute auf morgen illegal, weil sie diesen Wachmann angeschossen hatten, lebensgefährlich. Das war natürlich nicht geplant gewesen, aber auf einmal waren sie alle im Untergrund. Die haben die ROTE ARMEE gegründet, und ich hatte Psycho wegen Christine.

Aber Kontakt gehalten hast du weiter?

Die zu mir. Da ich legal war, hieß es natürlich: Wir brauchen ein paar Pässe, denk mal nach. Oder kennst du nicht jemanden, der jemanden kennt, der ne Wohnung anmieten kann. Solche Sachen.

Und die Scherben wußten Bescheid über deine Kontakte?

Ja, logisch, so außergewöhnlich war das zu dieser ja Zeit nicht. Es verkehrten auch etliche polizeilich gesuchte Genossen vom 2. JUNI bei uns in der Wohnung am T-Ufer.

Waren die Scherben Sympathisanten der RAF?

Wir haben zu Ungehorsam, Rebellion und Umsturz aufgerufen, da war es sozusagen natürlich, daß wir in diesem »Krieg« zwischen der RAF und dem Staat eher mit der RAF sympathisierten – zumal auch hier David gegen Goliath zu kämpfen schien. Während der Konzerte in den frühen 70ern haben wir Scherben keinen Hehl aus unserer Meinung gemacht. Du brauchst ja nur an die Lieder wie *Menschenjäger* und *Der Kampf geht weiter* zu denken, mit denen wir – unterstützt durch eine Dia-Show nach dem Schema »gut« und »böse« – mächtig Stimmung gegen den Staat gemacht und gleichzeitig die Rebellen und die toten Genossen glorifiziert haben. Natürlich gab es auch Zweifel und Unverständnis am Vorgehen der RAF, die sich verstärkten, je blutiger und brutaler – von beiden Seiten – sich diese Geschichte entwickelte und verselbständigte. Aber wir haben erst spät erkannt, daß, wer auszieht, die Vampire zu besiegen, leicht selbst zum Vampir wird.

Du warst mal in Frankfurt und solltest von der RAF angeworben werden.

Ja. Ich wurde mehrfach aufgefordert, meine »kleinbürgerliche Existenz« mit der eines »Revolutionärs« zu tauschen. Also Paß verbrennen, Spuren vernichten, Bilder, Briefe, alles, was dich mit deiner alten Identität in Verbindung bringen könnte, und eine neue Legende aufbauen. Das war's, was die wollten. Es gab einen ungeheuren moralischen Druck, das hatten sie ja überhaupt drauf, die Linken, damals. Und es war auch so, daß die mich gut hätten gebrauchen können, weil ich mit einem Schweißgerät umgehen konnte.

Ist jemand zu dir gekommen und hat gesagt, verbrenn deinen Paß?

Nee, da kam einer vorbei, das war im Frühjahr 72, gab mir ein Flugticket und Geld und sagte, flieg nach Frankfurt, dann und dann. Verhalte dich konspirativ. Geh dort und dort hin. Also bin ich nach Frankfurt, bin da so rumgegangen und hab die ganze Zeit gemerkt, daß ich verfolgt werde. Ich bin stundenlang durch Frankfurt gelaufen und hab versucht, die abzuschütteln, aber du weißt ja nie genau, woran du bist. Du wirst dann auch paranoid, klar. Ich hab unglaubliche Haken geschlagen, ich wußte überhaupt nicht, was ich machen sollte. Und plötzlich stoppte ein Auto direkt neben mir – und drin saß Jan Raspe.

Den kanntest du?

Ja, klar. Ich steig also ein, und sofort fährt der mit einem Affenzahn los. Es war ja schon dunkel, und er raste mit mir kreuz und quer durch Frankfurt, Hauptstraßen, Nebenstraßen, bei rot über die Ampel, wie ein Idiot. Und plötzlich hielt er an, und sagte, hier ist es. Irgendeine Wohnung in Frankfurt. Als wir drin waren, sagte er: »Warte hier.« Ein paar Minuten später kam er mit den anderen wieder. Andreas Baader und Holger Meins. Beide schwer bewaffnet. Andreas hat mit seiner Knarre rumgespielt wie mit einem Jojo, und ich hab gemeint, daß ich so ein Teil noch nie in der Hand gehabt hätte. »Och, ist ganz einfach. Mußte nur so machen«, sagte er und vollführte allerlei Tricks mit der Knarre. Er zeigte mir sein ganzes Waffenarsenal, alles mögliche Zeugs. Ich dachte, ich spinne. Und dann wollte er wissen, ob ich mitmache. Ich hab nein gesagt, und daß ich jetzt mit ganzer Kraft bei den Scherben sei. Das war dann auch Okay. »Du bist kein Schwein«, hat mir Baader noch gesagt. Aber sie wollten dann die Scherben instrumentalisieren. Einen Soundtrack für die RAF. Das wäre ihnen am liebsten gewesen. Das haben sie mir an diesem Abend in Frankfurt auch angeboten. Wir sollten mal ein zünftiges Lied für die RAF machen, »An die Gewehre« oder so. Das hätten sie gern gehabt. Und dann verschwanden sie wieder, und ich schlief in der Wohnung und hab mich am nächsten Morgen dünn gemacht.

Und dann war Schluß mit RAF?

Nein. Solange die Scherben in Berlin waren, ging das weiter. Von denen aus jedenfalls. Die Scherben wollten nicht mehr. Die hatten keine Lust mehr, die Befehle dieser Untergrund-Kommandeure auszuführen. Aber endgültig losgekommen von der Angel sind wir erst, als wir nach Fresenhagen gezogen sind. Das war ja Flucht. Raus aus dem Ganzen. Nur weg!

Was meinst du, was hat euch dazu gebracht, all diese Dinge zu machen?

Um ehrlich zu sein, ich bin immer noch erstaunt, daß ich da auch so empfänglich war, obwohl ich mir immer wieder gesagt hab, ich bin ein Individuum. Ich hab mir nie was gefallen lassen, ich hab immer mein Ding gemacht. Seit meinem 14. Lebensjahr bin ich erklärter Pazifist, schon als Kind waren mir Prügeleien zuwider. Ich hab den Wehrdienst verweigert. Und plötzlich, mit 25 Jahren, beginne ich, gewalttätig gegen Sachen und Menschen vorzugehen, schmeiße mit Steinen auf Polizisten. Heute erschreckt es mich zu erkennen, daß ich als Teil einer Masse ein ganz anderer Mensch sein konnte als der, der ich sein wollte. Ich hielt mich für einen unabhängigen Geist, und heute erkenne ich, wie stark ich doch zu beeinflussen, wie willfährig ich zeitweilig in meinen Worten und Handlungen war. Wir, einige der Scherben und ich, waren in die Falle des Hasses geraten. Ich bin froh, daß ich heil aus dieser Geschichte herausgekommen bin, und ich bedaure die vielen Toten und Opfer auf beiden Seiten. Ich bin immer noch traurig über den Tod von Georg, der einer der liebenswertesten Menschen jener Tage war. Historisch gesehen war es ein fataler Fehler eines Teils der Studentenbewegung, daß wir uns auf das Spiel mit der Gewalt eingelassen und Gewalt als politisches Handeln wieder hoffähig gemacht haben.

Wie war eigentlich die Sache mit Kai und Angie? Und Schlotterer und Angie?

Ach – da war auf einmal eine schöne Zeit zuende. Und eine neue Geschichte nahm ihren Lauf. Da sich alles unter einem Dach abspielte, oder auf Tournee, war es für alle nicht einfach, manchmal wie ein Härte-Training. Kai hatte ja Angst vor mir, glaube ich, vor meinem Schmerz, vor meiner Trauer, daß ich da böse werden kann. Er hatte immer Schiß, hat er mir mal gesagt, er hat sogar immer ne leere Weinflasche unter der Matratze gehabt, um sich zu verteidigen. Auf jeden Fall war ich sehr traurig, und als ich davon genug hatte, bin ich nach Marokko getrampt, bin dort wochenlang durch das Rif-Gebirge gewandert. Das Alleinsein war die Entdeckung, die ich Angie und Kai zu verdanken habe, es war wunderbar, allein zu reisen. Danach war alles wieder einfach und freundschaftlich zwischen uns.

Was war deine Rolle bei den Scherben?

Am Anfang habe ich Nikel in allen organisatorischen Angelegenheiten unterstützt: Verkauf, Vertrieb, Vorbereitungen von Tourneen, Geldauftreiben, Essen beschaffen. Auf Tourneen war ich Fahrer, Roady, Verkäufer, Agitator, Percussionist. Später habe ich Flöte gespielt, noch später Posaune. Außer meinen politischen Erfahrungen habe ich auch meine Freude an der Literatur und der Malerei mit in die Scherben-Family gebracht, meine Begeisterung für Jazz und Fußball oder für ein fetziges Tischtennis-Match. Und auch mein Interesse an historischen Zusammenhängen und anderen Kulturen. Außerdem war ich der Älteste.

Kommen wir zu Fresenhagen, weil das auch eine wichtige Zeit war, gerade auch für dich. Einerseits die Befreiung von …

altem Plunder …

… aber auch Flucht oder Befreiung aufs Land. Idylle. Du warst ja wohl der Verwalter des Bauernhofs?

Ich hab sehr viele glückliche Augenblicke in Nordfriesland erlebt. Schon der erste Sommer war wunderbar. Ich hab monatelang draußen geschlafen. Ich hatte gar kein Zimmer. Natur wurde ein Teil meiner Wahrnehmung: Weit schauen, die Stille hören, etwas anpflanzen, Tiere beobachten und auch das Wetter und die Gestirne. Das alles bildete einen ganz neuen Aspekt in meinem Leben.

Hat die Natur für dich eine religiöse Dimension bekommen?

Ja, irgendwie schon. Aber religiös will ich es nicht nennen, obwohl ich damals sicher gesagt habe: Ich glaube an die Natur oder an die Weisheit der Natur. Mir wurde auch schmerzhaft bewußt, wie weit die Spezies Mensch sich von der Natur entfernt hat – das war auch in Nordfriesland nicht zu übersehen.

Hast du in dieser Zeit auch so eine Art Landideologie entwickelt?

Ja, ich fürchte, ja. (*Lacht*) »Zurück auf die Bäume.« Aber im Ernst: Also, die harte körperliche Arbeit hat mir gutgetan. Sei es als Erntehelfer oder als Handwerker. Den Bauernhof zu erhalten und wiederaufzubauen war eine tolle Aufgabe, zumal ich ja alles auf meine Weise tun konnte. Ich hab mich auch allen Maschinen verweigert. Ich war stolz darauf, alles mit der Hand zu machen. Ich hab nicht mal eine Bohrmaschine genommen. Meine Vorstellungen waren von Maschinenfeindlichkeit und Technikfeindlichkeit geprägt. Ich fand auch nicht gut, daß die Band sich irgendwann mal so aufgerüstet und so wahnsinniges Zeug gekauft hat.

Du wolltest Scherben unplugged?

Ja, ich war damals ein verkappter, ein zu spät gekommener Maschinenstürmer. Ich frage mich sogar, ob ich das nicht heute noch bin.

Hast du die Bauern agitiert?

Jaja, natürlich.

Wie?

Wir haben Unterschriften gesammelt gegen den Bau des Kernkraftwerkes Brokdorf. Aber über den Einsatz von Chemie zu diskutieren oder über die Art der Tierhaltung war weit schwieriger. Da waren die Bauern doch vielen Zwängen unterworfen und in viele Abhängigkeiten verstrickt.

Was hast du von den Bauern gelernt?

Toleranz. Und nachbarschaftliches Zusammenleben. Es gibt in ganz Deutschland kaum so tolerante Leute wie die Nordfriesen. Ich, oder wir, hatten da unsere Defizite, Folge der langen und harten Polit-Zeiten. Ich war bestimmt sehr intolerant. Ich habe Leute, die anders dachten oder handelten, gnadenlos verurteilt, zum Beispiel jeden, der viel Geld verdiente. Der mußte ja ein Schwein sein. Unsere Nachbarn dagegen, die Bewohner des Dorfes Fresenhagen, haben uns offen aufgenommen und haben nicht auf unser Äußeres geschaut.

Was sind die Scherben heute für dich?

Eine superspannende Zeit, auf jeden Fall. Das halb-nomadische Leben entsprach genau meinem Lebensgefühl. Und einzelne Freundschaften waren sehr wichtig. Die Scherben und ich? Das ist eine Liebesgeschichte. Die Trennung war sehr schmerzhaft, aber danach sind wir uns wieder näher gekommen. Ich bin froh, daß ich noch Kontakt zu Kai, Lanrue und auch zu Angie, Nikel und Captain habe.

War das die größte Zeit in deinem Leben?

Nee, meine größte Zeit habe ich jetzt.

1976: Angriffe auf die linke Legende

Teufel hast du Wind

Die erste Produktion der Scherben in Fresenhagen war Dietmar Robergs Kinderhörspiel *Teufel hast du Wind*. Dietmars Bericht über die Arbeit an dieser Produktion gibt gleichzeitig einen guten Einblick in die Zustände, die damals in Fresenhagen herrschten:

»Die Plattenaufnahmen für *Teufel hast du Wind*, eine Geschichte voll tropischer Urwälder und grenzenloser Meereshorizonte, begann im Februar 1976 in der niedrigen Fresenhagener Bauernküche mit einem Streit um 50 Zentner Briketts. Es fehlte an allem. Es gab nicht einmal ein Tonbandgerät, mit dem wir Aufnahmen hätten machen können. Nikel Pallat, der es sich zum Ziel

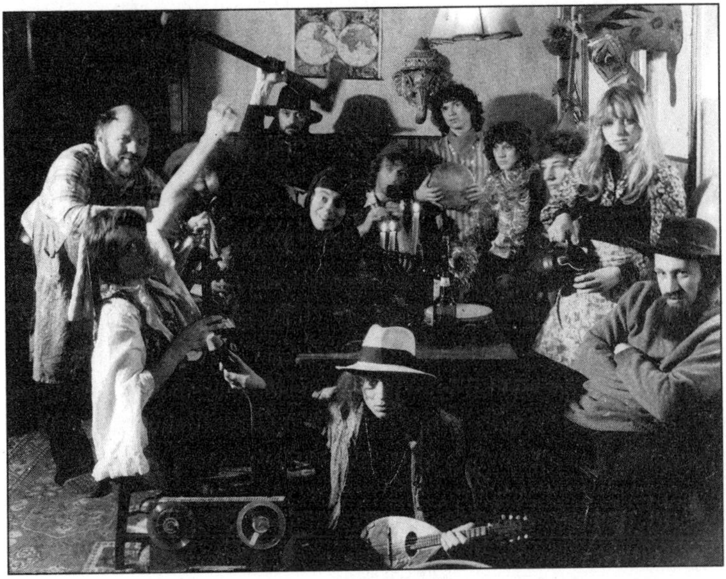

»Teufel hast du Wind«. Rio, Andreas Schroth, Marie Sublet (verdeckt), Dietmar, Hannes Eyber, Schlotterer, Funky, Erika Roberg, Egon Bunne, Britta, Nikel. Vorne sitzend: Lanrue.

gemacht hatte, das finanzielle Chaos der Scherben in den Griff zu kriegen, das heißt, einen von Tag zu Tag größer werdenden Schuldenberg abzutragen, verlangte die Herausgabe der Produktionsgelder für die notwendigsten Anschaffungen des täglichen Lebens. Ich wurde bockig, fühlte mich in eine Räuberhöhle gelockt, in der mir mit der Pistole der moralischen Erpressung das Fell über die Ohren gezogen werden sollte. Unversehens befand ich mich in der Rolle des herzlosen Egoisten, der nur seinen Plattentrip durchziehen möchte und sich ansonsten einen Dreck um die Probleme der Leute, die hier wohnen würden, kümmere. Ganz nebenbei erfuhr ich, daß in einer Scherben-internen Auseinandersetzung die Kinderplatte vom Gruppenrat nur unter der Bedingung angenommen worden sei, daß diesmal wirklich *alle* beteiligt würden, was bei der Produktion der reinen Scherbenplatten zwar immer angestrebt, aber nie verwirklicht wurde, weil letzten Endes unter dem Knüppel des Zeitdrucks und der Finanzknappheit doch immer nur die Spezialisten zum Zuge kamen. Eine Tatsache, die sich auf Dauer nicht mit dem Selbstverständnis der Gruppe vereinbaren ließ. Diesmal aber – diesmal wollte man sich wirklich sehr viel Zeit nehmen. Das klang wie eine Drohung, und ich befürchtete mißmutig, daß die mir anvertrauten Gelder als Entwicklungshilfe für den Hof draufgehen würden, bevor auch nur ein einziger Meter Band aufgenommen war. Die ›Spezialisten‹ Rio, Lanrue und Funky verhielten sich neutral. Der Bassist Kai, der vierte Spezialist, wohnte mit seiner Freundin Angie siebzig Kilometer entfernt bei seiner Mutter, wo Milch und Honig reichlicher flossen als in

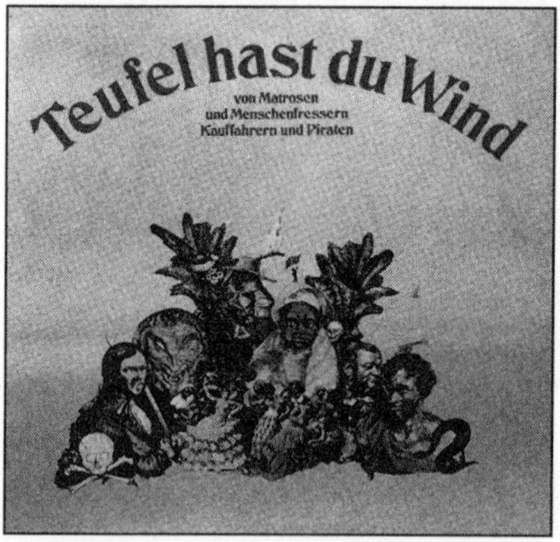

Original-LP-Cover von 1976.

Fresenhagen. Er kam nur, wenn er gebraucht wurde. Ich hatte den Eindruck, daß Rio und Lanrue einfach ihre Ruhe haben wollten und, an einem Punkt innerer Ratlosigkeit und Erschöpfung angekommen, keine entscheidenden Impulse zu geben vermochten. Es zerrte an ihren Nerven, daß sie trotz des Bekanntheitsgrades der Band, trotz hunderttausender verkaufter Platten, seit Jahren am Existenzminimum herumkrebsten, von den Medien weitgehend in die Anarcho-Ecke abgedrängt, während andere, geschicktere Vermarkter mit gefälligeren Kopien ihrer Ideen den Umsatz machten. Zudem war Rio in einer durch den Tod eines Freundes ausgelösten persönlichen Krise, wirkte depressiv und geistesabwesend. Er beschränkte sich auf gelegentliche Einwürfe und verfolgte angewidert das Gezänk um Kohlen, Essen und Finanzen, das während meiner ganzen Zeit kokelte, um sich schließlich, mit einem Wutanfall und wüste Beschuldigungen gegen jedermann ausstoßend, auf sein Zimmer zurückziehen. In dumpfem Schuldbewußtsein verstummte dann jedesmal der Tisch, bis endlich Lanrue in hellem Sommeranzug und Hut, gekleidet wie der ›große Gatsby‹, witzelnd aufstand, Rio eine Tasse Tee brachte und ihn in langwieriger Seelenmassage wieder aufrichtete. Er war überhaupt der einzige, der während dieser Zeit mit ihm wirklich umgehen konnte.

Die Tage in Fresenhagen, die sich zu Wochen und Monaten längten, waren wie ein Kleben am Fliegenpapier. Jeder Versuch, schneller vorwärts zu kommen, führte unweigerlich zu noch tieferem Versinken im zähen Brei endloser Diskussionen, Verweigerungen und psychischer Erschöpfung, der die Bewohner des Hofes inmitten dieser klaren, weiten Landschaft voller Leben wie ein rätselhaftes Unglück befallen hatte.«

Bevor die Kinderplatte Ende des Jahres auf den Markt kam, verlangte der Rotbuch-Verlag Nachbesserungen, einige Passagen wurden deshalb später in Berlin noch einmal aufgenommen.

Im Frühsommer 1976 fragten einige linke Genossen aus dem Juso-Vorstand bei den Scherben an, ob sie nicht Lust hätten, auf einer SPD-Wahlkampftour zu einem Science-Fiction-Theaterstück namens *Zeitmaschine* zu spielen. Das Stück war eine Mischung aus Kabarett und Musical, dessen Texte der Kabarettist Gerd Ruge verfaßt hatte.

Der SPD ging es darum zu verhindern, daß Helmut Kohl, der Herausforderer des amtierenden Bundeskanzlers Helmut Schmidt, bei der bevorstehenden Bundestagswahl am 3. Oktober sein Ziel erreichte.

Auch den Scherben war eine SPD-Regierung lieber als eine CDU-Regierung, aber Wahlkampf für die SPD, das lag nicht auf ihrer Linie. So schlugen sie das Angebot, für 60.000 DM als Band Ton Steine Scherben Wahlkampf für die SPD zu machen, aus.

Rio und Lanrue waren allerdings bereit, für ein Honorar von 10.000 Mark Songs für die Tour zu schreiben. So kam es, daß die Scherben den Organisatoren, unter ihnen der Regisseur Frank Burgner und der SPD-Politiker Wolfgang Roth, sechs Lieder anboten (ein siebtes wurde während der Tour geschrieben); zwei davon waren *Ich will ich sein* und der *Arbeitslosen-Reggae* (alias *Mole Hill Rockers*), die später ins Repertoire der Scherben eingingen. – Eine Textpassage aus *Ich will ich sein* lautet sinnigerweise »... und wenn ich wähle, will ich mich selber wähl'n«.

Doch wer sollte die Stücke spielen? Nach einigem Hin und Her waren es vier Musiker – alle Ex-Mitglieder der Scherben – die sich zu einer Band unter dem Namen Captain Hammer zusammentaten: Wolfgang Seidel (Drums), Uli Hammer (Gitarre, Baß), Jako Benz (Gesang, Gitarre) sowie Kai Sichtermann (Keyboards, Baß).

Die Besetzung als »Ex-Scherben« zu bezeichnen, ist insofern korrekt, als auch Kai Sichtermann zu dieser Zeit offiziell noch nicht wieder zu den Scherben gehörte, da er ja nicht in Fresenhagen wohnte. Aber, was immer man zu der Band Captain Ham-

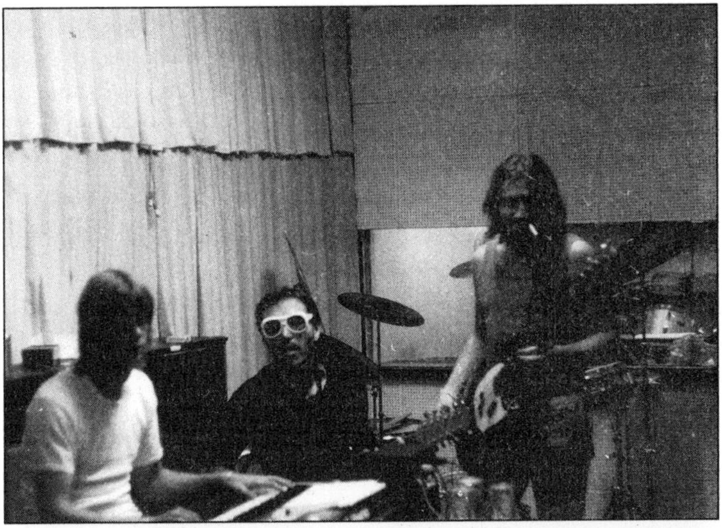

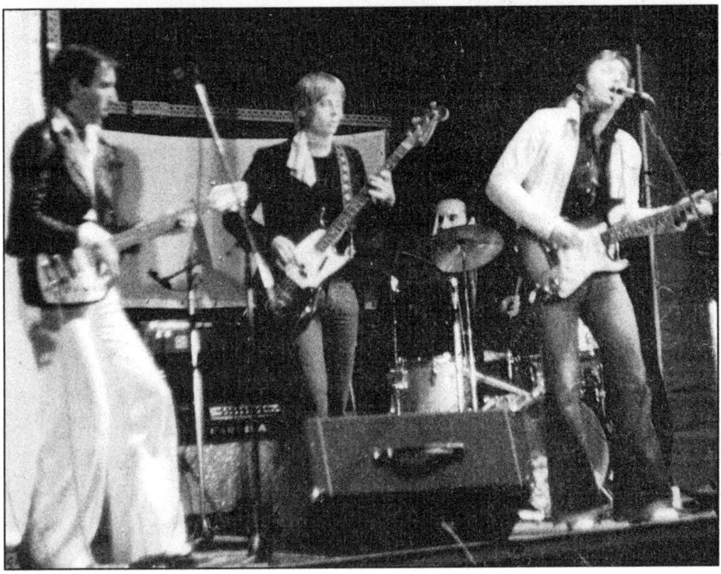

Captain Hammer 1976.
Oben: Kai, Uli Hammer, Jako Benz. Unten: Uli, Kai, Wolfgang, Jako.

MER sagen mag (und gesagt hat) – es waren nicht »die Scherben«, die da auf Wahlkampftournee für die SPD gingen. Es gab diese Behauptung, es gab sie in Form von Vorwürfen – aber hätte man eine Truppe ohne Rio und Lanrue als »Ton Steine Scherben« bezeichnen können?

Das zu der Darbietung der Songs geplante Science-Fiction-Theaterstück wurde wegen absoluter Erfolglosigkeit bereits nach wenigen Tagen abgesetzt. Außerdem gab es noch eine Diashow, zwei Conférenciers für spaßige Ansagen, eine davon war Angie Olbrich, und alles wurde auf der Bühne eines großen, transportablen Zeltes präsentiert. Auch ein alter Bekannter tauchte wieder auf: Chefideologe Lothar Binger war für das Kinderprogramm engagiert worden. Zwischen den künstlerischen Darbietungen sollten dann die örtlichen Politiker auftreten und Reden halten.

Die 30-Städte-Tour begann Ende August, ging quer durch die BRD und endete am 29. September 1976 in Bonn. Während der Vorbereitung zur SPD-Tour versorgte und betreute ein Typ namens Christian Kraut, der in der Schöneberger Grunewaldstraße ein kleines Musikgeschäft besaß, die Musiker der CAPTAIN HAMMER-Band mit musikalisch-technischen Hilfsmitteln aus seinem Laden.

Chris war immer freundlich, spielte selbst Gitarre, war mit den Scherben befreundet, besuchte die gleichen Kneipen wie sie. Kurz bevor die Tour losging, gab es auf dem Messegelände in Berlin eine Generalprobe, zu der Wolfgang auch Chris einlud. Es war der 15. August 1976, Chris kam, stand da, schaute sich das Ganze an und unterhielt sich nett mit Rio, Wolfgang, Uli Hammer, Jako, Kai und Angie. Kurze Zeit später erschien dann in dem linken Szeneblatt *BUG-Info* (Info Berliner undogmatischer Gruppen) ein Artikel, in dem über die Scherben wegen ihrer Verbindung zur Wahlkampftour der SPD auf das Übelste hergezogen wurde: »Die gemeinsame Sache der Ton Steine Scherben & SPD« war die Überschrift:

Demnächst wird die SPD ihren Wahlkampf, der langsam dem Höhepunkt zugeht und immer schlimmere Ausmaße annimmt, mit einem »Wanderzirkus« mehr bereichern. Das ist ein nagelneuer Riesencontainer, der von einem weißen Zeltdach a la München überdacht ist, ein Lastwagen mit 16 Diaprojektoren und ein anderer mit den ausgeklügeltsten technischen Raffinessen – das Ganze spielt sich sozusagen auf Multi-Media-Niveau ab.

Geboten wird dann Theater und Musik auf der Container-Bühne, links und rechts davon bekommt der Zuschauer auf der einen Seite per Film klargemacht, warum nur SPD-Wählen noch schöner ist, auf der anderen Seite die Arbeiterbewegung (Dias) und

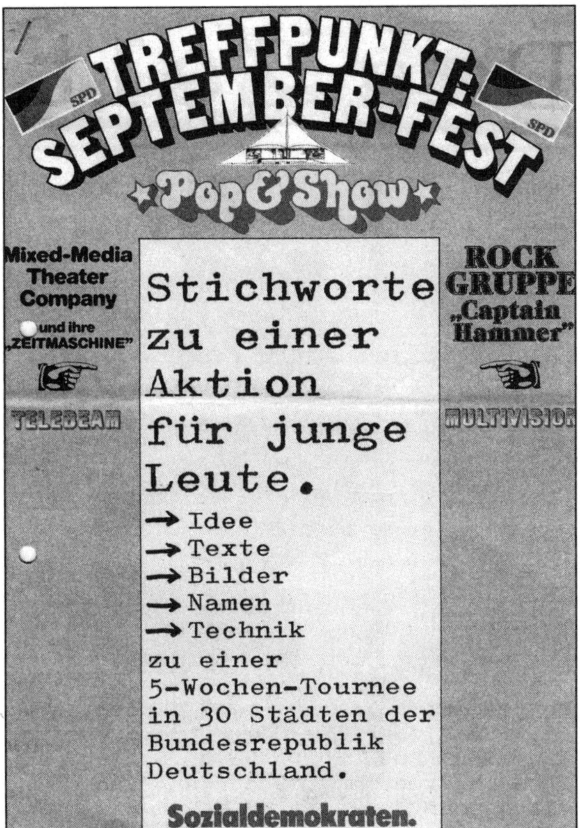

SPD-Broschüre zur Wahlkampftour 1976

deren Überleben des Faschismus dank der SDP. Im Hintergrund der Bühne läuft, auf einer dritten Leinwand, ein Video-Film ab, der sich auf das Theaterstück »Die Zeitmaschine« bezieht. – Wer sollte da noch anzweifeln, daß die SPD nicht nach allen Seiten hin offen ist? Die Zeit der großen Reden scheint vorbei, man läßt nur noch die entsprechenden Manipulationsmaschinen auf die Bürger los, Maschinen, die vor Gegenargumenten auch in Form von Attentaten gefeit sind, und hofft, daß das unten rauskommt, was man oben reingesteckt hat. (Nämlich viel Scheiß).

Soviel zur Maschinerie. Sie erschlägt – aber dazwischen sehe ich altbekannte Gesichter: Ton Steine Scherben – das erschlägt noch mehr. Die SPD engagierte die Scherben quasi von der Quartier Latin-Bühne weg, wo sie noch dufte Musik zu »Paranoia« machten, bot jedem von ihnen 6 Tausender, und die Scherben sagten über das Mixed-Multi-Media-Center zu.

Durch Zufall hatten wir von der Sache Wind bekommen und waren am 15.8. (Erster Generalprobeabend) sofort aufs Messegelände marschiert, wo sich uns oben beschriebenes Bild bot. Geprobt wurde, für die bevorstehende Tournee durch 25 Kleinstädte der BRD, hinter geschlossenen Türen unter SPD-Aufsicht. Die Situation hatte kafkaesken Alptraumgeschmack: Makaber, grotesk.

Wie schnell das, was kaputtgemacht werden sollte, weil es uns kaputtmacht, unterstützt werden kann ... : da brauchen diese fettbäuchigen SPD-Macker, wie sie hier rumlaufen und

- *die Genossen von uns in Gefängnissen krepieren lassen*
- *Radikalen das Wasser abdrehen*
- *die nichts gegen Apartheid sagen, sondern sie hier schon selbst versuchen zu praktizieren etc ...*

nur mit dreckigen Geldnoten zu winken, und schon sehen die Scherben die Grenze zwischen ihnen und denen, zwischen einst und jetzt verschwimmen. Sie erklären uns dann auch, als wir sie fragen, wo sie denn seien, sie, die noch zu Ulrikes Beerdigung gespielt haben,

- *daß zwischen SPD und CDU noch ein Unterschied wäre,*
- *daß man verdientes Geld ja wieder revolutionär anlegen könnte,*
- *daß ihre Lieder immerhin keine Hymnen auf die SPD enthalten würden (immerhin!!),*
- *daß »Money makes the world go round«, und*
- *»Hinter dem, was wir singen und Ralph getextet hat, können wir stehen.«*

Das Argument, es wären nicht mehr die Scherben (sie treten als CAPTAIN HAMMER *auf), weil es die als solche gar nicht mehr gibt, zieht insofern nicht, als es hier um die konkreten Leute der (ehemaligen) Scherben geht und nicht um den Namen. Außerdem ist es eine verlogene Augenwischerei, das Ganze runterzuspielen mit dem Argument, Oberboß Ralph mache schließlich (als die Scherbe) auch nicht mit, wo er dafür hintenrum den SPD-Bossen die Hand reicht und ihnen zusichert, daß alles nach Wunsch ablaufen wird (haben es mit eigenen Augen verfolgt).*

Chris Kraut hatte diesen Artikel nicht geschrieben (sein eigener Artikel erschien in einer anderen Zeitschrift), aber er hatte die Informationen geliefert und war verantwortlich dafür, daß er erschien. Einige Zeit später verschwand der Genosse Chris aus der Berliner Szene, um sein Erbe in der Schweiz anzutreten. Die SPD-Geschichte verfolgte die Scherben, ausgelöst durch den Artikel im *BUG-Info*, auch später noch auf ihren Konzerten von Ende Oktober bis Anfang Dezember. Sprechchöre kleinerer Zuschauergruppen wie »Ton-Steine-Scherben – wählt S-P-D« und endlose Diskussionen waren die Folge. Bei einem Konzert in der Essener Grugahalle, bei dem auch der gerade aus der DDR zwangsausgebürgerte Sänger Wolf Biermann auftrat, war es Daniel Cohn-Bendit, der sich mit einer kleinen Gruppe unter die Zuschauer gemischt hatte. Kaum hatten die Scherben angefangen zu spielen, entrollten Dany und seine Freunde ein riesiges Transparent mit der Aufschrift »Alles was uns fehlt ist das Geld«, eine hämische Anspielung auf die

Scherben-Zeile »Alles was uns fehlt ist die Solidarität«. Außerdem brillierte der Cohn-Bendit-Chor mit dem geheimnisvollen Sprechgesang »S-P-D – rot wie Schnee«.

Rio nahm zu dieser unsäglichen SPD-Geschichte fünf Jahre später, im Dezember 1981, noch einmal Stellung im Berliner Stadtmagazin *Tip*: »Die Sache ist sicher kompliziert. Aber ich weiß nicht, womit wir das Recht auf Vertrauen verwirkt haben. Was uns den Rest gegeben hat, war der Artikel im *BUG-Info*. Die haben ihren Käse abgedruckt, ohne überhaupt mit uns zu reden. Das war *B.Z.*-Methode, mit einer höllischen Freude, die ›legendären Ex-Idole‹ nun fallen und bei der SPD betteln gehen zu sehen. Wir haben dann ne Diskussion gemacht im *Weißbecker-Haus* und haben auch die Texte zitiert. Die, die da waren, hat's überzeugt, weil die Texte auch in Ordnung waren. Da brauchten wir uns nicht zu schämen, wir haben uns ja nicht hingestellt und gesungen ›Wählt die S-P-D!‹ Daß aber sofort alle über einen herfallen und keiner fragt ›warum macht ihr das eigentlich?‹ Zum Schluß haben wir uns fast geärgert, daß wir nicht selbst gespielt haben. Dafür waren uns 60.000 Mark geboten worden. So hatten wir ne unsachliche Diskussion und kein Geld.«

Und Kai, der ja auf der Tournee mitgespielt hatte: »Ich hab die ganze Aufregung nie verstanden. Als Scherben haben wir für die verschiedensten Gruppen und Institutionen gespielt, wenn wir sie für unterstützungswürdig hielten, auch für SPD-nahe Gruppen wie Jusos, SDAJ, Gewerkschaften oder auf Kulturveranstaltungen, die von SPD-Ortsverbänden organisiert waren, und kein Hahn hat danach gekräht. Diese Diskussion im *Weißbecker-Haus* kam einem Tribunal gleich, ich fand's zum Kotzen und bin auch gar nicht erst mitgegangen. Das erinnerte mich an Zeiten in Kreuzberg, wo dir schon Vorwürfe gemacht wurden, wenn du auf dem Kudamm gesehen worden bist. Oder gar im KaDeWe! Da warst du erledigt! Es wäre unehrlich zu behaupten, die Kohle hätte für uns keine Rolle gespielt, wir wurden nicht schlecht bezahlt. Doch politisch gesehen war die Tour weniger eine Entscheidung für die SPD, als vielmehr eine Entscheidung gegen die CDU.«

Diese SPD-Geschichte war typisch für den Druck, dem die Scherben auch und gerade von ihren Fans her ausgesetzt waren. Die linken Genossen benutzten die Scherben, wie Rio es ausdrückte, als eine Art reisende politische Musikbox, um die Leute anzutörnen und ihr jeweiliges Programm zu veröffentlichen. Andererseits aber wurden die Scherben mit allen möglichen Verdächtigungen, Anschuldigungen und Vorwürfen überhäuft, die darauf hinaus liefen, nicht mit der linken Bewegung konform zu sein, was immer das jeweils heißen mochte.

Die Killerbienen greifen an

Unter dem Namen David Volksmund Produktion hatten die Scherben das erste Independent-Label Deutschlands gegründet und ein eigenes, relativ gut funktionierendes Vertriebsnetz aufgebaut. Da das Geld für die Produktion der LP *Wenn die Nacht am tiefsten* trotz der Aktion mit der David Volksmund-Aktie nicht reichte, gaben die Scherben vorübergehend ihre Unabhängigkeit auf und taten sich mit dem Münchener Trikont-Verlag zusammen, der außer Büchern mit alternativen Themen auch Tonträger im Programm hatte. Da diese Zusammenarbeit jedoch recht unbefriedigend verlief, trennte man sich nach cirka einem Jahr wieder.

Andere deutsche Musiker hatten inzwischen versucht, den gleichen Weg zu gehen wie die Scherben, hatten eigene Labels gegründet und versucht, ihre Platten über alternative Vertriebswege loszuwerden. Wieder andere hatten schlechte Erfahrungen mit der Industrie gemacht und suchten einen Weg in die Unabhängigkeit. So lag die Idee, sich zusammenzutun und Erfahrungen und Knowhow miteinander zu tauschen, auf der Hand. Im April 1976 schlossen sich nach einigen Vorverhandlungen folgende Bands unter dem Namen April-Records und dem Slogan »Musik im Vertrieb der Musiker« zusammen: Sparifankal, eine bayrische Rockband; die Münchner Jazzrockgruppe Embryo; Missus Beastly mit Friedemann Josch, und die Scherben; später kamen noch andere Musiker und Gruppen hinzu, wie zum Beispiel CHECKPOINT CHARLIE. Mit dem Namen APRIL-RECORDS gab es allerdings Probleme. Die große Frankfurter Plattenfirma CBS besaß bereits einen Musikverlag, der »April-Musik« hieß, und drohte mit einer Klage. So mußte ein neuer Name gefunden werden: SCHNEEBALL. Aus SCHNEEBALL ging später die Firma EFA (Energie für alle) hervor. Wegen der Kleinkariertheit einiger Dummbeutel bei EFA stiegen 1992 die fähigen Leute, unter ihnen Nikel Pallat und Jörn Heinecker, aus und gründeten die heute noch erfolgreich und seriös arbeitende Firma INDIGO in Hamburg.

Am 22. Oktober 1976 kam es in den Räumen der *Neuen Welt* an der Berliner Hasenheide zu einer Veranstaltung, die später als die erste linke Nostalgie-Veranstaltung oder auch als Veteranentreffen bezeichnet worden ist. Die vier Gründungs-Gruppen des SCHNEEBALL-Vertriebs traten dort zusammen mit dem sogenannten Berliner WALDE THEATER auf. Zweieinhalb Jahre nach dem denkwürdigen »Glitzer-Gig« standen die Scherben also wieder auf einer Berliner Bühne. Und wieder war es eine Hilfsaktion, zu der die Band gerufen worden war, und wieder hatte sie nicht nein sagen können. In der Berliner Waldemarstraße, in Kreuzberg, gab es eine Kommune von Leuten, die ähnlich wie die Scherben-Family zusammen wohnten und arbeiteten. Ein Mitglied dieser Kommune war Rolli. Kai war ihr schon Ende 1969 über den Weg gelaufen.

Kai: »Rolli und ich trafen uns mit anderen Kiffern in irgendwelchen obskuren Szenewohnungen mit Matratzenlagern, rauchten dicke Joints zusammen und hörten Musik – DOORS, CAN, PINK FLOYD, AMON DÜÜL und solche Sachen. Es war was Neues, und wir fanden es aufregend, das zu tun. Eines Tages sagte Rolli, sie habe angefangen zu fixen, und wollte mich überreden, es ihr nachzumachen. Damals wurde Opium gespritzt, erst später kam das mit dem Heroin auf. Erst Morphium, dann Heroin, das sind ja Derivate. Wenn ich mich recht erinnere, waren es zuerst die Perser, die das Zeug hier in Berlin in die Szene brachten. Ich gab Rolli zu verstehen, daß ich nicht vorhätte, mich mit einer Nadel zu verletzen. Außerdem fand ich das, was von den Fixern an Schwingungen so rüber kam, ziemlich trostlos, ja geradezu erbärmlich. Monate später wohnten Rolli und ich vorübergehend zusammen in einer kleinen Ladenwohnung am Oranienplatz. Sie war durchs Fixen schon ziemlich runtergekommen. Immer wenn sie sich nen Schuß setzten wollte, kam sie an und sagte in ihrem rheinischen Tonfall: ›Kai, binnst de mir mal den Arm ab?‹ Ich hab das dann gemacht, aber ich fand's widerlich.«

Über Rolli also, die später eine Tochter hatte und wieder clean war, kam der Kontakt zwischen den Scherben und der Kommune aus der Waldemarstraße zustande. Die Leute dort waren sehr aktiv, es gab bereits eine Lederwerkstatt und eine Theatergruppe. Und nun wollten sie auch noch eine eigene Kneipe aufmachen und brauchten Startkapital. Es sollte wieder einen echten Szenetreffpunkt in Kreuzberg geben. Das also war der eigentliche Grund der Veranstaltung in der Neuen Welt, und alle Gruppen spielten umsonst oder bekamen bestenfalls ihre Unkosten erstattet. Als das WALDE THEATER dann vor ausverkauftem Haus die Veranstaltung eröffnete, machte sich schnell Unruhe breit, und die ersten Pfiffe ertönten. Das Theaterstück war einfach nicht für so ein großes Publikum konzipiert, außerdem gab es Probleme mit der Verständigung. Mit einem Mikro in der Hand, an dem ein langes Kabel hängt, läßt es sich nun mal nicht gut Theater spielen, von dem ständig entstehenden Kabelsalat ganz zu schweigen. Die Walde-Schauspieler waren immerhin clever genug, ihr Stück drastisch zu kürzen, und für das Publikum war es eine Erlösung, als endlich die Scherben spielten.

Im Gegensatz zu vergangenen Scherben-Konzerten, war dieses kein Aufbruch zu neuen Ufern, sondern reine Nostalgie. Man kam, um die Scherben zu hören, aber auch um zu sehen und gesehen zu werden und über die alten Zeiten zu plaudern; denn mittlerweile hatte sich die politische Situation weltweit geändert. Der Vietnamkrieg war vorbei, und kaum ein linker Genosse glaubte noch an eine revolutionäre Veränderung der Gesellschaft.

Auch die Radikalen mußten erkennen, daß mit Gewaltaktionen nichts zu gewinnen war. Zwar konnte die Bundesregierung Anfang März 1975 mit der Entführung des Berliner CDU-Landesvorsitzenden Peter Lorenz durch Mitglieder der BEWEGUNG 2. JUNI einmal in die Knie gezwungen und die Freilassung von fünf inhaftierten Terroristen erreicht werden, doch bei drei späteren Versuchen von RAF-Terroristen, ihre inhaftierten Gesinnungsgenossen freizupressen, blieb die Regierung unter Bundeskanzler Helmut Schmidt hart. Weder die Besetzung der Deutschen Botschaft in Stockholm im April 1975, bei der mehrere Botschaftsangehörige als Geiseln genommen wurden, noch der Doppelschlag vom September und Oktober 1977, die Entführung von Arbeitgeberpräsident Hanns Martin Schleyer und das Kidnappen einer von Mallorca nach Frankfurt am Main fliegenden Lufthansa-Maschine mit über 80 Personen an Bord, führten zu den gewünschten Erfolgen; allein bei diesen drei Aktionen starben über zehn Menschen. Am 18. Oktober, unmittelbar nach der Befreiung des gekidnappten Lufthansa-Flugzeuges durch die Deutsche Spezialeinheit GSG 9 in Mogadischu, wurden Andreas Baader, Gudrun Ensslin und Jan Raspe tot in ihren Zellen in Stuttgart-Stammheim aufgefunden; offizielle Todesursache: Selbstmord. Einen Tag später fand die Polizei in der französischen Stadt Mülhausen, nahe der deutschen Grenze, den mit drei Kopfschüssen getöteten Hanns Martin Schleyer im Kofferraum eines Autos. Bereits im November 1974 war Holger Meins an den Folgen eines Hungerstreiks gestorben, Ulrike Meinhof hatte im Mai 1976 Selbstmord begangen. Die Ereignisse im September/Oktober des Jahres 1977 waren die unrühmlichen Höhepunkte der Auseinandersetzung zwischen staatlicher Obrigkeit auf der einen und militanten Weltverbesserern auf der anderen Seite. Was im Mai 1970 mit der Baader-Befreiung begonnen hatte, war nun, gut sieben Jahre später, unrühmlich zu Ende gegangen: Der Versuch, das »Konzept Stadtguerilla« von Südamerika auf Europa zu übertragen.

Von Mitte November bis Anfang Dezember 1976 gingen die Scherben noch einmal auf Tournee und spielten in ca. 10 verschiedenen Städten zwischen Hamburg und München. Das Programm enthielt eine Mischung aus alten und neuen Songs. Auch Nikel wollte wieder einen Song zum besten geben. Früher war es *Paul Panzers Blues* gewesen, jetzt sollte es sein neuer Song *Guten Morgen* sein. Aber Nikel wäre nicht Nikel gewesen, wenn er sich nicht etwas Besonderes dazu ausgedacht hätte. Er legte sich kurz vor Beginn des Konzertes nackt unter eine Decke auf die Bühne und wartete die ersten beiden Songs ab, die vor *Guten Morgen* gespielt wurden. Wenn die Band dann als drittes sein Stück anspielte, kroch Nikel unter der Decke hervor und fing an, sich während seines Gesangs langsam anzuziehen; er machte also einen umgekehrten Striptease. Diese Performance hinterließ beim Publikum stets ungläubiges Staunen. Irgendwann tauchte in der Band der Vorschlag auf, Nikels Lied zu überspringen und ihn so nackt unter seiner Decke liegenzulassen. Die Idee fand allgemeine Akzeptanz, wurde aber niemals ausgeführt.

Doch auch diese Tour stand unter keinem günstigen Stern, es gab jede Menge Ärger. Gleich beim ersten Konzert, am 19.11.76 im Audimax der Hamburger Universität, ging es los. Anlaß war der Frauenchor. Zum ersten Mal hatte die Band einen mit drei Frauen besetzten Chor, Britta gehörte dazu, Barbara Czub, Funkys Freundin, und eine Frau aus Bayern namens Petra Wittig. Während des Auftritts im Audimax kamen plötzlich drei Frauen mit extrem kurzgeschorenen Haaren und seltsamen Kleidern auf die Bühne. Wie sich später herausstellte, waren es Anhängerinnen der AA-Kommune (AA = Aktions-Analyse). Es handelte sich dabei um eine Art »Sex-Sekte« des Österreichischen Aktionskünstlers Otto Mühl. Eine der Frauen ging auf die Mädels zu, die im Chor sangen, drückte ihnen eine Abwaschbürste und andere Haushaltsutensilien in die Hände, eine andere griff sich das Mikrophon und kritisierte die Band, weil sie einen Frauenchor hatte. Die »Go-Go-Girls«, wie sie den Chor nannten, erschienen ihnen als Zeichen machomäßiger Ausbeutung; außerdem würde, so schimpften sie, »Rio sexistisch mit dem Arsch wackeln«.

Rio fühlte sich dadurch so gereizt, daß er seine Gitarre halb auf die Bühne, halb ins Publikum schmiß und ins Mikro schrie: »Ich gestehe, ich bin schwul! Ich gestehe, ich bin schwul!«

Es entstand ein Tumult. Immer mehr Leute aus dem Publikum strömten auf die Bühne.

Kai: »Vor Rios Gesangsmikro stand ein Pulk von Menschen, und jeder versuchte etwas zu sagen. Ich stand weiter abseits, und plötzlich sehe ich diese AA-Tussi, die den Streit angefangen hatte, direkt neben mir. Also sage ich zu ihr, sie soll abhauen. Wieso, sagt sie, sie hätte ja Eintritt bezahlt. Scheiß auf den Eintritt, sage ich, hier hast du 5 Mark, jetzt hau ab. Ich gab ihr 5 Mark und dachte, hoffentlich verschwindet die jetzt. Aber die dachte gar nicht daran, die rannte sofort zum Mikro, hielt das 5-Markstück hoch und forderte jetzt alle auf, sich ihren Eintritt zurückgeben zu lassen. Oh shit, denke ich, das war 'n Eigentor. Aber zum Glück hatte kaum jemand Lust zu gehen. Was diese Killerbienen von der AA-Kommune da abzogen, war reine Provokation. Die wollten das Konzert kaputt machen. Und zwar von vornherein. Das war keine spontane Aktion, das war Plan. Wer geht schon mit Abwaschbürsten in ein Konzert? Die Veranstalter, zu denen auch Leute von der Theatergruppe BRÜHWARM gehörten, schafften es dann, die Situation wieder in den Griff zu bekommen, so daß wir nach einer Weile weiterspielen konnten.«

Aber gleich beim nächsten Gig ging der Ärger weiter; die Flüsterpropaganda in der links-alternativen Subkulturszene funktionierte bestens. Um ihren Unmut über die »Degradierung von drei Chor-Frauen zu reinen Sexobjekten« Luft zu machen, wurden die Scherben während eines Konzertes in Heidelberg von fanatischen Feministinnen mit roten Tampons beworfen. Ob das Rote der Tampons von Farbe oder Blut stammte, wollte niemand so genau wissen.

Der Band war in der letzten Zeit mehr als einmal übel mitgespielt worden. Die Anfeindungen nach dem »Glitzer-Gig« in Berlin, die Sache mit der Internationalen Kinderschokolade in Braunschweig, die SPD-Tournee mit ihren Nachwirkungen, besonders beim Essener »Alles was uns fehlt ist das Geld«-Konzert –, das alles hatte Spuren hinterlassen, sowohl bei den Scherben, als auch innerhalb der Szene.

Rio: »Wir hatten ja schon einiges weggesteckt. Aber dieser Quatsch! Es hatte wirklich weder Hand noch Fuß, das war eigentlich nur die Selbstbestätigung von Leuten, die irgend etwas sprengen wollten. Und wir begriffen das gar nicht. Wir standen da als die linke Legende, die anzupissen jetzt irgendwie an der Zeit war. Das war mal wieder das Ende der Scherben.«

Und Lanrue: »Diese Vorfälle und die ständigen Auseinandersetzungen mit linken Gruppen haben letztendlich dazu geführt, daß wir uns von der Bühne zurückzogen. Wir haben uns immer dagegen gewehrt, eine rein politische Gruppe zu sein. Wir wollten in erster Linie eine Rockgruppe sein.«

1977: Jeder für sich

Hallo, hallo, ist dort die Irrenanstalt

Und so kam es dann, daß die Scherben die nächsten vier Jahre nicht mehr auf Tournee gingen. Sie traten überhaupt kaum noch öffentlich auf, vier Konzerte 1977, zwei im Jahre 1980, das war alles. Die Scherben zogen sich auf ihren Bauernhof in Fresenhagen zurück. Auf einmal war Zeit für private Dinge, und jeder nutzte sie auf seine Weise. Lanrue kickte im Fußball-Verein von Stadum und wurde dort prompt Torschützenkönig. Schlotterer, Nikel, Marie und Egon spielten zusammen mit Freunden in einer Theatergruppe, die sich Deichtraum nannte.

Rio bekam die Titelrolle in Roald Kollers Kinofilm *Johnny West,* an der Seite von Kristina van Eyck. Es gelang ihm sogar, für einige Freunde und Bekannte kleine Nebenrollen zu besorgen, zum Beispiel für Lanrue, Corny Littmann, Missus Beastly, sowie Angie

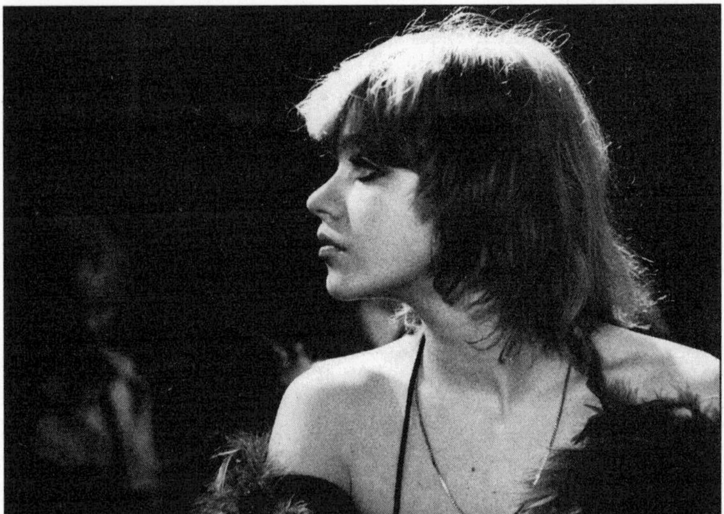

Angie Olbrich in »Johnny West«. 1977.

Olbrich, die an der Seite von Hollywood Alt-Star Jess Hahn eine blonde Schönheit spielte, was ihr nicht schwerfiel. Mit dabei war außerdem die US-amerikanische Zuckerguß-Soul-Gruppe MANHATTENS, die zu dieser Zeit gerade mit dem Schmusesong *Kiss and say goodbye* einen Superhit hatte.

Ursprünglich hatte Roald Koller den Schauspieler Herbert Grönemeyer für die Titelrolle engagiert, hatte ihn aber gefeuert, weil er Angst hatte, zwischen Herbert Grönemeyer und Kristina van Eyck könnte sich etwas anbahnen. Der Regisseur wollte seine Hauptdarstellerin ganz für sich. So suchte er sich für den jungen Roadie *Johnny West*, in den die schöne Blonde Kristina van Eyck sich verliebt, einen schwulen Schauspieler. Der war eben ungefährlich. Für den Regisseur. Und eine glatte Fehlbesetzung. Gut ist Rio in dem Film nur, wenn er singt. Zwischen ihm und Kristina knistert es ungefähr so wie zwischen einer Holzente und einem Holzschuh.

Rio bekam für die Rolle des *Johnny West* das mit 10.000 DM dotierte Filmband in Gold als bester deutscher Nachwuchsschauspieler und wußte wohl selbst nicht, wie ihm geschah.

Roald Koller, der Regisseur des Filmes, setzte seinem Leben einige Monate, nachdem der Film gelaufen war, ein Ende, indem er sich aus dem Fenster stürzte. Wahrscheinlich kam beides zusammen: der Mißerfolg des Films und der Liebeskummer um Kristina van Eyck. Sie hatte ihn trotz der Umbesetzung des Hauptdarstellers nicht erhört.

Die Scherben machten weiter Musik. Bereits 1976 hatte die Münchner Theatergruppe ROTE RÜBE sich Songtexte für ihr Stück *Paranoia* von Lanrue und Rio vertonen lassen und sie auch mit den Scherben als LP eingespielt. Jetzt, 1977, kam die schwule Theatergruppe BRÜHWARM aus Hamburg nach Fresenhagen und wollte Musik für ihre Theaterrevue *Männercharme*. Die Aufnahmen fanden in dem inzwischen eingerichteten Studio in Fresenhagen statt. Die Scherben hatten dazu den ehemaligen Hühnerstall ausgebaut. Das Studio-Equipment war einfach und bescheiden, es bestand aus einer SONY 4-Spur-Maschine für die Aufnahmen und einer REVOX 2-Spur zur Erstellung des Mastertapes.

Kai: »Rio rief mich an, und als ich in Fresenhagen ankam, stellte ich fest, daß wir nur zu dritt waren, Lanrue, Rio und ich. Funky war damals gerade in Berlin. Also spielte Lanrue Schlagzeug. Alle Stücke waren bereits komponiert, aber noch nicht arrangiert. Bevor wir mit den Aufnahmen begannen, warfen wir jeder einen LSD-Trip ein, dann nahmen wir acht Playbacks der insgesamt zehn Songs in nur einer einzigen Nacht auf. Heute könnt ich das nicht mehr, aber damals waren wir so drauf.«

Im Rahmen dieser Produktion entstand der großartige Lanrue-Hit *Kommen Sie schnell*, manchen vielleicht besser bekannt unter der grandiosen ersten Zeile: »Hallo, Hallo, ist dort die Irrenanstalt«, der später auch bei Scherben-Konzerten gespielt wurde. Der

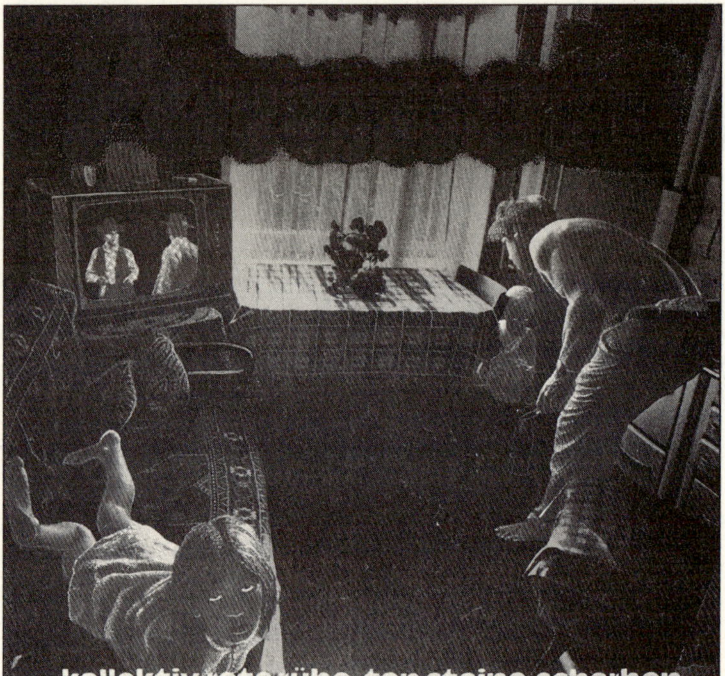

Original-LP-Cover »Paranoia«. 1976.

Text stammt von Corny Littmann. Ein Jahr später folgte dann die BRÜHWARM-Show *Nymphomania*, an der die Scherben ebenfalls beteiligt waren. Und aus beiden Shows entstanden Platten: Aus der Revue *Männercharme* wurde die Platte *Mannstoll*, aus *Nymphomania* die LP *Entartet*.

Die anschließende Tournee der BRÜHWARM-Truppe quer durch Deutschland wurde ein großer Erfolg. Zum ersten Mal stand in Deutschland eine Formation auf der Bühne, die radikal und lustvoll ihr Schwulsein zelebrierte. Die Gruppe sang *Immer wieder ficken* und *Boogie anal*, präsentierte Homosexualität mit Witz, Charme und vor allem unverkrampft. An einem bestimmten Punkt ihrer Show kam die gesamte Männertruppe gemeinsam auf die Bühne,

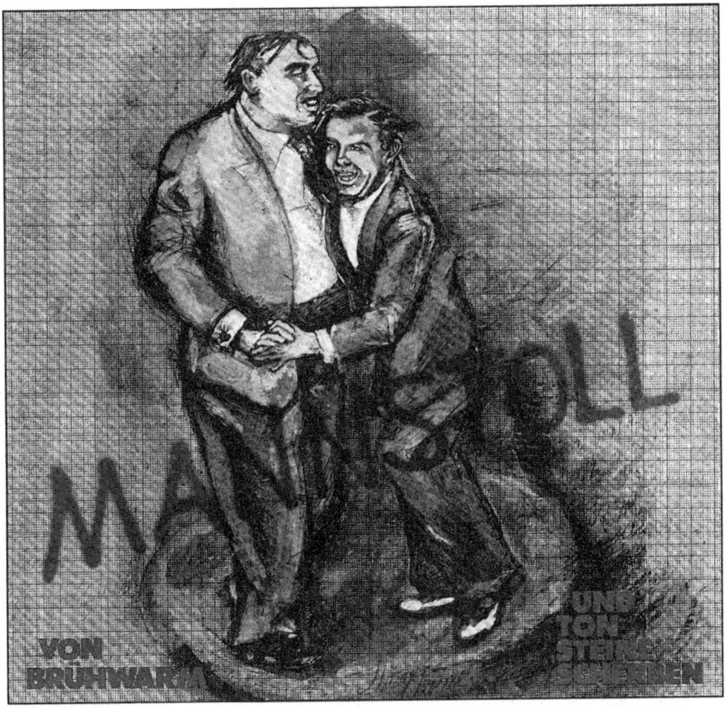

Original-LP-Cover von 1977.

nur mit selbstgehäkelten Eierwärmern bekleidet und vollführte wilde Tänze. Auch in Fresenhagen hinterließen die Jungs von Brühwarm bleibende Eindrücke. Eines sehr frühen Morgens kam Kai in die Küche, wo Corny Littmann immer noch oder schon wieder saß und dichtete.

Kai: »Ich hab mich dazugesetzt, und Corny hat mir seinen neuen total schweinischen Text vorgelesen, in denen die Vornamen der bekanntesten deutschen Politiker genannt wurden. Rio und Lanrue haben aus diesem Text dann eine Disco-Parodie gemacht. Den Song haben wir sogar aufgenommen. Damals war ja gerade die große Disco-Welle angesagt. Wir haben im Hintergrund, sozusagen als Backgroundboys, immer ›Funky – Funky – Discooo‹ gesungen, und Corny hat mit seiner tiefen, rauchigen Stimme ins Mikro gehaucht: ›Herbert flöte mir die Ritze‹ und wir dann wieder im Chor: ›Funky – Funky – Discooo‹ und er: ›Helmut nimm mich an die Zügel.‹ Wir hatten einen Riesenspaß, aber der Song ist nie veröffentlicht worden.«

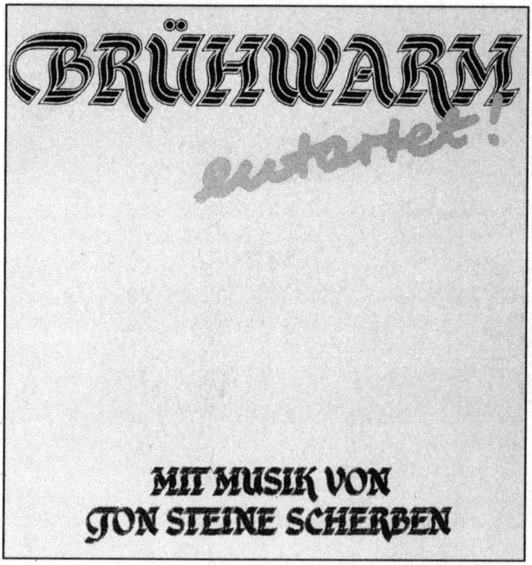

Original-LP-Cover von 1979.

Für Rio war es eine Befreiung, mit der brühwarmen Schwulen-Truppe zu leben und zu arbeiten. Er wurde offener, zugänglicher und ging mit der eigenen Homosexualität viel unverkrampfter um.

Kai: »Er ist da richtig aufgelebt. Wichtig war vor allem, daß die Brühwarm-Leute mit den vorhandenen Tabus auf ihre freie und verrückte Art und Weise gebrochen haben. Ohne irgendwelche Parolen, die von Gruppen wie der sogenannten Homosexuellen Aktion in Westberlin benutzt wurden. Mit denen wollte Rio nie etwas zu tun haben.«

Während der Aufnahmen zu *Entartet*, im April 78, kam die Münchner Jazzrockband EMBRYO zu Besuch nach Fresenhagen. Die Band hatte einen jungen indischen Musiker, einen Perkussionisten und Schlagzeuger dabei. Lanrue, selbst ja auch Drummer, erinnert sich: »Ich war in meinem Zimmer und hörte plötzlich jemanden nebenan im Studio Schlagzeug spielen. Es war ein ganz bestimmter Rhythmusgroove, der mich faszinierte, und ich wußte

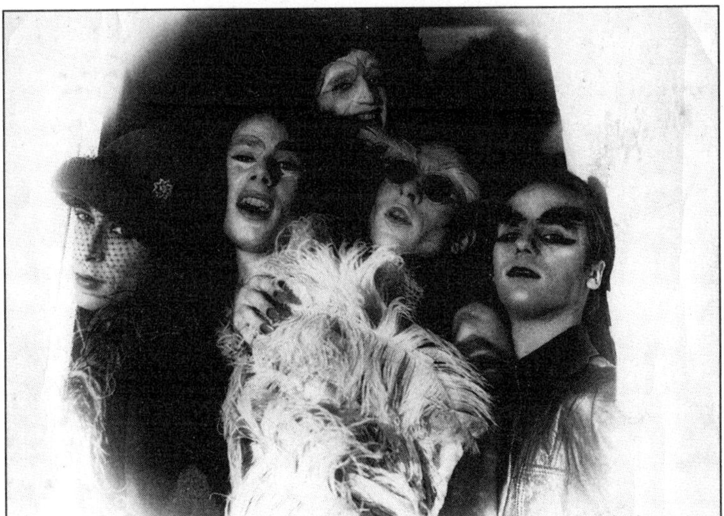

Brühwarm – Februar 1977. Rio (als Gast), Ralf, Götz, Danny, Corny.

sofort, daß das nicht Funky war. Also ging ich rüber, um nachzusehen, wer da so abgefahren spielt. Und dann sehe ich da diesen jungen Typen aus Indien am Schlagzeug sitzen. Aber das Unglaubliche war, er spielte nur mit einer Hand.«

Dieses junge Naturtalent war kein anderer als Trilok Gurtu, der damals noch völlig unbekannt war. Heute trommelt er für Top-Acts der internationalen Jazz-Szene wie Bill Evans, Joe Zawinul, Pat Metheny, Jan Garbarek oder Don & Neneh Cherry.

An eine andere Geschichte mit der Gruppe EMBRYO aus dieser Zeit erinnert sich Rio: »Ich kann mich entsinnen, daß wir in München waren, zu Besuch bei ROTE RÜBE in Grünwald. Da tauchten zum Beispiel die EMBRYOs mal auf, die ja auch in München wohnten und wie das so allgemeine Gepflogenheit war, ging man schon mal an den Kühlschrank und guckte, was man da irgendwie rausnehmen kann, zu essen oder zu trinken. Und da standen zwei Flaschen Champagner. Das haben die EMBRYOs jahrelang nicht verwunden. Also, daß wir bei einer Theatergruppe gewohnt haben, die zwei Flaschen Champagner im Kühlschrank hatte ... Das schlug hohe Wellen innerhalb des ganzen SCHNEEBALL-Vertriebs. Wie ein riesiger Schneeball.«

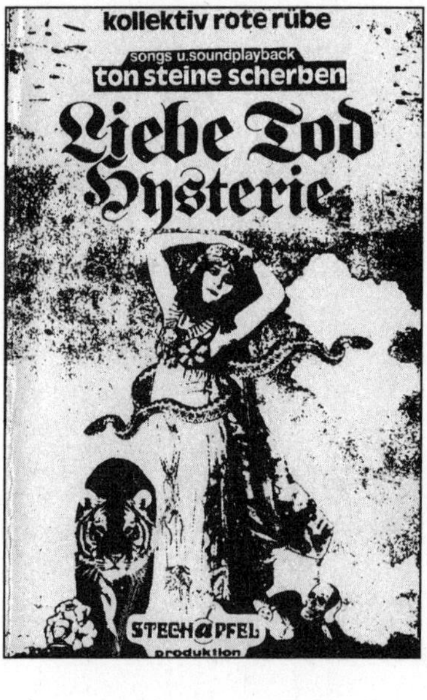

Original-MC-Cover von 1979

Texter sämtlicher Songs von BRÜHWARM und treibende Kraft der Gruppe war Corny Littmann, heutiger Macher des Hamburger Schmidt-Theaters. Anfang der 80er war er Spitzenkandidat der Hamburger GRÜN-ALTERNATIVEN LISTE, GAL, und hatte die Idee, daß im Wahlkampf für den Hamburger Senat statt des üblichen Wahl-Spots ein Song im Radio laufen sollte, als musikalische Wahlwerbung für die GRÜNEN. Corny schrieb den Text für diesen Song, und Rio vertonte ihn: *Das ist unser Land.* Die Scherben spielten das Stück in Fresenhagen ein, und der Song wurde dann im Zuge der Parteienwerbung für die GAL im Radio gespielt – mit Gänsegeschnatter zu Beginn der Wahlwerbung. Später erschien er auch als B-Seite einer Single mit der A-Seite *Kommen Sie schnell.* Als Gruppenname für diese Single-Produktion fiel den Beteiligten nichts Besseres ein als CORNY, ERNST & SCHERBEN. Ernst Meybeck von BRÜHWARM sang im Chor mit.

Bis Ende 1979 folgten weitere Produktionen für Theatergruppen: Nochmal für ROTE RÜBE mit ihren Stücken *Liebe, Tod, Hysterie* und *Meschugge*, sowie für die Berliner Gruppe TRANSPLANTIS. Von 1980 bis 82 produzierten die Scherben, allen voran Lanrue und Rio, auch andere Musikgruppen, deren Produkte dann auch als Langspielplatten oder Kassetten auf dem hauseigenen Label DAVID VOLKSMUND PRODUKTION herausgebracht wurden. Dazu gehörten unter anderem SENDER X mit Uli Hammer alias Vegas von Trantor und seine Freundin Barbara Ziegler alias Luna di Gaga. Weiter gab es eine Gruppe junger nordfriesischer Musiker, die sich dann STRICHER nannten. Und last but not least die Fresenhagener Frauen-Punkgruppe CARAMBOLAGE.

PUNK

So gegen Mitte der 70er, gab es eine neue Zeitgeistströmung, und 1977 tauchte zum erstenmal der Begriff »Punk« in Deutschland auf. Punk kam aus England und stand für eine ganz bestimmte Gegenkultur, als Antwort auf den musikalischen Leerlauf dieser Zeit. Die Beat- und Pop-Musik der 60er war im Laufe der Zeit immer perfekter und virtuoser geworden. Viele Gruppen lösten sich auf, und es gab mehr und mehr Solokünstler. Was Ende der 60er mit

Bands wie CREAM und Musikern wie Jimi Hendrix angefangen hatte, wurde Anfang der 70er von Gruppen wie Emerson, Lake & Palmer auf den Höhepunkt getrieben; der Dreier-Name drückt schon aus, daß es sich hierbei um drei Solisten handelte. Alles wurde solistischer und bombastischer, auch was die Shows und die technischen Anlagen betraf. Der ganze Aufwand, das Equipment, wurde so groß und teuer, daß es schließlich für jede normale Band unerschwinglich gewesen wäre, so etwas nachzumachen. Der Gipfel dieser Entwicklung war ein Kunststück von Keith Emerson. Er hatte sich eine Vorrichtung bauen lassen, die es ihm ermöglichte, mit seinen Keyboards einen dreifachen Salto zu machen, während er live spielte – Gigantismus pur. Die ursprüngliche, relativ einfache Rock'n'Roll-Musik war so zu einer elitären Rock'n'show-Musik mutiert, die – von der Platten-Industrie gesteuert – nur noch auf Massenveranstaltungen und Massenabsatz ausgerichtet war. Der dreifache Emerson-Salto – Herr Emerson, wir danken Ihnen! – war nicht mehr zu überbieten und läutete das Ende dieser Entwicklung ein.

Das war zugleich der Anfang des Punk. Die Punker stellten alles in Frage. Viele schnitten sich die Haare kurz und färbten sie bunt, ihr Motto war: Scheiß drauf! Wie bereits die ersten Gammler Mitte der 60er, liebten sie alles, was provokant war, aber sie setzten noch eins drauf. Sie waren die ersten, die sich mit Rasierklingen und Sicherheitsnadeln schmückten – was heute mit kleineren Accessoires »Piercing« genannt wird –, und hielten sich später Ratten als Haustiere. Manche von ihnen trugen sogar Hakenkreuz-Abzeichen auf ihren zerschlissenen Klamotten, nicht weil sie Nazis waren, sondern einfach, um zu schocken. Was die Musik betraf, so lehnten sie es ab, großartige Gitarrensoli zu üben, ihnen reichten ein paar einfache Akkorde, die sie möglichst laut und schnell auf ihren Gitarren schrummelten, und sie waren sich auch nicht zu schade, ihre simplen Stücke mit oft schockierenden Texten vor einer Handvoll Leuten in kleinen Clubs zu spielen. Die ersten berühmten Punk-Bands waren Gruppen wie SEX PISTOLS, CLASH, SHAM 69 und die STRANGLERS.

Zur gleichen Zeit wurde auch der Reggae immer populärer. Innerhalb kürzester Zeit verfeinerte sich die Punk-Musik und vermischte sich teilweise mit Reggae- und Ska-Einflüssen. Die Musik, die sich Ende der 70er daraus entwickelte, wurde New Wave genannt. Mit der für Deutschland üblichen Verspätung wurde daraus Anfang der 80er die Neue Deutsche Welle, NDW, deren typische Vertreter Gruppen wie IDEAL, FEHLFARBEN, TRIO und NENA waren. Der berühmteste Berliner Punk- und New Wave-Veranstaltungssaal war übrigens das *SO36* in Kreuzberg; benannt nach der Himmelsrichtung Süd-Ost und dem damaligen Postbezirk 36.

Funky, du bist 1974 durch deine Kontaktanzeige »Schlagzeuger zwischen Zen und Mao sucht Band« an die Scherben geraten. Hattest du damit auf die Scherben abgezielt?

Nein, überhaupt nicht. Ich kannte die zwar, aber ich wollte auf keinen Fall bei denen spielen.

Warum nicht?

Ich kam damals von München nach Berlin und hab erstmal bei Manne Praeker und Uve Müllrich in der Forsterstrasse gewohnt. Irgendwo in so einem ganz kleinen Keller hab ich Schlagzeug geübt und bin durch die Berliner Szene gezogen, um bei Sessions mitzuspielen und Anschluß an eine Band zu finden. Aber ich bin immer wieder von der Bühne gejagt worden. Auch von den Scherben übrigens. Die hab ich das erste Mal in Dortmund gehört, bei einem Auftritt, der irgendwie in die Hose ging. Ich hab gefragt, ob ich mal mitspielen dürfte, und sie haben auch ja gesagt. Aber dann wollten sie ihr Programm weitermachen, und ich hab mich wieder von der Bühne getrollt.

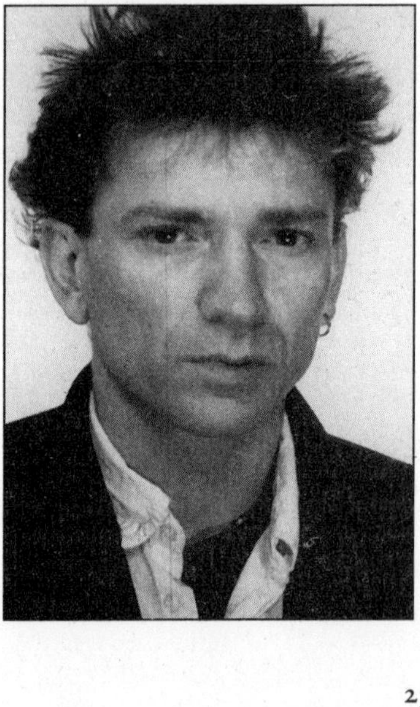

Funky K. Götzner, Jahrgang 1951, war Dekorateur und stieg 1974 als Schlagzeuger bei den Scherben ein. Heute trommelt er bei der Band Ton Steine Scherben-Family, die er mitbegründet hat.

Und dann?

Dann bin ich nach Berlin gekommen und fast jeden Tag mit der U-Bahn oder mit dem Auto am Tempelhofer Ufer vorbeigefahren. Uve Müllrich meinte, geh doch mal hin, die suchen nen Drummer. Und ich hab gesagt, »Nee, da hab ich keine Lust drauf.« Schließlich war ich von der Suche nach einer Band echt zermürbt und hab halt diese Anzeige geschaltet. Ich wollte auf keinen Fall in einer Politband spielen, sondern Funk oder Ethno-Musik machen. Aber wie der Zufall so will, riefen ausgerechnet die Scherben an.

Und dann bist du zum Tempelhofer Ufer zum Vorspielen gegangen?

Ja, ich bin doch hin. Die haben mich ein bißchen ausgefragt, wo ich her komme, was ich mache und so. Und dann mußte ich mit Rio und Lanrue in das vordere Zimmer, wo so ein Eckbalkon war, zum Vorspielen. Die beiden haben die ganze Zeit aus dem Fenster geguckt. Und ich hab gesagt: »Mensch, ich bin doch hier, warum guckt ihr nur aus dem Fenster?« – »Ja«, war die Antwort, »das entspannt uns.« Die haben ja wohl zehn Schlagzeuger oder so ausprobiert. Und dann haben sie wohl gedacht, daß ich der richtige wäre und mich gefragt, ob ich auch am T-Ufer leben und wohnen würde.

Die Scherben haben deinetwegen ein I-Ging befragt, weil Lanrue und Rio sich nicht einig waren. Das hat dann zu deinen Gunsten entschieden.

Ach ja, echt? Das ist ja toll. So genau wußte ich das gar nicht. Ich wußte, daß die da irgendwas mit dem I-Ging und einem Pendel gemacht haben, aber was genau, hab ich bis heute nie erfahren.

Wie bist du eigentlich zum Trommeln gekommen?

Durch Gustav Adolf, den Schwedenkönig. Ich wohnte mit meinen Eltern in einem fränkischen Dorf, und die haben mich zu Pfingsten mit nach Rothenburg ob der Tauber genommen. Ich war damals 8 oder 9 Jahre alt. Dort wurde immer die Belagerung von Rothenburg nachgespielt, und dabei habe ich zum ersten Mal in meinem Leben Spielmannszüge mit Trommlern und Pfeifern gesehen. Das hat mich so beeindruckt, daß ich von diesem Tag an immer getrommelt habe. Jeden Tag. Ich hab zum Beispiel in der Schule immer meinen Kopf auf die Schulbank gelegt und mit den Fingerspitzen getrommelt.

Wie wichtig ist Schlagzeug spielen für dich?

Es ist ein Teil von mir, wo ich mich selber drin sehen, hören und ausdrücken kann. Ich glaube, ich hab meine Mutter ziemlich wahnsinnig gemacht. Ich war ein unglaublicher Zappelphilip, also ich bin jetzt viel ruhiger geworden. Aber damals – ich mußte einfach Schlagzeug spielen. Da war dieser Bewegungsdrang, dieses Rhythmusgefühl, aber auch das Timing, Dinge auf den Punkt bringen. Und auch das Empfinden für Musik. Das war einfach da. Es ist halt so, ich bin einfach Schlagzeuger.

Musiker, so sagt man, passen zu ihren Instrumenten. Kai, der große Schweiger der Band, mußte schon allein deshalb Bassist werden, um bei Auftritten im Halbdunkel der hinteren Bühne bleiben zu können. Der Schlagzeuger ist ja in einer ähnlichen Position.

Ja, ich bin ja auch im Hintergrund, ich geb' Backing. Ich tu das gerne, also mir macht das Spaß, ich möchte nicht vorn auf der Bühne stehen, im Frontlicht, und sagen, wo es lang geht. Ich möchte hinten sitzen und etwas unterstützen und meine Power, den Druck nach vorne geben, eine Basis dafür bieten, daß auf dem Rhythmus etwas passiert. Das ist das, was ich bin.

Gab es die Hierarchie nur auf der Bühne oder auch sonst?

Es wurde immer wieder versucht, so ein Gleichgewicht oder gleiche Rechte herzustellen, aber es hat nicht funktioniert. Weil auch die Fähigkeiten der Leute unterschiedlich waren. Wenn Rio immer die besten Ideen hatte und das am besten durchsetzen konnte, logischerweise war er dann auch der Kopf der Gruppe.

Habt ihr heimlich – oder offen – den Traum vom großen Geld geträumt?

Ach, der Traum war schon da. Warum auch nicht? Ich meine, das ist auch wieder so ein moralisches Ding gewesen bei den Scherben. Aber berühmt sein, das habe ich mir schon gewünscht, obwohl ich da natürlich auch ein bißchen Angst davor hatte.

Aber die Fans haben euch nicht gelassen. Oder?

Die Leute haben nicht begriffen, daß das unsere Arbeit ist. Die konnten überhaupt nicht verstehen, daß man so etwas wie eine Gage braucht. Das ging dann soweit, daß wir ein Angebot für eine Tour in der Schweiz hatten. Die hätte endlich mal gute Gagen gebracht. Uns standen ja damals schon 80.000 DM Schulden ins Haus, die hätten wir davon zwar nicht abbezahlen können, aber immerhin einen Teil davon. Wir hatten uns tierisch auf die Tour gefreut, aber eine Woche vor Tourbeginn kam dann der Anruf aus der Schweiz: Sie wollten die Tour nicht mehr machen, weil sie gehört hatten, wir wären auf dem Kapitalistentrip. So einfach war das damals in der Szene. Diese Gerüchte, nur weil irgend jemand meinte, wir wären auf'm Geldtrip. Das war echt das allerletzte. Zu der Zeit hab ich jeden Tag auf einem Friedhof gearbeitet, Gräber dekoriert, um mir endlich mal 'n Schallplattenspieler zu leisten und zwar den allerbilligsten von Woolworth. Es war auch nie etwas zu essen da. Wir mußten das Brot rationieren, die Wurst rationieren, und jeden Tag wurden zehn oder zwanzig Mark gesammelt. Irgendeiner mußte dann lospilgern zu Aldi oder sonstwohin zum »Einklaufen«. Und dann kriegst du vom eigenen Publikum Geldgeilheit vorgeworfen.

Hat es dir zu schaffen gemacht, kein echter Star zu sein?

Ach, wir waren so wie zerbrochene Stars, sowas würde ich dazu sagen. Scherben-Stars halt. Wir waren ne gute Band, und die Leute mochten unsere Musik, haben uns auch bewundert, bestimmt. Aber wenn wir nach Hause kamen, lagen da die Rechnungen rum und letzten Endes ist die Gruppe auch einfach bankrott gegangen.

Noch einmal: Hat es dir zu schaffen gemacht, kein großer Star zu sein?

Weißt du, es gibt so einen Spruch, den finde ich sehr schön, der ist von Aleister Crowley, was immer man von dem halten mag: »Jeder, jede Frau, jedes Kind, jeder Mann ist ein Stern.« Ich finde, das ist ein sehr schöner Spruch. Er bedeutet für mich auch, daß wir in einem Universum leben, in dem es Planeten gibt und auch Sterne. Und daß wir auf dieser Erde leben und auch Sterne sind.

Ja, aber die einen leuchten heller und die anderen weniger hell.

Ist doch egal. Es gab mal einen Text von Rio: »Jeder ist ein Star.« Ich weiß gar nicht, wo der steckt, der ist nie wieder aufgetaucht, aber ich weiß, daß das mal ein Thema war. Und ich hab damals verstanden, was Rio sagen wollte. Oder hör zum Beispiel *König von Deutschland*. Das deutet so etwas Ähnliches an. Daß in einem Menschen ein viel größeres Potential steckt, als man manchmal meint. Aber damals in der Szene hat das keiner kapiert. Wir sind ja mit *König von Deutschland* Mitte der siebziger Jahre auf Tour gegangen, und der Song kam beim Publikum überhaupt nicht an.

Die Scherben sind auch heute zumindest noch als Graffiti auf Berliner Häuserwänden existent. Bist du stolz, wenn du siehst, daß jemand Keine Macht für niemand *irgendwo hingesprayt hat?*

Klar freu ich mich. Auf der Brücke über die Autobahn, wenn du nach Berlin reinkommst, steht es immer noch – oder wieder. Es war zwischendrin mal weg, übergepinselt. Und da hat's einer wieder hingeschrieben. Und ich dachte, oh geil, ist wieder dran. Jedes Mal, wenn ich nach Berlin reinfahre, guck ich nicht nach dem Schild »Hier fängt Berlin an«, sondern auf diese Brücke. Ich lese *Keine Macht für Niemand* und denke: Aha, jetzt bist du wieder zuhause.

Was sind die Scherben heute für dich?

O Gott! Was sind die Scherben heute für mich? Eine gute Band. Eine sehr gute Erfahrung. Sehr gute Songschreiber, sehr gute Komponisten. Ich find's super, daß mein Schicksal, Karma, oder was immer es war, mich einen Teil davon hat werden lassen. Daß ich eine Scherbe war. Ich bin ja immer noch eine. Ich mache ja noch weiter, das ist natürlich das allerwichtigste für mich, daß ich jetzt im Grunde mit NEUES GLAS AUS ALTEN SCHERBEN weitermache, weiterspiele und wirklich nen Riesenspaß habe, die ganzen Songs zu spielen. Das sind für mich die Scherben heute, ja, das ist es. Die Leute wollen die Songs hören, wir möchten sie gerne spielen. Für mich bedeutet es auch eine Perspektive, als Musiker zu arbeiten, das darf man nicht vergessen. Also das ist für mich auch existentiell wichtig. Ja, und ich blühe dabei auf.

1978: Umbesetzungen

Vier raus, drei rein

1972 hatten die Scherben in ihrer Zeitschrift *Guten Morgen* unter der Überschrift »Wie wir leben« unter anderem geschrieben: *Wenn es Probleme gibt, kann jeder ne Vollversammlung verlangen, auf der wir so lange reden oder uns anschreien, bis alle das Problem sehn (Unterdrückung, kaputte Fickgeschichten, Unverständnis, Eifersucht, Größenwahn, Lieblosigkeit). Weil jeder weiß, daß ein ungelöstes Problem alle runterbringen kann, versucht meistens jeder seinen Teil zur Lösung zu tun.*

Doch auf einmal schien der Karren so festgefahren, daß auch keine Vollversammlung mehr genützt hätte. Außerdem gab es zumindest einen, nämlich Rio, der gar nicht bereit war, seine oder die Probleme anderer auf einer Vollversammlung zu diskutieren.

Rio war ein äußerst schwieriger, zwiespältiger Charakter. Einerseits liebenswürdig, humorvoll und hilfsbereit, auf der anderen Seite aber ein zorniger Despot. Unter seinen Launen und seiner Unberechenbarkeit hatten die anderen oft zu leiden. Immer wieder gab es Situationen, in denen er alle seine Mitbewohner spüren ließ, daß er aus irgendeinem Grunde sauer war, und keiner wußte warum. Statt die Dinge beim Namen zu nennen, verkroch er sich und litt. Dann herrschte wieder mal »Psycho«. Es schien fast so, als brauchte Rio diese Situationen irgendwie und inszenierte sie – bewußt oder unbewußt. Leiden und Streit als Motor für Kreativität? Interessant in diesem Zusammenhang ist Rios Aussage, auf Dauer ziehe er die Songs der Rolling Stones denen der Beach Boys vor, weil er »die Schaufel Dreck« der Stones-Musik bei den allzu harmonischen Beach Boys vermisse. Und sicher ist, daß Rio – nicht nur, um schöpferisch zu sein – eine gewisse Spannung brauchte, welcher Art auch immer.

Hannes Eyber: »Aber die Gruppe hat sich auch zu viel gefallen lassen. Wenn Rio unpäßlich war, dann saßen alle wie die sieben

Zwerge am Küchentisch und haben gewartet, daß Rio wieder da war. Rio und dieses autoritäre Ding! Ich hab es aber auch vermieden, mich mit Rio anzulegen, ich hab mich da rausgehalten. Der war ja auch in bestimmten Momenten –, wenn er getrunken hatte, dann war dem keiner gewachsen. Dann kamen ja auch immer seine Ausbrüche, seine Hiebe. Er war ja ein absoluter Narziß. Er hat immer aufgepaßt, daß andere nicht schlecht über ihn reden. Deswegen hat er auch immer zugesagt, wenn Leute etwas von ihm wollten. Und bei anderen hat er dann gejammert: Jetzt kommt wieder der und der und will etwas von mir. Er hat nie nein gesagt, aus Furcht, man könne ihm das vorwerfen. Er war auch nicht fähig, Kritik einzustecken. Aber das war sowieso ein Scherben-Phänomen. Kritik wurde nicht gern gesehen. Daher war auch die Konfliktfähigkeit nicht groß. Bei kleinen oder großen Katastrophen war es immer so: Da gab's eine Konstante, das war die Gruppe, und als Störfaktor kamen die Außenstehenden. Die waren immer die Urheber des Desasters oder des jeweiligen Konfliktes.«

Das Hauptproblem in Fresenhagen aber war nicht Rios Charakter – den hatte er ja auch vorher schon gehabt –, sondern die veränderte Situation. Solange die Scherben gemeinsam Platten produzierten und auf Konzerttourneen gingen, hatten sie ein Ziel, das sie zusammenhielt. Jetzt fehlte dieses Ziel, der gemeinsame Strang, an dem alle ziehen konnten. Die einen machten Musik für fremde Gruppen – BRÜHWARM, ROTE RÜBE – , die anderen lebten von den Geldern, die dabei hereinkamen, und spürten, besonders wenn sie soviel rackerten wie Schlotterer, ihre Abhängigkeit. Verbale Auseinandersetzungen griffen immer mehr um sich, und schließlich warf Schlotterer das Handtuch. Im Februar 1978 zog er aus und suchte sich in der Nähe von Fresenhagen eine Wohnung, blieb aber den Scherben und dem Hof in Fresenhagen als Freund, der auch immer wieder mit anpackte, verbunden. Manchmal blieb er sogar mehrere Wochen, um irgendwelche Renovierungsarbeiten zu erledigen.

Die nächsten, die gingen, waren Nikel Pallat und Marie Sublet. Sie hatten sich mit dem anderen Paar, Lanrue und Britta, nicht mehr verstanden, das Entscheidende war aber auch für sie, daß sie nicht mehr wußten, was sie da oben eigentlich noch sollten.

Nikel: »Dem Auszug von Marie und mir aus Fresenhagen 1978 lag neben einigen Hakeleien die totale Perspektivlosigkeit zugrunde.«

Und schließlich nahm auch Egon Bunne seinen Hut, jedoch nicht, ohne ein circa 3 x 3 m großes und 2 m tiefes Loch zu hinterlassen. Drei Jahre hatte er gebraucht, um dieses Loch in mühseliger Handarbeit auszuheben. Sein geplantes Filmstudio oder die Dunkelkammer oder weiß der Himmel was hat Egon nie eingerichtet. Dafür hatte er aber im Laufe seiner Baumaßnahmen die Trägerbalken in diesem Teil der Scheune, der sogenannten Osterscheune, versetzt und damit die Statik des gesamten Gebäudes in Frage gestellt. Nach seinem Weggang mußte das Gebälk nach Anweisung eines Statikers wieder neu gerichtet werden. Die Dagebliebenen ließen dann »Egons Loch« wieder zuschütten.

Rio, Lanrue, Funky und Britta – diese Vier waren von den ursprünglich 16 und später 8 Scherbenbewohnern übriggeblieben. Alle, die keine Musiker waren oder sein wollten, hatten sich abgesetzt. Nun war wieder Platz in Fresenhagen, zu viel Platz, und Rio machte sich Gedanken darum, wie man das Lebenskonzept der Scherben – zusammen wohnen, zusammen arbeiten – erhalten könnte.

Kai: »Es wurde zu diesem Zeitpunkt, September 1978, nicht über eine Scherben-Reunion gesprochen, aber es lag was in der Luft. Es war abzusehen, daß wir wieder irgend etwas zusammen auf die Beine stellen wollten. Ich war ja seit dem

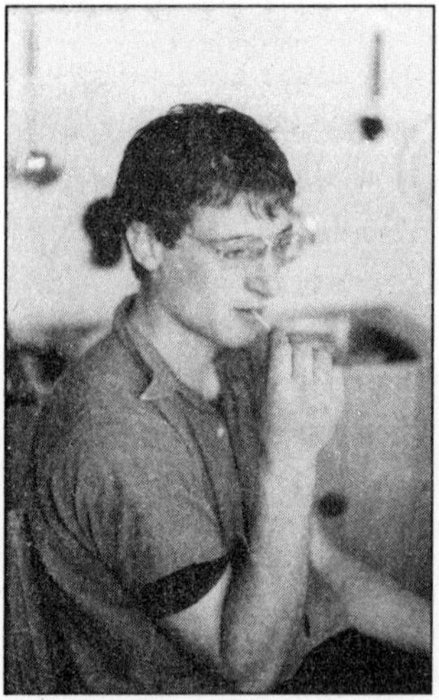

Egon Bunne

Umzug nach Fresenhagen wieder der Scherbenbassist, nur daß ich dort nicht fest gewohnt habe. Rio gab mir dann zu verstehen, daß es besser wäre, wenn ich fest einziehe. Ich glaube sogar, es war eine Entweder-Oder-Entscheidung. Ich weiß noch, daß Lanrue, Rio und ich zusammensaßen und ich Rio gefragt habe, ob er wirklich will, daß ich wiederkomme. Er hatte mich in den vergangenen Jahren ja oft kritisiert, weil ich so wenig gesagt habe, und ich wollte von ihm klar und deutlich hören, ob ihn das immer noch stört. Dann wäre ich nämlich nicht eingezogen. Ich bin nun mal nicht jemand, der große Worte macht. Aber Rio hat gesagt, es stört ihn nicht mehr, deswegen hatte ich nichts dagegen, einzuziehen. Es war übrigens auch so, daß nach dem Auszug von Nikel der Plattenvertrieb etwas durchhing. Ich sollte helfen, den mit anzukurbeln.«

So zog Kai zusammen mit Angie, die ja schon mal eine Weile dort fest gewohnt hatte, nach Fresenhagen, übernahm den Plattenvertrieb, besorgte zusammen mit Britta und Funky das Rechnungswesen und spielte, was er ja sowieso seit Beginn der Fresenhagener Zeit getan hatte, den Scherben-Baß.

Die dritte Person, die in diesem Jahr einzog, war Elfie-Esther Steitz, eine der drei jüngeren Schwestern von Lanrue. Elfie hatte schwarze Haare und eine Vorliebe für rote, schmierige Lippenstifte. Sie kam zusammen mit ihrem Freund Hotte aus Frankfurt nach Fresenhagen. Hotte hing an der Nadel, wollte der Frankfurter Drogen-Szene entkommen und in Nordfriesland einen Entzug versuchen. Aber schon nach wenigen Tagen brach er sein Vorhaben ab und wollte allein zurück in die Main-Metropole. Ohne einen Pfennig Geld in der Tasche, mit dem Vorsatz, sich per Anhalter durchzuschlagen, lief Hotte los in Richtung Landstraße. Bereits nach hundertfünfzig Metern bot sich ihm die einmalige Chance: Vor dem Nachbarhaus hatte Bauer Esmark seinen Pkw geparkt und den Zündschlüssel stecken lassen. Eins, zwei, drei saß Hotte im Auto und fuhr damit gen Süden. Die sofort alarmierte Polizei beruhigte den aufgeregten Besitzer mit den Worten, es sei nur eine Frage der Zeit, bis er seinen Wagen zurück habe. Und tatsächlich: Auf der

Autobahn, noch vor Hamburg, wurde der Dieb von der Polizei gestellt, wobei Hotte jedoch leider noch gegen eine Leitplanke fuhr und einen nicht unerheblichen Blechschaden anrichtete. Bauer Esmark gebührt großes Lob dafür, daß er cool blieb und darauf verzichtete, die Sache an die große Glocke zu hängen. Das Ende dieser Geschichte war, daß Elfie in Fresenhagen blieb, Hotte dort nie wieder auftauchte und die Scherben die Rechnung für die Reparatur von Bauer Esmarks Auto zahlten.

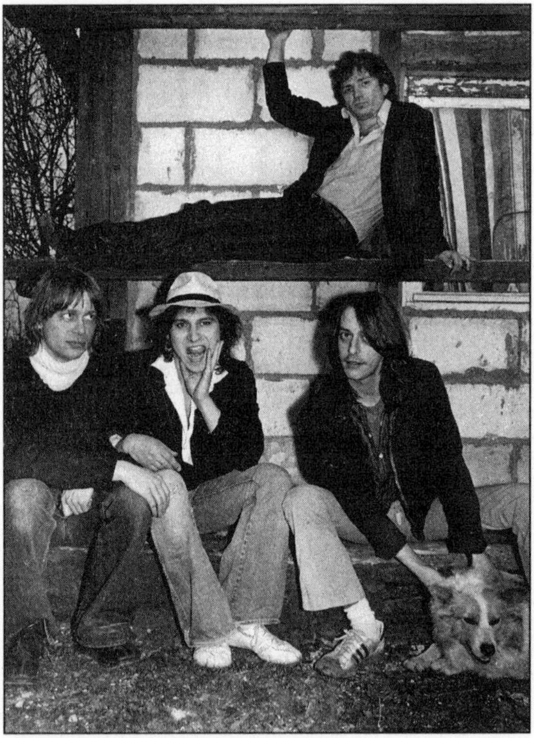

*Die Scherben in Fresenhagen 1978
Oben: Funky
Unten: Kai, Lanrue, Rio und Hirtenhund Fritz.*

Der ungekrönte Berliner Szeneking war damals Elser Maxwell. Er war mit Rio gut befreundet.

Seinen Nachnamen hatte Elser von der berühmten Hollywood-Klatschtante Elsa Maxwell, »der Zorn Gottes«. Mit bürgerlichem Namen hieß er Jürgen Fischer, aber schon als Jugendlicher hatte er sich den »nom de guerre« Elser zugelegt, nachdem ihm sein Großvater von dem Hitler-Attentäter Georg Elser erzählt hatte.

Elser: »Die Geschichte hatte mich tief beeindruckt und ließ mich nicht mehr los. Und dann kam so die Assoziation: Georg ist ja derselbe Name wie Jürgen, also hab ich mich mit Georg Elser identifiziert. Und dann hab ich mich Elser genannt. Als ich nach Berlin kam, haben die Leute dann sofort Elser Maxwell daraus gemacht. Georg Elser kannten sie nicht, aber Elsa Maxwell, die kannten sie.«

Elser behauptete von sich, das wohlgenährte, lachende Kind auf der BRANDT-Zwieback-Packung zu sein, gelegentlich war er auch

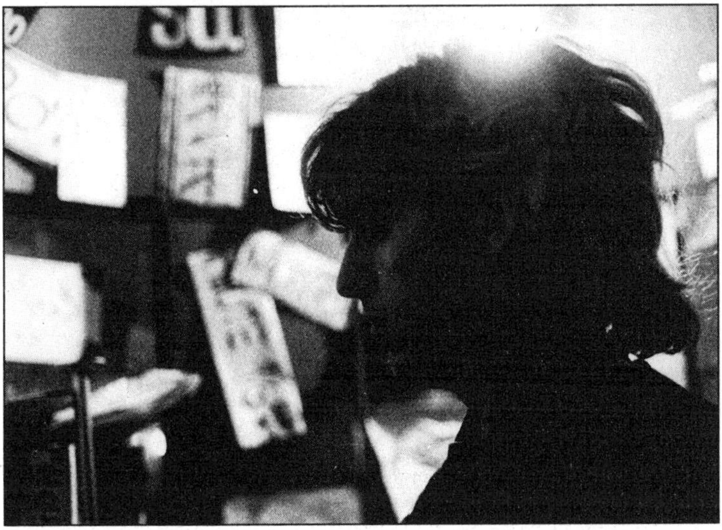

Elser Maxwell

der Sohn von Graf Lambsdorff – »aber psst, nicht weitersagen, ich stehe nämlich auf der Abschußliste der RAF« – und hin und wieder ließ er durchblicken, er habe von seinen Eltern ein Erbe von 250 Millionen Mark zu erwarten, weswegen die Scherben ihn auch den »Viertel-Milliardär« nannten. Elser war schwul, verkehrte aber kaum in der Berliner Schwulen-Szene, sondern mehr in den Kneipen und Discos, die gerade angesagt waren. Er war liebenswürdig, großzügig, und man konnte eine Menge Spaß mit ihm haben.

Rio lernte Elser im damaligen *Dschungel* am Winterfeldtplatz kennen.

Elser: »Das muß so 1976 gewesen sein. Ich arbeitete damals im Bali-Kino in Zehlendorf. Außerdem ging ich zur Schule und machte mein Abitur nach. Und ich war clean. Niemand, der mich später kennengelernt hat, kann sich das vorstellen, aber es war wirklich so. Ich hatte noch nie eine Zigarette geraucht, trank keinen Alkohol und von irgendwelchen anderen Drogen wußte ich noch nicht mal, wie sie aussahen. Im *Dschungel* trank ich Fruchtsäfte, deswegen bekam ich auch immer alles umsonst.«

Durch die Leute aus Rios Umgebung wurde Elser dann an harte Drogen herangeführt, und die erste Droge, die er überhaupt nahm, war ausgerechnet Heroin. Damals schnupfte die Szene Heroin, das über Harry Henschel aus Thailand besorgt wurde. Das Schöne an Heroin ist: Man fühlt sich, wenn man es genommen hat, ausgeglichen, ruhig, sanft und schön wie ein Prinz. Das Gefährliche: Es macht, anders als Kokain, von dem gesagt wird, daß es nur psychisch abhängig macht, auch körperlich süchtig. Außerdem geht es auf den Kreislauf und ist, wenn man es nicht richtig dosiert, tödlich. Sogar Harry Henschel ist der von ihm vertriebenen Droge zum Opfer gefallen.

Kai: »Harry hatte in irgendeinem Film mitgespielt, und der Regisseur hatte gesagt, ihr könnt alles nehmen, aber kein H, sonst fliegt ihr sofort raus. Daran hat sich jeder gehalten. Als der Film abgedreht war, hat Harry sich dann wieder eine Line reingezogen, und zwar genauso viel, wie er vorher immer genommen hatte.

Vorher war's in Ordnung gewesen, aber jetzt war sein Körper entwöhnt, und die Line war zu viel. Das war für Harry dann sozusagen der goldene Schuß oder die goldene Line. Daran ist er gestorben.«

Für Elser – und auch für Rio – war der Umkehrpunkt, was das Heroin betraf, erreicht, als die Orte, an denen sie sich das Zeug besorgen mußten, immer finsterer wurden, immer zwielichtiger und krimineller.

Rio: »Ein Jahr lang habe ich H genommen, nicht gefixt, aber gesnieft. Und ich hatte ja eine sichere Seilschaft, das Zeug kam aus Thailand, war sauber, und ich mußte nicht in irgendeine Szene gehen, um es mir zu besorgen. Es war meistens Harry, der es im Dschungel dabei hatte. Und eine einschneidende Sache war für mich, daß ich mich das erste Mal selbst als schön empfand, daß ich mit mir zufrieden war, mit meinem Aussehen. Das war etwas sehr Wichtiges. Das war vorher noch nie so gewesen. Aber natürlich – Heroin, das ist ja Flucht. Man flieht vor irgendwas. Dieser Fluchtaspekt verstärkt auch den Turkey, den Entzug, weil man nicht zurück will in diese andere Welt. Man will weiter die Watte um sich haben. Man will dieses Mutterleibsgefühl haben. Und so stark war meine Todessehnsucht nicht, daß ich nicht sah, daß ich irgendwann in der Gosse lande. Mir ist das schlagartig klar geworden, als es aus irgendeinem Grunde mit Harrys Thailand-Connection zuende war. Es kam kein Nachschub mehr aus Thailand. Also Harry hatte nichts, und plötzlich war ich auf dem Entzug und bin losgegangen. Ich wußte, der und der hat was. Bin zu dem hingegangen, zum Winterfeldtplatz, kam da in eine Dealerwohnung und hab auch irgendwas gekauft für hundert Mark oder so und bin nach Hause gegangen. Und das Zeug war einfach Scheiße. Ich hab in den Spiegel geguckt und hab plötzlich ein ganz anderes Gesicht gesehen. Ich bekam eine Bindehautentzündung von dem Dreck, der da drin war, von dem Zeug, und hab gesagt, nein, so, Schluß, das war's. Ich wollte nicht noch mal in dieses Haus und mir da irgendwie Drogen besorgen. Da hatte auch der Tod seinen Reiz verloren.

So dann doch nicht. Und dann hab ich tatsächlich aufgehört. Es dauerte eine Woche, eine Woche Turkey und Entzug, und auch das hatte wieder seine Faszination, weil es ähnlich war wie ein Trip. Man muß sich das so vorstellen, als ob einem jemand Ohropax aus den Ohren nimmt. Du hast ein Jahr lang Ohropax getragen und wußtest es gar nicht. Plötzlich nimmt da jemand Ohropax raus.«

Für Elser Maxwell war im selben Moment Schluß.

Elser: »Und dann hab ich mit Rio telefoniert, und Rio sagte am anderen Ende: Ich höre auf. Da hatten wir beide, unabhängig voneinander, im selben Moment angefangen zu entziehen. Das sind zum Beispiel so Ebenen, die ich mit Rio immer hatte, wir haben da nie drüber geredet, aber wir hatten ne ähnliche Reizschwelle – und auch ne ähnliche Hemmschwelle für bestimmte Sachen. Und das entschlüsselt vielleicht auch ein bißchen was von dem Verhältnis, das ich zu Rio hatte.«

Zu dieser Zeit war Elser bereits Besitzer des Tali-Kinos am Kottbusser Damm in Kreuzberg und hatte sich die Berliner Exklusiv-Rechte für den Film: *The Rocky Horror Picture Show* gesichert. Der Film war eingeschlagen eine wie eine Bombe.

Elser: »Der Film war schon im Kant-Kino von Conny Konzack gelaufen, und niemand ist hingegangen. Einfach verpufft das Ganze. Ich wußte aber, daß er in New York und London ein Kultfilm war. Man mußte die Sache nur richtig aufziehen. Ich hab mir von der 20TH CENTURY FOX in den USA die Rechte gesichert und hab gesagt, behaltet eure teuren Plakate, die will ich gar nicht, ich mach die Werbung selber. Wir haben uns dann Stempel besorgt, auf denen drauf stand *Rocky Horror Picture Show*, sind durch sämtliche Kneipen gezogen und haben auf den Klos die Türen gestempelt. Da saßen die Leute dann, lasen *Rocky Horror Picture Show* und dachten, was ist denn das? Außerdem hab ich die Leute von der WALDE-KOMMUNE und andere Szene-Typen ins Kino eingeladen. Die durften dann ihren eigenen Bierkasten mitbringen und sorgten für glänzende Stimmung. Jede Vorstellung war ein großes Fest. Der Eintritt war auch nicht teuer. Einheitspreis fünf Mark. Für Arbeitslose drei. Und dann kamen die Studenten und wollten Studentenkarten haben. Also haben wir geschrieben: Studenten 6 DM. Kaum einer von denen hat was gemerkt! Aber die waren ja auch noch im Studium. Die haben brav ihren Studentenausweis vorgezeigt und eine Mark über den Einheitspreis gezahlt. Dafür haben wir ihnen dann aber eine Tüte Studentenfutter in die Hand gedrückt.«

Die *Rocky Horror Picture Show* war *der* Szene-Film. Wann immer er lief, nachmittags, abends, nachts –, das Kino war brechend voll. Und entsprechend gut muß der Gewinn gewesen sein. Elser in seiner großzügigen Art gab das Geld mit vollen Händen aus. Leider nicht immer nur für caritative Zwecke. Eine neue Droge eroberte in dieser Zeit Berlin: Kokain.

Rio: »Plötzlich fand das Koks in Berlin Verbreitung, auch eben in der Kulturszene, in der Kulturschickeria, und das hat man vor allem Fassbinder zu verdanken gehabt, der hat das aus München eingeschleppt. Ich glaube, als er Berlin Alexanderplatz drehte. Ich weiß nicht, ob ich da chronologisch richtig liege, aber in dem Dreh.«

Elser also gab das Geld, das er mit der *Rocky Horror Picture Show* verdiente, mit vollen Händen für Koks aus und verteilte es unter seine Freunde und die, die sich dafür ausgaben.

Elser: »Da wird aber auch oft übertrieben. Was ich mit dem Kino verdient habe, ist immer überschätzt worden. Alle haben immer nur die Einnahmen gesehen, von der Kostenseite hat ja keiner eine Ahnung. Interessiert auch niemanden, außer den, der's zahlen muß. Ich weiß nicht mehr auf den Pfennig, was ich damals verdient habe, aber laß es mal im Monat 15.000 Mark gewesen sein, so um den Dreh. Dieses Geld, da stehe ich auch zu, hab ich verkokst. Ich hab es aber nicht allein verkokst, sonst wäre ich nämlich tot, das haben alle mit verkokst, die Leute im Kino, und auch alle Anwesenden in Fresenhagen haben ihren Rüssel da reingehalten. Besonders Rio, weil wir damals viel zusammen waren.«

Einer, der sich auch daran beteiligte, und der als Filmvorführer im Tali-Kino arbeitete, nannte sich Blixa Bargeld – »der deutsche

Johnny Cash«. Er sollte mit seiner Gruppe Einstürzende Neubauten wenig später auch über die Grenzen Berlins hinaus bekannt werden.

Blixa Bargeld: »Ton Steine Scherben waren wesentlich mehr als nur eine Politrockband, sondern eigentlich die Essenz deutscher Rockmusik überhaupt; definitiv die einzigen oder zumindest die besten Übersetzer der Idee von Rockmusik ins Deutsche.«

Elser war es auch, der den Kontakt zwischen der Gruppe Transplantis und den Scherben knüpfte. Ähnlich wie zuvor für die Theatergruppen Rote Rübe und Brühwarm, komponierten Lanrue und Rio die Melodien für einige Transplantis-Texte, und die Scherben spielten die Musik im Fresenhagener Studio ein. Transplantis präsentierten ihre Show dann Playback im Tali-Kino der Öffentlichkeit, d.h. sie sangen live, aber die Instrumente kamen vom Band. Und Blixa Bargeld stand irgendwo hinten und machte die Beleuchtung.

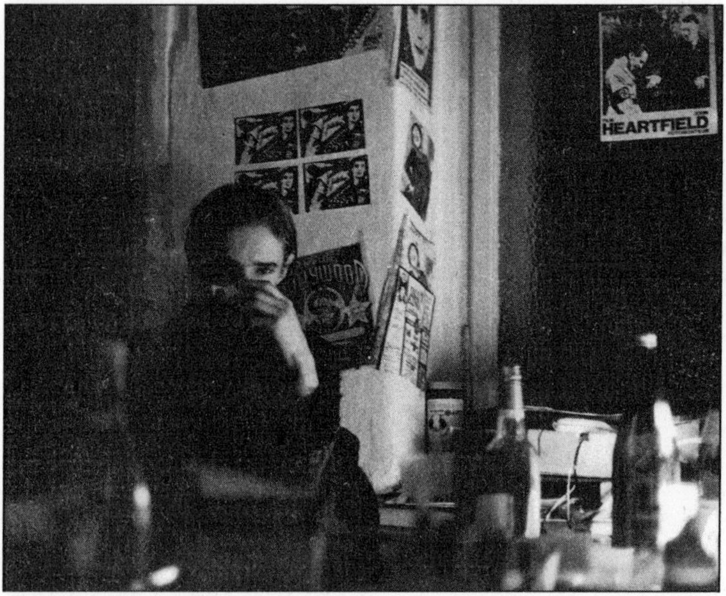

Blixa Bargeld im Tali-Kino.

Elser: »Rio wohnte damals in der Belziger Straße. Zu der Zeit war auch David Bowie in Berlin. Er wohnte in der Hauptstraße im gleichen Haus wie die Berliner Schwulenkneipe *Anderes Ufer* und verkehrte in derselben Szene wie wir. Rio hat es natürlich mit gemischten Gefühlen gesehen, daß alle immer nur von David Bowie sprachen und ihn als den großen Musiker anhimmelten. Als Bowie dann *Heroes* mit deutschem Text herausbrachte und alle riefen, Oh, Rockmusik mit deutschen Texten, seht mal, es geht ja doch! –, da hat Rio natürlich gesagt, wieso reden die nicht von mir? Ich mache die ganze Zeit schon Rockmusik mit deutschen Texten. Beide, Rio und auch Lanrue, haben wie Hund darunter gelitten, daß sie als Musiker nicht richtig ernst genommen wurden. So war es ja. Alle haben in den Scherben immer nur die Agitationstruppe gesehen, aber daß sie richtig gute Rockmusiker waren, wer hat das denn damals überhaupt wahrgenommen? Und als TRANSPLANTIS dann zu Rio kam und die Musik für ihre Show von ihm wollte, da hat er natürlich gesagt, wieso kommen die jetzt zu mir? Die ganze Zeit reden sie von David Bowie, warum fragen sie nicht den? Soll der doch die Musik machen. Aber Rio hat's dann eben doch getan. Er war eben kein Supermann, er war ein sehr zerbrechlicher Mensch. Und vielleicht brauchte er ja auch das Geld. Aber viel hat ihm das nicht gebracht. Eigentlich sogar gar nichts. Die Show war durchaus erfolgreich, aber nach acht oder neun Vorstellungen hatte die Truppe auf einmal keine

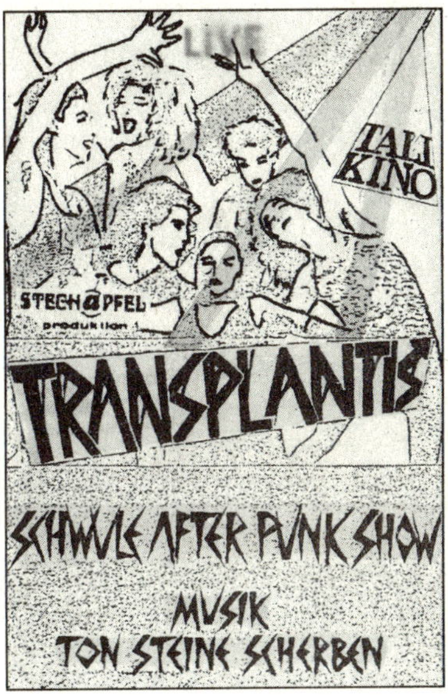

Original-MC-Cover von 1978.

Lust mehr und wandte sich neuen Aufgaben zu. Und Rio hätte erst danach Tantiemen gekriegt.«

Gut ein Jahr zuvor war die ehemalige DDR-Schlagersängerin Nina Hagen nach West-Berlin gekommen. Sie war am 12. Dezember 1976, nach der Ausbürgerung ihres Ziehvaters Wolf Biermann – ihre Mutter, Eva-Maria Hagen, war Biermanns Lebensgefährtin –, ebenfalls in die BRD übergesiedelt und hatte mit einigen Ex-Musikern der Berliner Band LOKOMOTIVE KREUZBERG, unter ihnen der Bassist Manne Praeker, die NINA HAGEN BAND gegründet. Manne und Nina hatten damals auch eine Liebesbeziehung. Trotz erfolgreicher Konzerte und einer LP, die sich sehr gut verkaufte, verließ Nina diese Gruppe, nahm jedoch etwas später noch eine zweite LP mit ihr auf.

In dieser Zeit – so etwa im Spätsommer 78 – kam Elser dann zusammen mit Nina Hagen und ihrer Freundin Sascha, die auch bei TRANSPLANTIS mitgemacht hatte, nach Fresenhagen. Nina blieb zwei Tage und verstand sich besonders gut mit Rio.

Rio: »Wir haben schon am ersten Abend beschlossen zu heiraten, aber na ja, war 'n Witz.«

Später versuchte Nina dann, mit den Leuten von der Gruppe TRANSPLANTIS eine neue Band auf die Beine zu stellen. Bereits das erste Konzert, im Hamburger Audimax, wurde ein fürchterlicher Flop. Nina und die Band wurden so gnadenlos ausgepfiffen, daß sie die geplante Tournee auf der Stelle wieder absagten. Lanrue und Kai waren damals als Zuschauer im Auditorium gewesen.

Kai: »Als Lanrue und ich ins Audimax wollten, war da einer dieser TRANSPLANTIS-Typen an der Kasse, Mable, glaub ich, hieß der. Obwohl er Lanrue kannte und wir für die umsonst die ganze Musik für ihre komische Show eingespielt hatten, ließ er auf einmal den Superstar raushängen und wollte uns nicht ohne Eintrittskarte reinlassen. Was das Konzert betrifft: Nina tat mir leid. Sie versuchte zu retten, was nicht zu retten war, und sang zweimal den Rita-Pavone-Song *Wenn ich ein Junge wär*. Das war das einzige Lied, das die Band so halbwegs konnte.«

Elsers Kokskonsum ging irgendwann so weit, daß Rio den rettenden Engel spielen mußte.

Elser: »Ich bin ja, als ich dann für längere Zeit nach Fresenhagen kam, nicht freiwillig dort hingekommen. Sondern das war am Ende dieser Kokserei. Als diese Kokserei immer exzessiver wurde, der Alkoholkonsum immer exzessiver, da war ich kurz vorm Exitus. Da wär ich über den Jordan gegangen, davon bin ich heute noch überzeugt. Und da war Rio in Berlin und hat mir zusammen mit Jan Zorn, dem Sohn des einzigen amerikanischen Pfarrers in Berlin, heimlich Schlaftabletten eingeflößt. Sie haben mich hinten ins Auto gepackt, mich über die Transitstrecke durch die DDR geschmuggelt und mich nach Fresenhagen gebracht. Und da bin ich dann monatelang geblieben und hab dann ja auch eine CARAMBOLAGE-Tour gemacht.«

1979: Die Scherben-Frauen machen mobil

Carambolage

Britta Neander hatte seit dem Einzug in Fresenhagen angefangen, ernsthaft und kontinuierlich Schlagzeug zu üben, und sie hatte in Lanrue einen vorzüglichen Schlagzeuglehrer. Während der ganzen Zeit hatte Britta immer wieder Ausschau nach geeigneten Mitspielerinnen gehalten. Eine Kandidatin erster Wahl war für sie jetzt ihre langjährige Freundin Elfie – die beiden kannte sich noch aus Nieder-Rodener Zeiten. Bereits 1977, als Elfie für einige Wochen in Fresenhagen zu Besuch gewesen war, hatten die beiden zusammen gespielt und sogar einige Songs geschrieben. Zwischenzeitlich waren auch andere Frauen aufgetaucht, Angela Witt, Petra Wittig, Barbara Czub. Eine richtige Band kam aber erst zustande, als Elfie und Angie fest in Fresenhagen eingezogen waren und die drei Frauen nun regelmäßig zusammen spielten. Elfie war mit einem mordsmäßigen Organ ausgestattet – sie war so etwas wie der Spatz

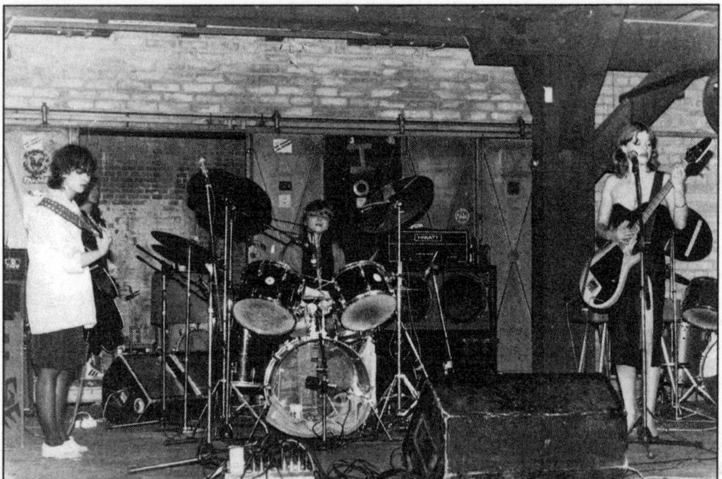

Carambolage on stage – Hamburg, »Fabrik«, 1980. Elfie, Britta, Angie.

von Fresenhagen – und hatte sich mit einer sehr eigenwilligen Einfingertechnik das Gitarrespielen beigebracht. Außerdem spielte sie auf der sogenannten »Schweine-Orgel«, einer alten elektrischen Orgel mit schrägem Sound. Angie ergänzte die Gruppe sehr gut, zum einen, weil sie äußerlich und was die Gesangs-Stimme anging, das absolute Gegenstück zu Elfie war, zum anderen, weil sie die noch fehlende Baßgitarre spielte. Das Baßspielen hatte Kai ihr gezeigt, aber er brauchte gar nicht viel zu zeigen, Angie war ein Naturtalent.

Angie: »Also es war so, Britta hatte ja sowieso schon immer Schlagzeug gespielt, und dann kam Elfie mit Hotte, der war ja ein Junkie, und Hotte ist dann wieder abgezogen, aber Elfie ist geblieben. Ihr ging es psychisch nicht besonders gut, und Britta hat versucht, sie aufzubauen – die kannten sich ja aus ihrer Jugend, weil Elfie ja Lanrues Schwester ist und die alle zusammen in Nieder-Roden gewohnt haben, wo ja auch Rio und seine Brüder herkamen. Britta hat Elfie immer mit ins Studio genommen, damit sie auf andere Gedanken kam. So hat es angefangen. Elfie hat dann am Keybord rumgespielt – und bei mir war es so ähnlich. Ich hatte mal wieder fürchterlichen Liebeskummer wegen Kai und wollte mich auch irgendwie ablenken. Das einzige Instrument, das ich anfassen durfte, ohne zu fragen, war ja der Baß, weil er meinem Freund gehörte – und so hab ich eben Baß gespielt.

Die Scherben fanden das dann toll, aber der Einzige, der mit uns gespielt hat, war Lanrue, der hatte eben Lust, mal mit den Mädels zu spielen. Rio hat nie mitgespielt, die anderen auch nicht. Wir haben uns so einen Probenraum ausgebaut, ein ehemaliges Getreidesilo, das haben wir uns mit Pappdeckeln und Teppichen so zurechtgerödelt, miniklein, und es gab ne ganz starke Trennung zwischen unserem Studio und dem der Scherben. Da durften wir nicht rein, das war klar. Das hatte Lanrue eingeführt, und das war auch gut, eben diese Eigentumsgeschichten. Es war absolut tabu, irgendwas anzufassen, was dir nicht gehörte, an Instrumenten oder so, das war sowas von tabu! Wir hatten da auch Respekt vor Lanrue, das hätt nen Mord gegeben, und das war auch richtig so –, jeder klimpert 'n bißchen so herum, und dann ist es kaputt und weg. Das kann kein Musiker ertragen, sowas.

Na ja, Lanrue hat dann gesagt, ich hätte soviel Talent, ich sollte unbedingt Baß spielen, und ich konnte das auch gleich, ich hatte richtig Power, vielleicht weil ich vorher getöpfert hatte. Ich konnte jeden Finger einzeln bewegen und hatte auch ne gute Muskulatur, das brauchst du ja beim Baß, das ist nämlich ganz schön schwer mit den dicken Saiten. Kai hat mir dann den Fingersatz gezeigt, damit ich nicht falsch anfing, das ist ja wichtig, ohne ABC kannste ja auch nicht lesen – und dann haben wir geübt und Texte geschrieben, und irgendwann waren wir ne richtige Band.«

Rio: »War doch ziemlich beeindruckend, die Songs, die die geschrieben haben, die verrückten Ideen und wie das alles zusammenkam. War irgendwie tied (=Zeit) hätte man dann später gesagt.«

Im Oktober 1979 beschlossen die drei Frauen dann, sich unter dem Namen CARAMBOLAGE an die Öffentlichkeit zu wagen.

Angie: »Wir nahmen Demokassetten mit drei, vier Songs auf und verschickten sie an verschiedene Bekannte. Eine davon landete in Berlin beim »Zensor«. Das war ein Typ, der damals ziemlich wichtig war in der Berliner Musikszene. Er hieß eigentlich Burkhart Seiler, aber alle nannten ihn »der Zensor«, weil er ein so strenges Urteil und auch ziemlich viel Einfluß in der Szene hatte. Er hatte einen kleinen Plattenladen, ich glaube, in der Belziger Straße, da waren alle Independent-Labels vertreten und eine Menge von dem, was man heute Weltmusik nennt. Na, jedenfalls, dem Zensor gefiel unser Demoband, und er verschaffte uns den Auftritt im *SO 36*, das war damals der angesagte Laden in Berlin. Dort zu spielen, das war schon was.«

CARAMBOLAGE unternahm dann einige sehr erfolgreiche Tourneen quer durch die Republik und sogar bis Italien, wo sie enthusiastisch gefeiert wurden. Auf einer dieser Touren fuhr dann Elser Maxwell als Tourmanager mit, damit die Mädels nicht so ungeschützt durch die Gegend reisten. Bereits im Sommer 1980 machte sich die Band an die Produktion ihrer ersten LP. Produzenten waren Rio und Lanrue, und das Ganze wurde im Fresenhagener Studio eingespielt. Der Name der LP war schlicht und ergreifend *Carambolage*. Die Musikzeitschrift *Sounds* schrieb über diese Platte: »Raffinierte Sprechblasenmusik machen drei semi-schräge Frauen. Sie handhaben Ska und Rock und Kirmeswalzersound und Heavy und Piepsig. Das hört sich ungeheuer spannend an – wie frisch aus der Wundertüte.«

Noch vor der Produktion einer zweiten LP verstärkte sich die Band: Die Saxophonistin Janett Lemmen kam hinzu. Bei einigen Konzerten spielte Janett auch Baß, weil Angie gerade in dieser Zeit die liebliche Lisa Jane zur Welt brachte, ihre und Kais Tochter. Die Aufnahmen zur zweiten LP fanden unter mächtigem Zeitdruck statt, und weil alles so schnell gehen mußte, wurde die LP *Eilzustellung-Exprès* genannt. Lanrue produzierte das Album im Herbst 1982 ebenfalls in Fresenhagen, zusammen mit Klaus Kurtenbach.

Angie: »Ich kann wirklich nur jeder Frau empfehlen, mit Lanrue zu produzieren, der kann sich auf Frauen einfühlen. Es gibt wirklich wenige Männer, die das können. Also, dich nicht platt fahren,

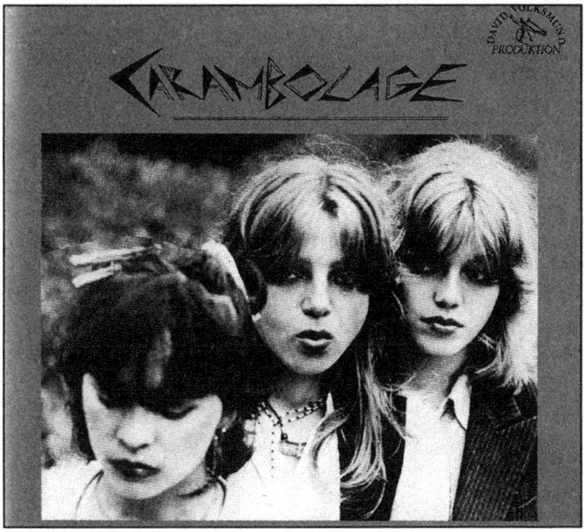

Original-LP-Cover von 1980

sondern immer das Beste aus dir herauslocken. Die erste Platte haben wir gemacht – da hatte ich gerade mal eine paar Monate vorher angefangen, Baß zu spielen, und dafür finde ich es heute noch sehr manierlich, was da rüberkommt. Aber die beiden – Rio und Lanrue – haben nie gesagt, spiel so oder spiel so.«

Als die Frauen im Sommer 1983 nach Berlin zogen, gerieten sie in die Fänge zweier Kokaindealer. Damit diese ihre Drogengelder waschen konnten, erhielten die Mädels großzügige »Geschenke« in Form von neuen Instrumenten beziehungsweise Anlagenteilen, die ihnen später wieder abgenommen wurden. Während einer Tour fuhren sie sogar einen großen Chevrolet über diverse Grenzen, in dem drei Kilo Koks versteckt waren, ohne daß sie davon wußten.

Im Winter 1984 meldete sich dann Manne Praeker bei ihnen, der inzwischen die Trennung von Nina Hagen hatte verkraften müssen. Manne wohnte in einer Villa im Berliner Nobelviertel Grunewald, in der er als Musiker und Produzent sehr erfolgreich arbeitete. Als Bassist der Band SPLIFF und als Mitproduzent von NENA hatte er bereits diverse goldene Schallplatten eingeheimst. Nun hatte er

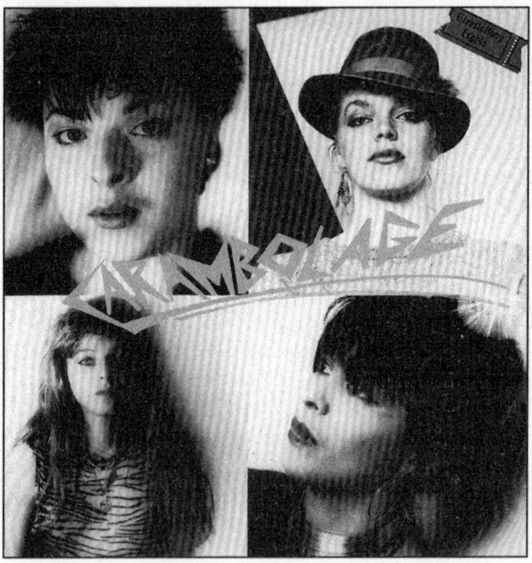

Original-LP-Cover »Eilzustellung Exprès«. 1982

sich CARAMBOLAGE (inzwischen wieder ohne Janett Lemmen) als nächste Band ausgeguckt und wollte sie zusammen mit SPLIFF- und NENA-Manager Jim Rakete groß rausbringen. Die Aufnahmen für die geplante dritte CARAMBOLAGE-LP fanden im oberen Stockwerk von Mannes Villa statt, wo er sich ein professionelles Tonstudio eingerichtet hatte. Britta und Elfie zogen sogar ganz bei Manne ein. Aber schon bald gab es Streit über die Art und Weise, wie Manne produzierte. Für den Geschmack von Britta und Angie wurde das ganze Produkt zu perfekt, zu sehr glattgebügelt, Elfie hingegen, die inzwischen eine Liebesbeziehung mit Manne hatte, verteidigte seine Vorgehensweise. Tatsächlich war es so, daß die Unbekümmertheit und Authentizität, die den Charme der CARAMBOLAGE-Musik ausgemacht hatten, bei dieser Produktion auf der Strecke blieben. Die einzige der drei Frauen, die ihr Instrument selbst spielen durfte, war Britta, alle anderen Instrumente wurden mehr oder weniger von Manne eingespielt.

Angie: »Manne fand uns wahnsinnig gut, er war scharf auf unsere Ideen, wir waren ja kolossal erfinderisch. Aber dann, bei der Produk-

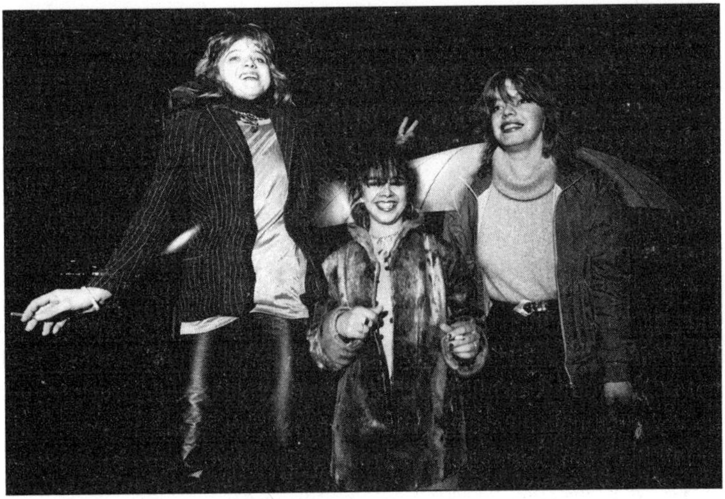

Carambolage: Britta, Elfie, Angie.

tion, hat er versucht, das auf seine Weise in irgendwelche Bahnen zu lenken – mit dem Erfolg, daß von uns wenig übrig geblieben ist.«

Das, was am Ende übrig blieb, war nicht mehr CARAMBOLAGE, das war fast schon ein Kunstprodukt. Die Plattenfirma CBS, bei der Manne noch eine Option gehabt hatte, lehnte das Produkt im Frühjahr 1985 mit der Begründung ab, es sei weder Fisch noch Fleisch – sprich: weder Avantgarde, noch richtiger Pop. Ein weiterer Grund könnte allerdings gewesen sein, daß Frauenbands zu diesem Zeitpunkt schon nicht mehr im Trend lagen. Mit der Absage von CBS kündigte sich das Ende von CARAMBOLAGE an. Während der Produktion hatte es Gespräche gegeben, in denen ernsthaft darüber diskutiert wurde, ob die neue LP nun Gold oder Platin einspielen würde, und diese Hoffnung auf den großen Erfolg hatte die Gruppe zusammengehalten. Jetzt brachen die Dämme. Die Diskrepanz zwischen Britta und Angie auf der einen, Elfie und Manne auf der anderen Seite, wurde so groß, daß Elfie schließlich ihren Austritt aus der Gruppe verkündete. CARAMBOLAGE zerfiel, und die dritte LP mit dem Arbeitstitel *Bon Voyage* wurde nie veröffentlicht.

Später verkaufte Manne Praeker seine Villa im Grunewald und zog mit Elfie zunächst nach Fresenhagen, bevor sie sich an der portugiesischen Algarve niederließen, wo sie heute noch leben.

Britta blieb in Berlin-Kreuzberg und macht weiterhin Musik. Sie trommelte zum Beispiel bei den LASSIE SINGERS und bei der Band BRITTA. Die dritte CARAMBOLAGE-Frau, Angie, verließ zwei Jahre später Berlin, lebte zwei Jahre in Amsterdam und zog dann mit ihrer und Kais Tochter Lisa nach Schleswig-Holstein.

Du warst Anfang der Siebziger eines der vielen Straßenkinder, die im Rauch-Haus *wohnten, und erst 14 Jahre alt. Wie bist du damals mit den Scherben in Kontakt gekommen?*

Es war so, daß – die Scherben waren ein Begriff im *Rauch-Haus*, aber eher für die Lehrlinge, wir Trebegänger, wir waren viel zu jung, wir wußten das gar nicht so genau, aber das war die angesagte Band. Ich bin dann mal mit bei ihnen gewesen – ach, es ging darum, ob sie auf dem 1.-Mai-Fest spielen, auf diesem berühmten, auf dem Mariannenplatz, und da sollte dann ne Abordnung zu den Scherben gehen und fragen. Da war ich mit und wollte mal gucken, wie ne Pop-Band lebt. Ich hatte mir gerade vorher bei HERTIE eine Jeans geklaut und ganz lange Fransen dran gemacht und war so stolz. Das hat mich eigentlich mehr interessiert als die Band.

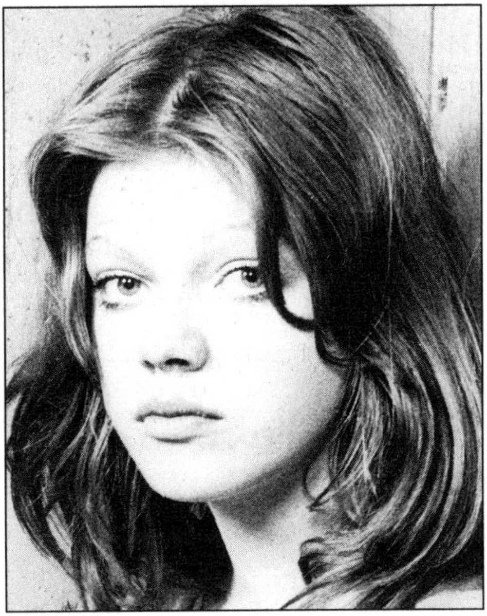

Angie Olbrich kam 1972 als Teenie zu den Scherben. Sie war Mitbegründerin (Bass & Gesang) der Frauenband CARAMBOLAGE. *Heute ist sie Sängerin des Duos* ANGEL'S BLUE *(www.angels-blue.de) mit Kai Sichtermann am Piano.*

Wie lange warst du eigentlich im Rauch-Haus?

Ich bin eingezogen am 15. Dezember nach der Besetzung – die war ja am 8. Dezember 71, die hab ich nicht mitgemacht. Vorher war ich auf Trebe am Bahnhof Zoo, unter anderem, ich hab überall geschlafen, *Café Kaputt*, da konnte man bis morgens um acht – und dann bin ich mal bei Zuhältern gelandet am Nollendorfplatz. Ich hab's einfach zu spät geschnallt. Ich bin dann irgendwie aus dem Fenster geflüchtet, bevor mir was passiert ist. Und dann hieß es, daß es dieses Haus gibt, daß da aber ständig Razzien wären, deswegen bin ich da erstmal nicht hin. Schließlich bin ich doch dahin, aber lange war ich nicht da, nur bis – ja, während die *Keine Macht für Niemand* gemacht wurde, muß es gewesen sein. Es gab ein Fest auf dem Oranienplatz, da hat Schlotterer mich gesehen und hat dann wohl gedacht, ah, die Traumfrau. Richtig kennengelernt haben wir uns dann auf dem 1.-Mai-Fest auf dem Mariannenplatz, ich hab die Würstchenbude gemacht, und er war ja niemals satt, er hat dann immer die verkohlten Teile gekriegt. Und da war's dann so, dann bin ich mit eingezogen.

Und wann hast du mit Kai angebandelt?

Neun Monate später – ach, wir waren, glaube ich, immer ein bißchen verliebt ineinander.

War Schlotterer dein erster Mann?

Nee, davor war ich mit Bommi Baumann zusammen.

Ach so?!

Also, Bommi Baumann, ich wußte nicht, mit wem ich es zu tun hatte, ich wußte, er wird gesucht, das war mir klar, durchs ganze Verhalten, aber ich hab nie gefragt, weil ich mir dachte, wenn ich's nicht weiß, kann ich's auch nicht verraten. Die haben Mittel und Wege, um das aus mir rauszukriegen, deswegen wollte ich das nie wissen. Von Bommi wußte ich nur, weil's in der *Bild*-Zeitung stand. Dann kann ich mich an ein Fußballspiel erinnern, da gab's ja auch so ne Wiese. Lanrue war ja ein leidenschaftlicher Fußballfan, genau wie Kai und Schlotterer, und Bommi hat da auch mitgespielt. Irgendwie wollte ich wissen, ob's wahr ist, was so in der *Bild* steht. Ich hab mich neben die Jacke von Bommi gesetzt und sie einfach mal hochgehoben, und da war sie auch schwer genug. Nun wußte ich, es ist tatsächlich so – und kurz darauf verschwand er. Danach hab ich Bommi, ich glaub, vierzehn Jahre nicht gesehen. Das war BEWEGUNG 2. JUNI, die RAF war das nicht.

Wäre es falsch, dich als Scherbenbraut zu bezeichnen?

Jedenfalls war ich die erste Frau, die praktisch mit den Scherben gewohnt hat.

Wie haben die Scherben eigentlich darauf reagiert, daß du von Schlotterers in Kais Zimmer gewechselt bist?

Sie fanden das, glaube ich, gut. Sie fanden, daß Kai und ich gut zusammen gepaßt haben – wobei, es gab auch schon Konkurrenz mit Lanrue, der ständig versucht hat, mich von Kai abzupflücken. Er hatte keine feste Freundin, und Frauen durften auch nicht so in seinem Leben sein – da gab's also schon Konkurrenz.

War Lanrue ein Frauenheld?

Na, und ob! Der hatte überall Mädels, der war so 'n Heartbreaker, letztendlich war er der Einzige, der das normale Bandleben geführt hat. Lanrue hat auch immer sehr auf sein Privatleben geachtet, was damals ja nicht aktuell war. Da wurde ja immer alles geteilt, aber Lanrue wollte das nicht, der wollte sein Privatleben haben.

Und wie hat Rio auf dich gewirkt?

Ja, Rio – mir hatte jemand gesagt, daß er schwul ist, und ich dachte zu der Zeit, Schwule mögen keine Frauen, also hatte ich Angst vor ihm. Aber Rio hatte auch Angst vor Frauen, er hat schnell in Frauen was Böses gesehen – Bedrohliches, ist das richtige Wort. Ja, Rio hatte ja ewig Kummer, der war viel zu viel allein, als junger Mann. Damals war das auch noch nicht so mit dem Sich-Outen, ich glaube, daß viele Leute nicht gewußt haben, daß er schwul war, sehr, sehr lange nicht. Und er war eben sehr einsam, daher kommen ja auch all diese Lieder, Liebeslieder, Sehnsuchtslieder.

Die Kommune-Ideologie von damals besagte: Alles wird geteilt, und alles ist öffentlich. Wie war das am Tempelhofer Ufer? Wurde das Klo abgeschlossen?

Ich hab's abgeschlossen, Schlotterer nicht. Der saß da grundsätzlich mehrere Stunden mit der *Süddeutschen Zeitung* bei unabgeschlossener Tür. Alle anderen, also Lanrue, Rio, Kai, Nikel – also ich kann mich nicht erinnern, daß da jemand – so frei waren wir nicht. Also das, was so in vielen Wohnungen propagiert wurde, bei manchen wurden ja sogar die Türen ausgehängt, das wollte ich nie, das war mir zu intim. Und das war bei den anderen auch so – von Schlotterer abgesehen, wie gesagt.

Ich hab aber gehört, du bist immer splitterfasernackt in der Wohnung herumgerannt.

Ich hab mir einfach nichts dabei gedacht, überhaupt nicht. Aber Lanrue wäre das im Traum nicht eingefallen, Rio auch nicht. Und Kai? Kann ich mich auch nicht erinnern. Ja, Schlotterer, dem war's schnurzpiepegal.

Also doch nicht die große Freiheit?

Nee, auf keinen Fall. Es gab sogar strenge Tabus. Zum Beispiel, daß du grundsätzlich kein Instrument anfassen durftest, das dir nicht gehörte! Ich wäre auch nie auf die Idee gekommen, Lanrue zu fragen, ob ich mal seine Gitarre haben darf. Da war der ganz pingelig, und zu Recht. Das war von Anfang an anders als bei anderen in dieser Sponti-Szene, da gehörte ja immer alles allen, aber das war bei Scherben nicht so. Lanrue hat schon sehr darauf geachtet, daß man seine Sachen nicht anfaßt. Das war auch richtig, sonst hätte man null Privatsphäre gehabt. Es kam ja oft genug vor, daß irgendwelche Leute plötzlich in deinem Zimmer standen oder solche Sachen.

Das Alltagsleben unter Scherben. War es der gelebte Traum vom Paradies?

Ach nee, also Konflikte gab's jede Menge, wenn du das meinst. Rio war ja eine schwierige Persönlichkeit. Auf der einen Seite so süß, und dann wieder – ich hatte den Eindruck, er leidet gerne. Er ging dann ins Bett und zog sich zurück, und wir, wir rätselten herum, sollen wir ihm was zu essen bringen oder lieber nicht – da gab's schon so 'n Leisetreten, so Schiß vor ihm – weil er eben auch unheimlich ausrasten konnte. Lanrue war der Einzige, der an ihn rankam.

Hatten die Männer innerhalb der Scherben-Familie Privilegien?

Ja, zum Beispiel, als ich schwanger war, hochschwanger, und ich wollte unbedingt mit Kai in einem eigenen Haus wohnen, also Nestbautrieb, den haben ja alle Schwangeren. In der Zeit sind sie einmal alle weggefahren – und da hieß es, einer muß in Fresenhagen bleiben, der einen Führerschein hat, damit man einkaufen fahren kann. Der einzige, der noch einen Führerschein hatte, war Kai – der hatte dann dazubleiben. Daß ich schwanger war und kurz vor der Geburt, das war völlig Banane. Kai hätte ja auch sagen können, das geht nicht, Angie erwartet ein Baby, da muß ich bei ihr sein – aber nee. Und ich hab mich auch nicht getraut, dagegen anzugehen. Auch andere Sachen haben mich tierisch geärgert, bis aufs Blut. Ich hab selber Baß gespielt, ich hab auch Karriere gemacht, ich hab mit CARAMBOLAGE mehr Geld verdient als Kai in der Zeit – aber es war klar, daß ich unsere Tochter Lisa mit auf Tour nehme, sie war neun Monate alt damals. Und natürlich war es selbstverständlich, daß die Scherben die Kleine nicht mit auf Tournee nahmen. Also, von wegen Gleichberechtigung, diese Geschichten haben überhaupt nicht funktioniert, gar nicht. Während die *Schwarze* produziert wurde, haben wir Mädels den Haushalt gemacht, gekocht und eingekauft, zusammen mit Rios Lover, Thomas Müller, der sich dann später das Leben genommen hat. Also, es war schon so, wenn die Scherben irgendein Projekt gemacht haben, dann durfte man nichts dagegen sagen, sonst hätte es geheißen: Du törnst ab! Damit gefährdest du alles. Aber andererseits haben wir auch von den Scherben-LPs mit gelebt.

Du hast ja dann in Fresenhagen mit CARAMBOLAGE *eine der ersten deutschen Frauenrockbands gegründet. Wart ihr eine feministische Band?*

Ja, auf jeden Fall. Aber nicht so theoriemäßig, wenn du weißt, was ich meine. Nur im Sinne von dem, was ich sowieso bin. Kein Kerl ist mehr wert als ne Frau. Simpel gesprochen. Wegen der paar Zentimeter reg ich mich nicht auf.

Der ganz große Durchbruch ist euch – ähnlich wie bei den Scherben – auch nicht geglückt. Wenn du heute zurückblickst: Wart ihr trotzdem erfolgreich?

Klar waren wir erfolgreich. Weil wir ne Frauenband waren, sehr gut aussehende Frauen, das kam noch hinzu. Und wir waren völlig wild. Die Band mit dem schlechtesten Sound, hieß es, weil wir auch kein Geld hatten für ne Anlage. Wir hatten auf der ersten Tournee ein Mischpult, zwei Monitor-Boxen, das waren die Lautsprecher, und dann haben wir vorne das Mischpult selbst eingestellt und sind auf die Bühne gegangen und haben gespielt. Da saß keine dran, am Mischpult. Wir haben nur zu jemandem aus dem Publikum gesagt, wenn's piept, mußt du den Regler da runterziehen. Wir waren auch ununterbrochen auf Tour, sogar bis nach Italien, Österreich und in die Schweiz. Aber Geld hat es nicht viel gebracht. Ich hatte ein eigenes Auto mit Babysitter und Baby, deswegen war nie Geld übrig. Wir hatten ja auch keine große Firma im Rücken, nur die DAVID VOLKSMUND PRODUKTION.

Warum habt ihr euch nicht an große Produktionsfirmen gewandt?

Da gab's eine Art Ehrenkodex. Schließlich waren wir Scherben-Abkömmlinge und Teil der DAVID VOLKSMUND-PRODUKTION.

Und scheinbar auch den Ehrenkodex der finanziellen Erfolglosigkeit. Die aufwendigste Scherben-Tournee, organisiert von Elser Maxwell, endete im Desaster: 200.000 Miese.

Also, das war ja das Krankeste, was ich mir überhaupt vorstellen konnte. Diese Tournee, da bin ich ja ganz verrückt geworden. Es hieß, zum Beispiel, sie brauchen jeder ein Doppelzimmer, damit ging's schon los – Kostenapparat, jeder ein Doppelzimmer – für potentielle Groupies, noch mal beweisen, was für tolle Hengste sie waren. Und, ja, es mußte alles vom Feinsten sein – und, die Firma wurde gnadenlos abgegraben. Und alles wurde immer nervöser, Rio vor allen Dingen, der bekam dann auch seine Tobsuchtsanfälle – das ging so weit, daß man nur noch Ja und Amen sagen konnte, weil man sich sonst den Zorn von ihm zugezogen hätte. Und den konnte man fürchten, das gab's ja öfter mal, daß er was auseinander genommen hat, dieser Spargel-Tarzan, *(mit Blick zum Himmel)* entschuldige Rio, aber das mal zur Wahrheit!

War diese Tour der Anfang vom Ende der Scherben oder setzte der Bruch früher ein?

Also, du darfst nicht vergessen, daß jahrelang in Fresenhagen fast nichts gemacht worden ist, scherbenmäßig. Da wurde gewohnt, da wurde keine Platte gemacht, nichts, außer ein paar Fremdproduktionen. Aber Scherben – das klingt immer so, als wenn die Scherben die ganze Zeit da gewesen wären, das war nicht so, es gab große Löcher, und zwar immer mehr, da wurden nur irgendwie die Platten verwaltet. Sie haben sich dann aufgerafft, die *Schwarze* zu machen. Und dann die Elser-Tour – ja, stimmt schon, das war der Anfang vom Ende. An den Schulden, die sie sich da eingehandelt haben, hatten sie bis zum Schluß zu knabbern.

Wenn du heute an die Scherbenzeit zurückdenkst. Was fällt dir spontan ein?

Daß ich heilfroh bin, diese Zeit mit ihnen gehabt zu haben. Es war teilweise irre anstrengend, aber ich hab sehr viel gelernt und viel Schönes mit ihnen erlebt. Ich hab hier mal was von der »anderen Seite« erzählt, weil mir die Mystifizierung – gerade nach Rios Tod – tierisch auf den Keks geht. Das waren ja keine Götter, das waren Menschen, die was bewegt haben. Ich hatte es ja nie mit dem Anhimmeln und so, ich hatte das absolut nicht – und die haben mir damals so leid getan. Kai hat mir so leid getan, Rio hat mir so leid getan – ich hab gedacht, die werden ja nur geliebt, weil sie irgendwie berühmt sind. Aber keiner sieht, wie es ihnen wirklich geht.

1980: Comeback mit Tarot

Spökenkiekerei

Was sich im Laufe des Jahres 1978 vage angekündigt hatte, begann sich im darauffolgenden Jahr langsam zu verdichten. Nach den vielen Auftragswerken der vergangenen Zeit hatte die Band den Wunsch, wieder eine originale Scherben-LP herauszubringen. Bestärkt wurde dieser Wunsch sicherlich durch das Beispiel im eigenen Hause: Die Carambolage-Mädels hatten, vor Ideen sprühend, ihre ersten Songs geschrieben und erfolgreiche Auftritte hinter sich, während die Scherben-Typen noch immer nicht wieder von einer gemeinsamen Idee getragen wurden.

Rio: »Für uns oder für die Jungs in Fresenhagen war das Ganze doch nochmal so'n Kick, weil wir da doch neidlos – oder neidvoll – sagen mußten, daß das doch, so schräg das war, gut war.«

Der Gedanke, daß die produktive Konkurrenz mit den Frauen die Scherben wieder auf die Beine brachte, liegt also nahe.

Kai: »Kann sein, daß es so war – aber wir hätten das niemals zugegeben.«

Hannes Eyber: »Die Scherben waren ja auch irritiert. Ich hab da immer die Gesichter gesehen, wenn Carambolage geprobt hat. Es war Lanrue eigentlich nicht angenehm, daß die da hinten selber Musik machten, während wir da am Anfang so rumgebrütet haben. Es gab ja in Fresenhagen diesen Abstellraum oder die Speisekammer, oder was das war, den hatten die Mädels sich zuerst als Probenraum hergerichtet und mit Wolldecken verhängt. Wenn sie gespielt haben, dann haben sich durch den Druck der Schallwellen die Decken gebläht – und ich weiß noch, daß Lanrue immer mit strengem Blick auf diese Decken geschaut und gelauscht hat. So mit der stummen Frage: Was treiben die da?«

Das Problem war: Rio und Lanrue, das entscheidende Duo der Scherben, konnten nur – oder wenigstens am besten – arbeiten, wenn sie unter Druck standen. Man brauchte bloß zu einem bestimmten Thema ein paar Songs zu bestellen und zu sagen, nächste Woche muß ich die haben, dann wuchsen die beiden über sich hinaus. Für eine neue Scherben-LP aber gab es keinen Auftrag, keinen Termindruck, keine Songs. Wie konnte man eine Situation schaffen, in der auch ohne Auftrag und Termindruck verbindlich, konzentriert und kreativ gearbeitet wurde?

Die Scherben lösten das Problem auf ihre Weise: Durch »Spökenkiekerei«, wie ihre nordfriesischen Nachbarn es genannt hätten.

Man muß dazu sagen, daß die Scherben schon immer eine ausgeprägte Neigung dazu hatten, sich mit Bereichen zu befassen, die – vorsichtig ausgedrückt – vom Rationalismus und vom gesunden Menschenverstand ein wenig abwichen. Astrologie war, vor allem für Rio, aber auch für Kai, schon seit einigen Jahren ein großes Thema. »Wir sind eine steinbockdominierte Band« war ein Satz, den man schon am T-Ufer häufig hörte. Rio, Schlotterer und Lanrue waren Steinböcke, daher schwierige Charaktere, Leute, die den Hang dazu hatten, mit dem Kopf durch die Wand zu gehen, ehrgeizig und ausdauernd kletternd, aber auch imstande, bis zur Selbstzerstörung mit der Welt zu hadern. Kai wiederum war Fisch – sogar »Doppelfisch« (weil auch sein Aszendent, der Sonnenaufgangspunkt, im Zeichen der Fische lag) – , und daher war es kein Wunder, daß er sich mit klaren Statements und überhaupt mit Worten sehr zurückhielt. Das wiederum konnte den Steinbock auf die Palme bringen: Rio, so wird berichtet, hatte einmal am T-Ufer verkündet, er werde nicht eher vom Frühstückstisch aufstehen, als bis Kai sich zu irgendeiner Frage geäußert habe! Alle Augen richteten sich auf Kai, dann auf Rio, dann wieder auf Kai – aber Kai blieb stumm. Wie ein Fisch. Die Situation wurde immer bedrükkender, die Luft immer dicker, dann stand Kai auf, natürlich ohne ein Wort gesagt zu haben, und verließ den Raum. Rio aber, ja, Rio würde, wenn er Wort gehalten hätte, noch heute im T-Ufer am Frühstückstisch sitzen.

Funky wiederum war Schütze, und so war es kein Wunder, daß er immer wieder den Drang hatte, der Enge von Fresenhagen zu entfliehen. Schützen sind freiheitsliebend, sie reisen gern, und wenn Funky schon nicht nach Berlin reisen konnte, dann eben in den *Trichter*, die Discothek von Niebüll. Wenn die Scherben als Gruppe dorthin gingen, dann war am Ende immer die Frage: »Wo ist Funky?« Funky aber schwirrte um die Mädels herum und hatte nicht die geringste Lust, jetzt schon nach Hause zu fahren. Typisch Schütze.

So dachte man bei den Scherben. Obendrein war Funky von Anfang an, schon von seiner EMBRYO-Zeit her, esoterisch angehaucht, las Bücher wie *Das Tibetanische Totenbuch* und glaubte an die Kraft der Meditation.

Lanrue aber war selbst ein Medium, mit übersinnlichen Psi-Fähigkeiten ausgestattet, die die Scherben immer wieder in Erstaunen versetzten. Und Rio war nicht nur gläubig und las viel in der Bibel, sondern auch abergläubisch und hätte zum Beispiel niemals ein Wort über den Verkauf einer Platte verloren, bevor sie nicht produziert war.

Ende Dezember 1979 errechneten Rio und Kai auf astrologischer Basis die günstigste Zeitqualität für den Beginn der Arbeit an der neuen LP. Der Begriff Zeitqualität soll besagen, Zeit sei nicht nur als reine Quantität zu begreifen, als linearer Zeitstrahl, der vom Beginn der Welt bis zu ihrem Untergang schnurgerade und säuberlich in Stunden, Minuten, Sekunden etc. eingeteilt verläuft – nein, Zeit habe unterschiedliche Eigenschaften, es gebe intensivere und weniger intensive, hohe und niedere Zeiten und eben auch für den Beginn einer künstlerischen Unternehmung günstige und weniger günstige. Günstig und daher abzupassen waren zum Beispiel bestimmte Stellungen von Jupiter und Venus, und eine solche Stellung war am Morgen des 22. Januar 1980 um 7 Uhr 58 erreicht, als die Band eine Flasche Sekt der Marke *Freixenet Cordon Negro Brut* an der Tür zum Studio zerschellen ließen. Das war der Startschuß, die Studiotaufe für die neue LP, der magische Augenblick, mit dem die Arbeit an der *Schwarzen* begann. Und damit war zugleich die Deadline gesetzt, das Ende der Arbeit: Genau ein Jahr nach diesem Startschuß, auf die Minute, ja, auf die Sekunde ein Jahr danach, sollte die neue LP fertig sein. So lautete die Verabredung. Und damit hatten die Scherben das, was sie brauchten: Zeitdruck.

Was sie nicht hatten, waren Songs – Texte, Musik. Aber es war ja auch noch ein Jahr Zeit.

Man fing also an zu arbeiten oder versuchte es wenigstens. Zu den vier Musikern war übrigens noch ein fünfter Mitarbeiter gestoßen, der Schauspieler und Textdichter Hannes Eyber, ein Freund aus früheren Tagen, der schon bei der *Teufel hast du Wind*-Schallplatte mitgemacht hatte.

Rio hatte den Wunsch geäußert, ja, darauf bestanden, daß Hannes Eyber als Textschreiber an der neuen LP mitwirken sollte, und wenn Rio auf etwas bestand, dann hatte das Gesetzeskraft. Die anderen mochten Hannes Eyber allerdings auch und respektierten ihn – nur die Scherben-Frauen hatten ein etwas zwiespältiges Verhältnis zu ihm, weil er oft ein bißchen zu sehr ironisch war. Im übrigen war er das, was man eine Persönlichkeit nennt. Misha Schöneberg, Rios Lover aus späteren Tagen, berichtet, daß alles, was Hannes Eyber von sich gab, den Eindruck machte, als sei es von ungeheurer Bedeutung: »Der kam zum Beispiel morgens in die Küche und sagte: Es ist acht Uhr zwanzig – und man dachte, ah, Donnerwetter, acht Uhr zwanzig! Wow! Was für ein Satz! Darf ich den mitschreiben?«

Hannes Eyber war also auf Rios Wunsch ebenfalls nach Fresenhagen gekommen und machte mit.

Das Tarot-Geheimnis wird gelüftet

Bevor wir mit unserer Darstellung der Scherbengeschichte fortfahren, müssen wir darauf hinweisen, daß an dieser Stelle ein lange gehütetes Geheimnis gelüftet wird. Die Scherben hatten, als sie Rios Vorschlag annahmen, strengstes Stillschweigen vereinbart. Niemand, so lautete das feierliche Versprechen, das die Fünf einander gaben, sollte je davon erfahren, wie es zu den Songs kam und was es damit auf sich hatte. Und keiner außer den Fünf sollte während des für die Produktion vereinbarten Jahres das Studio betreten dürfen, zumindest nicht, wenn dort gearbeitet wurde. Es war eine magische Situation, ein magischer Kreis, in den die Scherben sich hineinbegaben, und jeder Kundige weiß, daß das Schweigen, die Wahrung des Geheimnisses, untrennbar zur Magie gehört. Wird das Geheimnis ausgeplaudert, erlischt der Zauber und versiegt die Kraft.

Wir haben uns daher auch bei allen Beteiligten die Erlaubnis dafür geholt, das Tarot-Geheimnis preiszugeben. Alle waren der Ansicht, daß jetzt, wo seit der Auflösung der Band 15 Jahre vergangen sind, genauso viele, wie von der Gründung bis zur Auflösung –, der Moment gekommen ist, in dem es erlaubt ist, aus dem magischen Kreis herauszutreten.

Doch zunächst ein Wort über das Tarot: Es handelt sich dabei um 78 Karten mit besonderer symbolischer Bedeutung, deren Ursprünge im Dunkeln liegen. Wahrscheinlich stammen die Karten aus dem Orient. Im Mittelalter unterlagen sie dem Einfluß der hermetischen Magie, der jüdischen Kabbala und der gnostischen Katharer, sowie der Zigeuner, und tauchten unter anderem in Frankreich auf. (Unser heutiges Skat-Kartenspiel hat seine Ursprünge auch in den Tarot-Karten). Bis heute entwickelten sich zahlreiche Tarotsysteme zur Wahrheitssuche, so zum Beispiel von dem Okkultisten Aleister Crowley, Anfang des 20. Jahrhunderts. 22 der insgesamt 78 Karten werden die Großen Arkanen genannt, im Unterschied zu den Kleinen Arkanen. Den Großen Arkanen sagt man archetypische Bedeutung nach, das heißt, jede der 22 Karten symbolisiert als Urbild einen bestimmten Bereich unseres Daseins. Der Tarot-Experte Joachim Winckelmann sagt, sie seien »aufgeladen wie Kondensatoren mit Elektrizität. Sie geben ihre Ladungen an den ab, der es versteht, den geistigen Anschluß an sie zu finden. Sie laden sich immer wieder auf, bereit, ihr Wissen dem Würdigen stets von neuem zu geben.«

Rios Vorschlag bestand nun darin, daß zu jeder der 22 Großen Arkanen ein Song geschrieben werden sollte.

Der große Moment, in dem die erste Karte gezogen wurde – von allen gemeinsam, von Hannes Eyber, Rio, Funky, Kai und Lanrue –, war also dieser denkwürdige 22. Januar im Studio in Fresenhagen. Man kann es kaum glauben, und man würde gern erfahren, wie den fünf Musik-Magiern zumute war, als sie gemeinsam die erste Karte zogen, sie umdrehten und gewahr wurden, daß es – DER TEUFEL war. Heulte der Wind über den Dächern von Fresenhagen? Peitschte der Regen gegen die Fenster? Flatterte eine Fledermaus durchs Studio? Schlug Rapsie, Lanrues Pferd, dreimal aus? Ließen die Katzen Eddie und Tante Titti langgezogene, klagende Brunstschreie vernehmen? Jaulte Fritz, der Hirtenhund? Schrie irgendwo ein Käuzchen? Wir wissen es nicht mehr.

Wir wissen aber, daß der Text, der seine Inspiration und seinen Zauber dieser ersten Karte verdankt, von allen gemeinsam geschrieben wurde. Er entstand durch eine Art Spiel, bei dem jeder eine Zeile aufschrieb. Was dabei herauskam, wurde dann von Hannes Eyber und Rio überarbeitet. Auch die Akkorde des Songs wurden durch ein Zufallsprinzip bestimmt. Der Rhythmus aber folgte einer einfachen – magischen – Zahlenreihe: 1234567 – 12345678. *Heimweh* lautet der gar nicht so teuflische Titel des Songs.

Hannes Eyber: »Dieses *Heimweh*-Ding, das sind für mich die Scherben. Das ist die Summe der Scherben. Das ist eine ungewöhnliche Musik, die hat einen bestimmten skurrilen Touch, der Text ist eigenartig, der hat ja keine Logik, geht aber mit der Musik, der Stimme, mit dem Klang der Sache absolut konform und hat irgendwie einen Sog –, also das ist so Scherben. Da kommt alles drin vor. Da ist ungesundes Leben, Drogen, alles, was Rockmusik in sich versammelt, Sehnsucht, Schmerz – da ist alles drin, was so eine Musik auszudrücken vermag.«

Prima. Doch von da an ging gar nichts mehr. Es war wie verhext. Man saß herum und zergrübelte sich den Kopf darüber, wie es weitergehen sollte. Alle waren irgendwie blockiert.

Kai: »Ich hab gedacht, wieso, was sind hier für Spannungen? Ich bin ja davon ausgegangen, daß die Hauskomponisten, also Rio und Lanrue, verstärkt durch Hannes Eyber als Texter, jetzt irgendwelche Vorgaben machen. Aber Rio wollte das offenbar nicht. Ich weiß noch, daß Lanrue im Studio auf dem alten Lehnstuhl saß, ein Glas in der Hand, und auf einmal, während er redete, schlug er mit dem Glas auf die Lehne, und das Glas zersprang. Aber warum? Ich weiß es nicht mehr genau. Wahrscheinlich hatte Lanrue Probleme mit der neuen Situation. Die altvertraute und bewährte Zweier-Konstellation Rio & Lanrue war durch Hannes Eybers Anwesenheit gestört, die Aufgabenverteilung mit einem Male unklar. Irgend so ein Ding muß da gelaufen sein. Jedenfalls gab es eine fürchterliche Schreierei, und auf einmal flog die SONY durch die Luft, unsere 4-Spur-Maschine. Ich bin dann rausgegangen, ich war ziemlich durcheinander, richtig fertig. Als ich dann wieder reinkam, hatte sich der Sturm gelegt. Ich glaube, in dieser Situation hat Rio dann den Vorschlag gemacht, Text- und Musikaufgaben genau festzulegen.«

Rios Vorschlag war dann, daß durch ein bestimmtes – magisches – Ritual herausgefunden werden sollte, wer welchen Text und welche Musik schreibt.

42 Aufgaben gab es noch zu verteilen, 21 Texte und 21 Kompositionen. Zunächst einmal wurde – weniger magisch als pragmatisch – bestimmt, wer wie viele Aufgaben bekommen sollte. Das war Verhandlungssache. Klar war, daß Hannes Eyber, der kein Musiker war, nur Text-Aufträge bekommen würde und Lanrue, der kein Texter war, nur Kompositionsaufgaben. Rio bekam beides, Text- und Musik-Aufgaben – und auch Funky legte nun Wert darauf, einige Texte zu schreiben. Vier wurden ihm zugesprochen, und Funky war damit zufrieden. Unzufrieden war nur Kai, der als einziger keine Aufgabe hatte.

»Wenn ich hier jetzt als einziger gar nichts Kreatives machen kann«, sagte er, »dann finde ich das nicht okay.« Und dabei klopfte ihm das Herz bis zum Hals, weil es nicht seine Art war, sich so weit aus dem Fenster zu lehnen. »Funky macht vier Texte – ich möchte vier Kompositionen.«

Das Herz klopfte ihm auch, weil er noch nie eine Komposition gemacht hatte. Rio hatte ihn in der Vergangenheit immer wieder dazu aufgefordert, aber Kai hatte sich nicht getraut. Jetzt wollte er es – und ausgerechnet jetzt war Rio dagegen.

»Ich weiß nicht, ob ich das so gut finde«, sagte Rio.

»Also«, sagte Kai und gab sich innerlich einen Ruck, um nicht einfach so klein beizugeben, »so geht das ja nun nicht. Gleiches Recht für alle.«

Das fanden auch die anderen, und so wurde nach einigem Hin und Her beschlossen, daß Kai seine vier Kompositionen machen durfte. Übrigens nannte man diese Aufgaben »Bingos« – entweder Musik-Bingo oder Text-Bingo.

Entschieden war jetzt also, wie viele Bingos jeder hatte – aber noch nicht, zu welcher Tarot-Karte er den Text oder die Musik schreiben sollte.

»Bevorzugen Sie zur Befragung des Tarots die Abend- und Nachtstunden«, heißt es in dem Buch *Tarot* von Dr. Gilbert Obermaier. So war es vermutlich eine Nachtstunde, in der die Scherben der Reihe nach die Karten zogen, die ihnen jeweils den speziellen Text- oder Kompositionsauftrag zuwiesen.

Als erstes wurden die Text-Karten gezogen. Beteiligt waren nur Hannes, Rio und Funky (Kai und Lanrue hatten ja nur Musik-Bingos). Danach wurden die Musik-Karten gezogen. Hier waren nur Lanrue, Rio und Kai beteiligt (Hannes und Funky hatten ja nur Text-Bingos).

Danach stand fest, wer welchen Text und/oder welche Musik machen – und wer mit wem zusammenarbeiten würde. Kai, zum Beispiel, hatte als Komponist zweimal Hannes Eyber als Texter, einmal Rio und einmal Funky. Bei Rio wollte es das Tarot, daß er außer einfachen auch drei Doppel-Bingos hatte, daß er also für drei der Großen Arkanen sowohl den Text als auch die Musik schreiben würde. Die Aufgaben waren also verteilt. Jetzt kam es darauf an, die Reihenfolge festzulegen, in der man sich an sie heranpirschen würde. Auch hier wieder sollte das entscheiden, was profane Geister als Zufall bezeichnen würden, also die Weisheit des Tarots. Die erste Karte war ja bereits von allen gemeinsam gezogen worden, und zwar im Studio in Fresenhagen, diesem inzwischen zur Tabu-Zone erklärten magischen Ort.

Danach sollte jeweils einer der Fünf die nächste Karte ziehen – und zwar, hier kommt ein neues magisches Moment ins Spiel: Jeweils an einem von ihm selbst zu bestimmenden Ort. So fuhren die Scherben mal gemeinsam zur archäologischen Ausgrabungsstätte nach Haithabu oder an die Nordsee nach Dagebüll, nach Dänemark zu den Orten Mögeltondern oder Ribe oder in das berühmte Nordsee-Fisch-Restaurant *Bonsil*, um dort irgendwo im Kreis zu stehen und zuzuschauen, wie einer von ihnen die nächste Karte zog. Das war dann eben DER HERRSCHER oder DER MAGIER, DER GEHENKTE oder DER NARR.

Kaum aber war die Karte aufgedeckt, hieß es für die, deren Bingo gerade gezogen worden war, in Windeseile an die Arbeit zu gehen. Denn viel Zeit war ja nicht. Man kann es sich ausrechnen: Ein Jahr und 22 Songs, da war für einen Song kaum mehr als 14 Tage Zeit. Und wenn man bedenkt, daß die Scherben noch knapp vier Monate Pause machten, dann kommt man auf einen Durchschnitt von rund 11 Tagen pro Song – Text, Komposition, Demo-Aufnahme und Studio-Einspielung. Nein, viel Zeit war nicht, es herrschte sogar Zeitdruck – aber den hatten sie ja gewollt, die Scherben.

Die zweite Karte – DIE WELT – wurde am 12.2. von Hannes Eyber in Dagebüll gezogen. »Diese wertvollste Karte«, so heißt es in dem Buch, aus dem wir unser Wissen beziehen, »verheißt geistige Erhebung, Vollendung in jeder Form. Sie bedeutet in der äußeren Welt Triumph und Zielerreichung, in der inneren Welt Harmonie und Wohlergehen. Es gelingt, die inneren Lebensgefühle und die äußeren Aktivitäten zu vereinigen. Der totale Sieg kann nur durch eine geistige Umwandlung erreicht werden. Nur wer sich selbst verändert, kann gewinnen.«

Sich selbst verändern – das war es, wozu die Scherben von Anfang an und immer wieder bereit waren. Nun hatten sie die passende Karte dazu gezogen. So fügte es sich gut, daß auch hier wieder alle das Text-Bingo hatten. Auch dieser Text entstand wieder als Reihum-Dichtung, die von Rio und Hannes Eyber abschließend in eine Form gebracht wurde. Die Musik dazu stammt von Lanrue. Der Titel des Songs lautete: *Sumpf-Schlock*. »Harikafulas lauern – in Winnetous Garagen – unter den Traumfabriken ... «. heißt es am Schluß. Wer Harikafulas sind, wird klar, wenn man die Namen der Beteiligten hintereinander schreibt: Hannes – Rio – Kai – Funky – Lanrue. Einige Tage später. Funky war derjenige, der dazu bestimmt war, die dritte Karte zu ziehen, und der Ort, den er sich dafür ausgesucht hatte, war Haithabu bei Schleswig an der Schlei. So fuhren die Scherben an diesem Tag gemeinsam nach Haithabu und schauten, geschützt durch den halbkreisförmigen Befestigungswall aus dem 10. Jahrhundert, mit Spannung zu, welche Karte Funky aus den verbliebenen 20 Großen Arkanen herausfischen würde. Es war DIE STERNE oder DER STERN, was insofern passend war, als Funky schon immer die Ansicht vertrat, jeder Mensch sei ein eigener Stern, ja, sogar ein Star. Außerdem war Funky der Spezialist für Meditation, und auch dazu paßte diese Karte. »DIE STERNE fordern nicht zum Handeln auf«, heißt es in unserem Buch. »Das ist eher eine Karte der inneren Ruhe, der Harmonie, die Aktivierung von unbewußten Kräften. Oft handelt es sich um einen geistigen Durchbruch, eine Bewußtseinserweiterung, eine tiefe Einsicht, durch die sich große Chancen eröffnen.«

Es waren Hannes Eyber und R.P.S. Lanrue, die für diese Karte den Text und die Musik machen mußten oder durften. Der Titel des Songs lautete schließlich: *Vorübergehend geschlossen.* Man könnte ihn als die einzige Instrumentalnummer der Scherben bezeichnen, da der Text ganz bewußt vollkommen unverständlich gehalten wurde.

»A-O-Gendan Kinofruchte – Schreit begierlich: Anbau! – Nicht verlangen! Sternverkrustet! – Barschein, Endtanz, Kriegsschau!«

Verstehe das, wer will. Aber will jemand von sich behaupten, daß er die Sterne versteht?

Die vierte Karte wurde an einem Tag gezogen, dessen Kalenderziffer wir nicht mehr kennen. Rio war diesmal dran, und er wählte den kurz hinter der dänischen Grenze liegenden, nicht allzu weit von Fresenhagen entfernten Ort Mögeltondern. Die Scherben fuhren hin, Rio zog – und Bingo! Schon wieder waren Hannes Eyber und Lanrue dran. Die Karte, die gezogen wurde, war DER WAGEN oder DER TRIUMPHWAGEN – und *Kleine Freuden* hieß der Song, der seine Kraft aus dieser Karte bezog. Den Text entwickelte Hannes Eyber wieder mit einer Art Spiel, in das alle einbezogen wurden.

Lanrue war es, der die fünfte Karte zog, es war der 27. März. Er zitierte die Truppe ins Fischgasthaus *Bonsil,* zog die Karte DER EINSIEDLER (auch DER EREMIT) und hatte damit das dritte Musik-Bingo hintereinander. Aber diesmal war nicht Hannes Eyber der Texter, sondern Rio. Da waren sie also wieder zusammen, die beiden, Rio und Lanrue, das Steinbock-Duo. »Sein nach innen gerichtetes Wesen«, so heißt es vom Einsiedler, »läßt ihn die Stille und die Einsamkeit aufsuchen. Nur dort kann er zu den Einsichten kommen, mit denen er die Geheimnisse des Lebens entschlüsseln kann.« Kaum eine andere Karte könnte besser zu Rio passen – zu dem Teil von Rio wenigstens, der sich so gern leidend in sein Zimmer zurückzog, um dort Tagebuch zu schreiben, die Bibel zu lesen und mit sich und der Welt zu hadern oder ins Reine zu kommen. Der Song aber, der daraus entstand, hieß *Auf Wiedersehen* – Symbol für das Wiedersehen des Einsiedlers, der zurückkommt in die Welt.

Der Text kam so zustande, daß jeder so viele Namen nennen durfte, wie er wollte. Und Rio demonstrierte, »daß er auch ein Telefonbuch herunter singen und dabei noch den Eindruck von Poesie vermitteln konnte.« (Albrecht Koch, *Angriff aufs Schlaraffenland*)

Am 31.3. kam Kai zum Einsatz. Er führte seine Band-Mates nach Hof-Berg und zog dort unter aller Augen DIE MÄSSIGKEIT. Wer anders als Kai hätte diese Karte ziehen dürfen? »Unternehmungen, die dem Ausgleich dienen, fallen meist glücklich aus«, so lautet die

Vorübergehend geschlosssen

A-O-Gendan Kinofruchte
Schreit begierlich: Anbau!
Nicht verlangen! Sternverkrustet!
Barschein, Endtanz, Kriegsschau!

Himmel öffnen, ruhig weinen
Tiktak Glitzer heißes Leben,
Keime möglich, Quell'verlassen:
Vogel, Maus, Wurst übergeben.

Akku-Stiks begaffen Zauber,
Schöner blasser Energoth
Tauscht blau-rosa Strahlentau,
Grüne Sorge: Sphärenbrot.

Schütteln, fließen, endentscheiden,
Flitzer goldgelb achteln;
Tränenpriester steigen zu -
Bissig Süßsaft-Wachtel.

G.R.U.P.P.E. fangen
Innere Flatter - Liebetor.
D.O.R. erpharma gischtra:
Gensprech Lui neu geboren!!

Bisher unveröffentlichter Song-Text.

Weissagung zu dieser Karte. Und weiter: »Oft muß man dabei einen mittleren Weg einschlagen. Häufig ist es angebracht, nichts zu tun und abzuwarten. Denn Harmonie läßt sich nicht erzwingen.«

Keine Frage, es war Kai, der dazu bestimmt war, diese Karte zu ziehen. Rio hatte für sie ein Doppel-Bingo, weil er sie vor ein paar Monaten sowohl als Text-Karte, als auch als Musik-Karte gezogen hatte. Er schrieb den Text allerdings auch nicht allein im Kämmerlein.

Kai: »Rio bat jeden von uns, einen Sechszeiler zu schreiben, dann machten wir ein paar Wochen Pause. Als wir uns wieder trafen, gab jeder Rio sein Blatt mit sechs Zeilen, und Rio bastelte daraus den fertigen Text, der mit den Worten endet: Alles schläft tief, nur die Ameise lauscht, aber es ist eben so.«

S' is eben so heißt auch der Song – und es wird ein ewiges Rätsel bleiben, warum der Apostroph nicht vor, sondern hinter dem S steht.

Dann kam die sogenannte Osterpause. Rio ging nach Berlin und drehte mit Hans Noever den Film *Total vereist*. Die Scherben nahmen in Fresenhagen auch noch die Musik dafür auf. Gut zwei Monate gingen ins Land. Ende Mai waren die Magier wieder zur Stelle.

Am 4. Juni war Funky mit der siebten Karte dran. Er führte die Band an einen der schönsten Orte des hohen Nordens, das Nolde-Museum in Seebüll bei Niebüll, das ja selbst eine Art Kultstätte ist. Hier zog er die Karte mit dem Namen DER MAGIER (oder DER GAUKLER). Text-Bingo hatte Rio und Musik-Bingo Lanrue. *Wie in den Tagen Midians* lautet der Titel des Songs, den die beiden dazu schufen. Der Text ist ein Bibel-Zitat: »Denn jeder Stiefel – der mit Gedröhn daher geht – und jeder Mantel – durch Blut geschleift – wird verbrannt – wird vom Feuer verzehrt.« (Jesaja 9,4)

Kai: »Ich kann mich erinnern, daß Rio die Bibel in die Hand nahm, sie wahllos aufschlug und diese Textstelle auswählte.«

Midian ist der Name des Stammesvaters der Midianiter, die, wie im Buch der Richter zu lesen ist, das Volk Israel sieben Jahre lang bedrückten. »Die Israeliten aber taten, was dem Herrn mißfiel; der Herr lieferte sie daher sieben Jahre lang der Bedrückung durch die Midianiter aus. Midian wurde stark über Israel.« (Richter 6, 1-2)

Von nun an ging es Schlag auf Schlag. Schon drei Tage später war Kai an der Reihe. Er brach mit der verschworenen Gemeinschaft nach Dänemark auf, in das Städtchen Ribe, bestieg mit allen zusammen den Turm im Zentrum und zog dort oben DIE HERRSCHERIN aus dem Kartenstapel. Man kann auch hier nur wieder über die Weisheit des Tarot ins Staunen oder ins Grübeln kommen: Kai hatte den Ort Ribe nur deswegen gewählt, weil eine gewisse Emma hier gelebt hatte und immer noch ein wenig »die Herrscherin« über einen Winkel seines Herzens war. Ein Jahr zuvor hatten sie in Fresenhagen eine Liebesnacht miteinander verbracht, und seitdem hatte Emma Kais Gefühle damit gefesselt, daß sie seine Werbung zuließ, sie aber nie mit einem eindeutigen Ja oder Nein beantwortete. Emma war übrigens auch der Grund für Angies Eifersucht gewesen, die Eifersucht, die Angie an den Baß getrieben hatte. Inzwischen war Kais Liebe zu Emma schon ein wenig abgeklungen, aber »irgendwo beherrschte sie mich noch, deswegen wollte ich auch nach Ribe fahren, um dort die Karte zu ziehen. Als ich dann sah, daß es DIE HERRSCHERIN war, wär ich fast vom Turm gefallen. Aber komischerweise – danach war die Geschichte mit Emma für mich vorbei.«

Rio hatte auch hier wieder ein Doppelbingo. *Bleib wo du bist* hieß der wehmütige Song, den er dazu schrieb.

Hannes Eyber: »Wir hatten gerade ein Buch von Oriana Fallaci gelesen, von dieser italienischen Starjournalistin, *Briefe an ein ungeborenes Kind* oder so. Es war ja die Zeit der Friedensbewegung, wo keiner mehr Kinder auf die Welt bringen wollte, weil ja sowieso der Atomkrieg drohte –, und dieses *Bleib wo du bist*, das war auch eine geheime Botschaft an die ungeborenen Kinder.«

Wieder drei Tage später: Am 10.6. zog Lanrue im Langenberger Wald die Karte DIE ZERSTÖRUNG oder auch DER TURM. Doppelbingo: Rio. Einer der schönsten Songs der LP hat seine Kraft, seine

Magie dieser Karte zu verdanken, auf der zu sehen ist, wie ein Turm einstürzt. *Der Turm stürzt* ein heißt dann auch der Song – »halleluja, der Turm stürzt ein«.

Ein weiblicher Fan dieses Liedes, selber Schriftstellerin, sagte, als sie den Song hörte: »Russe in Beton und Stahl – Müde alles Material – darauf muß man erst mal kommen!« Wahrscheinlich wäre sie noch erstaunter gewesen, wenn sie erfahren hätte, daß Rio den Begriff »müdes Material« nicht im Zusammenhang mit den Russen, sondern mit den Amerikanern aufgeschnappt hatte. Rio war ja im Mai in Berlin gewesen und hatte eine Rolle in dem Noever-Film *Total vereist* gespielt. In dieser Zeit erfuhr er aus dem Autoradio seines Taxis, daß die Kongreßhalle eingestürzt war, die sogenannte »Schwangere Auster«, die heute das Haus der Kulturen der Welt beherbergt. Der Bau mit dem geschwungenen Dach aus Spannbeton war 1957 von dem amerikanischen Architekten Hugh Stubbins als Beitrag zur Internationalen Bau-Ausstellung errichtet worden. Die offizielle Erklärung für das Unglück, bei dem ein Mensch ums Leben kam und fünf weitere verletzt wurden, lautete: »Materialmüdigkeit«.

Rio: »Das war schon ein Schlag, daß so ein wunderbarer Spannbeton auch mal müde wird ... «

Hannes Eyber: »10. Juni – das hat auch keiner gemerkt, daß ich da Geburtstag habe.«

13. Juni – Freitag der 13. – die Scherben begeben sich in den Fresenhagener Wald (es handelt sich natürlich nur um ein Wäldchen), wo Rio die Karte DAS GERICHT zieht. Wieder haben Rio und Lanrue zusammen die Bingos – aber Rio verzichtete dann auf seinen, weil Lanrue für diese Karte den Song *Morgenlicht* vorschlug. Rio: »Das war insofern eine Regelverletzung, aber die einzige.« Das Lied war schon 1978 bei der TRANSPLANTIS-Produktion entstanden, eine der besten Lanrue-Kompositionen überhaupt. Der Text stammt von Rainer von der Marwitz, damals der Wirt der Berliner Schwulenkneipe *Anderes Ufer*. Elfte Karte, letzter Titel der ersten Hälfte: Am 17.6. zieht Hannes Eyber in Fresenhagen-Süd DIE

Hohepriesterin. Er selbst hatte das Text-Bingo für diese Karte, das Musik-Bingo hatte Lanrue. »Und ich küsse die Rosen – und die Rosen küssen mich – ich liege im Spiegel – liebe mich.« *Niemand liebt mich* heißt das Klagelied der Hohepriesterin.

Hannes Eyber: »Das war so ein Psi-Ding bei dieser Karte. Ich hatte einen fertigen Text, Lanrue eine fertige Musik – und beides hat nahtlos zusammengepaßt. Wir sind nur zusammen über die Wiese gegangen, dann sind wir wieder zurückgegangen, und beim Abendessen war der Song fertig. Da hat's natürlich besonders gut geschmeckt.«

Schon am nächsten Tag – man sieht, die schöpferischen Kräfte der Scherben explodierten förmlich – zog Funky in der Medelbyer Kiesgrube die Karte Der Mond. Wie Hannes Eyber am Tag zuvor, zog er die Karte für sich selbst. Text-Bingo Funky, Musik-Bingo Rio. Der Mond ist bekanntlich der Herr der Gezeiten – und so entstand zu dieser Karte der Song *Ebbe und Flut*, ein herzzerreißendes Sehnsuchtslied: »Du bist die Ebbe – bist die Flut – Ach – Schein, Schein, Schein – Ich bin allein – Ich bin Warten und Hoffen – Mein Fenster ist offen – Komm.«

Hannes Eyber: »Medelbyer Kiesgrube – da waren diese besoffenen Dänen mit ihren Liter-Büchsen Bier, die da das Wochenende verbrachten. Die haben da ziemlich rumkrakeelt. Die hatten nur Schlafsäcke mit, kein Zelt, und einen Anhänger voll Bier. Außerdem gab's Streß mit Rio – er war nicht gut drauf, da war irgendwas mit Thomas Müller.«

Zwei Tage danach, am 20.6. zog Hannes Eyber im Studio von Fresenhagen die Karte Der Gehenkte. Und wieder war Funky mit dem Text dran, diesmal mit Kai als Komponisten.

Wer sich die Tarot-Karte Der Gehenkte anschaut, sieht, daß der Gehängte darauf an den Füßen aufgehängt ist. Genaugenommen sogar nur an einem Fuß. Um sich ganz in den Magie-Bereich der Karte hineinzubegeben, ließ Funky sich, bevor er sich an die Text-Arbeit machte, am frühen Morgen von Hannes Eyber und Kai ebenfalls an einem Fuß aufhängen, und die beiden konnten förmlich zusehen, wie der Text zu *S.N.A.F.T.* in Funkys Hirn aufblitzte.

Hannes Eyber: »Das war ziemlich schwierig, Funky da hochzukriegen. Ich hab das mit Kai zusammen gemacht, und begeistert war ich nicht von dieser Aktion. Ich hab das auch sehr liederlich gemacht. Es ist verdammt schwierig, jemand kopfüber hochzuziehen, wir hatten keine Leiter und nix, wir mußten den hochheben, ihn an den Ast binden, ihn am Fuß aufhängen – das ist ne ziemliche Ackerei gewesen. Als wir ihn schließlich oben hatten, ist er schier ausgeflippt und hat immer gerufen ›Oh, ist das toll! Ist das toll! Alles steht auf dem Kopf, ist ja Wahnsinn!‹ Und dann auf einmal: ›Laßt mich runter, laßt mich runter!‹ Der war schon ganz rot angelaufen, als ob er gleich platzen würde. Und dann haben wir den Text geschrieben. Es war gerade Endspiel der Europameisterschaften in Rom – Jupp Derwall, Häuptling Silberlocke, und Horst Hrubesch, das Ungeheuer, der hat da das entscheidende Tor geschossen. Das haben wir im Fernsehen geguckt. Funky hat Frikadellen gemacht, kam immer rein und fragte: Wie weit seid ihr? – Und wir haben den Text zusammengebaut, Rio und ich. Die Struktur war von Funky vorgegeben, aber Rio und ich hatten sozusagen die Endredaktion.«

Das Geheimnis des Titels ist recht profan: Das Stück hatte auch am Ende der Produktion noch keinen Namen. Da fiel Hannes Eyber ein Tippfehler auf. Statt *sanft* hatte jemand *snaft* getippt. »Ganz snaft schließt du mich in die Arme ... «

Am 23.6. war wieder Kai an der Reihe. Im Wald Gut Garde zog er die Karte DER HOHEPRIESTER (auch DER PAPST oder DER HIEROPHANT). Musik-Bingo er selbst, Text-Bingo Rio. – Kai: »Ich hab den Song eigentlich als Reggae komponiert, Rio machte daraus aber einen gospelartigen Schluß-Song. Den Text schrieb er in Anlehnung an den John-Lennon-Song *Whatever get's you through the night*: »Was immer uns zusammenbringt – ok – was immer durch die Worte dringt – ok.« – *(Auf ein) Happy End* heißt der Song.

Noch zwei Titel – dann ist Sommerpause.

Am 26.6. zog Lanrue im Garten von Fresenhagen die Karte DER NARR. Text-Bingo Hannes Eyber, Musik-Bingo Rio Reiser – und der Song der daraus entstand, war eine der schönsten Rio-Komposition auf dem gesamten Album: *Da!*

Am 28. Juni schließlich zog Rio in der Fresenhagener Küche die Karte DER HERRSCHER. Den Text schrieb Funky, die Musik Lanrue. Der Titel des Songs paßt gut zum Herrscher, weniger gut zu den Scherben: *Gold*.

Kai: »Hannes Eyber, Rio und ich waren im Studio, und die beiden haben ewig an dem Text rumgedoktert. Und irgendwann ist mir dann auch eine Zeile dazu eingefallen – ›Mein Name ist Ruhm und Macht‹ – da haben mich die Meister ganz erstaunt angeguckt.«

Und damit war erst mal Sommerpause! In dieser Zeit wurde die erste CARAMBOLAGE-Platte produziert. Und da man schon beim Produzieren war, ging es nach der Pause nicht gleich weiter mit den Tarot-Karten und dem Songschreiben, sondern erstmal mit der Produktion einiger Songs, die bereits geschrieben waren. Ende August kamen die Scherben – auch Hannes Eyber – dafür wieder zusammen. Aber erst Ende Oktober wurde die nächste Karte gezogen.

Es war genau am 24.10.1980. Rio zog im Studio von Fresenhagen DAS SCHICKSALSRAD. Er selbst war für den Text, Lanrue für die Musik zuständig. Aus der Zusammenarbeit des traditionellen Scherben-Duos entstand einer der grandiosesten Scherbensongs überhaupt: *Jenseits von Eden*. Nicht bei allen Songs der *Schwarzen* ist der Zusammenhang von Text und Tarot-Karte so klar wie bei diesem, der mit »Jenseits von Eden« beginnt und über »Sechshundertsechsundsechzig« bis »Eins-neun-dreiunddreißig«, über »Wo warst du im Krieg« bis »Zweitausend Lieder – zweitausend Tode« den Schicksalskreis des Daseins beschwört: »Mamamama warum hast du mich geborn – oder hat mich der Esel im Galopp verlorn?«

Hannes Eyber: »Bei *Jenseits von Eden* haben wir am Schluß einfach unsere Zettelkästen zusammengeworfen. Da haben wir den

Text gebaut, während schon die Musik aufgenommen wurde. Der Zeitdruck war gewaltig, aber das Ergebnis war umso besser.«

»Damit«, schrieb Albrecht Koch in seinem Buch *Angriff aufs Schlaraffenland* im Hinblick auf diesen Song, »befreiten sich die Scherben gewaltsam von allen Ansprüchen und Projektionen der Bewegung und wiesen darauf hin, daß Anfang der 80er Jahre die Welt nicht mehr so einfach auf einen Nenner zu bringen war.«

Von nun an wurden die Karten nur noch im Studio gezogen. Vier Monate Pause – jetzt war der Zeitdruck doppelt groß. Nun wurde eine Karte nach der anderen gezogen, in einem magischen Ruck-Zuck.

Am 25.10. zog Lanrue DIE ENTSCHEIDUNG, eine Karte, die auch DIE LIEBENDEN heißt. Lanrue und Funky machten daraus den Song *Der Fremde aus Indien*, in dessen Text – Rios Idee – Wörter, die den Buchstaben ›e‹ enthalten, konsequent gemieden wurden. »Mit dir will ich in Nacht und Arm – im Raumwind wir auch uns und uns – und Kuß.« Der Titel ist ein Karl-May-Titel, wie er auf keiner Scherben-LP fehlen durfte.

Was auf der Platte nicht zu hören ist, sind die Qualen, die Funky während der Aufnahme im Fresenhagener Studio durchstehen mußte. Sein Schlagzeugwirbel, den er im Song ganz zu Beginn und gegen Ende spielt, ist in die Scherbengeschichte als »Sechzehnstundenwirbel« eingegangen.

Der Song wurde nicht live eingespielt, sondern die Instrumente jeweils einzeln auf einer Spur aufgenommen und später zusammengemischt. Ein exaktes Timing ist bei solchen Aufnahmen enorm wichtig, jeder Beckenschlag, jedes Break und jeder Stopp müssen stimmen, sonst geht der Groove flöten. An sich war Funkys Aufgabe nicht schwer. Nach einem Piano-Intro und Beckengeklingel machte er einen Gongschlag, dann sind vier Takte Pause, bevor Funky, beginnend auf der Eins, vier Takte lang im Sechzehntelrhythmus über die Trommeln wirbelt, – Snaredrum, Hängetoms und Standtom – um wieder pünktlich auf der Eins auf dem Crashbecken zu landen.

Eine Grundübung für jeden Schlagzeuger, aber Funky verpaßte beim ersten Versuch seinen Einsatz, worauf Lanrue frozzelte: »Wo ist die Eins?« Jetzt wurde Funky nervös. Beim zweiten Versuch verhedderte er sich in den schnell gespielten Sechzehnteln. Rio, der ohnehin einen schlechten Tag hatte, blaffte:

»Mann, du spielst Dagada-Dagada-Dagada-Dagada-Crash statt Dagadaga-Dagadaga-Dagadaga-Dagadaga-Crash, kapier das doch endlich.« Das reichte. Funkys Selbstbewußtsein sank. Die nächsten Wirbel klangen verkrampft, ungenau und völlig ohne Groove. Und Rio und Lanrue ließen ihren Trommler immer wieder die gleiche Stelle trommeln, stundenlang. »Spiel endlich Dagadaga-Dagadaga ... « Längst war es völlig egal geworden, ob Funky den Wirbel richtig spielte, was er mehrfach tat. Funky mußte weiterwirbeln. Die Sache verselbständigte sich auf unerklärliche Weise. Funky trommelte sechzehn Stunden. Als Kai am nächsten Morgen aufwachte und verschlafen in Richtung Studio schlich, hörte er schon von ferne Dagadaga-Dagadaga-Dagadaga-Crash. Gerade als er das Studio betrat, zeigte Rio auf eine Ketchupflasche hinter dem Schlagzeug und sagte: »Was macht denn die hier?« Er nahm die Flasche, trug sie aus dem Studio, kam zurück und sagte: »Noch einmal Funky.« Und als Funky getrommelt hatte: »Das war's.«

Ebenfalls am 25.10. zog Kai – ausgerechnet Kai, könnte man wieder sagen, Kai, dessen heimlicher Wunsch es immer gewesen wäre, nie geboren zu sein –, die Karte DER TOD. Rio und Hannes Eyber machten daraus den Song *Filmkuß*: »Du sorgst dich – um jeden – bist plötzlich da – vergißt nicht einen – wie die Liebe – hast immer Zeit – Du hungerst nicht – du bist dir selbst genug – wie ein Filmkuß – atemlos.«

Der Filmkuß als der Kuß des Todes – erst jetzt, wo das Tarot-Geheimnis gelüftet ist, kann man den Text entschlüsseln.

Kai: »Der Tod und die Scherben – eigentlich gab es da von Anfang an eine gewisse Affinität. Es gibt einen Spruch des Dirigenten Széll, der gefragt wird, warum er sich beim Dirigieren immer so bewegt, als ginge es dabei um Leben und Tod. Er antwortete: ›Darum geht es doch. Genau darum!‹ Dieser Spruch paßt ganz gut zu der Einstellung, mit der die Scherben Musik gemacht haben, auf der Bühne und im Studio. Einfach nur aus Spaß rumdudeln oder so, war selten angesagt. Wenn wir als Scherben gespielt haben, ging es immer ums Ganze.«

Am nächsten Tag wurden wieder zwei Karten gezogen – zunächst von Hannes Eyber DIE GERECHTIGKEIT. Der Song, den Hannes und Rio daraus machten, war *Ich hab nix*. »Ich hab nix – und du hast nix – laß uns was draus machen.«

Ebenfalls am 26.10. erschien – von Funky gezogen – DIE SONNE im Studio. Diesmal waren Hannes Eyber und Kai gefordert, den passenden Song dazu zu machen. »Am Himmel hängt – ein Rätsel aha – aus der Asche steigen Vögel – Nacht für Nacht an jedem Tag.« *Kribbel Krabbel* heißt der Song.

Hannes Eyber: »Das ist ja ein Onanie-Song, aber Elfie behauptete steif und fest, es sei ein Fixer-Song.«

Kai: »Ich hatte den Text von Hannes, und mir fiel absolut nichts dazu ein. Ich saß am Klavier, an der Gitarre, fummelte so rum – und nichts. Dann hab ich abends Fernsehen geguckt, irgendein Ballett, und als ich die Musik hörte, dachte ich auf einmal: Das ist es. Es war eine Musik von Aaron Copland. Ich hab dann versucht, die Melodie auf dem Klavier nachzuspielen, und dabei bin ich auf eine ganz abgefahrene, etwas bluesartige Akkordfolge gekommen. Am nächsten Morgen, kurz bevor ich es Rio vorspielen wollte, ist mir dann noch der letzte Kick eingefallen, so ein kleiner Dreh, und das war's dann. Besser gut geklaut, als schlecht komponiert, obwohl es in diesem Fall eher eine Inspiration war.«

Na gut. Und nun fehlte nur noch eine Karte, eine einzige. Jeder, der ein Tarot-Büchlein hatte, konnte sich natürlich ausrechnen, welche es war. Gezogen werden mußte sie eigentlich nicht mehr – aus welchem Stapel denn? Sie mußte quasi nur noch aufgedeckt werden, umgedreht. Und wieder war es Funky, der die Ehre hatte, sie ans Licht zu bringen: DIE KRAFT. Das war am 27.10.1980 – Text und Musik wieder Hannes Eyber und Kai. Also los, einen Song schreiben, dalli, dalli! »Zukunft ist wichtig – Zustand egal – Alles ist richtig – Alles normal.«

Alles ist richtig wurde quasi über Nacht geschrieben. Kai: »Ich weiß noch, ich hab in Fresenhagen am Flügel gesessen – ein bißchen Koks, ein bißchen Wodka –, und dann, im Morgengrauen, kam Angie und fragte, was ist los? Ich durfte ja während der Arbeit keine anderen reinlassen, aber in dem Moment war es mir egal, ich hab gedacht, alles ist richtig, alles normal – und dann hab ich Angie die Melodie vorgespielt. Es ist übrigens eines der wenigen Scherben-Lieder mit nur drei Akkorden.«

Wir wissen nicht, was für Auswirkungen diese Verletzung des magischen Gebotes auf das Schicksal der Platte hatte. Kai meint, so schlimm könne es nicht gewesen sein, zumal in diesem Augenblick ja der letzte Song geschrieben war. Aber die Magie der *Schwarzen* hat vielleicht doch ein bißchen darunter gelitten. Jedenfalls kam es bald zu einer nicht ganz unwesentlichen Panne.

Pannen bei der Produktion

Das ganze Jahr 1980 – mit einer Pause im Sommer – arbeiteten die Scherben an dem neuen Album. Niemals vorher oder nachher haben sie so intensiv und vor allem so konzentriert zusammen gelebt und Musik gemacht, wie in diesem einen Jahr in Fresenhagen. Endlich nahmen sie sich die Freiheit, das zu machen, was ihnen schon immer vorschwebte und wozu sie wirklich Lust hatten: Experimentieren. Die vielfältigen Erfahrungen mit Theatermusik kamen ihnen dabei sehr zugute. Ohne die fünfjährige Auszeit, die sich die Scherben als Band genommen hatten, wäre es nie zu diesem Fest an Experimentierfreudigkeit gekommen. Ohne sich in der politikfreien Zone Fresenhagen vom Image der Agitrockband freizumachen, ohne sich von Ansprüchen der Linken und den eigenen Erwartungen zu verabschieden, wäre es nie zu dieser Explosion an Kreativität gekommen. Und zwar auf allen Ebenen: Text, Komposition, Aufnahmetechnik (eine OTARI-Acht-Spur-Maschine wurde im Laufe des Jahres angeschafft) und Arrangement.

Und auch beim Einspielen im Studio hörte die Experimentierlust nicht auf. Jeder probierte neue Instrumente aus: Lanrue spielte Hackbrett und versuchte sich gemeinsam mit Kai am Saxophon, Rio drückte das Akkordeon, Funky probierte die seltensten Percussions-Instrumente aus, und Kai kramte seine Trompete wieder hervor, sein altes Instrument aus Lübecker Musikschultagen.

Experimentiert wurde natürlich auch, was die Stimmungserheller betrifft. Außer der obligatorischen Whisky-Flasche, die immer auf dem kleinen runden Tisch im Studio neben den Aschenbechern stand, kamen – allerdings selten – Koks, Opium-Tee, LSD oder irgendwelche magischen Pilze zum Einsatz, und natürlich rauchte Lanrue seine Pfeife.

Kai: »Was die sogenannten harten Drogen betrifft, so sind wir damit sehr sorgfältig umgegangen und haben immer gewußt, wie man sie dosieren muß, damit sie uns nicht aus der Bahn schleu-

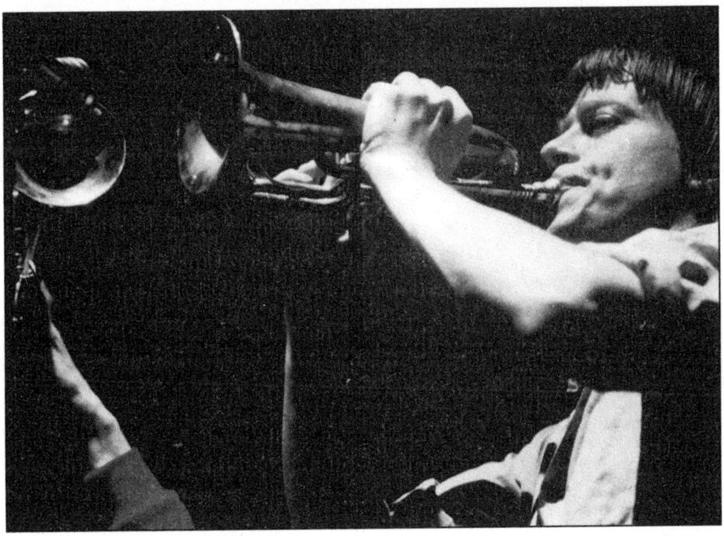

Kai Sichtermann als Trompeter.

dern. Die wirklich harte Droge war der Alkohol. Rio, Lanrue und ich haben auf Tour oft schon kurz nach dem Frühstück den ersten Underberg gekippt. Damals haben wir uns nichts dabei gedacht, aber heute sehe ich das wesentlich kritischer.«

Ob mit oder ohne Drogen, es gehörte eine Menge Mut dazu, die *Schwarze* zu produzieren. Die Arbeit an dieser Platte war der Scherbenwahnsinn der zweiten Stunde. Während die Revolution auf der Straße gründlich danebenging, war den Scherben mit ihrem neuen Werk durchaus Revolutionäres gelungen. Die neue Platte war musikalisch die riskanteste der Band.

Gegen Ende der Produktion luden die Scherben Freunde ein und baten sie mitzumachen. Schlotterer war außer mit seiner Flöte auch mit einer Posauneneinlage dabei, Kläuschen van Velzen wurde als Saxophonist engagiert und sogar Wolfgang Seidel kam, um Vibraphon und Marimba zu spielen. Außerdem war ein großer gemischter Chor zur Stelle, bestehend aus den CARAMBOLAGE-Mädels Angie, Britta und Elfie, den beiden Münchner Ex-ROTE RÜBE-Mitgliedern Traute Höss und Luggi Böttcher, sowie dem Hamburger Ernst Meybeck, ehemals BRÜHWARM, und Elser Maxwell.

Es gab Überlegungen, auch die gesamte Produktion nach dem Song *Heimweh* zu nennen, besonders Rio liebäugelte mit dieser Idee. Aber die anderen fanden, das klinge zu sehr nach Freddy Quinn. Es war dann Rios Bruder Gert Möbius, der, als er nach Fresenhagen kam, vorschlug, »alles schwarz« zu machen.

Im Frühjahr 1981 erschien die *Schwarze*, das vierte Album der Scherben. Genaugenommen hatte die Platte überhaupt keinen Namen; das Cover war außen vollkommen schwarz, und innen war eine bronzefarbene Scheibe zu sehen, auf die ein paar sparsame, schwer lesbare Credits eingemeißelt waren.

Mit Songs wie *Jenseits von Eden* und *Der Turm stürzt ein*, hatten die Fresenhagener es geschafft, weitere Meilensteine in der Tradition von Liedern wie *Keine Macht für Niemand*, *Mein Name ist Mensch*, *Der Traum ist aus* und *Wenn die Nacht am tiefsten* hervorzubringen.

Die Band hatte ja versucht, auf astrologischer Basis eine günstige Zeitqualität für den Beginn der schöpferischen Arbeit zu finden, und zweifellos war ihr das gelungen. Andererseits hatte sie – und das war vielleicht doch ein böses Omen gewesen – als erste Tarot-Karte DEN TEUFEL gezogen, und der steckt bekanntlich im Detail. Das Detail hieß: Vinyl. Das Album hatte, so Michael Kröher in *Sounds*, »eine derart lausige Fertigungsqualität, daß es nicht mal die Qualitätsansprüche jedweder Prüfungskommission der Mongolischen Volksrepublik bestehen würde. Das Preßmaterial ist so weich und brüchig, daß die Texte schon nach fünf- bis sechsmal Abspielen im allgemeinen rosa Rauschen untertauchen.

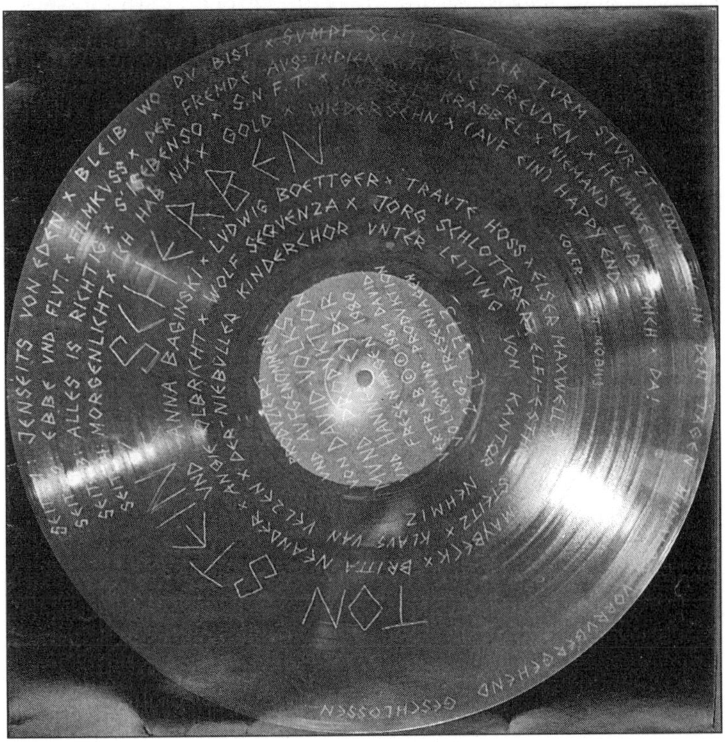

»Die Schwarze«, Innenseite des Original-LP-Covers von 1981

Wen ärgert's dann noch, daß Textblatt sowie sämtliche Angaben über Besetzung oder Instrumentierung fehlen?«

Leider hatte er recht. Aus allen Richtungen hagelte es Kritik. Ein Käufer schickte demonstrativ seine LP nach Fresenhagen zurück. Die Scherben waren niedergeschlagen wie lange nicht mehr. Das mit der schlechten Preßqualität war einfach Pech und Teufelsdreck – eine Spätfolge der Ölkrise, wie sich später herausstellte. Die Preßfirma hatte aus Sparsamkeitsgründen recyceltes Material, also schon einmal eingestampftes Vinyl, verwendet. Mit zur schlechten Qualität der Platte beigetragen hatte allerdings noch ein anderer Umstand: Die Gesamtlänge der jeweiligen Plattenseiten überschritt die empfohlene Zeit, die Rillen lagen deswegen zu eng beieinander, auch das wirkte sich ungünstig auf den Sound aus.

Hannes Eyber: »Ich war damals mit bei der Frau in Frankfurt, als wir das Mastertape auf Matrize überspielt haben. Frau Brüggemann hieß die, glaube ich. Die hat sofort gesagt, ogottogottogott, die Seiten sind viel zu lang, das krieg ich ja gar nicht drauf! Das hat dann die Klangqualität ganz stark beeinflußt. Das ist erst später besser geworden, als die CD herauskam.« Der Verzicht auf ein Beiblatt mit den Texten war allerdings – als sogenanntes Radikalkonzept – eine bewußte Entscheidung gewesen. Hatten die Scherben Anfang der 70er als eine der ersten Gruppen damit angefangen, die Texte in gedruckter Form beizulegen, so wollten sie jetzt auf eine Textbeilage verzichten, um die Zuhörer zu animieren, mehr auf die Musik zu achten; daher auch die Idee mit dem schwarzen Cover – keine Ablenkung. Doch nun mußte die Band erkennen, daß dieser Purismus nicht durchzusetzen war. Die Leute waren einfach überfordert, sie wollten nicht gleichsam in ein schwarzes Meditationszimmer hineingeschickt werden, um sich dort in langjähriger Strafarbeit das Verständnis der Texte zu erarbeiten – sie wollten Musik hören, die Texte lesen, ihren Spaß an beiden haben, ihre Aha-Erlebnisse, ihren Genuß. Und die Scherben mußten, nachdem sie die politische Agitation hinter sich gelassen hatten, nun auch den Rest von Kunstpurismus aufgeben, der noch immer in ihnen steckte. Sie beschlossen nachzubessern. Eine neue Preßfirma – die alte machte später verdientermaßen pleite – und eine von Christa Manner gelettete Textbeilage mit Angabe der Credits, sowie ein Name für das Ganze, nämlich, *Ton Steine Scherben IV*, waren das Ergebnis.

In dem Musikmagazin *Zounds* schreibt Ralf Schlüter später zu dieser Produktion: »Das dunkelste, rätselhafteste und musikalisch anspruchsvollste Album der Scherben. An Stelle der Parolen trat auf *Scherben IV* eine Flut von surrealistischen Metaphern und Parabeln. Rio sprach in Rätseln, die Band wuchs über sich hinaus: Jedes Stück enthielt neue Einfälle, gewagte Arrangements. Die Roter-Stern-Fraktion unter den Fans war enttäuscht; doch sie versäumte ein Meisterwerk.«

Während der Aufnahmen zu der *Schwarzen* gab es im Frühjahr eine Unterbrechung. In diese Zeit fiel das erste Konzert, das die Scherben nach ihrer langjährigen Pause wieder gaben. Sie spielten aus Anlaß der Eröffnung des Berliner Tempodroms am 1. Mai 1980; Ort und Datum hätten wohl nicht besser passen können. Die Initiatorin und Besitzerin des Tempodroms, Ex-*Rauch-Haus*-Bewohnerin Irene Moessinger, hatte eine halbe Million Mark geerbt und sich von ihrer Erbschaft einen alten Traum erfüllt: ein Zirkuszelt zu kaufen und ein neues Zirkus & Kultur-Konzept auf die Beine zu stellen. Das Zelt wurde am alten Mauerstreifen auf dem Potsdamer Platz errichtet, ungefähr da, wo heute das SONY-Gebäude steht.

Bei der Eröffnung spielten Lanrue, Rio, Kai und Funky zusammen mit Wolfgang Seidel, ihrem Schlagzeuger aus den Anfangstagen der Scherben; Wolfgang spielte Vibraphon. Drei Tage dauerte die Eröffnungsparty. Neben einem großen Aufgebot an verschiedenen Zirkuskünstlern, Artisten, Clowns, Jongleuren und dergleichen spielten unter anderem auch Eric Burdon und der schon betagte Erwin Bootz, ehemals Pianist der COMEDIAN HARMONISTS. Bootz spielte außer COMEDIAN-HARMONISTS-Songs auch so witzige Sachen auf dem Klavier wie etwa *Hänschen Klein*, einmal à la Beethoven, dann à la Schubert, dann im Stil von Bach usw., und nebenher erzählte er Anekdoten von früher. Er bekam den größten Applaus von allen – standing ovations.

Aber auch die Scherben wurden von der Berliner Szene mit offenen Armen empfangen.

Rio: »Wir hatten zwar einen schlechten Sound, und wir haben schlecht gespielt, aber nach fünf Jahren mal wieder daheim – die Leute waren glücklich.«

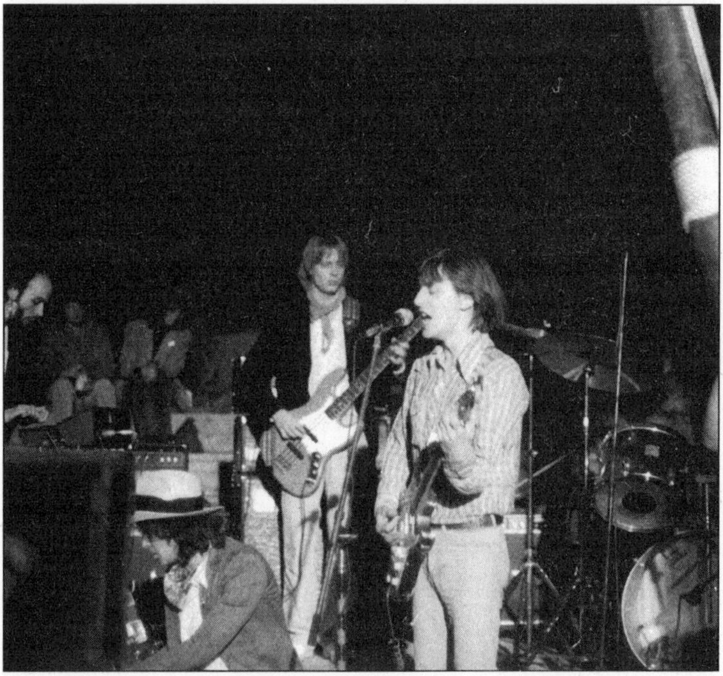

Die Scherben bei der Eröffnung des Tempodroms – 1. Mai 1980. Wolfgang, Kai, Rio, Funky. Sitzend mit Hut: Lanrue.

Scherbe auf Zeit – Gespräch mit Hannes Eyber

Hannes, wie hast du die Scherben kennengelernt?

Beim Theater. In Frankfurt. Am TAT. Im Herbst 1972. Ich war damals noch Schauspieler. Wir hatten die Scherben engagiert, um für das Stück »Moritz Tassow« von Peter Hacks die Musik zu machen. Die Scherben, das waren in dem Falle Lanrue und Rio, die zu uns nach Frankfurt kamen. Das heißt, erst einmal kamen sie überhaupt nicht. Morgens um zehn war die Probe mit ihnen angesetzt. Aber die dachten überhaupt nicht daran, pünktlich zu sein. Wir warteten und warteten. Immer mal wieder zog einer von uns los, um auszukundschaften, wann sie denn endlich kämen, und einer nach dem anderen kam zurück und sagte: »Sie sind gerade aufgestanden« oder »Sie holen sich gerade Brötchen« oder »Jetzt sitzen sie gemütlich beim Frühstück« oder »Jetzt checken sie in der Bild-Zeitung ihr Horoskop«. Irgendwann, so gegen Mittag um eins, waren sie endlich da. Und dann haben sie in affenartiger Geschwindigkeit innerhalb einer Stunde! – sämtliche Lieder vertont, keine simplen Dinger, keine Schlager, das waren zum Teil lange, komplizierte Balladen. Das hat mich beeindruckt. Wir Schauspieler waren es ja gewohnt, wochenlang unsere Rollen einzustudieren – und da kamen jetzt zwei und haben innerhalb kürzester Zeit diese Hacks-Lieder vertont. Es war unglaublich! Und das zweite, was ich sehr bewundert habe, war die Power, mit der Rio am Klavier, begleitet von Lanrue auf der Gitarre, uns Schauspielern die Lieder vorgesungen hat. Der hat das nicht nur angedeutet oder »markiert«, wie man auf dem Theater sagt, der hat sich jedesmal volle Pulle reingeschmissen. Aber das Problem war natürlich: Wie sollte ich das nachsingen?

Das waren Rio und Lanrue. Die anderen Scherben, wann hast du die kennengelernt?

Das war Weihnachten, im Jahr darauf. Rio hat ja immer richtig Weihnachten gefeiert mit Weihnachtsbaum und Kerzen und Weihnachtsliedern und Bescherung und Gänsebraten. Er hat mich ans T-Ufer eingeladen. Das war übrigens das erste Mal, daß ich nicht wie sonst über Weihnachten zu meinen Eltern gefahren bin. Es war grauenvoll. Die sogenannten Kurzen turnten da herum, die wohnten aber damals noch nicht da, und Nikel hat sie an diesem Heiligen Abend einfach rausgeschmissen. Damit war die Stimmung für das Fest schon mal versaut. Am nächsten Morgen ging's weiter. Weihnachtliches Scherbenfrühstück vorm Fernseher, sehr friedlich – erst gab's den Segen vom Papst, urbi et orbi, dann Eiskunstlaufen aus Garmisch-Partenkirchen, dann irgendeine weltweite Popsendung – und auf einmal stürmt jemand in die Küche, zieht den Stecker raus, klemmt sich den Fernseher untern Arm und ab. Das war die Rache von Happy Hanns, der ein paar Tage vorher wegen irgendeines Krachs ausgezogen war. Es war sein Fernseher. – Ich bin noch am selben Tag nach Frankfurt zurückgefahren und hab mir geschworen, nächstes Jahr feiere ich wieder bei meinen Eltern.

Rio ist dann durch dich zum Film gekommen?

So kann man das nicht sagen. Ich hab lediglich den Kontakt hergestellt. Ein paar Tage vor dem Drehbeginn zu *Johnny West* rief mich der Film-Ausstatter, ein Bekannter von mir, an und jammerte rum: – hör' mal, wir suchen händeringend einen Schauspieler, der Gitarre spielen kann, der Regisseur kommt mit dem Hauptdarsteller nicht zurecht.

Das war Herbert Grönemeyer?

Ja. Und dessen Rolle – den Johnny West –, die hat Rio gespielt und dafür auch noch den Bundesfilmpreis bekommen. Mit Gage und Filmpreis hatte Rio auf einmal 30.000 DM in den Händen. Viel

Geld! Das hat er ziemlich zügig auf den Kopf gehauen. Und Elser Maxwell hat ihm dabei geholfen. Sie haben eine Mittelmeerkreuzfahrt gemacht und gekokst bis zum Abwinken.

Wie ist es dazugekommen, daß du bei der Schwarzen *mitgemacht hast?*

Das fing damit an, daß Rio und Lanrue im Sommer 1979 zu mir nach Italien kamen.

Was hast du da gemacht?

Urlaub, mit Freunden. Wir hatten uns im Chianti in einem ehemaligen Kloster eingemietet. Ich hab Rio und Lanrue eingeladen mitzukommen. Eigentlich war dort die Geburtsstunde der Schwarzen. Die Scherben hatten inzwischen über Jahre sehr viele Fremdproduktionen gemacht: Theater- und Filmmusiken, BRÜHWARM, ROTE RÜBE, TRANSPLANTIS – und in Italien bei Rotwein und Grappa hatten wir die Erleuchtung, daß es mal wieder Zeit wäre für eine eigene Scherben-Produktion.

Und da habt ihr die Schwarze *beschlossen?*

Nee, das war Monate später. Sylvester 1979/80 war ich mit meiner Freundin Gisela – heute meine Frau – in Fresenhagen.

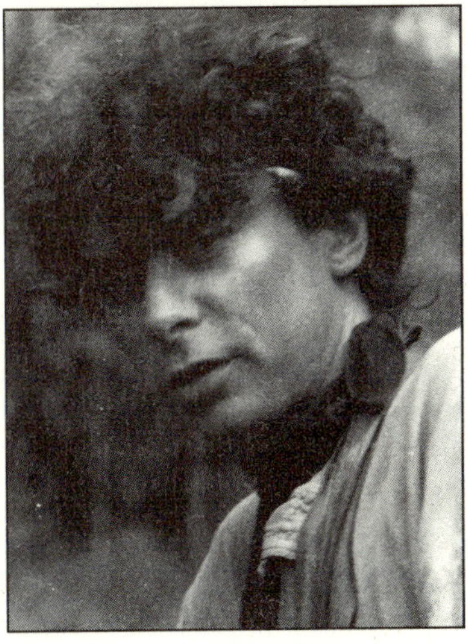

Hannes Eyber, Jahrgang 1944, war Schauspieler, Texter und Mitproduzent bei den Scherben. Er lebt heute als freier Autor in Frankfurt am Main.

Am 1. Januar 1980 wurden abends um acht alle Band-Scherben zusammengetrommelt, und in einer Kurzbesprechung, die hat nicht länger als 59 Sekunden gedauert, wurde dann beschlossen, eine neue Scherben-Platte zu produzieren.

Und du warst auf einmal mit von der Partie?

Ja. Das war aber schon in Italien beschlossene Sache. Der Form halber hat Rio die anderen noch gefragt, hat aber auch gleichzeitig durchblicken lassen, daß es für ihn nur eine Antwort gab: Er wollte mich dabei haben. Das hing mit seiner Idee zusammen, bei Null anzufangen – also nicht in seinem Songfundus, den er ja hatte, zu kramen, und auch nicht mit Lanrue alleine loszulegen. Es sollte von Anfang an die gesamte Gruppe am Produktionsprozeß beteiligt sein. An diesem Neujahrsabend wurde übrigens Kai mit der Aufgabe betraut, den astrologisch günstigsten Zeitpunkt für den Beginn der Produktion zu berechnen. Zuerst hieß es, der 17. Januar wäre ideal. Dann hat Kai noch mal nachgerechnet und festgestellt, daß der 22. Januar noch besser wäre, und zwar morgens um 7:58. Ich weiß noch, daß Funky verschlafen hat. Ausgerechnet Funky, der als Jüngster dazu auserkoren war, die Flasche Sekt an die Studiotür zu donnern.

Hat Funky die Sache nicht ernst genommen?

Doch, das hat er schon. Funky hatte ja sogar diese kryptischen Bücher angeschleppt, wie das *Tibetanische Totenbuch* oder *Illuminatus* oder die gesammelten Schriften von Aleister Crowley, von dem sich auch schon andere Rockbands hatten inspirieren lassen, LED ZEPPELIN und die STONES. Funky hatte dafür eine besondere Ader. Warum er am 22. Januar 1980 verschlafen hat, weiß ich nicht. Wahrscheinlich hatte er vergessen, den Wecker zu stellen. Und dann war er endlich da, und die Sektflasche wollte nicht kaputt gehen. Es war ein ziemlich mißglückter Stapellauf.

Was habt ihr danach gemacht?

Dann gab's erstmal ein Sektfrühstück – bis abends um elf.

Es gab ja am Anfang diesen Krach bei der Schwarzen. *Kannst du dich noch daran erinnern, wie es dazu gekommen ist?*

Am Anfang hatte jeder von uns gewaltige Ladehemmung. Das machte aggressiv. Hinzu kam, daß Lanrue verunsichert war, weil ich jetzt dabei war. Das war nicht leicht für ihn. Für mich allerdings auch nicht. Rio und er hatten einen eigenen Sprachcode, so in der dadaistischen Art, den mußte ich erst einmal knacken. Sie konnten sich auch non-verbal verständigen. Sie brauchten sich nur anzusehen und wußten sofort, was zu machen ist, wo ein Akzent zu setzen ist oder wo ein Akkord gewechselt werden mußte. Über derartige Sachen haben die beiden nie viele Worte verloren. Da gab es immer ein stilles Einverständnis. So. Und jetzt gab es auf einmal die Irritation, daß ich da war und auch gleich bei dem ersten Stück der Produktion, bei *Heimweh*, mit Rios Gesang eine lange Nacht lang mit ihm allein im Studio aufgenommen habe. Daraufhin gab's diesen Krach, bei dem die Bandmaschine durch die Gegend flog.

Kann man sagen, daß durch dein Auftauchen das Gleichgewicht der Gruppe und speziell das zwischen Rio und Lanrue gestört war?

Ja und nein. Bis dahin hatten Rio und Lanrue alles zusammen gemacht. Aber wenn ich einen Text schreibe und Rio dazu die Musik, dann war Lanrue draußen. Umgekehrt genau so.

Habt ihr es deshalb der Weisheit des Tarots überlassen, wer mit wem zusammenarbeitet?

Daß wir die Songs nach den 22 Großen Arkanen schreiben wollten, war schon vorher klar gewesen. Aber daß wir die Zahl der

Text- und Musikaufgaben festgelegt und dann mit Hilfe der Tarot-Karten ausgelost haben, wer mit wem zusammenarbeiten soll, das war eine Folge des Krachs. Aber nach meiner weltlichen Sicht der Dinge besteht die Weisheit des Tarots nur aus Zufällen. Wir haben uns auf das Prinzip ZUFALL geeinigt. *Die Schwarze* besteht eigentlich nur aus Zufällen, die wir eingefangen haben.

Bist du mit Lanrue verfeindet gewesen?

Nein, nie. Schon beim zweiten Stück, das war *Sumpf-Schlock*, hatten wir unser gemeinsames Aha-Erlebnis. Das verbindet.

Was war das für ein Aha-Erlebnis?

Das war morgens gegen vier. Wir waren allein im Studio. Ich hab Lanrues Gitarre für *Sumpf-Schlock* aufgenommen und mir auch hin und wieder mal erlaubt, zu seinem Gitarrenspiel etwas zu sagen. Das lief sehr gut. Für Lanrue war ich dann – das sind seine Worte – sein Medium.

Wie hast du die Zeit in Fresenhagen erlebt?

Das war wie ein Trip in eine andere Galaxis. Fresenhagen hatte sein eigenes Zeitmaß. Du kamst in Niebüll mit dem Zug an und konntest deine Uhr wegschmeißen – alle Zeitstrukturen, an die du gewöhnt warst, galten nicht mehr. Fresenhagen war eine andere Welt, hatte sein eigenes Klima. Das galt für alle Leute, die da ankamen, egal ob es nun Freunde, Familie, Bekannte, Musiker oder Gerichtsvollzieher waren. Mit dem Eintritt durch das Hoftor waren alle wie verzaubert. Diese geistige und körperliche Veränderung hatte ihren Reiz. Für mich war das ein Zustand wie in einem Rausch. Aber ich wußte auch, ich kann da zu jeder Zeit wieder raus, sonst wäre ich vermutlich untergegangen. Bei der Schwarzen war ich ja auch eine Scherbe. Eine Scherbe auf Zeit.

Was war dort anders als in anderen Wohngemeinschaften?

Die klassischen Wohngemeinschaften zerbrachen an Küche und Badezimmer, am Einkauf und dem Mülleimer – das war bei den Scherben nicht so, das war nie Thema. Dennoch: das versifftteste Badezimmer, das mir je untergekommen ist, war das Fresenhagener Bad mit dem verschissensten Klo aller Zeiten, das hatte schon eine eigene Qualität.

Wie war das mit den Texten bei der Schwarzen? *Du warst ja in der Zeit so etwas wie Rios Cheftexter.*

Nein. Cheftexter war immer Rio. Allein schon, weil er der Sänger war. Allerdings war er immer dankbar für Hinweise und Verbesserungsvorschläge. Er mußte ja die Worte ins Maul kriegen, er mußte das Zeug singen können. Wir haben viele Texte gemeinsam geschrieben und waren immer wieder auf der Suche nach neuen Worten, wir haben Wortspiele gemacht und uns keiner Assoziation verschlossen, zum Beispiel in *Der Turm stürzt ein* wurde aus »Risse in Beton und Stahl« »Russe in Beton und Stahl« oder aus »Präsident« wurde »Pepsodent«. Ich habe auch später mit Rio – nach der Scherben-Zeit – an seinen Texten mitgearbeitet. Das war wirklich eine inspirierende Zusammenarbeit. Die gibt's nicht mehr.

Hannes, Angie hat mal gesagt, du wärst Rios »Bodyguard« gewesen?

Ich würde mich eher als Rios »Eckermann« bezeichnen. Ich hab ihm zugehört, bin mit ihm spazierengegangen, habe ihn abgelenkt und bei Laune gehalten. Das habe ich auch mit Lanrue, Kai und Funky gemacht. Und später auch mit Martin Hartmann und Marius del Mestre. Ich war ja bei drei Scherben-Produktionen dabei: bei der *Schwarzen*, bei der Elser-Tour und bei Scherben: *Scherben*. Bei der *Scherben* war ich der Produzent und hatte auch gewissermaßen im Studio während der Aufnahmen für gruppendynamische Klarheit zu sorgen. Die Band wollte bei der Arbeit allein sein. Ich habe alle Nichtmusiker aus dem Studio rausgeschmissen. Auch Claudia Roth, die damals gerade in Fresenhagen als »Scherben-Managerin« ihr Debüt gab. Das hat sie mir übel genommen.

Stimmt. Claudia ist immer noch nicht gut auf dich zu sprechen.

Sie war auch damals schon Politikerin. Rio hat mir mal erzählt, daß er zwar dafür war, daß Claudia kommt, daß er aber sehr bald gemerkt hat, daß die Sache kippt. Rio war ja in seiner passiven Art immer das Zentrum gewesen. Und Claudia hat auf ihre Weise einen eigenen Hofstaat gebildet. Das paßte nicht zusammen. Rio war der Kapitän und Lanrue der 1. Offizier auf einem dümpelnden Kahn. Sie wollten natürlich auch, daß der Schornstein irgendwie raucht, aber daß da jetzt ein neuer Maschinenraum eingerichtet wurde und irgendwelche Leute auf eigene Faust Kohle nachlegten und die Richtung bestimmten, das wollten sie nicht.

Aber Claudia Roth hat doch versucht, den chaotischen Scherben-Haufen neu zu ordnen.

Ja, hat sie. Hat es aber nicht geschafft.

Hannes, was sind die Scherben für dich heute?

Eigentlich erstmal die Musik. Die Scherben als Scherben. Die Band, eine Menge von Titeln. *Die Schwarze*, diese Elser-Tour – eine Menge von Ungereimtheiten, Episoden, ungewöhnlichen Konstellationen und Ereignissen. Extrem. Sehr anstrengend. Aber eine große Zeit.

1981: Vorbereitung auf die grosse Tournee

Mehr Professionalität

Obwohl es anfangs nicht offen ausgesprochen wurde, war klar, daß die Scherben nach Fertigstellung der *Schwarzen* wieder öffentlich auftreten würden. Und wieder war es Lanrue, der sich mit seinen Ideen durchsetzte. Seinen Wunsch nach mehr Professionalität, danach, die Band von ihrem frühen »Punk-Band-Ding« wegzubringen, hatte er bereits 1974/75 bei der Produktion der LP *Wenn die Nacht am tiefsten* durchgesetzt. Nun ging er noch darüber hinaus. Zwei wesentliche Dinge sollten geändert werden.

Die erste Änderung betraf das Equipment. Von 1970–77 hatten die Scherben ihre Verstärkeranlage immer selbst auf- und abgebaut, manchmal gemeinsam mit Freunden, gelegentlich auch mit Hilfe einiger Fans.

Rio: »Wenn wir Roadies gehabt hätten, die für uns die Anlage aufbauen, dann hätten die Leute Feuer! geschrien: Ihr laßt andere für euch arbeiten.«

Sogar der Merkzettel, den Schlotterer und Nikel vorab an die Veranstalter geschickt hatten und der unter anderem die Bitte enthielt, für ein paar Leute zu sorgen, die mithelfen, die schweren Verstärker in den Konzertraum zu tragen, war den Scherben übel genommen worden. Ihr benehmt euch wie Stars, hatte es geheißen. Am schlimmsten waren diese Dinge in den Universitätsstädten gewesen, während es in kleineren Städten vollkommen normal war, mit anzupacken.

Ende der 70er oder Anfang der 80er hatte sich die Einstellung der Leute geändert. Jetzt war es sogar den Scherben gestattet, eine große P.A. mit Mischpult, Monitoranlage und dazu Tontechniker und Roadies anzumieten.

Die zweite Änderung betraf die Instrumentierung der Band. Rios Gitarren- und Keyboardspiel war zwar auf der Bühne immer sehr lebendig und abwechslungsreich, aber manchmal gingen mit ihm die Pferde durch. Er nahm sich die Freiheit, vorher getroffene Absprachen während des Konzertes über den Haufen zu werfen, Arrangements zu verändern, die Reihenfolge der Songs nach Gutdünken umzustellen oder mitten im Stück überraschend einen Improvisationsteil einzubauen. Es war sogar vorgekommen, daß er während eines Konzertes Songs anspielte, die noch nie geprobt worden waren.

Rio sollte jetzt nicht mehr Gitarre spielen, sondern nur noch singen. Daher suchte sich die Band zwei neue Musiker, einen Keyboarder und einen Gitarristen.

Das erste neue Scherbenmitglied wurde der Gitarrist Marius del Mestre. Bevor er zu den Scherben kam, hatte er zusammen mit Peter Radszuhn, dem späteren Musikchef von Radio Eins, bei der Berliner Gitarrenband Tempo gespielt. Marius war ziemlich klein und trug eine Schmalzlocke, wie die Rocker in den 50er Jahren. Es gab Leute, die ihn Micky Maus nannten. Sein Gitarrenspiel war einfach und rhythmusbetont. Marius kam durch Vermittlung von Elser Maxwell nach Fresenhagen.

Elser: »Wir waren bei Misha Schöneberg gewesen und hatten gegessen, grüne Ente, glaube ich. Anschließend haben wir gepokert. Ich hatte eine Glückssträhne und Marius verlor. Schließlich hatte er nichts mehr, was er einsetzen konnte, und ich hab gesagt, setz dich doch selbst ein. Wenn du verlierst, kommst du mit nach Fresenhagen und spielst Gitarre bei den Scherben.«

Der zweite neue Scherben-Musiker war Martin Paul, der als Keyborder einstieg. Martin war ein großer, schlaksiger Typ mit blonden Locken, kam aus Dortmund und hatte beim Hoffmanns Comic Teater in Unna mitgemacht. Dort war Rios ältester Bruder Peter Möbius inzwischen mit seinem H.C.T. gelandet. Martin war kein typischer Rock'n'Roll-Keyboarder, doch durch seine gute Musikalität schaffte er es, sich in kürzester Zeit einen festen Platz innerhalb der Band zu erspielen.

Nach Darstellung von Elser Maxwell war zu diesem Zeitpunkt schon Konzertveranstalter Fritz Rau in Kontakt mit den Scherben getreten, und sie hatten sich innerlich darauf eingestellt, eine große Tournee unter seinem Management zu unternehmen. Aber bevor irgend etwas in dieser Hinsicht konkret vereinbart werden konnte, kam die Nachricht, Fritz Rau habe einen Herzinfarkt erlitten und müsse die ins Auge gefaßte Tournee platzen lassen.

Elser: »Fritz Rau hat ja öfter Herzinfarkte genommen, wenn er sich aus irgendeiner Verantwortung stehlen wollte, der war ja bekannt dafür. Aber was die Dimension der Tournee betraf, das Anspruchsniveau, das war durch die Vorgespräche mit Fritz Rau schon festgelegt.«

Kai dagegen: »Ich weiß, daß es damals schon irgend einen ganz losen Kontakt zu Fritz Rau gegeben hat, aber ich kann mich nicht erinnern, daß die Gespräche mit ihm schon so weit gediehen waren, daß das irgend einen Einfluß auf die Tour hatte.«

Rio und den anderen wäre das Scheitern der Idee, mit einem sogenannten kommerziellen Konzertveranstalter auf Tour zu gehen, ohnehin nicht ganz unrecht gewesen. »Kommerziell« war für sie – das hatte sich in Fresenhagen nicht geändert – ein negativ besetztes Wort. Kommerziell war böse, nichtkommerziell gut. In dieser Hinsicht dachten sie immer noch so wie die Fans, vor denen sie aus Berlin geflohen waren. Sie hatten ihre Skrupel, wenn es ums Geldverdienen ging, und rüsteten sich gegen ihre Armut mit einer gewissen Verachtung für alle Leute, denen es nur darauf ankam, »die Mark zu treffen«, wie Rio es nannte. Zu diesen Leuten gehörten auch die berühmten Kolleginnen und Kollegen, die es in den letzten Jahren lässig geschafft hatten, an ihnen vorbei zu ziehen, Udo Lindenberg, Marius Müller-Westernhagen, NENA oder BAP. Udo Lindenberg »hat von meinem Acker geerntet und von meinem Wein getrunken«, sagte Rio einmal. Jetzt wollte er auch selbst mal etwas ernten, jetzt wollte er den Erfolg, der ihm zustand, jetzt wollte er endlich auch außerhalb des linken oder des schwulen Ghettos als Rockmusiker respektiert werden. Aber der soziale Anspruch der Scherben stand auch jetzt noch im Widerspruch zu dem Wunsch, endlich so akzeptiert zu werden wie andere erfolgreiche Interpreten der Rock-Szene. Als Künstler wollten sie erfolgreich sein, aber sich »an ihren Fans bereichern«, das kam nicht in Frage. Bei den Vorbesprechungen für die Tournee wurde festgelegt, daß der durchschnittliche Eintrittspreis für die Konzerte nicht höher als 12 DM sein sollte. Mochten die anderen 15 oder 20 DM nehmen und obendrein von irgendwelchen großen Firmen gesponsert werden, die Scherben verstanden sich als Sponsoren ihrer Fans. »Mehr als 12 DM können wir denen nicht zumuten«, sagte Rio. Das wurde dann demokratisch beschlossen.

Wer die große Tournee organisieren würde, ergab sich beinahe wie von selbst. Elser Maxwell war schon mit den CARAMBOLAGE-Mädels auf Tour gewesen, er war charmant und eloquent, er hatte Sinn für Marketing und war mit Rio gut befreundet. ›Tante Elsa‹ wurde er manchmal aus Spaß von den CARAMBOLAGE-Mädels genannt.

Nach Rios Erinnerung war es Elser selbst, der sich als Tourmanager ins Gespräch brachte. Nach Elsers Erinnerung war es Rio, der ihn darum bat. Vor allem aber –

Elser: »Ich habe zu Rio gesagt, ich mach's, wenn du willst, aber mit Geld kann ich nicht umgehen. Darum muß sich jemand anders kümmern.«

Auch die anderen waren mit Elser als Manager einverstanden. Elser hatte sich in den Wochen und Monaten, in denen er sich in Fresenhagen von seiner Kokainsucht befreite, als großzügig und einfühlsam erwiesen, er war bei allen, auch bei den Frauen, beliebt, man traute ihm eine Menge zu. Nur Funky hatte seine Vorbehalte.

Funky: »Es war meine damalige Freundin Barbara Czub, die mich vor Elser gewarnt hatte.«

Aber Funkys und Barbaras Kassandra-Rufe verhallten ungehört, und Elser bekam den Job.

Elser: »Mein Freund Carsten Bund und ich haben dann in einem kleinen Häuschen an der Schlei, ungefähr eine Autostunde von Fresenhagen entfernt, Quartier bezogen und die Tour organisiert. Man kann sich heute kaum noch vorstellen, mit welchen Mitteln wir da gearbeitet haben: Kein Fax-Gerät, kein Computer, kein Handy, nur ein einziges Telefon und eine Schreibmaschine, auf der wir alles mit drei Durchschlägen getippt haben. Wenn wir nach Fresenhagen fuhren, weil es da etwas zu besprechen gab, dann war das Telefon eben nicht besetzt. So war das. Die große Frage für uns alle war damals: Wie kriegen wir die Scherben aus der Politecke heraus, wie erreichen wir das normale Rock'n'Roll-Publikum? Für die wollten wir jetzt spielen. Wir haben dann alle Kontakte, die sich in den letzten Jahren ergeben hatten, wieder aufgenommen – alle angerufen, die in der Zwischenzeit angefragt hatten, ob die Scherben nicht bei ihnen spielen könnten. Und so hat sich dann langsam das Tourprogramm herauskristallisiert.« Das Controlling aber, also das Rechnungswesen, sollte ein anderer übernehmen. Nach Elsers Darstellung war es zunächst Lanrue, der, wie man am Hofe von Fresenhagen sagte, »Finanzminister« wurde. Und tatsächlich sah man in den nächsten Tagen und Wochen Lanrue mit Taschenrechner und einem Haufen Papieren über Zahlenkolonnen brüten und Berechnungen anstellen.

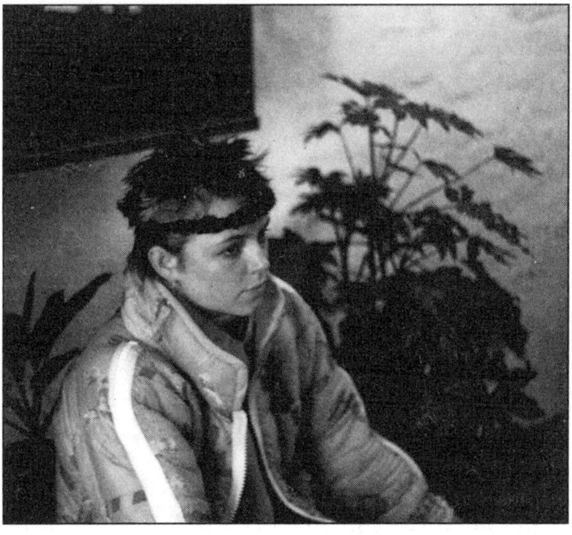

Barbara Czub

Es gab für die Tourplanung einen klaren finanziellen Rahmen. Auf der Einnahmenseite die Obergrenze von 12 DM Durchschnittspreis – auf der Ausgabenseite eine ganze Reihe von kostspieligen Vorgaben:

- Die renommierte Ton- und Licht-Firma REVUE sollte die P.A., die Roadies, den Monitor-Mixer, den Saal-Mixer und den Beleuchter stellen. REVUE mußte es schon sein – alle Großen im damaligen Rock-Geschäft, die NINA HAGEN-BAND, EXTRABREIT oder Udo Lindenberg tourten mit REVUE.
- Der Truck, der die Anlage von Ort zu Ort fuhr, wurde von der Firma WESTFALEN-SOUND gemietet, samt »Udo«, der entweder wirklich Udo hieß oder nur Udo genannt wurde, weil er der Trucker von Udo Lindenberg war.
- Die Hotels, in denen die ganze Truppe übernachtete, mußten gewisse Mindeststandards erfüllen. Alle Bandmitglieder sollten Doppelzimmer bekommen, und Rios mußte obendrein eine Badewanne haben. Elser: »Das war vollkommen in Ordnung, aber es war damals nicht immer leicht, ein Hotelzimmer mit Badewanne aufzutreiben.« Lanrue wiederum brauchte mindestens eine Dusche und nach Möglichkeit ein Zimmer, dessen Nummer die Quersumme 9 aufwies. Aberglaube.
- Die Eintrittskarten, die normalerweise von den örtlichen Veranstaltern gedruckt wurden, sollten auf Scherben-Kosten in Eigenregie gedruckt werden. Mißtrauen. Könnte ja sein, daß man übers Ohr gehauen wird. Also wurden Karten und Plakate in Beate Uhses Druckerei in Flensburg gedruckt.
- Für das Catering und andere Dienste wurde Misha Schöneberg engagiert, der Freund von Elser und Marius aus Berlin. Nach Elsers ursprünglichen Vorstellungen hätte Misha eigentlich das Controlling übernehmen sollen, aber die Band traute ihm das offenbar nicht zu.

Vorfinanziert wurde die Tour aus Mitteln, die man sich durch Kredite beschaffte. Da die Bank nicht genug hergab, wurde jedes Family-Mitglied angehalten, aus seinem privaten Umfeld Gelder lockerzumachen. Scherben-Braut Angie Olbrich steckte sogar einen fünfstelligen Betrag in dieses Unternehmen, den sie gerade von ihrer Großmutter geerbt hatte.

Angie: »Im Grunde genommen gehört mir immer noch der Flügel, wo ist der jetzt eigentlich?«

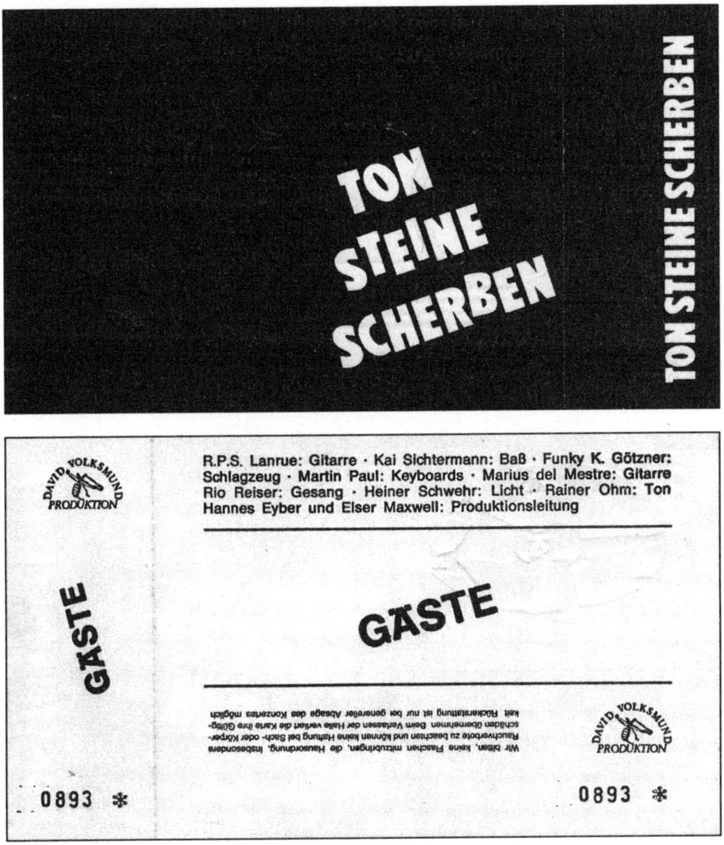

Eintrittskarte der Elser-Tour

Es war nicht der Flügel, aber immerhin der OBX-Syntheziser, der von Angies Geld gekauft wurde; sehr zur Freude von Martin Paul, der nun, außer seinem mitgebrachten YAMAHA-Flügel noch ein weiteres Tasteninstrument bedienen konnte.

Tourveranstalter war die DAVID VOLKSMUND PRODUKTION, sie mußte die Ausgaben tragen, sie sollte die Einnahmen bekommen. Gebucht wurden 50 Konzerte. Anfang Januar sollte es losgehen, nachdem man monatelang in Fresenhagen für die Tour geprobt hatte. Kai und Funky absolvierten sogar ein Fitneßprogramm.

Generalprobe für die Tour war ein Konzert, das die Scherben im Dezember 1981 als »Vor-Band-Danach« zusammen mit der Band IDEAL in der Berliner Eissporthalle gaben. Bei IDEAL spielte Jako Benz' ehemalige Klavierlehrerin Anette Humpe Keyboards. Daß die Scherben bei diesem Konzert dabei waren, war ihr Wunsch gewesen.

Die Scherben hatten seit einigen Jahren nicht mehr auf der Bühne gestanden, und entsprechend groß war ihr Lampenfieber. Woran sie sich erstmal gewöhnen mußten, war, daß sie an diesem Abend und auf der ganzen Tour ihren Sound und ihr Licht nicht mehr selbst kontrollieren konnten, sondern alles von der Firma REVUE besorgt wurde.

REVUE-Beleuchter Heiner Schwer und Monitor-Mixer Uwe Feddersen waren allerdings ausgesprochen professionell. Heiner Schwer hatte sich auf Wunsch der Scherben die Videokassette der Peking-Oper *Der Osten ist rot* angesehen, von deren Farben und Lichtern alle begeistert waren. Inspiriert durch dieses Video hatten Rio und Hannes Eyber versucht, ein theatralisches Lichtkonzept für die Band zu entwickeln, das sich von dem typischen Rocklicht mit wabernden Nebelschwaden und rhythmischem Geflacker unterschied. Weniger professionell war, wie sich herausstellte, Rainer Ohm, der Saal-Mixer. Wie die Scherben erst später erfuhren, hatte Rainer Ohm kaum praktische Erfahrung, er war so eine Art Lehrling. Das war eine Maßnahme der Firma REVUE, um neue Leute auszubilden. Hinzu kam, daß Backline-Roadie Hagen Ziehr – damals der Lover von Ulla Meinecke – vorher offenbar noch nie eine Gitarre gestimmt hatte. Jedenfalls konnte er mit dem Stimmgerät nicht umgehen. Wenn er eine gerissene Saite auswechselte, war die neue oft eine Oktave zu tief gestimmt. Oder eine Oktave zu hoch, so daß sie gleich wieder riß.

Elser: »Ich glaube, das lag daran, daß Hagen mit dem grünen *Chartreuse* nicht umgehen konnte, den Lanrue hinter der Bühne stehen hatte. Das war so ein hochprozentiges Zeug, das hatte mindestens 55%. Lanrue trank immer nur sehr wenig davon, er wußte genau, was ihm den Kick gab, und was ihn fertig machen würde. Hagen Ziehr hat davon immer genascht.«

Das Konzert in der Eissporthalle war eine Benefizveranstaltung für irgendwelche Haus- und Instandbesetzer, organisiert von Kant-Kino-Besitzer Conny Konzack, der an diesem Abend wie ein aufgescheuchter Hahn in der Halle hin- und herlief und damit beschäftigt war, den vermeintlichen Superstar des Abends, Anette Humpe, zu hofieren.

Die Scherben spielten mal wieder umsonst, beziehungsweise zum untersten Spesensatz. Aber obwohl es darum ging, Geld für die Hausbesetzer aufzutreiben, waren viele Genossen aus der linken Szene nicht bereit, Eintritt zu bezahlen. Trotz oder wegen des großen Polizeiaufgebots versuchten sie, die Eissporthalle zu stürmen. Dabei gingen Scheiben zu Bruch und die Polizei schritt ein. Entsprechend aggressiv war die Stimmung im Saal.

Es begann mit dem Auftritt von IDEAL.

»Über sie will ich nicht viele Worte verlieren«, schrieb Michael Sontheimer anschließend in der *taz*. »Wer ihre Musik mag, sollte sich lieber eine Platte kaufen, statt vor der Bühne in ihre gelangweilten und blasierten Gesichter zu schauen. Die meiste Zeit stehen sie da wie geronnene Salzsäulen, IDEAL inszenierte Kühle.«

Rio: »Ich entsinne mich, daß wir rumsaßen in diesen Umkleidekabinen für Eishockeyspieler und das Bumbum von IDEAL hörten und die Begeisterungswellen, und daß bei uns keine besonders angenehme Stimmung war.«

Die Scherben vertrieben sich die Wartezeit mit Drinks und Koks. Als es endlich losging, waren sie entsprechend drauf. Aber wie die Band spielte, war zunächst sowieso egal, weil nur die Monitoranlage auf der Bühne funktionierte, aber nicht der Saalsound. Bei IDEAL hatte er noch glänzend funktioniert, nun aber war unten kaum etwas zu hören. Es dauerte etwa eine viertel Stunde, bis Saalmixer Rainer Ohm die Technik soweit hatte, daß das immer ungeduldiger werdende Publikum die Scherben über die große P.A. hören konnte. Den Rest des Konzertes war er damit beschäftigt, alles wieder so einzustellen, wie er es beim Soundcheck mühsam hingekriegt hatte.

Die eh schon gereizten Fans reagierten auf diese Panne – aber auch darauf, daß die Scherben auf einmal Lieder sangen, die kein Mensch kannte und die überhaupt nicht revolutionär waren, wieso singen die nicht *Macht kaputt..*, dafür haben wir doch die Bude gestürmt! –, die Fans, für die die Zeit stehengeblieben war und die es nicht ertragen konnten, daß sie für die Scherben nicht stehengeblieben war, reagierten mit wachsender Aggression. Gegen Ende des Konzerts wurde sogar eine Stinkbombe geworfen. Nachher kam das Gerücht auf, die Roadies von IDEAL hätten an den Knöpfen und Reglern gedreht, um den Scherben den Sound zu versauen.

Rio: »Uns kam das alles wie eine große Verarschung vor. Auch, daß Anette Humpe, die uns ja eingeladen hatte, einfach abgehauen war. Am selben Abend gingen Elser, Misha Schöneberg und Kai noch in die Paris-Bar. Da war Highlife angesagt zwischen IDEAL, ihrer Plattenfirma WEA und Conny Konzack. Kai hat sich Siggi Loch, den Chef der WEA, gegriffen und ihm gesagt, daß er ihm eins aufs Maul hauen würde. Da hat er noch mal unsere altbewährte Taktik der körperlichen Bedrohung angewandt und die Aggressionen abgelassen, die sich angestaut hatten. War eigentlich 'n dicker Hund und hatte später Folgen für unser Image gegenüber Plattenfirmen.«

Kai: »Ich weiß nicht mehr genau, was da passiert ist, aber ich war in jeder Hinsicht ziemlich geladen, das stimmt schon. Ich glaube, als wir in die Paris-Bar kamen, wußten die gar nicht, woher der ganze

Ärger kam. Wahrscheinlich waren wir für die irgendeine Hausbesetzer- oder Anarchoband, die da die Sau rauslassen wollte.«

Obwohl der Auftritt der Scherben ein ziemliches Fiasko war, waren die Kritiken am übernächsten Tag gar nicht so schlecht. Michael Sontheimer von der *taz* begeisterte sich, nachdem er pflichtgemäß über IDEAL berichtet hatte, über die neuen Scherben-Songs *Jenseits von Eden*, *Kribbel Krabbel* und *Der Turm stürzt ein*. Sein Artikel endete mit einer Reflexion über »Mythos als Verhängnis«:

»Bedeutet Erfolg Verrat der radikalen Prinzipien? Wer will den Scherben vorwerfen, daß sie nicht jede Nacht durch Kreuzberg rennen und Parolen sprühen ... Ich will es nicht. Hat, wer zum Mythos gemacht wird, kein Recht darauf, sich zu verändern? Muß er, wie zu seiner eigenen Schallplatte gepreßt, dasselbe sagen, wie vor zehn Jahren? Nein. Wenn ich heute noch dasselbe sagen müßte, hätte ich mich wohl spätestens vor drei Jahren umgebracht.

Auf ihren ersten beiden LPs hatten die Scherben eine politische Botschaft im Zentrum, als Menschen fielen sie weitgehend raus. Heute singt Rio dafür ein Lied über die Männer, die er liebt, und es geht mir tief rein, wenn er brüllt, daß er sich als Schwuler nicht mehr ins Ghetto drängen lassen will.

Als Rio merkt, daß die meisten die alten Lieder hören wollen, nimmt er sich fast schüchtern selbst zurück: ›Wir spielen jetzt noch zwei so debile Dinger, habt Geduld, dann kommt wieder was altes.‹ Die anderen sind noch schüchterner, scheinen fast Angst vor dem Publikum zu haben, und bei der Zugabe reicht es ihnen auch. ›Wir hören jetzt auf, da haben so ein paar Hirnis Stinkbomben geschmissen, das macht echt keinen Spaß‹, verabschiedet sich Rio. Mir hat es trotz alledem Spaß gemacht. Einfach deshalb, weil sich mit dieser Musik Menschen ausdrücken, die in all ihrer Gebrochenheit was zu sagen haben. Heute genauso wie vor zehn Jahren.«

1982: Zweihunderttausend Miese

Die Elser-Tour

Wenn heute von der 1982er Tour gesprochen wird, ist meistens von der »Elser-Tour« die Rede. Sie begann am 8. Januar 1982 mit einem Troß von sechzehn Leuten. Die Musiker: Rio, Lanrue, Kai, Funky, Martin Paul und Marius del Mestre.

Die begleitende Truppe: Manager Elser Maxwell und sein Freund Carsten Bund; Hannes Eyber, zuständig für die Bühnenregie und als Berater und Vertrauter der Band, vor allem von Rio; Horst Lewald, ein Bekannter von Hannes aus Frankfurt, als neuer »Finanzminister«; und Misha Schöneberg, der nicht bloß für das Catering zuständig war, sondern auch das Wohnmobil chauffierte und sich bemühte, der Band jeden Wunsch von den Augen abzulesen.

Das waren elf Leute. Hinzu kamen noch fünf Mitarbeiter der Firma Revue. Schon bevor die Tour richtig losging, bemerkte

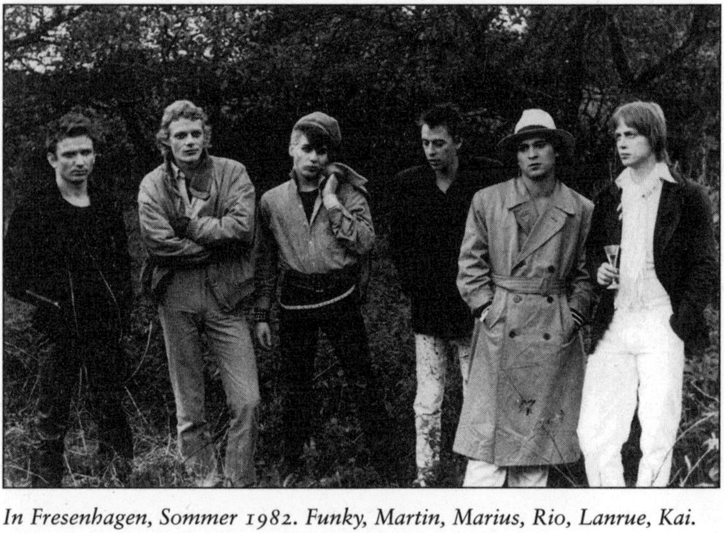

In Fresenhagen, Sommer 1982. Funky, Martin, Marius, Rio, Lanrue, Kai.

Horst Lewald, der gerade aus Frankfurt gekommen war, um sein Amt anzutreten, daß die Zahlen nicht stimmten.

Misha: »Das Interessante war: Noch vor dem ersten Ton in Bonn kam der Profi aus Frankfurt ins Wohnmobil und fragte den Catering-Boy: Sag mal, kannst du mir bei den Finanzen helfen? Ich blicke überhaupt nicht mehr durch. Ich komme da auf ganz merkwürdige Zahlen.«

Nach dem dritten Auftritt der Band – in Recklinghausen – kam Horst Lewald zusammen mit Misha Schöneberg zu Kai und sagte, sie hätten einige Berechnungen angestellt, und seien zu dem Schluß gekommen, daß die Band mit einem riesigen Berg Schulden aus dem ganzen Unternehmen herauskommen werde.

Kai: »Als Misha und Horst mir erklärten, die Tour wäre finanziell auf Sand gebaut, stellte ich Elser zur Rede. Doch der wiegelte ab und bezeichnete Horst als Querulanten – in dieser Situation wohl zu unrecht. Mir wurde von Elser und auch von Hannes, den ich mit ins Vertrauen zog, unmißverständlich erklärt, selbst wenn es so wäre, dürfte das niemand erfahren, vor allem Rio nicht. Über

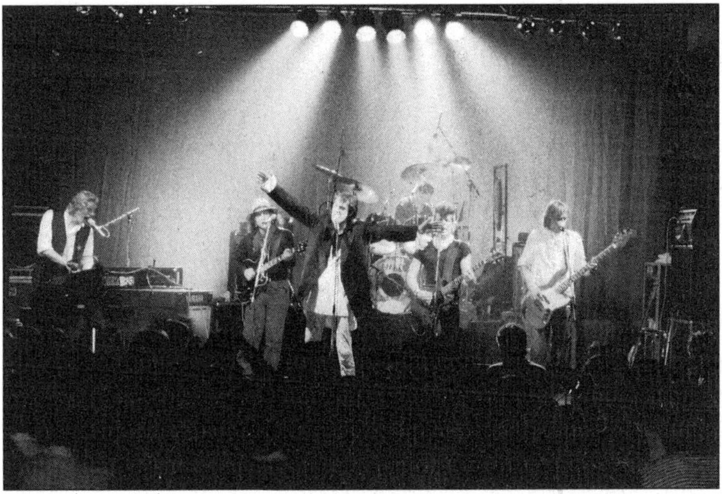

Die Elser-Tour – 1982. Martin, Lanrue, Rio, Funky, Marius, Kai.

einen Abbruch der Tour wurde zwar diskutiert, aber da keiner von uns ahnte, wie hoch der Schuldenberg am Ende sein würde, dachte ich, okay, dann ziehen wir das Ding eben durch.«

Misha Schöneberg versuchte zumindest in seinem Bereich zu retten, was nicht mehr zu retten war. Misha: »Ich hab denen dann vorgerechnet, wie lange mein Catering-Etat von 6.000 Mark reichen würde, wenn sie täglich französischen Champagner schlürfen würden. Da sind sie dann auf HENKEL-*Trocken* umgestiegen.«

Allerdings drohte der seidene Faden, an dem die Tour hing, drei- bis viermal zu reißen. Freunde, wie zum Beispiel Hanns Baukhage und Jens Johler, mußten noch während der Tour um ein paar Tausender angepumpt werden, sonst wäre am nächsten Tag kein Geld mehr für Hotelzimmer, Benzin, die fälligen Raten für das Wohnmobil oder die Firma REVUE dagewesen. Hinzu kam noch, daß Rio in München die Stimme wegblieb, so daß zwei Konzerte abgesagt werden mußten. Vier andere Konzerte fielen aus anderen Gründen aus.

Elser: »Da war zum Beispiel diese Geschichte in Marburg, glaube ich. Irgendein ASTA hatte uns da gebucht. Wir kommen also nach Marburg, die Jungs wollen die P.A. aufbauen und fragen, wo ist denn der Strom? Und der Typ, der uns eingeladen hatte, sagte: Hier ist die Steckdose, auf der Bühne. Und der dicke Uwe Feddersen stand da und meinte nur: Was soll ich mit dieser Steckdose? Also, der Strom reichte hinten und vorne nicht, und die Techniker sagten sofort: Canceln, Canceln. Dann kamen diese ASTA-Leute alle, so Müslis, und sagten: Könnt ihr denn nicht mal ohne Strom spielen, also unplugged oder so? Na ja, wir mußten das Konzert dann ausfallen lassen. Aber von denen dann irgendwelche Ausfall-Prämien einzuklagen, wäre ja auch witzlos gewesen. Klag mal gegen irgendeinen ASTA – und dann noch als Ton Steine Scherben. Da geht es doch dann gleich wieder los.«

Nach der Scherben-Legende kam es während der Tour noch zu einem grotesken Höhepunkt, als Elser Maxwell in einem Bremer Restaurant die Polizei alarmierte, weil der Kellner ihm den falschen Salat gebracht hatte.

Rio: »Das war mehr als nur ein Rock'n'Roll-Witz. Das war schon etwas entrückt. Da hab ich auf einmal gedacht: aufpassen!«

Elser: »Das mit dem Salat war so: Ich hatte ihn zurückgegeben, weil ich einen anderen bestellt hatte, und wollte ihn natürlich auch nicht bezahlen. Als der Kellner darauf bestand, hab ich gesagt, gut, dann rufen Sie doch die Polizei. Heute würde ich sagen, da hast du dein Geld, steck's dir sonstwo hin, aber wenn du in so einer Rock-Gruppe bist und viel getrunken hast, dann kommt es schon mal zu solchen Übertreibungen.«

Die Scherben-Legende will auch, daß Elser der Schuldige für das finanzielle Desaster war. Sein Größenwahn habe die Scherben reingeritten, hieß es.

Misha Schöneberg dagegen bestätigt Elsers Version: »Man kann von ihm halten, was man will, aber er ist ein großer Impresario – und er hatte genug Selbstbewußtsein, um zu sagen, daß er mit Geld nicht umgehen kann. Eigentlich hat Elser nur versucht, die Vorgaben zu verwirklichen, die von Rio kamen, Champagner

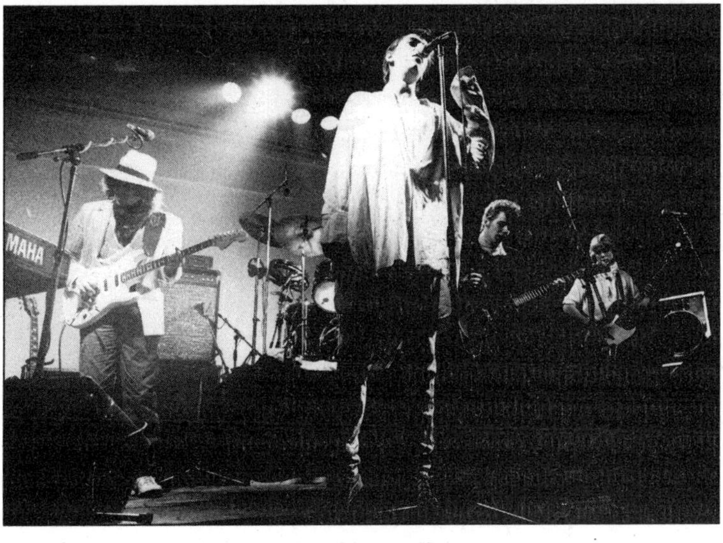

Die Elser-Tour 1982. Lanrue, Rio, Marius, Kai

für alle, dicke Suiten und so weiter. Die wollten nicht mehr wie in der Vergangenheit in Wohngemeinschaften schlafen, die wollten den richtigen Service haben, wie eine normale Rockband – und das mit dem Image der Scherben: Karten für 7 oder 9 Mark.«

Wer, so Misha, auch nur ansatzweise das große Einmaleins beherrschte, hätte sofort erkannt, daß die Rechnung nicht aufgehen konnte. Aber die Scherben, besonders Rio, weigerten sich, die Realität der Zahlen zur Kenntnis zu nehmen und bewegten sich lieber im Land der Illusionen.

Für Rio war es am Ende klar, daß Elser der Schuldige war, auch wenn er es Elser nicht besonders übelnehmen konnte.

Rio: »Was Elser angeht, so hatte das was mit grenzenloser Selbstüberschätzung und Größenwahn zu tun. Aber jede größenwahnsinnige Aktion hat auch einen bestimmten Reiz. Elser hat sich in keiner Weise an den Rahmen gehalten, der ihm gesteckt war. Für ihn war die Tour ein künstlerisches Happening, und für uns war's Rock'n'Roll, da lagen wir gar nicht so weit auseinander.«

Und Hannes Eyber: »Ich sage im Nachhinein, daß das gepaßt hat. Das ganze Drumherum, auch mit Elser. Je länger die Tour lief, um so mehr dachte ich, das ist eben die Rock'n'Roll-Party. Das war eine Einmaligkeit und – bei allem Widerspruch – das hatte was.«

Und noch einmal Rio: »Ich bin allen dankbar, die mich da abgeschirmt haben. Was hätte es mir genützt zu wissen, daß die Tour eine finanzielle Pleite wird?«

Die Elser-Tour endete nach 44 Auftritten am 28. Februar in Hamburg. Ohne Zweifel war den Scherben musikalisch ein erfolgreiches Comeback gelungen. Die Zuschauerresonanz war gut bis sehr gut gewesen, und auch die Presse hatte durchweg positiv geurteilt. Katerstimmung kam erst zwei, drei Wochen später auf, als so nach und nach die Höhe des Schuldenberges bekannt wurde: 200.000 Mark Miese! Das klingt katastrophal und war es auch. Aber war es nicht eine ziemlich unnötige Katastrophe? Vielleicht wären die Scherben mit ein wenig mehr Vernunft sogar ohne Schulden aus der Tour herausgekommen.

Elser: »Man braucht ja bloß eine einfache Rechnung aufzumachen. Wir hatten fast immer ausverkaufte Häuser, und zwar im Schnitt mit ein- bis zweitausend Fans. Das heißt, insgesamt waren vielleicht siebzigtausend Fans in unseren Konzerten gewesen. Hätten wir bloß drei Mark mehr genommen, also ganz normal fünfzehn Mark pro Konzert, dann wären die Schulden gar nicht erst aufgelaufen.«

Keyboarder Martin Paul bezweifelt, daß es so einfach gewesen wäre, aber auch er sieht im Nachhinein das große Mißverhältnis zwischen dem Wunsch der Scherben, als »einfache« Rock-Musiker akzeptiert zu werden, und ihrem traditionellen Anspruch, eine Band mit Sozialpreisen zu sein. Allerdings hätten auch die örtlichen Veranstalter immer wieder gesagt: So viel können wir von unseren Zuschauern nicht nehmen.

Martin: »Vielleicht hätten wir konsequent sagen müssen: Ein Scherben-Auftritt kostet so und so viel, und drunter machen wir's nicht. Genauso wie andere Bands.«

Wie auch immer: Alle großen Touren in dieser Zeit endeten mit Defiziten, aber wenn durch die Tour der Plattenverkauf ordentlich angekurbelt worden war, dann kam das Geld schon wieder herein. Die große Hoffnung, welche die Scherben mit der Elser-Tour verbunden hatten, war ja nicht einmal enttäuscht worden: Sie hatten sich tatsächlich aus dem linken Ghetto herauskatapultiert, sie hatten die Rock'n'Roll-Fans, die sie erreichen wollten, mit ihrer Musik und ihrer Show begeistert. Auch einige Rundfunksender fingen wieder an, Scherben-Songs zu spielen. Die Band war dort angekommen, wo sie hingewollt hatten: auf große Bühnen, vor Tausende von Fans und ohne die Verpflichtung, anschließend ein Haus zu besetzen, zu einer Demo aufzurufen oder eine politische Diskussion zu führen.

Nein, die Tour war alles in allem ein Riesenerfolg. Man mußte jetzt nur von den Schulden herunter.

Katerstimmung nach der Tour

Auf Rio wartete, als die Band nach Beendigung der Elser-Tour wieder in Fresenhagen eintraf, eine Überraschung der besonderen Art. Sein Lover Thomas Müller war während der Elser-Tour in Fresenhagen geblieben, zusammen mit Britta und Elfie. Da hatte er nun also mit den Carambolage-Mädels den Hof gehütet und sich ausgemalt, wie es bei den Scherben zugehen würde. Vor allem zwischen Rio und Misha. Thomas hatte in Berlin einmal eine Affäre mit Misha gehabt, und da Misha jetzt wochenlang mit Rio und der Band auf Tour war, konnte Thomas es sich nicht anders vorstellen, als daß nun auch Rio etwas mit Misha anfangen würde. Daher tröstete er sich – Liebe und Strom gehen seltsame Wege – mit Elfie. Als die Scherben nach Fresenhagen zurückkamen, war Elfie schwanger.

Rio: »Die beiden erwarteten jetzt, daß ich die Vaterschaft übernehme. Ich war ja nicht eifersüchtig, aber das war mir jetzt zuviel. Ich hatte ja mit der Sache nichts zu tun. Da waren sie beide ziemlich sauer auf mich.«

Ob Rio wirklich nicht eifersüchtig war? Auf jeden Fall hatte die Geschichte Konsequenzen. Elfie verlor das Kind durch eine Fehlgeburt und mußte auf Rios Wunsch Fresenhagen verlassen. Carambolage-Drummerin Britta wollte Elfie nicht im Stich lassen und beschloß schweren Herzens, ebenfalls auszuziehen. Beide zogen zu ihrer gemeinsamen Freundin Janett, die in dem nahegelegenen Ort Enge-Sande ein Haus geerbt hatte. Angie, die dritte Carambolage-Frau, war bereits vor einer ganzen Weile ausgezogen. Sie hatte sich zusammen mit Lisa entnervt aus dem nicht babygerechten Fresenhagen abgeseilt und im Nachbarort Klixbüll eine Wohnung genommen.

Angie: »Einerseits haben sich alle bemüht und auch versucht, sich um das Baby zu kümmern, aber die Widrigkeiten überwogen. Als ich sah, wie Lisa eines Tages in Fresenhagen unterm Küchentisch krabbelte und sich ne Zigarettenkippe in den Mund steckte, hab ich gedacht, jetzt reicht's!«.

Zwischen Rio und Thomas Müller war es ebenfalls aus. Thomas zog nach Berlin zurück und lebte dort mit dem Schauspieler Kurt Raab zusammen, der ihm schon während der Dreharbeiten zum Noever-Film *Total vereist* versprochen hatte, »einen Star aus ihm zu machen«. (Sechs Jahre später setzte Thomas seinem Leben ein Ende, indem er sich in der Badewanne die Pulsadern aufschnitt. Er war der dritte Ex-Lover von Rio, der eines unnatürlichen Todes starb. Bereits 1976 waren Raymond Fleschner und Andy an den Folgen einer Überdosis Heroin gestorben. Bei Raymond war es ein Unfall gewesen, bei Andy Selbstmord. Als 1988 die Nachricht von Thomas Müllers Tod die Runde machte, gab es Leute, die Wetten darauf abschlossen, daß auch Rios Lover Misha Schöneberg ihn nicht überleben würde. Aber es war dann Rio, der zuerst davonging.)

Auch Elser Maxwell verließ Fresenhagen. Ob er nun schuld war am finanziellen Fiasko oder nicht – er war der Sündenbock.

Angie: »Also, offen ausdiskutiert wurde es ja nie, wenn es Schwierigkeiten gab. Dazu war man nicht fähig. Also wurde dann alles an einer Person festgemacht. Irgendeiner war immer der Buhmann. Und wenn der dann schließlich weg war, dann kam der nächste. Ich hab mich in all den Jahrzehnten gefragt, wann bin ich mal dran – ich blieb ja immer verschont –, aber mich hat's später auch noch erwischt.«

Martin: »Es war schon so, daß Rio sehr launisch und auch ungerecht sein konnte. Und wenn etwas Unangenehmes passiert war, gab es immer jemanden, der der Schuldige war. Und der flog dann unter Umständen raus.«

Ist der Sündenbock einmal gefunden und aus der Gemeinschaft verbannt worden, dann fühlt sie sich erst einmal erleichtert. Mit dem Ausgeschlossenen ist, so scheint es, alle Schuld, alles Versagen, alles Negative davongegangen – und nun ist wieder Hoffnung da, neuer Schwung. Da also Elser vom Hofe verbannt worden war, sah auch Rio die Situation wieder etwas rosiger.

Rio: »Wir hatten zweihunderttausend Mark Schulden, aber wir hatten ja eine erfolgreiche Tournee hinter uns und, was die Medien betraf, einiges losgetreten. Insofern sah nicht alles ganz dunkel aus. Wir haben also nicht dagesessen und Trübsal geblasen, sondern versucht, die Flucht nach vorn anzutreten.«

Hoffnung und neuer Schwung

Die Flucht nach vorn sah so aus, daß die Scherben den Plattenvertrieb ankurbeln und möglichst bald wieder auf Tour gehen wollten. Diesmal aber wirklich professionell!

Britta, Funky und Kai, die den Vertrieb der Platten zu besorgen hatten, waren es ohnehin leid, diese Arbeit zu machen und obendrein noch jede Menge Fanpost durchzusehen.

Sie waren in erster Linie Musiker, keine Kaufleute. So kam die Band auf die Idee, Horst Lewald, den Kassenwart der Elser-Tour, zu fragen, ob er nicht den Vertrieb übernehmen wollte. Man führte einige Gespräche und einigte sich im Sommer 1982 mündlich auf eine bestimmte prozentuale Aufteilung der Kosten und Erträge.

Ein schriftlicher Vertrag sollte später geschlossen werden. Außerdem gründete Horst Lewald zusammen mit einem gewissen Gerhard Motl den David Volksmund Vertrieb, und diese Firma schickte der David Volksmund Produktion im Winter 1982/83 den schriftlichen Vertrag.

Was den vakant gewordenen Posten des Managers betraf, so gab es zwei, die dafür in Frage kamen. Misha Schöneberg, der auf der Elser-Tour den Allround-Betreuer gespielt und auch gezeigt hatte, daß er »das große Einmaleins« beherrschte. Und Claudia Roth, Martin Pauls Freundin. Sie war Dramaturgie-Assistentin am Dortmunder Theater gewesen und hatte dort mit Rios Bruder Peter zusammengearbeitet. Als Peter Möbius mit dem H.C.T. von Dortmund nach Unna ging, hatte sie die Zusammenarbeit mit ihm fortgesetzt. Peter hatte Rio mehrmals für seine Produktionen engagiert, und spätestens während der Arbeit am Stück *Märzstürme* in Unna war Rio Claudias Organisationstalent aufgefallen. Jetzt hatte Claudia Zeit, sie wollte mit Martin zusammenwohnen, sie kam nach Fresenhagen – und sie kochte gut!

Rio: »Mit Claudia zog auch die schwäbische Küche ein, zum zweiten Mal nach Anne Reiche. Kochen war für Claudia eine ganz wichtige Sache, daran durfte auch nicht gespart werden.«

Während Claudia in Fresenhagen Spätzle kochte, pendelte Misha zwischen Berlin und Fresenhagen hin und her. Er lebte in Berlin in einem der inzwischen ungefähr 300 besetzten Häuser, hatte dort seine Freunde und war nicht so ohne weiteres bereit, Ber-

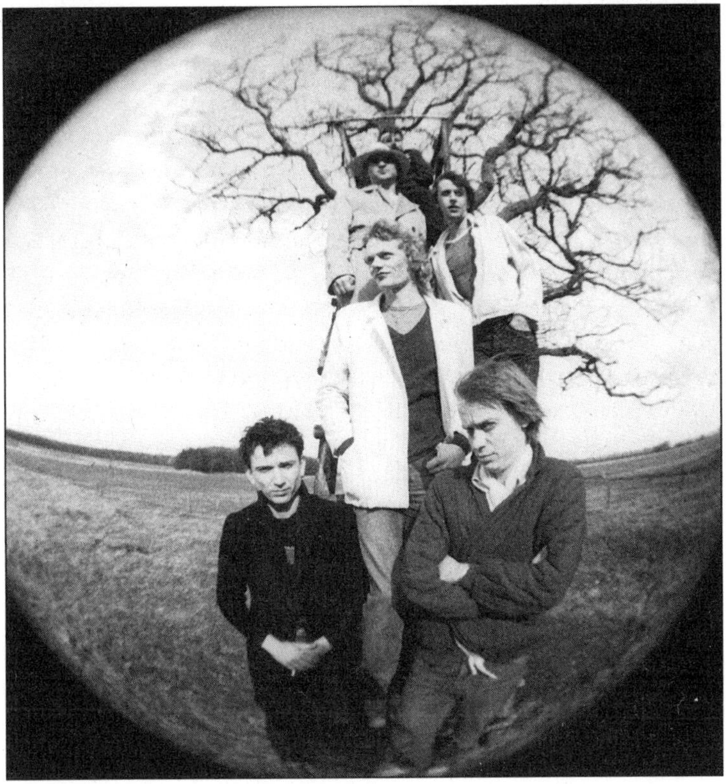

Die Scherben in Fresenhagen Anfang 1982.
Von oben nach unten: Marius, Lanrue, Rio, Martin, Kai, Funky (links).

lin aufzugeben. Als Manager der Scherben hätte er es aber sofort getan. Statt einer Entscheidung zwischen Misha und Claudia gab es einen Kompromiß. Beide sollten die Band gemeinsam managen.

Rio: »Es gab dann eine Tour, die Claudia und Misha aus dem Boden gestampft hatten, was so schwer nicht war nach der musikalisch ja doch erfolgreichen Elser-Tour. Da kamen ja auch richtig Anfragen. Die Arbeit bezog sich mehr darauf, gute Verträge auszuhandeln. Wir sind ja auf Tour gegangen, um, sagen wir mal, mindestens unseren Lebensunterhalt bestreiten zu können und als Band weiter zu existieren – mit der Perspektive X.«

»Mai-Ausflug mit Schneewittchen« nannte Claudia diese Tour, die unter anderem in die Schweiz ging. Schneewittchens sieben Scherben waren die sechs Bandmitglieder plus Misha, der sich nun auch um das Bühnenlicht kümmerte.

Misha: »Ich hab so viel Lob bekommen, sogar in der Presse, immer wieder wurde das Licht gelobt. Es gab Leute, die auf mich zukamen und sagten, das letzte Lied würde ich gern noch mal hören, aber nur das Licht. – Mein Geheimnis war, daß ich mich immer als Musiker begriff, ich hatte den Rhythmus drauf, ich konnte Musik spielen, und ich konnte eben Instrumente begleiten – mit dem Licht. Ich konnte auch einzelne Parts übernehmen, und es war Marius, der das am besten kapierte. Der ist schon mal nach dem Konzert zu mir gekommen und hat gesagt: Heute habe ich dein Licht verstanden. Ich hab meinen Einsatz verpaßt, aber du warst richtig.«

Nach Rios Darstellung führte die Konkurrenz zwischen Claudia und Misha dann irgendwann dazu, daß die Machtfrage gestellt wurde. So sei es zum »Duell im Morgengrauen« gekommen. Aber wenn es dieses Duell überhaupt gegeben hat, dann war Misha ohne Waffen angetreten. Während der Tournee – es war am Vierwaldstätter See, an einem freien Tag vor oder nach einem Konzert in Zürich – hatten Misha und Rio sich ineinander verliebt. Schlagartig änderte sich Rios Ansicht darüber, welche Funktion Misha innerhalb der Scherben-Truppe haben sollte.

Misha: »Claudia hatte, das muß man sagen, die Situation sehr gut erkannt. Ich hatte am Abend zuvor noch versucht, mit ihr zu reden, darüber, daß die Tour erfolgreich war und ob wir nun weiterhin das Management zusammen machen wollten. Sie sagte: Wieso, deine Situation sieht doch jetzt ganz anders aus. Und ich: Warum? Warum sieht sie jetzt anders aus? Und sie wieder: Na ja, bist doch jetzt mit Rio zusammen. Das war für mich überhaupt kein Grund, nicht mehr das Management zu machen, aber als ich ihr das sagte, hat sie abgeblockt. Ich hab dann versucht, mit Rio darüber zu reden, aber solche Dinge konnte er überhaupt nicht ab. Er hat nur gesagt: Ich will nicht, daß du hier das Management machst, du bist doch jetzt mein Freund. – Peng. – Ich war vollkommen baff. – Ja, und das war genau der Abend vor der Diskussion, in der Claudia ihre working-papers präsentierte und Konzepte vorstellte, in denen ich gar nicht mehr drin vorkam.«

So blieb Claudia als alleinige Managerin übrig. Ihre Arbeitsweise war hundertprozentig professionell, alles, was sie tat, klappte. Auch die Verträge, die sie ausgehandelt hatte, waren die bestmöglichen, so daß am Ende der Tour nicht nur kein Minus, sondern sogar ein kleines Plus herauskam.

Im Sommer 1982 gab es weltweit auf dem Plattenmarkt einen großen Einbruch. Der Boom der internationalen Punkwelle und auch der in Deutschland hochgespülten Neuen Deutsche Welle, NDW, war offenbar vorbei. Die Zahl der Plattenverkäufe ging wieder auf den vorher normalen Stand zurück. Das machte sich auch beim Verkauf der Scherben-Platten bemerkbar. Umso mehr Grund für die Scherben, an die Produktion der nächsten Platte zu denken!

So fing die Band schon im Sommer an, Songs zu schreiben und Demos einzuspielen.

Bevor diese Arbeit begann, mußte Kai allerdings ein Problem lösen. Seine Freundin Angie war in dieser Zeit ständig mit CARAMBOLAGE auf Tournee. Normalerweise hatte sie entweder Karin Baukhage, die Frau von Happy Hanns, als Babysitterin dabei oder

Gudrun, eine junge Frau aus dem Nachbarort Emmelsbüll in der Nähe vom Nordseedeich. In diesem Sommer aber hatte weder die eine noch die andere Zeit, so daß Angie ihre Tochter Lisa nicht mit auf Tournee nehmen konnte, sondern sie in Fresenhagen bei Kai lassen mußte. Aber wer sollte auf Lisa-Baby aufpassen, wenn Kai im Studio war?

Kai erinnerte sich an zwei Frauen aus Mannheim, die den Scherben während der Elser-Tour über den Weg gelaufen waren. Die beiden, Uli und Karin, waren so begeisterte Scherben- und Rio-Fans, daß sie der Band eine Weile von Ort zu Ort, von Auftritt zu Auftritt gefolgt waren. Kai hatte sich mit den beiden angefreundet und sich einen Spaß daraus gemacht, sie nachts heimlich in sein Hotelzimmer zu schmuggeln.

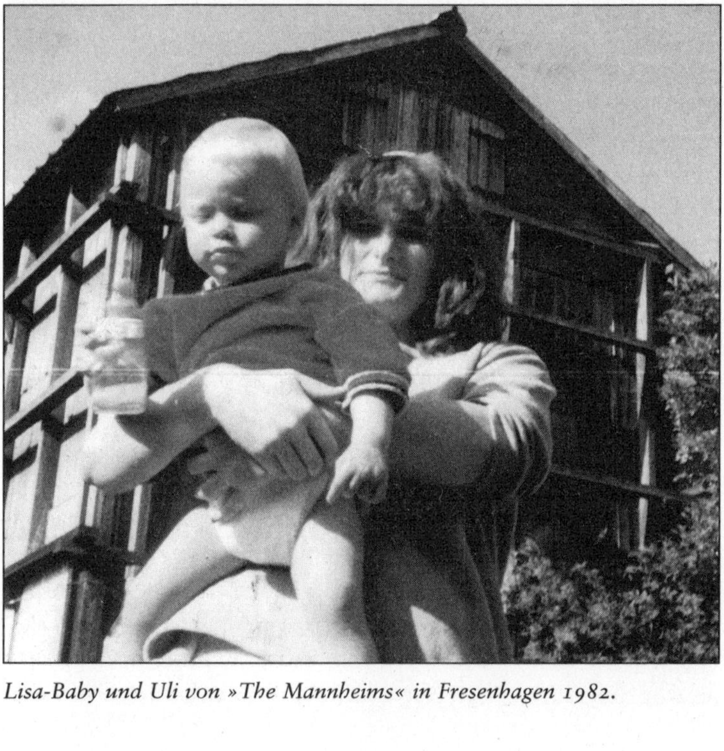

Lisa-Baby und Uli von »The Mannheims« in Fresenhagen 1982.

Kai: »Nicht, um das Groupie-Ding durchzuziehen, sondern damit sie dort übernachten konnten, ohne zu bezahlen.«

Jetzt rief er »The Mannheims« an, und bat sie, sich eine Weile um Lisa zu kümmern. Und tatsächlich kamen sie per Anhalter nach Fresenhagen und spielten, während die Band im Studio arbeitete, Babysitter für Lisa.

Im September unterbrachen die Scherben ihre Arbeit an der Platte, um auf einem Solidaritätskonzert für Nicaragua in der Essener Grugahalle zu spielen. Mit von der Partie waren die Gruppen LIEDERJAN und die Österreichischen SCHMETTERLINGE.

Im November gaben sie zusammen mit der INA DETER-BAND, SLIME, den Berliner Anarcho-Kabarettisten DIE DREI TORNADOS und der Band STRASSENJUNGS drei Solidaritätskonzerte in Bremen, Neumünster und Hamburg. Diesmal ging es um die Unterstützung der Angeklagten von Brokdorf. Vorausgegangen war Folgendes: Als im Jahr zuvor, am 28. Februar 1981, hunderttausend Menschen gegen den Plan demonstriert hatten, dort ein Atomkraftwerk zu bauen, waren Spezialeinheiten der Polizei, sogenannte Greiftrupps, über die Demonstranten hergefallen und hatten gezielte Festnahmen gemacht. Zwei der Festgenommenen, Michael Duffke und Markus Mohr, wurden später beschuldigt, auf einen Polizisten eingeschlagen zu haben. Das Landgericht Itzehoe verurteilte sie dafür am 13. Mai 1982 zu drei beziehungsweise fünfeinhalb Jahren Gefängnis. Die Art und Weise, wie dieses Urteil zustande kam, und vor allem die Höhe des Strafmaßes hatten im ganzen Land große Empörung ausgelöst.

Zwischen und nach diesen Konzerten, die von Claudia Roth organisiert worden waren, arbeitete die Band weiter an der neuen Platte. Einer, der sich in dieser Phase des Songschreibens besonders hervortat, war Marius del Mestre. Seine schöpferische Energie schien keine Grenzen zu haben. Er schrieb Song auf Song, ohne zu schauen, ob die anderen nicht auch etwas anzubieten hätten. Seine Songs waren nicht schlecht, aber er spielte sich mit allzu großem Übereifer in den Vordergrund, ohne sich darum zu kümmern, daß Rio und Lanrue, das traditionelle Songschreiber-Duo, sich viel mehr Zeit ließen. Wenn man versuchte, mit Marius darüber zu sprechen, kam früher oder später sein Standardspruch: »Das ist Rock'n'Roll!«.

Aber zu den ungeschriebenen Gesetzen bei den Scherben gehörte auch, daß es nicht gut war, an Rio und Lanrue vorbeizupreschen. So war es nur eine Frage der Zeit, bis das Pulverfaß explodierte. Es geschah an einem winterlich kalten Dezemberabend, Marius war wie so oft nicht in Fresenhagen, sondern in Enge-Sande bei Elfie, mit der er in dieser Zeit ein Verhältnis hatte. Rio, der keinen Führerschein besaß, bat Kai, Marius nach Fresenhagen zu holen. Als die beiden zurückkamen und Marius mit Kai die vollbesetzte Küche betrat, eröffnete ihm Rio: »Du bist gefeuert!«.

Für Marius kam der Rausschmiß aus heiterem Himmel. Er war geschockt, und man sah deutlich, wie es in ihm arbeitete. Er war normalerweise auch nicht auf den Mund gefallen, doch bevor er Zeit hatte, irgendwelche Fragen oder Einwände zu formulieren, fügte Rio trocken hinzu: »Das ist Rock'n'Roll!«.

Rio: »Marius wurde gefeuert, weil er auch ein gewisser Querulant wurde in Fresenhagen. Wie das dann so ist, machten sich viele Probleme dieser Zeit irgendwie an ihm fest. Ich glaube, Marius hat bewußt oder unbewußt dahin gesteuert.«

Hannes Eyber: »Marius war das Bauernopfer, weil er verliebt war und nicht mitlitt. Der hat ja meistens woanders gewohnt, war immer bei Elfie in Enge-Sande, und das war eben unpassend zu dem Zeitpunkt. Und – sehr praktisch – seine Songs waren damit ja auch vom Tisch. Claudia hat Marius dann noch mit tröstenden mütterlichen Worten umständlich erklärt, warum er jetzt gefeuert ist. Ich weiß noch, daß ich gedacht habe, was redet die so lange? Aber der sollte das eben verstehen. Das war so, wie wenn der Klassenlehrer dir in der Schule endlos erklärt, warum du sitzen bleibst und warum du ihm dafür noch dankbar sein sollst.«

Ende 1982 hatte die Band 22 Demoaufnahmen von ebenso vielen Songs aufgenommen. Es erfolgte eine Abstimmung darüber, welche Stücke auf die Platte kommen sollten. Die fünf Musiker der Band plus Hannes Eyber, Misha Schöneberg und Claudia Roth waren an der Abstimmung beteiligt. Jeder durfte elf Titel aus den insgesamt 22 Songs auswählen, beziehungsweise ihnen je einen Punkt geben. Der einzige Song, der mit acht Punkten von allen Beteiligten gewählt wurde, war *Hau ab*.

Kai: »*Hau ab* ist einer meiner Lieblingssongs, und ich weiß noch genau, wie er entstanden ist. Uns fehlte ein typischer Rock'n'Roll-Song a la Jagger/Richards. Rio ging in sein Zimmer, um einen Text zu schreiben, und Lanrue zog sich ins Studio zurück, um etwas zu komponieren. Als wir uns einige Stunden später wieder im Studio zusammenfanden, war ich baff: Rios Text und Lanrues Musik paßten auf Anhieb zusammen, obwohl jeder für sich alleine gearbeitet hatte.«

Die Songs *Fieber*, *Tanz!*, *Bist du's* und *Wunder* folgten mit je sieben Punkten. Der Song *Mama war so* erhielt nur einen einzigen Punkt. Insgesamt 14 Titel sollten auf die Platte kommen, und obwohl er nur einen Punkt bekommen hatte, war *Mama war so* trotzdem dabei. Rio hatte es so gewollt. Misha Schöneberg erinnert sich, daß Rio nachts zu ihm gesagt hatte: »Du glaubst doch nicht im Ernst, daß ein Song auf die Platte kommt, von dem ich nicht will, das er raufkommt!« Und das galt umgekehrt genauso. Wenn Rio unbedingt wollte, daß ein Song auf die Platte kam, dann kam der Song auf die Platte, egal wie viele Stimmen sich dagegen erhoben hatten.

Demokratie war etwas für die anderen. Rio stand, ob man es offen aussprach oder nicht, über dem Gesetz.

Misha, wie bist du zu den Scherben gekommen?

Das war Anfang der achtziger Jahre. Ich war damals so etwas wie der letzte Hippie Europas. Ich wandelte auf den Traumpfaden des großen Hippie-Trecks von Marrakesch bis Goa. Ich hab da, also in Indien, meditiert und fing schon an, mit den Tieren zu reden.

Okay, aber –

Warte – und dann wurde John Lennon erschossen. Das war für mich ein Schock, ein Schlüsselerlebnis. Ich wachte auf aus dem Traum der Glückseligen, schnitt mir die Haare kurz, kehrte nach Berlin zurück und zog in eine Schöneberger Ladenwohnung.

Schön, aber wie bist du zu den Scherben gekommen?

Marius del Mestre war mein Nachbar. Wir wollten eine Deutsch-Rock-Band gründen. Das war noch bevor die Neue Deutsche Welle kam.

Du bist also über Marius zu den Scherben gekommen?

Nein, umgekehrt. Und eigentlich war alles ein Mißverständnis. Ich kannte Elser Maxwell. Oder er kannte mich. Wenn du damals ein schöner Junge warst in Berlin, dann lief dir todsicher irgendwann Elser über den Weg. Elser schwirrte zu der Zeit mit der *Schwarzen* durch die Berliner Szene und suchte einen Gitarristen für die Scherben. Eigentlich wollte er mich fragen. Ich hatte ihn zum Essen eingeladen.

Die berühmte grüne Ente?

Die grüne Ente, ja. Marius hat mit uns gegessen, er hatte mehr Banderfahrung als ich, trug diese gnadenlose Rock'n'Roll-Tolle, und Elser hat ihn gefragt, ob er bei den Scherben mitspielen wollte. Die Scherben waren uns im Grunde kaum ein Begriff, man kannte *Keine Macht für Niemand*, aber mehr auch nicht. Elser erklärte uns, daß die Scherben größer seien als die ROLLING STONES. Er war damals schon ein stadtbekannter Hochstapler, lief über den Kudamm, kaufte sich so einen Gangster-Citroen und schmiß mit dem Geld nur so um sich. Marius nahm also das Angebot an, und Elser ließ mir zum Trost einen Andruck der *Schwarzen* da. Der Sound war grottenschlecht, aber: Was für eine Musik! Und die Texte! Das war die Poesie, nach der ich mich sehnte!

Du hast damals schon selber Gedichte geschrieben.

Ja. Ich hab Texte für Mu geschrieben, einen anarchistischen Südkoreaner. Er machte so ein absurdes, existentialistisches Theater,

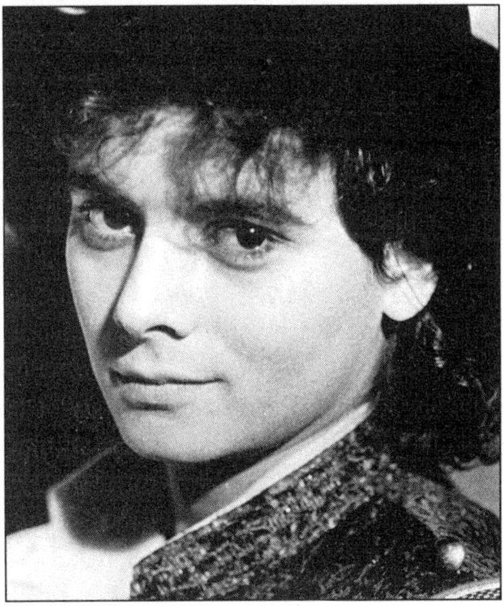

Misha Schöneberg kam gerade von einem längeren Indien-Trip zurück, als er 1981 zu den Scherben stieß. Auf den Tourneen der Band war er für Bühnenbild und Lichtdesign zuständig. Heute arbeitet er als Südostasienwissenschaftler in Berlin.

das TEATROMU. Mu hielt mich für einen deutschen Rimbaud oder so was und lud mich sogar ein, Dichterlesungen in Korea zu halten.

Und warum bist du dann zu den Scherben gegangen?

Also, zunächst wurde meine Schöneberger Ladenwohnung so etwas wie eine Anlaufstelle der Scherben-Family in Berlin. Die Mädels von CARAMBOLAGE tauchten auf, Funky, und schließlich Ute, Lanrues damalige Freundin, die ich dann beim TEATROMU unterbrachte. Und dann kam das Angebot aus Fresenhagen. Ein Job war vakant – nämlich die Tournee-Finanzen zu managen.

Und du hast diesen Job angenommen? Warum?

Warum, ja warum? Vielleicht war es die Angst vor der eigenen Courage, nach Korea zu gehen. Vielleicht auch gerade mein ungeheures Selbstbewußtsein damals. Ich wußte ja, was ich wollte und was ich kann: Schreiben. Oder die ganze ›Romantik pur‹ brach wieder durch: Mit ner Band unterwegs, irgendwo durch Deutschland. Der alte Hippie-Traum: Musik zu machen, mit Musik etwas zu tun zu haben, Poesie zu leben, Landkommune, Zusammensein, ah … Und was mich menschlich erreicht, ja tief berührt hatte, waren die Texte und die Poesie dieser *Schwarzen* Platte. Und die Credits – da steht ja quasi jeder als Autor drauf – versprachen: Fresenhagen, geh dahin, da wirst du ein Dichter unter Dichtern sein. Das war es, was mich reizte. Den Finanzjob bekam ich dann gar nicht, weil Hannes Eyber einen ›Profi‹ aus Frankfurt kannte und ich Rio auf ne blöde Frage, ne blöde Antwort gab.

Wie alt warst du damals?

Groß genug fürs große Einmaleins und alt genug für die Finanzen.

Während der Tour, die finanziell zum Desaster wurde, bist du dann aber doch bald für die Finanzen mitverantwortlich gewesen, sozusagen als Feuerwehrmann.

Nein, das ist nicht wahr. Wahr ist, daß mir der Catering- und Fahrerjob angeboten wurde. Und weil ich unbedingt dabei sein wollte, hab ich ihn lächelnd angenommen. Am Abend vor dem ersten Konzert der Tour – das war in Bonn – kam dann der Finanz-Profi aus Frankfurt zu mir ins Wohnmobil und fragte den Cateringboy – das war ich ja nun – : »Sag mal, kannst du mir helfen, ich blick hier überhaupt nicht durch mit den ganzen Zahlen, irgendwas stimmt da nicht.« Wir hockten die ganze Nacht zusammen über den von Elser eingereichten Papieren und kamen immer wieder zum gleichen Ergebnis: Diese Tour würde, selbst bei ausverkauften Häusern, mit 200 – 250 tausend Miesen abschließen.

Wer hatte dafür die Verantwortung?

Das ist die ganz große Scherbenfrage. In erster Linie natürlich Elser, in letzter Instanz aber Rio. Elser hatte eigentlich nur versucht, Rios Vorgaben umzusetzen. Es sollte nicht gespart werden an einer guten Musik- wie Lichtanlage, an Roadies, an Hotels und sonstigem. Aber alles zu einem dem Scherben-Image entsprechenden Kartenpreis von 7 bis 9 Mark. Wie man diese wahnwitzige Aufgabe einem professionellen Bankrotteur – Elser hatte gerade ein gutgehendes Kino ruiniert – übertragen konnte, bleibt Rios Geheimnis.

Und was hast du gemacht, um die finanzielle Katastrophe zu verhindern?

Bitte? Was ist das für eine Frage? Ich hatte die Macht eines Cateringboys! Aber gut, in meinem Ressort wurde ich autoritär, noch in der ersten Woche habe ich den Champagner gecancelt und die Lachsbrötchen gestrichen – beziehungsweise nicht mehr gestrichen, wie man's nimmt. Außerdem habe ich versuchte an Elser vorbei mit der

Band zu sprechen, vor allem mit Kai. Doch dann erteilte mir Elser Sprechverbot. Ich würde die Band irritieren. Es war absurd. Und doch war das ein roter Faden, der sich durch die Scherben-Jahre zog: Das Große Einmaleins war die Bedrohung, wer es beherrschte, war der Feind.

Ich dachte, du wurdest der Freund von Rio.

Jaja, Vorname: Freund; Nachname: von Rio (*lacht*). Aber das mit der Freundschaft kam erst später. Es gab allerdings schon auf der Elser-Tour ein denkwürdiges Erlebnis zwischen Rio und mir, was auch viel über die Gruppenstruktur aussagt. Rio war faktisch völlig abgeschirmt, Probleme durften nicht zu ihm durchdringen. Wie ein kranker Monarch wurde er fern aller Sorgen gehalten. Ich empfand das aber als komplett albern, wie da jeder kuschte: »Ogottogott der Rio muß ja singen. Ja, weißt du, Rio muß singen, heut Abend, der Arme.« – Daß da irgend jemand auch Baß spielen mußte oder Schlagzeug oder gar arbeiten –, das war nichts. Staub unter seinen Schuhen. Dieses Hierarchie-Modell – an der Spitze ganz oben einsam der Sänger, dann der Gitarrist, zum Schluß der Drummer und dann das Fußvolk, die ›Nicht-Musiker‹ –, das war der Gruppe so völlig selbstverständlich. Mir erschien das als grotesk und paradox und, angesichts der Scherben-Message, geradezu lächerlich. Jedenfalls stand Rio über den Gesetzen und jenseits der Realität: Mit diesen Freiheiten ausgestattet benahm er sich manchmal wie ein vierjähriges Kind, beschimpfte alle und jeden. Und warum? Weil irgendeine Monitorbox nicht richtig eingestellt war oder Funky irgendeinen Einsatz um eine Achtelnote verschleppt hatte. Meistens bekam's ja eh Funky ab. Wegen irgendeiner Kleinigkeit.

Du wolltest über ein denkwürdiges Erlebnis –

Ja, genau. Eines Abends, Rio wütete mal wieder im Wohnmobil, und niemand traute sich rein, da hieß es, Misha, mach du das mal. Er kauerte da mit Schaum vorm Mund, die Whiskey-Flasche und das Glas in den Händen und zitterte. Eigentlich ein Bild des Jammers. Ich nahm ihm die Flasche weg, hockte mich dazu und schwieg erstmal. Dann sagte ich ganz ruhig: »Du bist komplett ungerecht – und zwar zu allen, zum Publikum, zu der Band, und zu dir selbst.« Er wurde blaß, schob mir ganz verdattert sein Glas rüber und meinte nur: »Das hat noch keiner zu mir gesagt.«

Hattest du keine Angst vor Rio?

Nein. Wieso auch. Rio hatte ja auch etwas von einem kranken Tier. Das rührte mich. Ich fragte mich, ob nicht die Gruppe durch ihr kleinmütiges Verhalten auch Schuld an dieser absurden Konstellation hatte. Ich kannte Rio ja kaum, außer von seinen Texten und von seiner unglaublichen hingebungsvollen Bühnenpräsenz. Ich empfand ihn als Bruder im Geiste, im Schmerz, in der Seele. Warum sollte ich vor diesem Menschen Angst haben?

War da noch was von linker Ideologie spürbar bei dieser Tour?

Was ist linke Ideologie? Ich hab mit diesem Begriff Schwierigkeiten. Einige der alten Scherbenhits der 70er waren im Prinzip nur pubertäre Scheißhausparolen. Ich hab nix gegen Scheißhausparolen, sie haben ihre eigene Poesie. Aber was die Scherben am Anfang der Achtziger ausgemacht hat, das war viel mehr als irgendeine Ideologie, oh ja, da war was anderes ..., da war was ... was Eigenes, was eigenartig Großes.

Aber war da nicht eine Veränderung, so daß die politischen Lieder nicht mehr im Vordergrund standen?

Nee, was für 'ne Frage. Ich lehne es ab zu sagen: Ja, da gab es eine Entpolitisierung der Texte hin zu einer allgemeinen Poetisierung. Außerdem ist Poesie vielleicht ja eh die höhere Form von Politik.

Schon möglich.

Und die Poesie der neuen Texte, die war links im positiven Sinne. Nimm doch nur mal *Der Turm stürzt ein*, das war der Song zu dem Lebensgefühl dieser Tage. Atomkraft, *Pershing II*, der Tanz auf dem Vulkan, ach, all die Endzeit-Schamanen, ich hab sie noch gekannt. Die Scherben waren doch keine 70er-Jahre-Nostalgie-Band, die waren Anfang der 80er hoch aktuell. Die Zerrissenheit, die Ängste, die wilde Sehnsucht, das volle Leiden, jede schöne Illusion der Kids und der alten Traumkämpfer, von 15 bis 50 –, das alles wurde bei diesen Konzerten auf den Punkt gebracht. Es ging um Liebe, Tod, Gemeinschaft, um Nähe und Ferne und auch um Einsamkeit, Kampf, Mut, Hoffnung, Verzweiflung. Es gab da einen Moment in den Konzerten, wo die Magie, die von der Bühne ausging, unten im Publikum ankam, einen Moment von magischer Einheit. Zwischen Motiv, Musik und Menschen. Also das war da, das war zu spüren, das war wirklich so ... ein traumhafter Kick. Es ist wie Massenhypnose, eben das, was gute Rockkonzerte immer ausmacht: Satisfaction, mehr als ein Orgasmus, himmlische Energie. Ach ja: Alle Himmel! Liebe! Frei sein! O arme Irre. Der Traum ist aus. Aber dann kommt da so eine leidensstarke Lichtgestalt aus dem Bühnennebel und verspricht: »Aber ich werde alles geben ..., aber ich werde alles geben ..., daß der Traum Wirklichkeit wird.« Sagenhaft! Das ist doch phantastisch. Dieses Versprechen.

Hast du dich von den Texten blenden lassen?

Alle haben sich blenden lassen. Nicht nur von den Texten. Sondern vom Mythos. Doch der war ja Teil der Magie: Allein schon diese Botschaft oder Vorstellung ›die leben zusammen‹ brachte doch einen neuen Kick. Da sind also Menschen, die für diesen Traum wirklich alles geben, die den Traum wirklich leben: Gemeinschaft und Anarchie. Die über die Kunstwelt der Bühne hinaus ein Lebensmodell, eine Alternative zum Frust des Alltags nicht nur propagieren, sondern auch praktizieren: in einer Landkommune! Deshalb wurde doch so für die Scherben geschwärmt, nicht weil die Jungs da oben auf der Bühne ›aber sooo was von süß‹ waren, sondern weil die Songs und Inhalte etwas mit der realen, konkreten Lebenssituation zu tun hatten oder das wenigstens vorgaben. Die Leute gingen aus den Konzerten und hatten wieder neue Kraft zum Träumen und neuen Mut zum Kämpfen.

War das was Existentielles?

Ja, unbedingt. Wenn du das heute den Kids erzählst … , das kann man ja gar nicht mehr vermitteln: Man ist von zu Hause abgehauen, hat Schule oder Studium geschmissen, hat bürgerliche Lebensläufe abgebrochen, Beziehungen beendet, Karrieren geknickt. Man hat mit aller Radikalität versucht, anders zu leben. Das war Revolution – , oder hätte eine werden können. Wir wollten erstmal bei uns selber anfangen, uns selbst verändern: Das hatte viel mehr Wirklichkeit als die Diskussionen in irgendwelchen Zirkeln. Sexualität, Liebe, Sehnsucht, das war reale Politik, mit all dieser Illusion und auch gesellschaftlichen Naivität … – , also wenn man sagt, wir waren naiv, dann stimmt das natürlich in vieler Hinsicht, habe nun ach … ja selber Politik studiert und kann das ja sagen, wir waren herrlich naiv, aber wir hatten allen Grund dazu.

Du hattest gerade diesen Konflikt angesprochen … zwischen dem, was sich auf der Bühne abspielte und dem, was hinten los war – Stage und Backstage – diese andere Realität, in der zum Beispiel Funky der Prügelknabe war …

Diese Widersprüche waren von Anfang an wahrzunehmen, ja. Ich dachte nur, die würden sich aufklären.

Taten sie das? Hat sich deine Vision von Landkommune verwirklicht?

Nein, sorry, nein. Meine Vision war falsch. Pa, Ma, ihr hattet recht, die Welt – der Mensch ist schlecht. Fresenhagen –, das war ja ein intergalaktischer Psycho-Stern. Aus der Ferne und für Außenstehende hatte das aber auch durchaus etwas Komisches. Aber leb mal da drin! Dieser verlogene Kult, der jetzt um die Scherben gemacht wird: Grauenhaft!

Kannst du die Hierarchie innerhalb der Scherben-Family beschreiben?

Die Aufgabenteilung bei einer Tournee führt natürlich zwangsläufig zu einem gewissen hierarchischen Muster; wie weit das zu akzeptieren ist, darüber mag man streiten. Aber zu Hause oder am Hofe nahm das abartige Formen an. Wenn Rio auf der Bühne »Du bist nicht unter mir, du bist nicht über mir, du bist neben mir« sang, dann verkürzte sich das in Fresenhagen auf: »Du bist nicht unter mir? Du bist nicht!« Und wenn man zur Familie gehörte, war man auch beruflich erledigt, – ich glaube, die einzige, die da eine berufliche Karriere rausgezogen hat, ist Claudia Roth. Naja, sie war schon immer eine gute Politikerin. – Geld, also Lohn, gab es sowieso nie. Das Prinzip der Selbstausbeutung war ja in vielen alternativen Modellen seinerzeit Mode, aber nirgendwo wurde es so widersprüchlich gehandhabt wie in Fresenhagen. Einerseits ging es ja immer um die große Sache, die Idee, die Message; und andererseits bekam's ein jeder irgendwann einmal an den Kopf geworfen, daß die Butter, die er aß, nicht seine Butter, sondern Rios Butter sei. Und wenn dann noch die Leute von außerhalb kamen, die Rio als Meister, als Halbgott oder Messias verehrten, dann wurde es echt utopisch, das Leben in Fresenhagen in halbwegs vernünftige Bahnen zu lenken. Auf den Punkt gebracht kann man sagen: Das waren vor-feudalistische Arbeitsverhältnisse in einem sektenähnlichen Hierarchiegefüge.

War Rio, wenn schon nicht der König von Deutschland, zumindest der König von Fresenhagen?

Wenn man es für die Märchenfreunde so ausdrücken will, dann war Rio der kranke König Miregal und Lanrue sein böser Emir Tunichtgut. An dieser unheiligen Allianz kam keiner lange Zeit vorbei. Aber so sind die Mechanismen der Macht. Guter König, schlechter König, Tyrann, Despot, Cäsarenwahn: Rio hatte ein fürchterlich kleines Ich, das herrschen mußte, um sich groß zu fühlen. Und er hatte eine der lächerlichsten aller Kunstauffassungen überhaupt: diesen Genie- und Leidenskult. Klaus Theweleit hat Künstler-Biographien – in welche sich Rios nahtlos einreihen ließe – anhand der Orpheus-Sage sehr schön analysiert. Warum hat Orpheus sich umgeschaut? Das war seine Frage. Wenn Orpheus sich nicht umgedreht hätte, als er Eurydike aus dem Hades heraufholte, wäre Eurydike gerettet gewesen. Aber Orpheus dreht sich um. Und warum? Weil er leiden will und muß. Das ist eben, sagt Theweleit, der Künstler-Egoismus. Der pervertierte Künstler – hallo Rio, altes Monster, das man liebte! – hat Angst, sein Leiden und damit seine vermeintliche Energiequelle zu verlieren. Er schafft sich sein Leiden selbst, indem er dafür sorgt, daß seine Liebsten in der Hölle schmoren: Und dann bringt ER, ER, ER, der Künstler, dieses Leiden auf die Bühne. »Es ist immer Orpheus, wenn es singt.«

Du warst länger mit Rio zusammen als jeder andere. Hattest du Hoffnung, daß Rio auch im Privatleben irgendwann so wurde, wie der Rio, den du auf der Bühne gesehen und erlebt hast?

Die Frage ist berechtigt. Aber wie soll ich sie in aller Kürze beantworten? Es war ja nicht nur Hölle. Rio konnte auch wunderbar zärtlich sein, es gab mit ihm Momente interstellarer Geborgenheit. Die gingen sehr tief, aber sie waren sehr kurz. Ja, es gab Zeiten, da wäre ich glatt für ihn gestorben. Es gab sogar Leute, die Wetten darauf abgeschlossen haben. Ich finde das nicht so witzig, denn drei von Rios Freunden haben ja wirklich Selbstmord begangen. Das war nicht direkt Rios Schuld, aber es gab eben doch etwas Dunkles, Dämonisches um ihn. Ich habe wirklich geglaubt, ich könnte oder müßte ihn retten – durch ehrliche Freundschaft. Das hatte beinahe etwas Religiöses. Aber abgesehen davon war Fresenhagen auch mein beruflicher Lebensmittelpunkt. Ich hab ja nicht nur Tourneen mit organisiert, Bühnenbild und Ablaufkonzepte entwickelt, Lichtdesign gemacht –, ich hab auch Texte gedichtet, Geld herangeschafft, das Studio ausgebaut, als Ton-Ingenieur gearbeitet. Ach ja, ich hab auch eine eigene Solo-LP geschrieben und herausgebracht. Ich hatte die Hoffnung nie ganz aufgegeben, daß in Fresenhagen Kreativität für alle doch noch möglich wird. Eine Zeit lang ist mir das auch gelungen, doch mit jedem bißchen Erfolg wurde das schwieriger. Da kam dann auch der Negativfaktor Lanrue zum Tragen, der einem alles neidete. Lanrue hat nach der Auflösung der Scherben eigentlich nur das getan, was er immer getan hat: nämlich nichts. Nur daß das dann nicht mehr von Tourneen unterbrochen wurde.

Zur Zeit der Auflösung der Scherben warst du noch Rios Freund. Wie hast du diesen Schritt erlebt?

In meinen Augen war das eine logische Konsequenz und auch gar nicht so groß zu bedauern. Dieser Landkommunen-Mythos war ja nur eine schöne Legende. Insofern war das ein ehrlicher Schritt. Ich sah darin auch eine große Chance für Rio, der sich immer über das alte Image der Scherben geärgert hatte, aber auch über die Band, die Gruppe und die Leute in Fresenhagen, die ja letztendlich für ihn gearbeitet hatten. Ich hatte die Hoffnung, daß er mit seiner Solo-Karriere diese Widersprüche zwischen Bühne und Wirklichkeit, zwischen seinen Texten und seiner Person, auflöst oder sie wenigstens in den Griff bekommt. Daß er sozusagen eine Angleichung vornimmt. Und auch, daß der Erfolg ihm Bestätigung und ein wenig innere Ruhe bringen würde. Er war ja ein wunderbarer Darsteller, ein phänomenaler Interpret – wer sonst konnte so überzeugend auf der Bühne sterben und im nächsten Song die Auferstehung zelebrieren! Die Bühne, das war Rios Wirklichkeit, die einzige, die er akzeptierte. Diesen Widerspruch hat er aber nie aufgelöst. Er ist ihm total erlegen. Ja, diese Diskrepanz zwischen Bühnen-Heiliger und privater Dämon wurde sogar noch größer. Insofern war *Alles Lüge* seine ehrlichste Nummer.

Was ist Rio heute für dich?

Tot! Tot. Darunter leide ich sehr, ich hätte ihm noch eine ganze Menge zu sagen gehabt. Ich hab ihn tausendmal verflucht und ihm jedes Mal verziehen. Doch irgendwann endete dann doch alles. Ich wünsche ihm Vergebung und seiner Seele Ruh. Doch genau dieser Kult, der um ihn betrieben wird, verhindert das, auch im religiösen Sinne.

Und die Scherben?

Ein wunderbarer Traum, den es irgendwann einmal zu verwirklichen gilt. Jetzt bleibt uns nur, zu analysieren, warum er so erbärmlich gescheitert ist.

1983: Endlich eine grosse Agentur

Scherben: *Scherben*

Anfang Januar 1983 wurde die Platte produziert. Da die Scherben kein Geld für die Produktion hatten, baten sie Horst Lewald um Hilfe. Zwar hatte es in den vergangenen Monaten hin und wieder gewisse Unstimmigkeiten bei der Abrechnung der Plattengelder gegeben, aber das waren, so schien es, Kleinigkeiten, Schlampereien. Wenn die Scherben mit Horst Lewald darüber sprachen, spielte er die Sache herunter und gelobte Besserung. Für die Produktion der neuen Platte brachte er 100.000 DM zusammen, und das war ein

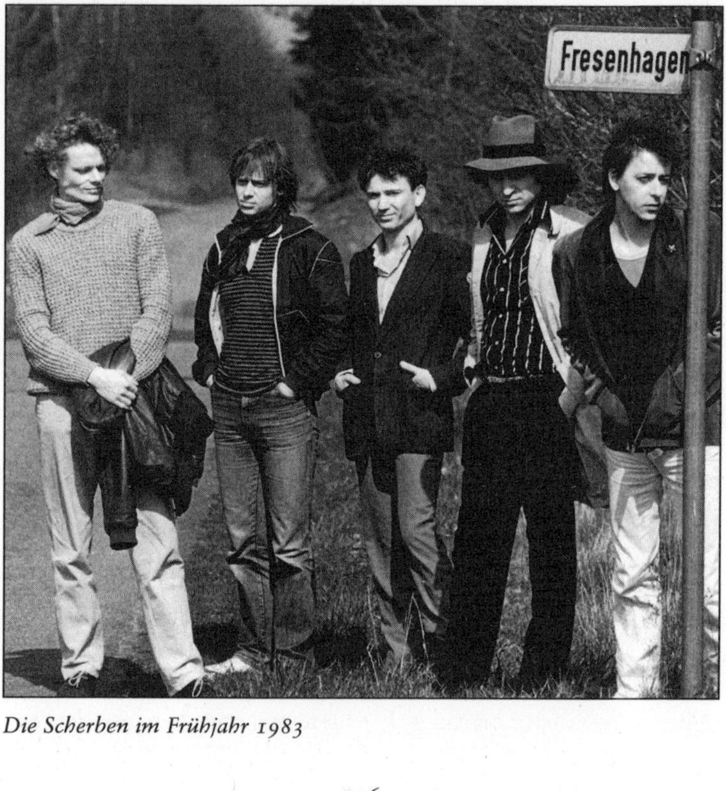

Die Scherben im Frühjahr 1983

Beweis dafür, wieviel Vertrauen er in die Band setzte. So setzte die Band auch weiter Vertrauen in ihn.

Für die Aufnahmen wurde das bescheidene Fresenhagener 8-Spur-Studio durch ein professionelles Studioequipment auf 24 Spuren mit großem Mischpult aufgerüstet, und zwar leihweise durch die Firma Conny Planck. Leider entsprach das Equipment nicht immer den Erwartungen. CONNY PLANCKS MOBILE STUDIO erwies sich als äußerst störanfällig. Immer wieder mußten die Aufnahmen unterbrochen werden, bis ein Monteur aus Hamburg gekommen war und es wieder repariert hatte.

Immerhin konnte von Horst Lewalds Produktions-Kredit ein professioneller Tontechniker engagiert werden: Der Engländer Jon Caffery, der allerdings kein Wort Deutsch sprach und der später nach Düsseldorf zu den TOTEN HOSEN wechseln sollte.

Und noch jemand erschien während dieser Produktion wieder auf der Bildfläche: Hannes Eyber, der eine so wichtige Rolle bei der *Schwarzen* gespielt und die Band auch auf der Elser-Tour begleitet hatte. Rio fühlte sich bei diesem Unternehmen allerdings nicht besonders wohl. Man mußte es machen, man brauchte das Geld, aber es schien so, als sei Fresenhagen gruppendynamisch aus dem Gleichgewicht geraten.

Rio: »Für mich war das so, daß ich es zwar vernünftig und einsichtig fand, diese Platte zu machen, aber irgendwie war es nicht mein Ding. Es war zwar ganz schön, erstmals so professionell produzieren zu können, trotzdem konnte ich mich nicht richtig damit identifizieren. Es war für mich das erste Mal, daß ich bei einer Scherben-Produktion kaum etwas zu tun hatte. Ich hatte Texte geschrieben, Kompositionen gemacht, aber jetzt mußte ich warten, bis ich mit dem Singen dran war. Meine Instrumente hatte ich ja an den Nagel gehängt. Das war, ohne daß ich es ahnte, ein kleiner Ausblick auf die Arbeit an einer Platte bei meiner Solo-Karriere. Bei den Platten davor hatte ich mich motorisch betätigen, Energie loswerden und die Platte damit laden können. Hier nicht. Das Modell, wie wir's jetzt machten, leuchtete mir vom Verstand her ein, funktionierte aber für mich nicht. Ich bin ja dann krank geworden, als es mit den Aufnahmen losging, und habe eigentlich nebenan gesessen, den Proben gelauscht und *Im Namen der Rose* gelesen. Ich weiß gar nicht, was da genau in mir vorgegangen ist. Mein Einfluß bei der ganzen Sache war eben, außer bei der Auswahl der Stücke, ziemlich gering. Und irgendwie hing bei uns der Haussegen schief. Das fing unter anderem damit an, daß Hannes Eyber als Organisator und Supervisor dieser Platte so engagiert war. Dadurch fühlten sich Misha und Claudia in ihrer Domäne angegriffen. Hannes hat das dann geklärt, und da war Claudia eingeschnappt, Misha ebenso, aber der hat es nicht so deutlich gesagt. Da stand ich so dazwischen. Und dann: Es gab so ein Dreieck von Funky, Claudia und Misha. Die hatten Probleme. Funky und Misha hatten Probleme mit Claudia. Claudia hatte auf der anderen Seite Verstärkung über ihren Martin, und sie fing an zu dominieren. Wenn sie das Auftreten von Hannes so weggesteckt hat, dann deshalb, weil ihre Hausmacht noch nicht so gefestigt war. Ein Jahr später hätte sie das bestimmt nicht mehr geduldet. Da hätte sie die Vertrauensfrage gestellt.«

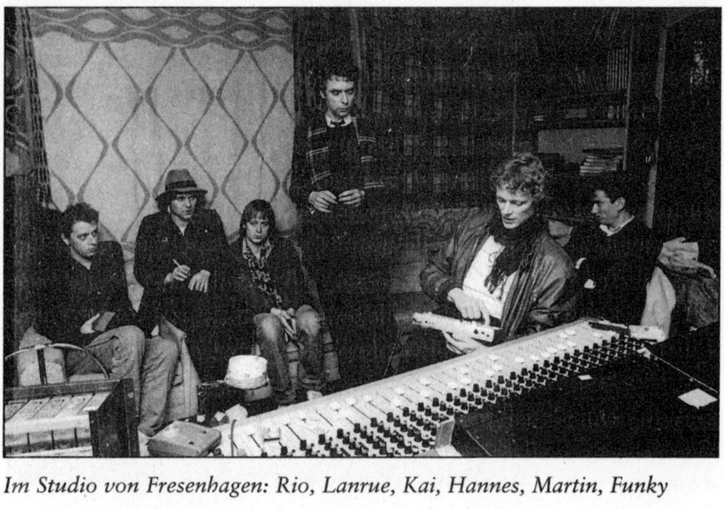

Im Studio von Fresenhagen: Rio, Lanrue, Kai, Hannes, Martin, Funky

Nach Beendigung der Aufnahmen in Fresenhagen, fuhren Jon Caffery, Rio, Lanrue und Martin nach Hiltpoltstein, um das Material in dem dortigen Tonstudio von Jonas Porst abzumischen. Als Name für das fertige Produkt fiel der Band nichts Besseres ein als *Scherben.* Für die LP, die im April veröffentlich wurde, gab die Band zum erstenmal eine eigene Pressemitteilung heraus:

»Wo sind wir jetzt *heißt der erste Song auf der ersten Seite. Stammt wie die meisten Scherben-Songs aus dem Bleistift von Rio Reiser und aus dem Kassettenrecorder von R.P.S. Lanrue. Wo sind wir jetzt – also, eine Frage, die wir uns so oft stellen – bei der Arbeit – nach einer durchzechten Nacht – in der Schule – im Intercity – im falschen Bett. Selten aber wurde sie so eindringlich gestellt. Ein klassischer Scherben-Song.*

Weiter geht's mit Verboten. *Schnell und heftig. Und während Lanrue die Gitarre bearbeitet, als wär's ein Synthi von ihm, hat jeder Zeit, sich was dabei zu denken oder zu fühlen. Dann tritt ein gestrandeter Hippie auf. Oder ist's jemand nach oder vor seinem letzten H-Entzug?*

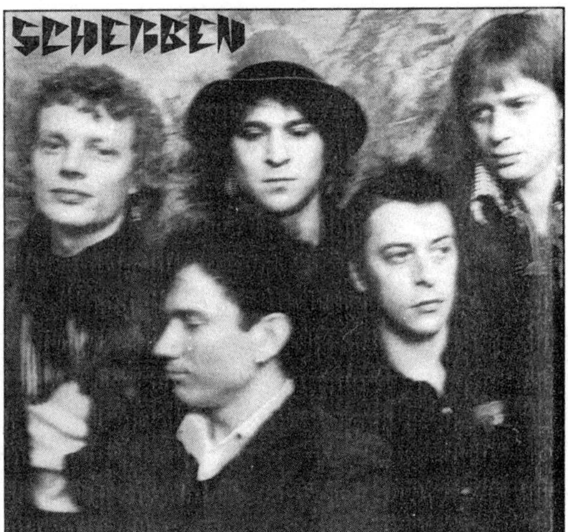

Original-LP-Cover von 1983

Sternschnuppen. *Jedenfalls hat er ein Schifferklavier umgehängt und weiß nicht, ob sein Kahn nun an- oder ablegt. Fern- und heimwehumwölkte Stirn.*

Ganz im Gegensatz zu dem jungen Mann, der am Fenster sitzt und seine Einsamkeit und den Regentag *genießt. Mit seinem guten Freund Casio. Die Musik hat offensichtlich Kai Sichtermann geschrieben. Eine Koryphäe unter den Oldie-Fälschern. (Wer singt da eigentlich Chor?)*

Wunder. *– Der nächste Song soll angeblich nach einem kurzen Flirt eines der Bandmitglieder mit Wreckless Eric entstanden sein. Aber warum dann dieser Mersey-Sound und warum nicht in englisch? Fragen über Fragen …*

… die wir vergessen, wenn wir zu Mama war so *kommen. Hier erzählt uns der Sänger seine tragische Lebensgeschichte auf so an-*

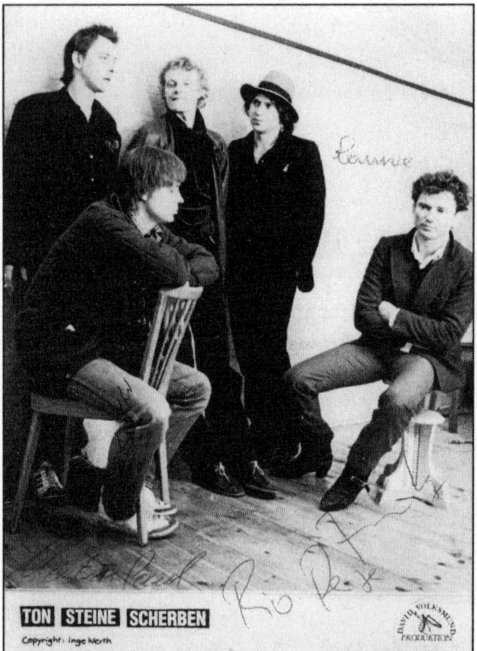

Offizielles Pressefoto Anfang 1983.

schauliche Art und Weise, daß ich versucht war, die zweite Stimme zu singen.

Tanz! *heißt das nächste Stück. Mit Ausrufezeichen! Ein komplizierter Walzer zum Mittanzen. Disco meets Strawinsky. Kaum zu glauben, daß die beiden letzten Kompositionen offensichtlich derselbe verbrochen hat: Keyboarder Martin Paul.*

Die zweite Seite beginnt mit einem kuriosen Heavy-Metal-Walzer. Den Text dazu hat Hannes Eyber geschrieben, der wohl auch schon beim letzten Scherben-Opus – wie auch hier – beratend zur Seite stand. Traum ohne Stern. *Eigenartig schillerndes Ausgekotztes.*

Und wird abgelöst von La Reponse *– ein Stück, das Lanrue und Reiser angeblich schon in ihrer gemeinsamen Berufsschulzeit in Frankfurt kreiert haben. Das muß ja dann in den 60er Jahren gewesen sein. Die Botschaft lautet: ›Liverpool Italia Edison Baltimore Edison‹. Von Liverpool nach Edison. Oder wie? Geht jedenfalls gut los.*

Warum das nächste Stück Mole Hill Rockers *heißt, weiß der Geier. Wahrscheinlich der Pleite-Geier. Nach meinem Dictionary heißt molehill jedenfalls Maulwurfshügel, und rockers is 'ne spezielle Art ›schneller Reggae‹ – ? Wahrscheinlich gibt's in Fresenhagen jede Menge Maulwürfe. Angeblich hat Lanrue bei diesem Song nicht Gitarre gespielt, sondern Tennisschläger. Was wollte er uns damit sagen?*

Hau ab *ist wohl so eine Hommage an Jagger/Richards, nicht zu vergessen Hans Albers. Aber was ist hier mit Insel gemeint? Unsere BRD? Oder der ganze Planet? E.T. läßt grüßen.*

Dann stürzen die Berge ein und die Flut kommt. Funky K. Götzner trommelt besessen. Der bedrohlichste Song – trotz Grimms Märchen-Kinderchor – Fieber. *Da schwelgt jemand wollüstig in der Apocalypse und spült am Schluß alles – seine Ängste und Irritationen – in die Kanalisation …*

… um wieder aufzutauchen in Ardistan. *Karl-May- und Scherben-Freunde wissen, daß auf keiner Studio-Scherben-LP ein Karl-*

May-Titel fehlen darf. Diesmal also Ardistan, *ein Spätwerk des Meisters aus Radebeul. ›Wo bin ich‹ fragt der Sänger zu den Klängen einer intergalaktischen Square-Dance-Band.*

Und dann Bist du's. *Das letzte und längste Stück der Platte, das die Hand ausstreckt nach dem Hörer und der Hörerin. Und ich frag mich: Bin ich's?«*

Soviel zu den Songs der Scherben: *Scherben*-Platte. Oder nein, ein Wort noch zu den ersten Zeilen von *La Reponse:* Wer immer noch darüber rätselt, was sie bedeuten, braucht nur mal in die »Internationale Buchstabiertabelle im Fernsprechverkehr« zu schauen. Liverpool Italia Edison Baltimore Edison – ohne Grenzen – das ist die Antwort.

Die Band wollte und mußte mit dieser Platte kommerziell erfolgreich sein. Rio sagte sogar, die Scherben müßten in die *Bravo* kommen (was in Form einer kurzen LP-Besprechung sogar gelang). Schließlich wollten Lewald & Motl ihre Produktionsgelder zurück, und die vielen Gläubiger ihre Darlehen. *Scherben* war die erste Scherben-LP, die laufen *mußte*.

Und *Scherben* lief: Es war die erste Scherben-LP, die fast von der gesamten Musikpresse besprochen wurde. Und zwar durchweg positiv. Der Verkauf blieb allerdings hinter den Erwartungen zurück.

Die Rau-Tour

Noch während der Studioaufnahmen zur *Scherben*-LP war klar, daß im Frühjahr eine Promotion-Tour stattfinden mußte. Da Marius del Mestre gefeuert worden war, stand die Suche nach einem neuen Gitarristen an. Bei den Studio-Aufnahmen hatte Lanrue die meisten Gitarrenparts gespielt, aber auf der Bühne brauchte man einen Rhythmusgitarristen, und Rio sollte auch weiterhin ohne Instrument auf der Bühne stehen. Die Scherben schickten ihre Suchanfrage in alle Kanäle, die ihnen zur Verfügung standen, und bekamen schließlich von Goldi Balzert den entscheidenden Tipp.

Werner ›Goldi‹ Balzert war den Scherben schon 1977 bei einem Konzert in Saarbrücken begegnet, wo er der örtliche Veranstalter gewesen war. Inzwischen arbeitete er bei dem großen Musikverlag ESSEX in Köln und hatte es geschafft, mit einem fairen Vertrag die Scherben-Songs für fünf Jahre an den Verlag zu binden.

Goldi war es, der den Scherben jetzt empfahl, sich doch mal den Kölner Gitarrero Dirk ›Schlömi‹ Schlömer anzuhören. Dirk war ein kreativer und auch gutaussehender Gitarrist. Sein Gitarrenspiel war sehr flexibel und paßte gut zu der Scherbenmusik. Darüber hinaus entpuppte er sich im Laufe der Zeit als waschechter Rock'n'Roller: Er nahm gern ein paar Drinks, kiffte und war auch kein Feind von Stimulanzien in pulverisierter Form.

Der 82er Maiausflug mit Schneewittchen und die nachfolgenden Gigs waren eigentlich für alle zufriedenstellend gewesen, und ganz bestimmt hätte Claudia auch die nächste Tour auf die Beine gestellt, wenn da nicht plötzlich ein verlockendes Angebot von einem Mann gekommen wäre, dessen Name nur mit Hochachtung ausgesprochen wurde: Fritz Rau.

Die Concert-Agentur LIPPMANN & RAU aus Bad Homburg war damals die größte Agentur Europas. Wer auch immer die großen internationalen Top-Acts waren, von David Bowie bis Dionne Warwick, von Bob Dylan bis zu den ROLLING STONES –, wenn sie in Deutschland spielten, war es Fritz Rau, der die Konzerte organisierte.

Gegen Goliath Fritz Rau war in letzter Zeit ein kecker David angetreten. Hage Hein, ehemaliges Mitglied des alternativen TRIKONT-Verlages, hatte in München eine Konzert-Agentur aufgemacht und sie SHITMANN & BLAU genannt, als Parodie auf LIPPMANN & RAU. Hage betreute damals die deutschsprachige Rockband SCHROEDER ROADSHOW, deren trinkfeste Musiker aus dem Kölner Kneipen-Milieu kamen, und die zu ihren frechen politischen Texten eine gekonnte klamaukartige Bühnenshow hinlegten. Als Fritz Rau von der kleinen, alternativen SHITMANN & BLAU-Agentur erfuhr, hätte er sauer reagieren und sogar vor Gericht gehen können, doch er machte etwas Intelligenteres: Er rief bei Hage Hein an und machte ihm den Vorschlag zu kooperieren. Hintergrund dieses Kooperations-Angebotes war, daß Rau zwar neben den großen internationalen Top-Acts auch mit deutschen Größen wie Maffay und Lindenberg zusammenarbeitete, daß er aber mit der Alternativ-Szene, wie zum Beispiel den meisten Interpreten der Neuen Deutschen Welle nichts zu tun hatte. Das wollte er – der Große, der progressive Erneuerer! – ändern. Aus diesem Grunde hatte er bereits vorsichtig seine Fühler nach *der* für ihn alternativen Underground-Band ausgestreckt, den Scherben.

Hage Hein wiederum hatte den Scherben unabhängig von Rau seine Zusammenarbeit angeboten. Die Scherben als zweite Band neben SCHROEDER ROADSHOW in seinem Stall, das hätte ihm gut in den Kram gepaßt. Als Fritz Rau und Hage Hein sich über eine Zusammenarbeit geeinigt hatten, wurde die Idee geboren, SCHROEDER ROADSHOW und Ton Steine Scherben zusammen auf *einer* Tour in großen Sälen spielen zu lassen.

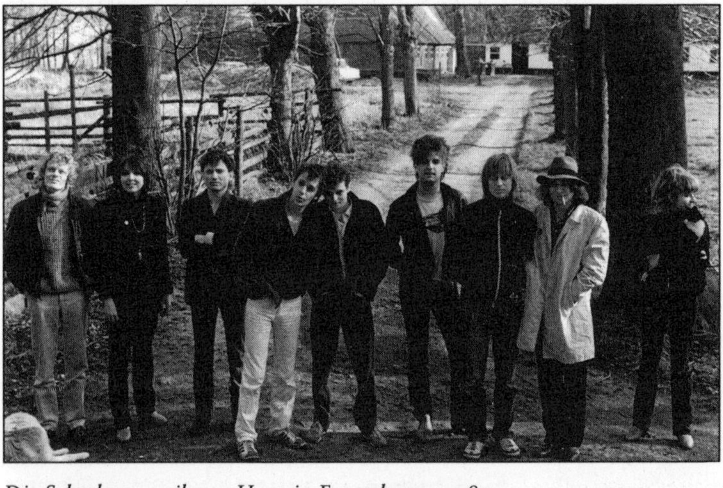

Die Scherben vor ihrem Haus in Fresenhagen 1983.
Martin, Claudia, Funky, Rio, Misha, Dirk, Kai, Lanrue, Britta.

Zur Vorbereitung der Tour reiste Fritz Rau zweimal nach Fresenhagen, und seine Auftritte waren äußerst beeindruckend.

Rio: »Er kam bei uns an und wurde mit Spätzle bewirtet und hatte hier ein großes Auditorium. Die Küche war voll, und der thronte nun hier vor zwölf jungen Menschen und predigte uns alles Mögliche, zum Beispiel Geschichten aus dem Krieg, und daß er mal Tourbegleiter von Marlene Dietrich gewesen sei. Seine Uhr hatte er von ihr geschenkt bekommen. Die durfte ich auch mal ein paar Stunden tragen. Er hinterließ also einen mordsmäßigen Eindruck und auch seinen Pyjama.«

Außer dem Pyjama hinterließ er noch Sprüche wie: »Ich möchte nicht, daß mich der Herrgott eines Tages zu sich ruft und sagt, was hast du mit meiner Lieblingsband gemacht, den Ton Steine Scherben, warum hast du die nicht gemanagt?«

Die »Heut Nacht oder nie«-Tour, wie die Scherben-SCHROEDER-Tour offiziell genannt wurde, begann am 29. April 1983 in Kiel. Die Scherben gingen mit folgenden Leuten auf diese Tour: Rio als Sänger, Lanrue und Dirk Schlömer als Gitarristen, Kai am Bass, Funky als Drummer, Martin Paul an den Keyboards, Britta Neander als Percussionistin und Claudia Roth als Managerin.

Misha Schöneberg, der etatmäßige Beleuchter, mußte sich während dieser Tour darauf beschränken, sein Lichtkonzept dem Beleuchter von Fritz Rau nahezubringen.

Außer den beiden Bands, SCHROEDER und Scherben, trat in der Umbaupause noch der alternative Clown Eisi Gulp auf.

›Papa Rau‹, wie einige ihn wegen seines väterlichen Auftretens nannten, hatte viel versprochen und hielt wenig. Eine Woche vor der Tour hatten die Scherben es nur noch mit irgendwelchen Angestellten zu tun, die wenig Ahnung hatten. Fritz Rau selbst war nicht mehr anzutreffen.

Während der Tour stellte sich heraus, daß die Roadies eigentlich lieber für Peter Maffay oder sonst irgendeinen Top-Act gearbeitet hätten. Die Scherben ihrerseits suchten auch nicht unbedingt den Kontakt zu ihnen. Dementsprechend schlecht war das Verhältnis zwischen beiden, was sich natürlich negativ auf die Zusammenarbeit auswirkte. Hinzu kam, daß die Konzerte fast nirgendwo ausverkauft, einige sogar nur mäßig besucht waren. Das drückte zusätzlich auf die Stimmung.

Rio: »Der Monitormix während der Rau-Tour war für mich total Scheiße. Ich hörte mich nicht beim Singen, und ich merkte, daß meine Stimme langsam abnippelte. Wir hatten ja vorher die Elser-Tour mit der Firma REVUE gemacht, da konnte ich mich dank Monitormixer Uwe Feddersen auf der Bühne immer sehr gut singen hören, also wußte ich auch, daß man das in den Griff bekommen konnte. Wenn ich Ossi Ossendorf, den Monitormixer von Fritz Rau, auf mein Problem ansprach, meinte er immer nur, die Band sei zu laut. Die Krönung war dann, daß, weil die Tour finanziell nicht wie erwartet lief, abgespeckt wurde. Das heißt, die Boxenanzahl wurde verkleinert, und der Sound wurde noch schlechter. Das wurde uns alles nur mitgeteilt, gefragt wurden wir nicht, Rau selbst war auch gar nicht zu sprechen. In Tübingen kam es dann zum Eklat. Ich schaute zu Ossi rüber, machte Zeichen, daß er meine

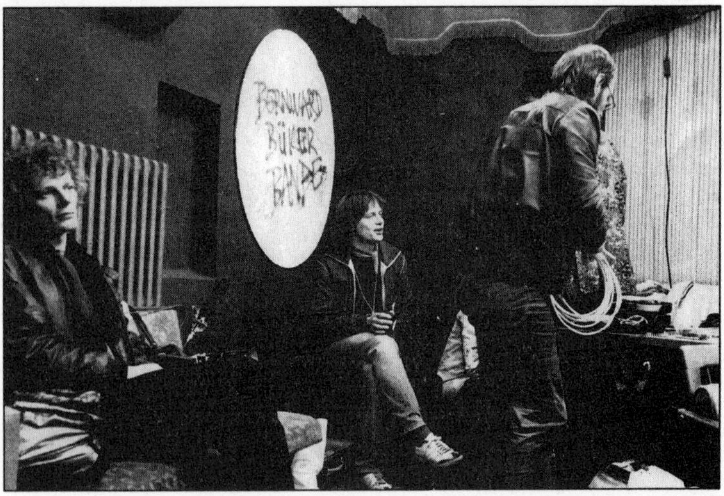

Auf der Rau-Tour Backstage. Martin und Kai. Rechts: Lanrue.

Stimme lauter machen sollte, und sah, daß er las. Da bin ich während des Konzertes zu ihm hingegangen – er saß ja seitlich neben der Bühne, also nur ein paar Meter entfernt – und er hat mich nicht mal bemerkt. Er saß da und las Micky-Maus-Hefte. Ich hab ihn am Kragen gepackt – er war ein Riesenbrocken –, ihn hochgezogen und angebrüllt. Da war er etwas irritiert. Bei der nächsten Nummer, es war *Mein Name ist Mensch*, habe ich, statt den Songtext zu singen, versucht, den Leuten in möglichst wenigen Worten zu erklären, was für ein Problem ich habe und was mir während der ganzen Tour wahnsinnig auf den Keks geht.«

Nachdem Rio seinen Frust mit dem Monitorsound der Öffentlichkeit preisgegeben hatte, und mit dem Satz » ... dies ist ein Konzert, veranstaltet von der Agentur LIPPMANN & RAU!« geendet hatte, schaltete der Beleuchter das Licht auf der Bühne aus – als ob es abgesprochen gewesen wäre. Das war es aber nicht. Der Beleuchter war bloß der Schwiegersohn von Fritz Rau.

Wie allgemein üblich, war auch dieses Konzert vom Saalmixer auf Kassette aufgezeichnet worden, und natürlich wurde Rios Neu-

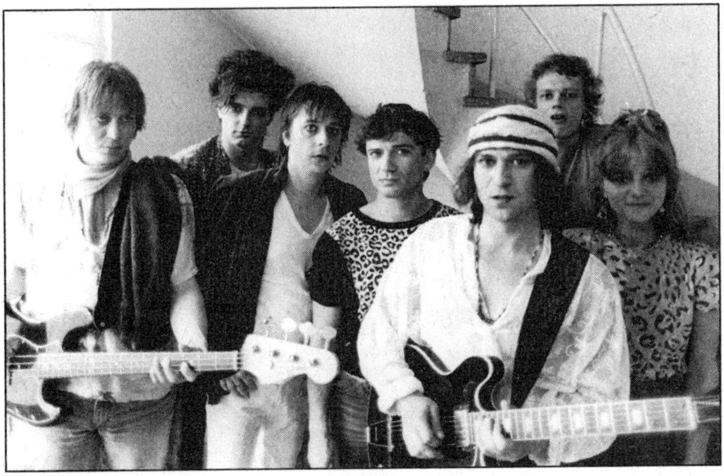

Die Scherben am 6. Juni 1983 vor dem Auftritt in Köln. Kai, Dirk, Rio, Funky, Lanrue, Martin, Britta.

interpretation von *Mein Name ist Mensch* Fritz Rau vorgespielt. Er zitierte Rio zu sich nach Bad Homburg. In dieser Situation stand die Tour auf der Kippe. Die Scherben hatten sowieso keine Lust mehr weiterzuspielen, von ihnen aus hätte man die Tour abbrechen oder SCHROEDERS ROADSHOW allein weiterziehen lassen können. Das Gespräch zwischen Rio und Fritz Rau verlief dann aber einigermaßen friedlich.

Rio: »Ich habe mir die Sprüche von Fritz Rau dann zwanzig Minuten lang angehört und meinte, laß uns später noch mal drüber reden, ich habe auch noch was dazu zu sagen. Ich habe mich dann bereit erklärt weiterzumachen. Inwieweit er das Ganze überhaupt einschätzen konnte, weiß ich nicht. Die anderen haben ihm natürlich Scheiße erzählt, daß ist ja logisch.«

Als die Tour am 6. Juni in Köln endete, machten die Scherben drei Kreuze. Die Rechnung: Zwei Bands der gleichen Art bringen den doppelten Erfolg – war nicht aufgegangen. In dieser Hinsicht hatten sich beide geirrt, sowohl der alte Hase Fritz Rau, als auch der Newcomer Hage Hein. Papa Rau ließ nach der Tour verlauten, er hätte bei der Tour kräftig draufgezahlt, aber die Scherben konnten darüber nur müde lächeln.

Rio: »Wir hatten ja versucht, mit der Elser-Tour professionelles Niveau zu erreichen, und plötzlich fielen wir mit dem größten Konzertveranstalter Europas weit unter den Level von all dem, was man sich unter Professionalität vorstellt. Ich meine, es gab auch ein paar gute Konzerte, zum Beispiel im ZIRKUS KRONE. Aber im großen und ganzen war es eben nichts. Rau behauptete, er hätte 100.000 DM in den Sand gesetzt. Da hab ich ja noch mehr Geld in den Sand gesetzt als der größte Tourneeveranstalter Europas.«

Kai: »Die Rau-Tour wird im allgemeinen sehr negativ dargestellt, wegen der vielen Probleme, die es da gab. Aber rein musikalisch gesehen war sie für beide Bands durchaus ein Erfolg. Jedenfalls war das Publikum fast immer begeistert.«

Zu den erfreulichen Dingen, die während der Rau-Tour passierten, gehörte auch, daß der Filmer Christian Wagner vom WDR-

Rockpalast mit seiner Crew – unter ihnen Loretta Walz, Rolf Schnieders und auch Albrecht Metzger – die Bands einige Zeit begleitete, um sie vor, während und nach den Konzerten zu filmen. Daraus entstand Jahre später der Videofilm *Allein machen sie dich ein.*

Nach dieser enttäuschenden Erfahrung mit dem größten Konzertveranstalter Europas war klar, daß Claudia Roth die nächste Tour organisieren würde. Vom 22. Oktober bis zum 4. Dezember tourten die Scherben unter dem Songtitel-Slogan »Wo sind wir jetzt« quer durch die Republik. Gleich der erste Auftritt führte sie nach Ulm, in Claudias Heimatstadt, zu einem Open-Air-Konzert.

Anlaß dieser Veranstaltung war der Nato-Doppelbeschluß, der für den Fall, daß die Sowjetunion ihre SS-20-Raketen nicht aus der DDR zurückzog, eine Stationierung von *Cruise Missiles* und *Pershing II*-Raketen auf dem Gebiet der Bundesrepublik vorsah. Aus Protest gegen diesen Beschluß war die sogenannte Friedensbewegung entstanden, zu der außer Bürgerrechtlern und GRÜNEN auch Teile der linken SPD gehören. Höhepunkt der Friedensbewegung war die Veranstaltung am 22. Oktober, bei der 200.000 Menschen eine Kette von Stuttgart bis Neu-Ulm bildeten, um ihren Protest gegen die geplante Stationierung der Nato-Raketen zu zeigen. Auf dem zu diesem Anlaß veranstalteten Open-Air-Konzert in Ulm spielten neben den Scherben auch Peter Maffay, Bettina Wegner, die SCHROEDER ROADSHOW und Konstantin Wecker.

Es gab bei dieser Veranstaltung aber auch Protest gegen den Protest. Einige Konzertbesucher trugen Schilder mit der Aufschrift: »Lieber *Pershing* als Maffay«.

Martin, du bist Anfang 1981 als Keyboarder eingestiegen und damit die jüngste Scherbe. Wie bist du zu den Scherben gestoßen?

Das Hoffmanns Comic Teater hatte 1980 in Unna ein Projekt, das hieß »Die Künstler-Praxis auf dem sozialen Feld«. Das wurde mit öffentlichen Geldern finanziert. Das HCT hatte sich in derselben Fabrik eingenistet, in der ich mit ein paar Musikern hauste. Rio sollte zu der Zelt-Theaterproduktion *Märzstürme 1921* die Musik machen. Meine Aufgabe war aber erst mal keine musikalische. Ich war so eine Art Requisitenbauer. Und dann hieß es: Bau doch mal eine Orgel, die Rio im Zelt spielen kann. Ich hab dann zugesagt, warum auch immer. Und hab angefangen, eine Orgel zu bauen. Ich hab in Deutschland rumtelefoniert und mich erkundigt, wo es gebrauchte Orgelpfeifen gibt. Oder auch, wo ich eine Tastatur her kriege und eine Windlade, einen Motor. Für die Pfeifen und die Windladen bin ich nach Bayern gefahren, ich weiß nicht mehr genau, wohin. Dann hab ich mich in irgend so einem Raum eingenistet und hab die Tage damit zugebracht, eine Orgel zusammenzubauen. Eine verrückte Arbeit.

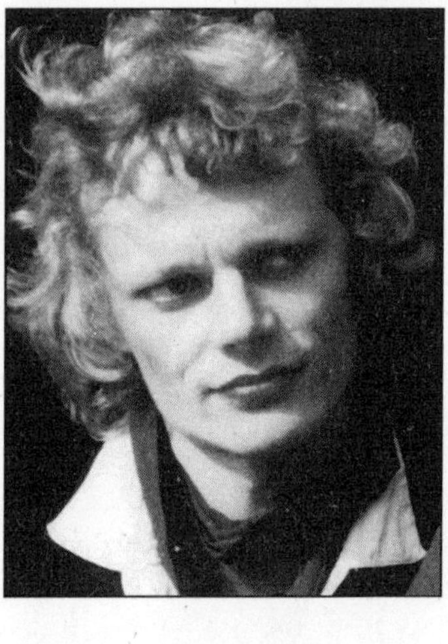

Und dabei hast du Rio kennengelernt?

Ja. Ich spiele ja noch Horn oder allerlei Trompeten und was nicht alles. Was ich zum Beispiel auch

Martin Paul, Jahrgang 1954, hat Musik studiert und stieg 1981 als Keyboarder bei den Scherben ein. Heute betreibt er einen eigenen Musikverlag in Dortmund und arbeitet als Musiker und Produzent.

unheimlich gern gespielt hab, war eine Wagner-Tuba, die mein Vater besaß. Die hab ich mir dann für diese Produktion ausgeliehen und hab Rio damit begleitet. Und natürlich habe ich die Orgel betreut. Die wurde jedes Mal, wenn man umzog, auseinandergenommen und wieder zusammengesetzt. Der Motor, das war so ein Riesenteil, so ein gußeisernes Ding mit Starkstrom. Zwischendurch fielen auch dauernd Sachen aus, aber Rio hat darauf gespielt, all die Songs. Später hat er mal gesagt, was ihn am meisten fasziniert hat, war, daß ich so bescheuert war, das überhaupt zu machen. Er hat dann in Fresenhagen erzählt, da gibt's irgendwie so einen verrückten Pianisten, da baut ne Orgel. Das war genau zu dem Zeitpunkt, wo die Band überlegt hat, wieder auf Tour zu gehen. Sie suchten ja einen Pianisten, als Ersatz für Rio.

Ungefähr drei Monate später hat Rio mich angerufen und gefragt, ob ich nicht in seiner Band spielen wollte. Ich hab gar nicht lange überlegt. Das mach ich, hab ich gesagt, ja, klar, das mache ich. Ich hab mir einen Volvo geliehen von einem Typen, der hier so einen linken Buchladen führte, hab meinen elektrischen YAMAHA-Flügel hinten reingepackt und bin nach Fresenhagen gefahren.

Und es war klar, daß du dann in Fresenhagen einziehst?

Es wurde ein Pianist für die Tour gesucht. Und die Scherben hatten eine relativ lange Probenzeit veranschlagt. Also mußte ich da oben wohnen, das ging nicht anders. Ich hab erst provisorisch im oberen Stockwerk gewohnt. Dann hab ich aber ziemlich schnell mein eigenes Zimmer im Erdgeschoß ausgebaut.

Du hast, von Schlotterer abgesehen, als einzige Scherbe dein Instrument richtig studiert.

Ja, ja, ich hab Musik für das Lehramt studiert. Und für diese Ausbildung mußte ich Klavier studieren. Ich hab auch Gesangsunterricht genommen. Und ich hab halt früher im Posaunenchor gespielt. Ich weiß gar nicht, hab ich auf Tour auch Posaune gespielt? Ich glaube, ich hab auf irgendeiner Tour mit Kai zusammen Trompete gespielt, beim *Arbeitslosen-Reggae.*

Warst du 1980 eigentlich schon ein Scherbenfan?

Ich kannte die Musik von denen. Ich habe ein bißchen eine politische Vergangenheit, vom Klassen- über den Fachsprecher bis hin zu K-Gruppen und so – und hatte natürlich immer mit Musik zu tun. Von daher kannte ich natürlich die Scherben als politisch engagierte Band. Ich war damals aber eigentlich ein jazzorientierter Musiker und fand die Scherben-Musik nicht so toll.

Hattest du eine Scherben-Platte im Schrank?

Das weiß ich nicht mehr. Eher nicht, weil ich, wenn überhaupt, ein Cassettenfreak bin. Ich hab Schränke voll von Cassetten, aber ich fürchte, daß damals keine Scherben-Cassette dabei war.

Und trotzdem war dir klar, daß du ohne Zögern alles stehen und liegen lassen würdest, um bei denen mitzuspielen? Und das auf einem Bauernhof am Ende der Welt?

Ja.

Im Ernst?

Das hatte natürlich einen Grund: *Die Schwarze.* Die Platte fand ich sehr beeindruckend, weil da so viele musikalische Einflüsse vom Jazz und Rock drauf sind, auch klassische Sachen und Sound-Geschichten. Völlig verrücktes Zeug. Das hat mich überzeugt. Mit dieser Platte sind die Scherben, auch textmäßig, erwachsen geworden. Was heißt erwachsen? Unheimlich gereift. Die Band ist durch diese Platte auch viel poetischer geworden. Die Sprachbilder sind sehr viel komplizierter, sind offener, vieldeutiger als auf den Platten davor, und gleichzeitig doch sehr präzise. Und auf der anderen Seite ist eben auch die Musik komplizierter geworden, ungerade Rhythmen, von den einfachen Dur-Moll-Harmonien sind die Scherben übergegangen zu ganz offenen Akkordformen, die es im modernen Jazz gibt. *Die Schwarze* ist für mich ein Meilenstein der deutschen Rockgeschichte.

War Die Schwarze *auch ein Wendepunkt innerhalb der musikalischen Geschichte der Scherben?*

Nachdem ich die Leute alle kennengelernt habe, bin ich mir sicher, das war eine kontinuierliche Entwicklung. Es spricht absolut für die Qualität der Band, daß da Menschen waren, die nicht stillstehen. Ganz einfach, die Leute haben sich weiterentwickelt. Und sie waren offen für alle möglichen Einflüsse. Auch Rio, der hat ja von Hans Albers und deutschem Schlager über Rockmusik bis hin zu Miles Davis alles gehört. Und Lanrue ist sowieso ein absoluter Jazz-Fan. Diese Einflüsse spiegeln sich in der Musik wider.

Du bist ja nach der Produktion der Schwarzen eingestiegen. Wie hast du die Band beeinflußt?

Erstmal natürlich durch meine musikalische Vergangenheit. Das hört man zum Beispiel auf der einzigen LP, die ich im Studio mitgemacht hab, auf der *Scherben* im Song *Tanz*. Das ist so eine polyrhythmische Geschichte. Eigentlich hatte ich noch eine andere Vorstellung von dem Song, aber das sagt ein Komponist natürlich immer. Die anderen Songs, die ich da eingebracht hab, waren eher Popsongs und Neuland für mich. Mit Lanrue hab ich viel Jazz gehört. Er fand die Sachen, die ich geschrieben habe, gut. Und ich finde seine Sachen gut.

Du bist dann in Fresenhagen geblieben.

Ja, ich hab mich nach der Tour entschlossen, bei der Band zu bleiben. Das war am Anfang ja nicht klar, als ich da eingestiegen bin. Aber mir war das dann – wir haben ja damals, weil die Tour so ein Desaster war, auch drüber geredet, ob man überhaupt weitermacht. Und ich hab mich eigentlich sehr dafür ausgesprochen, weil ich das einfach klasse fand, ich hatte da etwas gefunden für mich, das muß ich echt sagen. Da hab ich auf eine Art Glück gehabt in meinem Leben. Das war ein Volltreffer. Ich konnte Politik machen und gute Musik, also gleichzeitig. Und dann noch mit Leuten zusammen leben, die ein gemeinsames Ziel hatten und das auch mit allen Auseinandersetzungen und Schwierigkeiten immer verfolgt haben.

Zu den Schwierigkeiten zählten sicherlich auch die Hierarchien innerhalb der basisdemokratischen Lebensgemeinschaft.

Wie im richtigen Leben. Es gehören ja immer zwei dazu. Hierarchien können doch nur existieren, wenn Leute das mitmachen. Natürlich hatte ich auch meine Konflikte. Zwischen mir auf der einen und Rio und/oder Lanrue auf der anderen Seite herrschte manchmal ein ziemliches Spannungsverhältnis. Ein gutes Beispiel dafür ist das Abmischen der *Scherben*-LP: Ich bin damals einfach mit Rio und Lanrue mitgefahren. Das interessierte mich. Aber damit hatte ich irgendwie schon das subtile Hierarchiegefüge gesprengt. Und ich weiß, es gab eine Szene im Studio, als Rio sich darüber tierisch aufgeregt hat, weil er dachte, ich würde Kontrolle ausüben. Nur weil ich im Studio saß. Dabei war ich der Laufbursche. Ich hab immer Kaffee gemacht. Es gab schon diese Konflikte.

Und Rio war der unangreifbare Boß?

Musikalisch – klar. Rio war der Typ vorne auf der Bühne. Er mußte die Sachen, die in den Songs vorkamen, präsentieren. Und zwar mit der ganzen Emotionalität, die er hatte. Das war seine Stärke, das war sein Vorhaben und sein Programm. Er hat sich als Person total eingebracht. Der ist ja auf der Bühne manchmal wirklich weg gewesen.

Wart ihr eine Liveband? Das heißt, auf der Bühne besser als im Studio?

Ja.

Was waren eure Stärken? Was war der Grund für die Energie, die auf der Bühne freigesetzt wurde?

Daß es funktioniert hat, lag daran, daß wir einfach gute Songs geschrieben haben. Ein guter Song hat einen bestimmten Groove, eine Line, auf der alles andere aufgebaut ist. Solche Songs kann man auch nach zehn Jahren wieder aufwärmen. Die funktionieren einfach. Deshalb haben Leute wie Oli P. ja auch so einen Erfolg mit Cover-Nummern. Und dieser Groove, den gibt es in fast jedem Scherben-Song. Das ist vielleicht auch der Unterschied zu anderen Künstlern. Wenn Rio einen Song geschrieben hat, stimmte immer der Text mit der Musik überein. In Fresenhagen oder im Rio-Reiser-Archiv liegt immer noch eine Menge unveröffentlichtes Material herum, das alles schlägt, was heute so in deutschen Radios läuft.

Hätten die Scherben eigentlich da musikalisch weitergemacht, wo Rio mit seiner Solokarriere angesetzt hat?

Vier Songs auf Rios ersten Platten sind ja eigentlich Scherben-Material. *Junimond*, *Alles Lüge*, *Laß mich los* und auch der *König von Deutschland* sind Songs, die wir als Demo für eine neue Platte angeboten haben. Rio hat die Songs dann auf seine Soloplatten draufgebracht. *Mit* König von Deutschland *ist Rio ja ein bißchen das gelungen, was den Scherben immer verwehrt blieb. Es wurde ein Hit.*

Mit seiner ersten Platte ist sicher was gelungen, was wir auch gerne gemacht hätten. Unsere Platte wäre vielleicht noch ein bißchen härter geworden, wenn man das die Band hätte machen lassen.

Hätten die Scherben heute, wenn es sie noch gäbe, einen Platz in den aktuellen deutschen Charts?

Ich glaube, sie hätten einen Platz, auf jeden Fall, ja. Und ich glaube, daß sie ganz schöne moderne Musik machen würden. Gitarrenorientiert und mit Sicherheit beeinflußt durch Sachen wie z.B. PORTISHEAD und Hiphop. Vielleicht eine Nummer härter.

Was hast du musikalisch gelernt in der Zeit bei den Scherben?

Also, was ich auf jeden Fall gelernt habe, ist: Sachen zu vereinfachen. Ich habe früher sehr viel komplizierter geschrieben, was die Songs angeht. Da gab es ein paar ganz deutliche Erlebnisse, wo ich in einem Song irgendwie Harmonien moduliere und Rio gesagt hat, den Teil kannst du doch einen halben Ton runter machen, und es wurde klarer und einfacher. Und ich hab gelernt, daß Rock-Musik nicht nur was mit gut spielen zu tun hat, sondern mit Energie, daß es manchmal viel mehr darauf ankommt, einen bestimmten Schlag zu einer bestimmten Zeit zu machen, als wahnsinnig komplizierte Sachen zu spielen.

Was sind die Scherben für dich heute?

Meine Geschichte, sehr schöne Songs, ich freue mich, wenn die gespielt werden. Und ja, für mich ist es ein großes Erlebnis gewesen, ein Glück und eben ein Lebensabschnitt, der vorbei ist.

Ein positiver Lebensabschnitt?

Ja, auf jeden Fall.

1984: Auf Wahlkampftour mit den Grünen

On the Road again

Gleich nach dem Jahreswechsel ging es weiter. Der Schuldenberg drückte, was an Plattengeldern von der Firma Lewald&Motl überwiesen wurde, reichte hinten und vorne nicht, und den Scherben blieb gar nichts anderes übrig, als weiter ihr On-The-Road-Again-Programm durchzuziehen. Die nächste Station war Ende Januar die Wahlkampftour der Grünen in Baden-Württemberg, genannt die *Grüne Raupe*. Diese Tour ging durch insgesamt 12 badenwürttembergische Städte. Zu den Grünen gehörten damals noch Thomas Ebermann, Petra Kelly, Gerd Bastian und Otto Schily, die auch während dieser *Grüne Raupe*-Tour auftraten und Reden hielten. Das musikalische Abendprogramm gestalteten außer den Scherben unter anderem auch die Klaus Lage Band, Bettina Wegner,

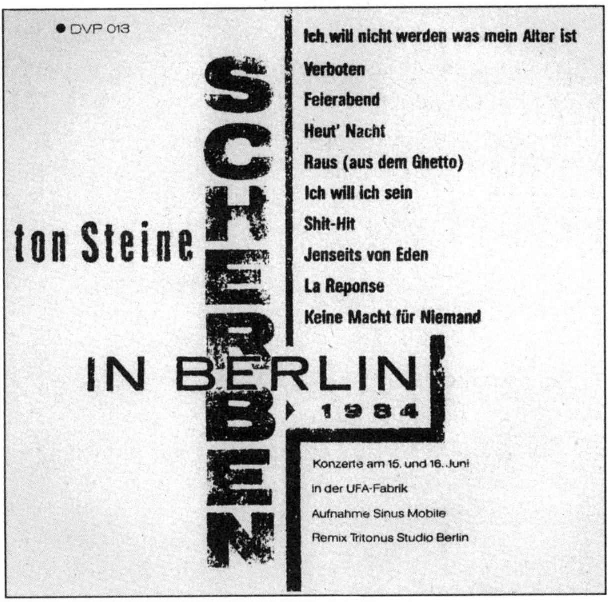

Original-LP-Cover von 1984 (Live I)

Carambolage, Manfred Maurenbrecher, Schroeder Roadshow und Ougenweide.

Rio zu der Tour mit den Grünen: »Die Wahlkampfunterstützung für die Grünen war eine Anpassung an das linke Establishment. Da gab's zwar nix zu holen, denn die Grünen waren geizig, aber wir waren halt vor Ort. Ich sah aber eine gewisse Gefahr schon in der Anpassung an den Grünen-Kurs. Vor allem, was ist grün? Der Dollar ist auch grün!«

Nach dieser Tour und wieder zu Hause, erfuhren die Scherben von einer Kassette, die als Bootleg mit Live-Material von ihnen verkauft wurde. Das bestärkte sie in ihrem Vorhaben, selbst eine LP mit Live-Songs aufzunehmen. Dieser Wunsch war in den letzten Jahren immer wieder an die Scherben herangetragen worden. Kein Wunder, denn die Scherben waren nun mal eine Live-Band.

Albrecht Metzger: »Ich hab die Scherben zum erstenmal in Stuttgart Anfang der 70er Jahre gesehen. Es war ein irrsinniges Ge-

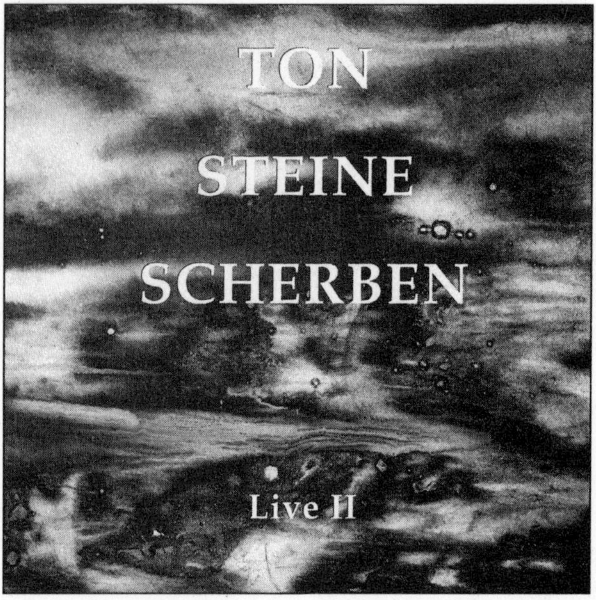

Live II – Cover von 1996

töse. Texte hat man so gut wie gar nicht verstanden, aber da war eine so starke Energie- und Adrenalinausschüttung, damals schon, daß mir die Wirkung, die diese Band dann später auf die Leute hatte, überhaupt nicht mehr fraglich ist.«

Dabei war die Bühnenshow der Scherben nicht gerade sensationell. Auch jetzt waren die einzigen, die das Publikum direkt anfeuerten, Rio und der Gitarrist Dirk Schlömer, die anderen, vor allem Kai und Lanrue, bewegten sich kaum.

Lanrue: »Obwohl wir eine freundliche Band waren, präsentierten wir uns auf der Bühne meist wie die letzten Finsterbolde. Dafür haben wir unserem Publikum peinliche Ansagen erspart, wie: Wir spielen jetzt von unserer zweiten LP den dritten Song von ersten Seite.«

Misha Schöneberg: »Wenn das, was die Scherben auf der Bühne präsentierten, vom Publikum aufgenommen wurde, dann ergab sich, ich würde fast sagen, so etwas wie eine magische Einheit. An einem guten Tag war das wirklich so. So etwas wie Massenhypnose, eben das, was gute Rockkonzerte immer auslösen.«

Lanrue dazu: »Wir haben verhindert, daß es unkontrolliert wird, weil bei Scherben-Konzerten von vornherein ein bestimmtes Aggressionspotential da war. Ich glaube schon, daß wir verantwortungsbewußt waren. Wir haben aufgepaßt, daß wir nicht irgendwelche Sachen spielen. Wir mußten schließlich auch lebend aus den Konzerten herauskommen.«

Funky: »Bei manchen Konzerten haben sich die Emotionen so gesteigert, daß man dachte, jetzt gibt's keine Kontrolle mehr darüber. Das waren die Momente, wo man Angst hatte.«

Und Rio: »Was heißt verantwortlich? Man möchte sich manchmal gerne der Verantwortung entziehen. Manchmal wünschte ich wirklich, nicht *Keine Macht für Niemand* gesungen zu haben. Aber es ist nun mal so. Ich hab's gesungen.«

Für Ende April hatte Claudia noch einmal eine wirklich große Tournee organisiert. Die Scherben spielten in der gleichen Besetzung wie bei der Rau-Tour, bis auf zwei Veränderungen. Misha machte wieder selber das Licht, und statt Britta, die wegen ihrer CARAMBOLAGE-Aktivitäten keine Zeit hatte, spielte Richard Herten Percussions. Richard, Ex-Drummer von SCHROEDER ROADSHOW, war von Claudia in die Gruppe geschleust worden, weil die beiden seit der Rau-Tour ein Verhältnis miteinander hatten.

Knapp vierzig Auftritte waren geplant. Einer davon fand in Breslau zusammen mit Paco de Lucia und einer nicht geringen Menge polnischen Wodkas statt. Es sollte die letzte große Scherben-Tour werden.

Die »Schritt für Schritt ins Paradies«-Tour begann in Bremen am 29. April 1984, auf den Tag genau ein Jahr nach Beginn der Rau-Tour, und endete Mitte Juni in der Berliner UFA-Fabrik, wo die Scherben fünf ausverkaufte Konzerte gaben. Das Publikum war, mal wieder, von dem Auftritt der Scherben begeistert. Taz-Reporterin Tina Fröhlich besuchte gleich zwei Konzerte und schrieb über ihre Eindrücke:

»Am Sonntagabend tummelten sich direkt vor der Bühne die Kids, die schon gleich zu Beginn des Konzertes losjohlten, im ganzen ein sehr junges Publikum. Um so überraschter war ich dann am Pfingstmontag, als die etwas älteren, gesetzteren Leute kamen. Bis zur Hälfte der Veranstaltung dachte man, eher in der Philharmonie zu sitzen. Geduldiges, ruhiges Zuhören, gegen forderndes, lautes Mitmachen am Vortag. Und trotzdem wollen sie dasselbe, wollen ein tolles Erlebnis haben, wollen sich etwas abholen. Damals wie heute. Heute wie damals wollen sie nicht werden, was die Alten sind, heute wie damals leben sie in der Hölle, aus der sie unbedingt raus müssen. Zwei Generationen treffen anläßlich eines Ton Steine Scherben-Konzertes mal wieder aufeinander. Hier gehen Leute hin mit denselben Hoffnungen und Wünschen, Leute, die sich sonst wohl eher als Lehrer und Schüler, Erzieher und Jugendliche gegenüberstehen. Die Scherben drücken immer noch das Zeitgefühl eines bestimmten Teils der Generationen von gestern und heute aus. (...) Rio Reiser bringt eine Intensivität mit auf die Bühne, die

bis in die letzte Reihe jeden packt, wenn er Arthur Rimbaud zitiert: »Alle Himmel! Liebe! Freisein! Was für ein Traum, o arme Irre!«

Ja, irre Träumer sind sie, die Scherben und ihr Publikum, die immer noch träumen von der besseren Welt, in der keiner die Macht hat, keiner im Ghetto leben muß, keiner dem anderen gehört und jeder alles dafür tun will, daß der Traum kein Traum bleibt. Und trotz alledem Ton Steine Scherben ist der Riesenruhm, der Reichtum und der Erfolg so, wie ihn andere Legenden des Rockgeschäftes erlebten, nie vergönnt gewesen. Streuen sie doch immer wieder Salz in die Wunden der Zeit, anstatt diese mit lauschigen Worten und Melodien zu heilen.«

Um Material für ihre geplante Live-LP zu sammeln, hatten sie sich das Sinus-Mobil-Studio gemietet, mit dem sie an zwei dieser Abende die Konzerte mitschnitten.

Ein gut überlegter Schachzug, denn nach über dreißig Konzerten war die Band optimal eingespielt, auch wenn Rios Stimme mal wieder kurz vorm Abnippeln war und er die letzten Auftritte nur mit Hilfe von Cortison-Spray überstand. Das Material dieser Tonaufnahmen wurde Grundlage für die Scherben-LP *In Berlin 1984 (Live I)*.

Der Musikjournalist Ralf Schlüter schrieb zu der LP in *Zounds*: »An fünf Abenden in der Berliner UFA-Fabrik brannte die Band ein Feuerwerk ab und zeigte, wie gut sie war. Lage, Westernhagen und wie ihr alle heißt: Hört euch diese Live-Platte an und zieht daraus die Konsequenzen! Von *Heut Nacht* über den grandiosen *Shit-Hit* bis zu *Keine Macht …* bot die Band vor Intensität brennende Live-Versionen und phantastische neue Songs.« Aus den gleichen Auftritten nahmen die Scherben auch das Material für die 1996 erschienene Platte *live II*.

Kai: »Die letzte große Tour im Frühjahr 1984 war, musikalisch gesehen, der Höhepunkt der Scherben – ganz klar. Wir haben die Songs sehr differenziert gebracht, da sind wir uns alle einig. Die Chemie stimmte einfach.«

Es hatte immer wieder Unstimmigkeiten mit der Firma Lewald & Motl, also dem DAVID VOLKSMUND VERTRIEB, gegeben, immer wieder hatten die Scherben Abrechnungsfehler moniert, wie zum Beispiel den, daß ihnen gelegentlich die Mehrwertsteuer gleich zweimal abgezogen wurde. Und immer wieder hatten sich die Scherben gewundert, wie wenig Geld aus den Plattenverkäufen für sie übrig blieb. Im Sommer 1984 ließen sie endlich den Vertrag mit Lewald & Motl von ihrem Rechtsanwalt prüfen. Man muß dazu sagen, daß sie es versäumt hatten, ihn vor der Unterzeichnung gründlich durchzulesen. Sonst wären ihnen ein paar kleine unscheinbare Abweichungen von der mündlichen Vereinbarung aufgefallen, die für sie am Ende eine Mindereinnahme von über 100.000 DM bedeuteten. Kein Wunder, daß sie nicht auf den grünen Zweig kamen. Erst im Herbst 1984 kamen die Scherben dahinter. Sie zogen mit Lewald&Motl vor ein Schiedsgericht und bekamen von ca. 135.000 DM, die ihnen eigentlich zugestanden hätten, nur magere 20.000 DM zugesprochen.

Kai: »Es gibt einen Brief von Horst, wo er zugibt, daß der schriftliche Vertrag anders ausgefallen ist, als es mündlich abgesprochen war. Doch der hat uns vor dem Schiedsgericht auch nichts genützt. Die hatten den besseren Anwalt.«

Martin Paul, als Pfarrerssohn normalerweise verzeihend und versöhnungsbereit, lehnte auf dem Flur des Schiedsgerichts den Handschlag von Horst Lewald ab: »Deine Hand ist mir zu schmutzig!«

Kai: »Die Krönung war noch, daß Horst nach Vertragsablauf einfach weitermachen wollte mit dem Plattenvertrieb. Ich mußte noch bei der Preßfirma in Hamburg anrufen und sagen, daß Herr Lewald nicht mehr befugt sei, Scherben-LPs pressen zu lassen.«

Durch die Elser-Tour hatten die Scherben einen Schuldenberg aufgeschichtet, der immer noch schwer auf ihnen lastete. Horst Lewald hat dazu beigetragen, daß es unmöglich wurde, ihn jemals wieder abzutragen.

Claudia, wie bist du unter die Scherben geraten?

Ich bin in der Spielzeit 75/76 ans Theater in Dortmund gegangen. Da war ich erstmal Dramaturgie-Assistentin, und dann wurde ich Dramaturgin am Kindertheater, wo auch Rios Bruder Peter arbeitete. Und in der Spielzeit gab es eine Produktion, bei der Rio und Funky mitgespielt haben. *Feuerzauber* hieß das Stück. Die Geschichte, wie die Menschen zum Feuer kamen und was sie daraus machten. Nachdem das abgespielt war, hab ich dann mit meinem Auto Rio und die ganzen Instrumente nach Fresenhagen gefahren. Jahre später bin ich dann da als Managerin gelandet. Ja, und das war dann wirklich eine andere Welt.

Von der Bühne auf den Bauernhof. War das nicht ein radikaler Bruch für dich?

Nein, eigentlich nicht. Ich war immer auf der Bühne. Mein ganzes Leben lang. Immer eine Bühne nach der anderen. Es war nie ein Bruch. Nach dem Theater kamen die Scherben und nach den Scherben die GRÜNEN. Eine andere Band oder irgendwas anderes kam nicht in Frage. Das wäre »Verrat« gewesen.

Warum?

Weil, auch wenn es nicht leicht war bei den Scherben, bei allem Streit und bei allem Kampf –, auf einer bestimmten Ebene sind die Scherben bis heute das Größte, was mir je passiert ist.

Wie war dein erster Eindruck von den Scherben?

Das war Familie. Ich glaube, im besten Sinn Familie. Ich bin ein echter Familienmensch. Was immer das heißt. Heimat ist ein ganz positiv besetzter Begriff für mich. Aber nix mit Bergen und sonstwas, sondern Familie, Zusammenhang, Frühstück oder Abendessen oder Wärme. Und das bei aller Kälte, bei allem Überlebenskampf und aller Brutalität und aller Polizei, die dann später immer wieder vor oder hinter der Bühne stand.

Es war allerdings eine Familie, die immer am Rande des Existenzminimums stand. Wieso bist du trotzdem dageblieben?

Wie das passiert ist, weiß ich nach wie vor nicht. Ich sagte, ich wollte zwei Wochen dableiben. Und bin dann ein paar Jahre geblieben. Ich weiß wirklich nicht, warum und wieso, aber so war es halt. Die ursprüngliche Einladung war, die Pressebegleitung für zwei, drei Auftritte zu machen, und plötzlich war es eine zweiwöchige Tour. Das war ein richtig gutes Gefühl, und es war halt so, daß ich blieb. Niemand hat gesagt: »Du mußt wieder weg«, oder: »Mach mal das oder mach das nicht.« Eigentlich konnte jeder machen, was er wollte. Es gab ja auch Leute wie Egon, der hat gesagt: »Ich baue jetzt ein unterirdisches Fotolabor.« Und hat das dann gemacht.

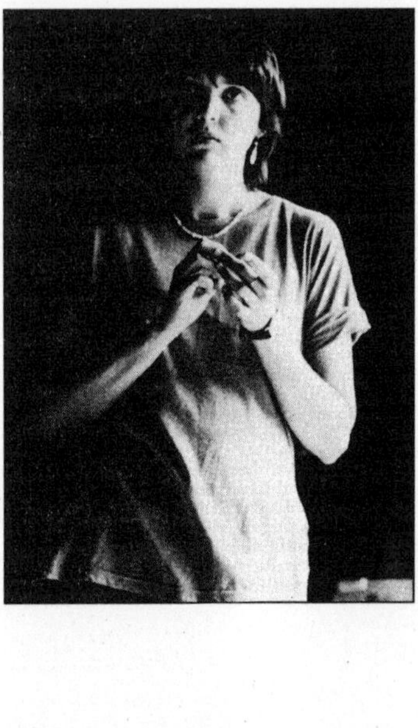

Das berühmte Egon-Loch, aus dem nie ein Fotolabor wurde …

Das war aber auch egal. Es gab wirklich eine anarchistische Freiheit, das zu tun, was du für richtig hältst. Aber du durftest die

Claudia Roth, Jahrgang 1955, war Dramaturgieassistentin am Dortmunder Theater, bevor sie nach Fresenhagen zog, um das Management der Scherben zu übernehmen. Nach der Auflösung der Band machte sie bei den Grünen Karriere.

Band nicht verraten oder die Familie. Und du mußtest dafür sorgen, daß Rio morgens exklusiv baden konnte. Sonst hätte es Streß gegeben. Im Prinzip konntest du alles machen. Aber wir hatten eben auch unser Wertesystem.

Was hat dich an dieser Form des Zusammenlebens und – arbeitens so gereizt?

Was ich bei Scherben immer gut fand, war die Beschreibung eines Ziels. Wohin will ich? Das brauche ich immer noch jeden Tag. Die Utopie, daß »Noch nicht sein« wichtig ist, das hab ich von den Scherben. »Noch nicht sein« meint aber nicht irgend etwas, das nie kommen wird. Im Gegenteil, es wird immer beschrieben, wo ich hin will. Und das bedeutet wahnsinnig viel Kampf, und da gib es Haß, und da gib es auch Tod, vielleicht auch Verzweiflung. Aber ich vergesse nie, daß mein Ziel, meine Utopie etwas ist, das sein wird. Es war immer die Beschreibung von etwas, das wahnsinnig schwierig ist. Wenn du nicht genau weißt, wohin du willst, hältst du das nicht lange durch mit 15 Mark am Tag. Und mehr hatten wir streckenweise nicht in Fresenhagen. 15 Mark für alle zusammen. Aber ein Song wie *Wenn die Nacht am tiefsten ist der Tag am nächsten* drückt es ganz gut aus. Es ist nicht nur Gejammer, es ist nicht nur Verzweiflung, es ist nicht nur Frust, sondern es gibt eine Perspektive. Und so hab ich das Zusammenleben auch erlebt. Ganz schwer, bis an die Grenzen gehend, aber als etwas, an das ich glaube. Wo ich mir nicht nehmen lassen will, fest davon überzeugt zu sein, daß es besser gehen kann.

Aber war das nicht auch ein bißchen der Traum von der heilen Welt – das Leben auf dem Bauernhof als Idylle?

Also Idylle war es nicht. Es war auch nicht konstruiert, sondern es ist ja was dabei rausgekommen. Es war ja nicht so, daß wir das Leben als besondere Form des Luxus aufgefaßt hätten. Es war eigentlich immer eine Gratwanderung.

War Fresenhagen eine Nische im bestehenden System oder eine Gegengesellschaft?

Eine Gegengesellschaft, völlig klar. Wir wollten anders sein, etwas ganz anderes. Zumindest keine Ergänzung zu denen, zu den Bullen, die da standen und den Hof durchsucht haben, die von der Sitte, der politischen Polizei oder sonst irgendwoher kamen.

Vielleicht war es für mich politischer als für die anderen. Ich kam in der Zeit zu den Scherben, wo es hieß: Man muß eingreifen. Und die Band, dachte ich, die kann das. Brokdorf, Friedensketten, Nachrüstung verhindern. Ich fand es richtig, etwas dagegen zu tun. Wobei das Gute an den Scherben war, daß auch Privates immer politisiert und hinterfragt wurde. Ist es politisch, wenn der Sänger einer – in Anführungszeichen – Anarchoband, schwul ist? Ist das im Sinne des Marxismus-Leninismus und der Revolution, oder ist das ein individualistischer Scheißtrip? Diese Positionen gab es. Oder *Ich will ich sein.* – *Keine Macht für Niemand* war angesagt und sonst gar nichts. Und das fand ich klasse, daß sich da sehr

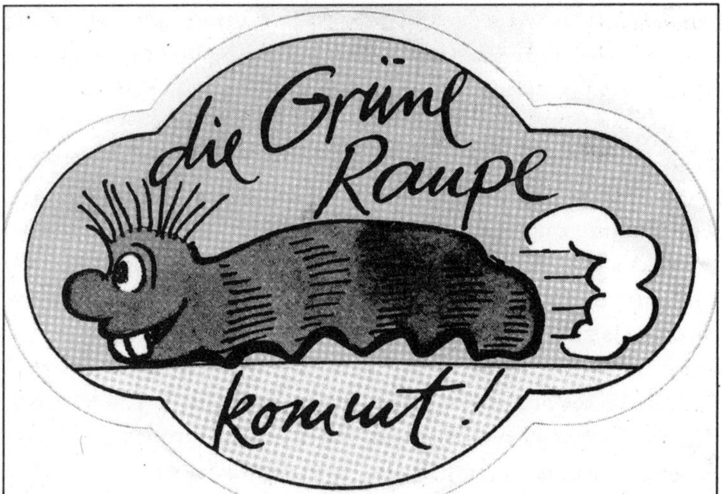

persönliche Geschichten, die sich bei uns abgespielt haben in Fresenhagen, im Text und in der Musik wiederfanden. Die sind nämlich unglaublich politisch. Daß der schwule Sänger in ner links-anarchistischen, revolutionären Band sagt, meine sexuelle Identität ist sehr politisch und nicht mein individuelles Hobby oder sonst irgendwas. Oder Kai und sein Kind. Das Leben mit dem Kind ist hochpolitisch, diese Auseinandersetzung. Und das ist nicht nur sein individueller Trip, und abgesehen davon machen wir jetzt »Heraus zum 1. Mai«.

Viele der Scherbensongs sind Liebeslieder. Wie wichtig war Romantik?

Total wichtig. Träume, Gefühle, Verzweiflung, Eifersucht, Schmerz, Haß, Wut, Zorn, alles was Gefühle, was das Leben ausmacht und was es auch wertvoll macht. Insofern war Romantik unglaublich wichtig.

Du hast dich in Fresenhagen schnell zur Managerin der Scherben entwickelt. Was wir uns nicht ganz einfach vorstellen. Rio hat gesagt, die Scherben hätten den Soundtrack zur linken Bewegung geschrieben. Nur verkaufen durftet ihr den Soundtrack nicht.

Ja, das war schon so. In den 80er Jahren waren die Scherben ein Symbol für etwas, das viele schon gar nicht mehr selbst erlebt hatten. Und die Scherben waren dazu da, ihnen ihre Träume vorzuleben. Also durfte z.B. bei uns der Eintritt eigentlich nichts kosten. Mit der Revolution Geld verdienen, das ging nicht. Mitte der 80er Jahre, als BAP schon das dreifache kassierten, hieß es bei uns: »Wie? Was? Mehr als 10 Mark? Das ist doch Soli! Hier geht es doch um die Sache!« Daß man aber von der Sache leben mußte, daß wir auch Bedürfnisse hatten, daß wir essen, trinken, schlafen, lieben und sonstwas mußten, war völlig egal. Wir waren eigentlich ein entleibtes Symbol.

Und ein bankrottes dazu. Die Scherben waren ja chronisch pleite. Warum?

Wir hatten kein Kapital, wir hatten keine Anlage, keine eigene Lichtanlage, keinen eigenen Bus, und wir sind nicht gesponsert worden bei den Tourneen. Mit Tourneen kannst du nix verdienen, und wir mußten von den Tourneen leben. Das war der große Unterschied zu den anderen Bands. Und wir hatten alte Schulden, die wir mitschleppten.

Du hast dann versucht, ein bißchen Geld in die Kasse zu bringen und auch die Tourneen ordentlich zu organisieren.

Das war ein riesiger Kampf. Was ich sofort abgestellt habe, war, zwangsweise in Wohngemeinschaften zu übernachten. Weil ich das unerträglich fand, in Wohngemeinschaften in Betten zu schlafen, die man extra nicht frisch überzieht, weil frisch Überziehen bürgerlich ist. Oder in Wohngemeinschaften, wo man die Klotür aushängt, weil Klotüren bürgerlich sind. Ich, wir, empfanden das als repressiv und nicht als einen Ausbruch aus bürgerlichen Klischees. Also war ziemlich schnell klar, wir gehen nicht in Wohngemeinschaften in dreckige Betten, sondern wir wollen ins Hotel oder in die Pension oder sonstwas. Ein bißchen wohlverdiente Privatheit. Aber damit kam das Geschrei: Ihr seid jetzt bürgerlich und angepaßt.

Wart ihr's?

Ach, Blödsinn. Rio war nur ein kleines bißchen »anspruchsvoll«. Das Schlimmste war nämlich, wenn Rio keine Badewanne hatte oder kein Fachinger. Find mal auf dem flachen Land, wo wir auch gespielt haben, ein Hotel mit Badewanne. Bei unserem Budget! Das war Schwerstarbeit.

Hattest du es damals eigentlich schwerer mit dem Management, weil du eine Frau bist?

Das war schon eine verdammte Männerszene. Als Frau irgendwas mit so einer Band zu tun zu haben, das war wirklich heavy. Irgendwann durfte ich mir dann einen Aktenkoffer kaufen. Weil ich überlegt hatte, was muß ich für einen Eindruck vermitteln? Also habe ich mir die alte Hochzeitsjacke von meinem Opa genommen und irgendeinen engen Rock zum Kostüm umfunktioniert und dann halt diesen Koffer, der den Eindruck erweckt hat, daß da was Wichtiges und Bedrohliches drin war. Das war nicht ganz unnötig. Wir haben nämlich durchaus auch in Schuppen gespielt, wo es nicht automatisch nach dem Auftritt Geld gab. Auch im Rotlicht-Viertel, ich weiß nicht mehr, wann das war, als uns eine Art Zuhälter nicht bezahlen wollte. Ich weiß noch, ich habe nach dem Konzert eine halbe Ewigkeit mit dem Koffer dagesessen, und schließlich hat Martin gesagt: »Jetzt müssen wir so tun, als hätten wir da ne Waffe drin. Sonst kriegen wir keinen Pfennig.« Und wir haben alles gekriegt.

Und wie standen die Scherben dazu? Im Gewissenskonflikt zwischen sozialistischer Gleichheitsideologie und Starallüren?

Da regierte ab einem gewissen Zeitpunkt der hauseigene »Größenwahn«. »Wir sind so viel wert wie die STONES« und so. Ich glaube ja ernsthaft, daß wir besser waren als die STONES, aber es war halt völlig unrealistisch, das in Millionen aufzurechnen. Nur, meine Aufgabe war es, herauszubekommen, ob es Angebote der Industrie gibt. Das habe ich gemacht und komme mit einem – wie ich fand – recht passablen Angebot zurück, und die fanden's popelig und viel zu niedrig. Wenn schon von der Industrie korrumpiert, dann auch, bitteschön, millionenschwer. Leider völlig realitätsfern – und für mich nicht zu verwirklichen.

Die Auflösung der Band 1985. War das Projekt Ton Steine Scherben damit gescheitert?

Nein, das war kein Scheitern, das war ein Fehler. Ich hab das nicht als Scheitern verstanden, sondern als Unterschätzung der eigenen Stärke. Ich fand die Band viel stärker, viel resistenter, viel unantastbarer, als daß sie sich wirklich hätte korrumpieren lassen. Auch mein Freund Martin war der Meinung, diese Band ist so stark, so musikalisch und durch die Texte und die eigene Geschichte so gefestigt, daß sie von so einem Industrievertrag nicht korrumpiert wird. Martin und ich waren der Meinung, man kann den Mythos nicht kaputtmachen. Sonst hätte ich nicht die ganze Zeit mit der Industrie verhandelt. Und dann wurde uns mitgeteilt, die Band hat sich aufgelöst. Ohne uns zu fragen. Möglicherweise sind wir beide, die überzeugt waren, es kann gehen, extra nicht einbezogen worden. War dann ein komisches Verfahren, sagen wir das mal so. Mir wurde dann nur übermittelt, die Ur-Scherben haben sich so entschieden. Punkt. Einfach so. Ich fand das nicht gut. Überhaupt nicht. Lanrue hat die Auflösung später mal so erklärt, daß der einzige Reichtum, den man uns nicht nehmen konnte, unsere Unabhängigkeit gewesen sei. Der Reichtum der Freiheit. Ich fand das damals ziemlich kokett. Im Nachhinein stimmt's aber auch irgendwie.

Inwiefern?

Möglicherweise wäre ein Plattenvertrag bei einer großen Firma doch ein Seelenverkauf gewesen. Und ganz oft jetzt, in meinem Leben mit den GRÜNEN, das geht ja auch schon seit 15 Jahren so, denke ich mir, da ist was dran. Wenn du einmal deine Seele verkauft hast, oder wenn du dabei bist, deine Seele zu verkaufen, dann ist alles zu spät. Das hat diese Band nicht getan. Und vielleicht ist es wirklich der allergrößte Reichtum zu sagen: Wir haben's nicht gemacht. Gut, in der damaligen Zeit habe ich gedacht, das ist

Quatsch. Aber bis zum Tod von Rio hab ich mir immer gesagt: Sollte es eine Situation in diesem Land geben, die sich so zuspitzt, daß diese Band wieder auftreten muß, dann wird sie es tun. Weil diese Musik etwas ausdrückt, was dann nötig ist. Und wenn ich dann wieder gebraucht worden wäre, dann hätte ich alles stehen und liegen lassen. Wirklich alles.

Wissen das auch die GRÜNEN*? Da hast du ja nach der Scherben-Zeit eine rasante Karriere gemacht. Wie kam es dazu?*

Eine Freundin aus Berlin hatte uns die taz nach Fresenhagen geschickt. Und da war unsere Anzeige oben: »Live aus der Ufa-Fabrik« – und unten drunter, unter Jobs, wurde eine Pressesprecherin der GRÜNEN im Bundestag gesucht. Das haben wir alle gemeinsam am Frühstückstisch angeguckt, und dann haben gleich mehrere aus der Band, Lanrue war auf jeden Fall dabei, gesagt: Das ist dein Job. Und dann hab ich dahin geschrieben. Was für eine Bewerbung! Ich hatte ja keine Zeugnisse. Hätte Rio mir eine Empfehlung schreiben sollen? Also habe ich eine Scherbenplatte dazugelegt und über meine Erfahrungen bei grünen Wahlkampfauftritten geschrieben. Die GRÜNEN haben diskutiert und sich darauf geeinigt: Wer's mit dieser Band aushält, kommt auch mit den GRÜNEN zurecht. Und so wurde ich engagiert. Aber das war schon ein ziemlich heftiger Abschied.

Was wäre die Welt der Claudia Roth ohne die Scherben?

Arm und viel schwieriger. Weil ich glaube, die kleinen miesen Konflikte, auch in dieser engen grünen Partei, die würden mich viel mehr zerstören und viel mehr kaputt machen, weil sie mir wahrscheinlich so übermächtig vorkämen. Wenn man aber einmal so richtig existentielle Geschichten mitgekriegt hat – und das waren existentielle Geschichten bei den Scherben, es ging echt um Leben oder Überleben, Staatsgewalt und Widerstand, Menschen, die einen radikal anderen Weg gehen. Das radikalste in der ganzen Zeit waren nicht die Hausbesetzer, sondern die Frauen, übrigens auch die Frauen von CARAMBOLAGE. Wirklich radikal und konsequent. Das ist jetzt meine beste Ausbildung. Diese Geschichten haben mich fast immun gemacht. Und die Überzeugung, daß es jenseits dessen, was ich jetzt mache, weitergeht. Ich hab nie das Gefühl gehabt, abhängig zu sein von dem, was ich jetzt mache. Das ist nicht kokett, das meine ich im Ernst. Ich habe überhaupt keine Angst davor, in einen Zustand zurückzukehren, wo man wieder Hamsterkäufe machen muß oder morgens, mittags und abends Rindfleisch ohne Beilage kriegt, weil sonst nichts mehr in der Tiefkühltruhe ist. Das geht ja. Gut, wenn da noch Nudeln dabei wären, wäre es auch nicht schlecht. Aber es geht. Das ist eine ganz zentrale, wichtige Erfahrung in meinem Leben. Die mir niemand wegnimmt. Das ist der größte Reichtum überhaupt. Und es war oft die Hölle auf Erden bei den Scherben, so ist das nicht.

Und ganz aktuell: Was bedeuten dir die Scherben im Jahr 2000, hier in Berlin?

»Reißen wir die Mauern ein, die uns trennen. Kommt zusammen Leute. Du bist nicht besser, als wir es sind. Kommt zusammen, Leute, lernt euch kennen. Du bist nicht besser als der neben dir. Ich bin nicht über dir, ich bin nicht unter dir, ich bin neben dir.« Das hab ich jetzt neben meinem Bett hängen, hab ich gestern aufgehängt.

1985: Alles verändert sich, nichts bleibt, wie es ist

Der Hausmeister stellt den Strom ab

In diesem Jahr gaben die Scherben ein Konzert in Saarbrücken, wieder im Rahmen der *Grünen Raupe*. Es war der 6. März, Kais Geburtstag. Auf dem Konzert spielten sie mal wieder zusammen mit den österreichischen SCHMETTERLINGEN. Wegen der langen Reden der Politiker hatte sich der Auftritt der Scherben verzögert, so daß es schon reichlich spät war, als sie endlich anfingen zu spielen. Mitten im Song *Keine Macht für Niemand* gingen plötzlich die Lichter aus, und die Verstärker versagten ihren Dienst. Die Uhrzeit! Der Hausmeister hatte den Strom abgestellt. Nachdem die Veran-

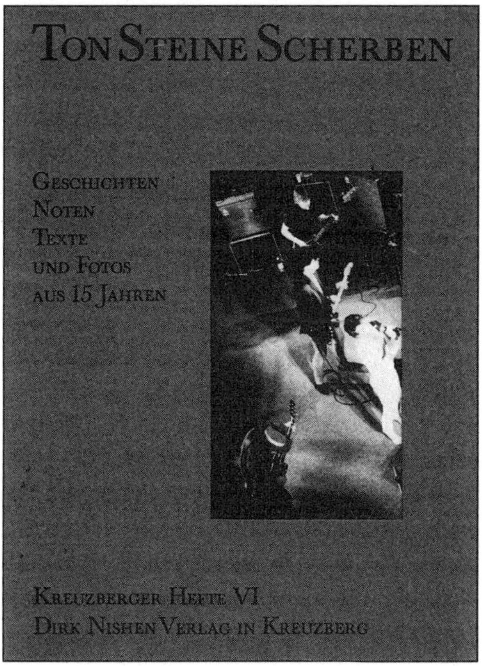

Das Scherben-Songbuch 1985

stalter ihm eine Weile gut zugeredet hatten, stellte er den Strom wieder an, und die Scherben konnten ihren Set zu Ende spielen.

Liebe und Strom gehen seltsame Wege. Es war, auch wenn sie es noch nicht wußten, der letzte Auftritt der Scherben.

1985 erschien das Scherben-Songbook. Die Idee zu einem Songbuch war nicht neu und lag eigentlich nahe. Immer wieder hatte es Briefe von Fans gegeben, die nach den Akkorden von bestimmten Songs fragten, weil sie die Stücke nachspielen wollten. Initiator des Songbooks war Dirk Nishen. Er war bereits 1984 zu den Scherben gekommen und hatte viele ihrer Konzerte und Tourneen begleitet, Fotos gemacht und manche ihrer Auftritte mitgeschnitten, um sich ein Bild von der Atmosphäre auf den Scherben-Konzerten zu machen. Im Songbook sind nicht nur Songs abgedruckt, sondern auch Anekdoten über die Band und verschiedene Textbeiträge, zum Beispiel von Dietmar Roberg oder von Gert Möbius. Nachdem das Buch Anfang des Jahres 1985 fast fertig gestellt war, hatte es erstmal Ärger gegeben. Rio hatte eine Menge an dem Songbook auszusetzen, wollte einiges ändern, und Dirk Nishen war schon drauf und dran gewesen, alles hinzuschmeißen. Nach einigem Hin und Her wurde das Projekt dann aber doch durchgezogen. Das Buch ist bis heute das definitive Scherben-Songbuch geblieben. Ende der 80er Jahre kauften die Scherben Dirk Nishen die Rechte an dem Buch ab.

Das Ende

»Geld spielt kein Rolle« konnten die Scherben guten Gewissens sagen, denn sie hatten keins. Der Schuldenberg, den sie durch die Elser-Tour aufgehäuft hatten und wegen des Vertrages mit Lewald & Motl nicht mehr abtragen konnten, fing an, alle zu erdrücken. Dreihunderttausend Miese waren inzwischen aufgelaufen! Die lukrative Neue Deutsche Welle war an den Scherben vorbeigeschwappt, und die Fans riefen immer noch nach *Keine Macht für*

Niemand und forderten von den Scherben Solikonzerte – sprich freien Eintritt. Irgend etwas mußte geschehen.

Zum ersten Mal war die Band bereit, sich an eine Plattenfirma zu verkaufen. Einige neue Songs wurden geschrieben und in Fresenhagen als Demos aufgenommen. Vier davon, *Alles Lüge*, *Junimond*, *Laß mich los* und *Runter zum Hafen* wurden den Plattenfirmen angeboten, als Demos für eine mögliche neue LP. Die Scherben erwarteten einen speziell auf sie zugeschnittenen Vertrag mit allen künstlerischen Freiheiten zu guten Konditionen. Wenn schon verkaufen, dann richtig. Die »deutschen Stones« wollten sich endlich wie die echten benehmen dürfen und richtig viel Geld verdienen. Unter einer halben Million würden sie gar nicht erst verhandeln. Niemals. Eine viertel Million ginge allerdings eventuell auch – die Vorstellungen von »richtig viel Geld« waren innerhalb der Gruppe unterschiedlich. Einig waren sich die Scherben allerdings, daß sie sich von den Plattenbossen nicht wie Newcomer behandeln lassen wollten.

Doch die Industrie war nur sehr bedingt bereit, auf die Forderungen einzugehen. Verhandelt wurde mit CBS, WEA und mit dem Musikant-Label der EMI, doch irgendwie kam kein Deal zustande. Die Angebote schwankten um 40.000 Mark. Für eine Band wie die Scherben war eine solche Summe lächerlich, fast beleidigend. Andere Bands wie BAP oder auch Udo Lindenberg, die lange nach den Scherben mit kölscher oder deutscher Rockmusik berühmt geworden waren, hatten längst Millionenverträge mit großen Firmen abgeschlossen.

Für Ton Steine Scherben, deren Musik von den Kritikern in den höchsten Tönen gelobt wurde und die immer noch jeden Konzertsaal zum Kochen brachten, gab es nur ein einziges interessantes Angebot: von der Hamburger Firma TELDEC. Doch als die Vorverträge so gut wie fertig waren, meldete sich eine Schweizer Familie, die wohl die meisten Geschäftsanteile besaß, um ihr Veto einzulegen. Unter den Bandmitgliedern machte der Witz die Runde, daß hinter alledem möglicherweise David Volksmund steckte, der Baseler Millionär, den sie selbst erfunden hatten.

In dieser Situation entschloß sich Rio dazu, die Gruppe zu verlassen – was praktisch einer Auflösung der Scherben gleichkam.

Schon ein Jahr zuvor hatte Rio mit der *Dr. Sommer*-Single einen Schritt in Richtung Solo-Karriere getan. Zu dieser Produktion war es gekommen, weil Rio die inzwischen als Produzentin arbeitende Ex-IDEAL-Sängerin Anette Humpe besucht hatte, um von ihr zehntausend Mark zu borgen. Anette lehnte ab, schaffte es jedoch, bei der Plattenfirma WEA mit Rio die Single zu produzieren, für die er dann 5.000 DM Vorschuß bekam. Für die Aufnahmen zu *Dr. Sommer* holte sich Rio zwei neue Musiker: Jochen Hansen von den STRICHERN als Bassisten und Jaki Liebezeit von der Kölner Gruppe CAN als Drummer.

Die Schulden (an deren Rückzahlung sich später alle Scherben durch Verzicht auf Plattengelder beteiligten) waren sicherlich der Hauptgrund für die Auflösung, aber Rio fand, wie es seine Art war, einen Sündenbock. Oder wie nennt man ein weibliches Sündentier?

Claudia Roth arbeitete sehr gut und zuverlässig, alles was sie machte, hatte Hand und Fuß. Aber je länger sie dabei war, desto mehr liefen die Fäden bei ihr zusammen. Claudias Vorgänger für die Organisation, Nikel, Schlotterer und für kurze Zeit Elser Maxwell, waren im Gegensatz zu ihr Freaks gewesen, genau wie die Bandmitglieder. Weder Schlotterer noch Nikel hatten je den Versuch unternommen, allein das Scherben-Schiff zu steuern. Und wenn es doch mal nötig war, so blieb der Kurs immer noch freakig. Claudias Motivationen waren absolut integer, aber ihre Stellung war aus Sicht der Band – vor allem aus Rios Sicht – zu dominant geworden. Der entscheidende Punkt aber war: Claudia hatte – im Gegensatz zu Elser Maxwell, der den Ehrgeiz gehabt hatte, die Band einem breiten Rock'n'Roll-Publikum nahezubringen – begonnen, die Band zu repolitisieren.

Wenn man die Geschichte der Scherben von ihren Ursprüngen bis zum Beginn der achtziger Jahre betrachtet – den Beginn als Agit-Rock-Band, die Jahre im Dienst der Teach-Ins, der Demonstrationen, der Hausbesetzungen und bis zu einem gewissen Grade sogar im Dienst des bewaffneten Kampfes – dann ihren Rückzug nach Fresenhagen, die Flucht vor den Genossen mit ihren dogmatischen Ansprüchen, die die Scherben zu erwürgen drohten – die Zeit der Stagnation, der Fremdproduktionen, welche die Family finanziell und musikalisch über Wasser hielten, die aber keine originären Scherben-Produktionen waren – schließlich die magische Zeit der *Schwarzen*, in denen die Scherben, von Politik gelöst, fast experimentelle Rockmusik machten –, wenn man sich all das noch einmal vergegenwärtigt, dann versteht man, daß die Scherben *das* nicht mehr wollten: Agit-Rock-Band sein. Sie mußten sich nicht von der Vergangenheit distanzieren, sie konnten die alten Songs (mit wenigen Ausnahmen) auch weiter spielen, aber sie konnten nicht mehr zurück in den Status einer Propaganda-Truppe. Claudia aber hatte die Scherben nicht als das genommen, was sie inzwischen waren, sondern als etwas, das sie einst gewesen waren. Nicht bei ihrer gegenwärtigen Wirklichkeit, sondern bei ihrem Mythos. Für Claudia waren die Scherben immer noch in erster Linie eine politische Band, nur daß die Politik, die als die fortschrittliche galt, sich inzwischen gewandelt hatte. Für sie war es keine Frage: Die Scherben mußten grün sein, eine Agit-Rock-Truppe der GRÜNEN Partei.

Es war ein perfektes Mißverständnis.

Rio: »Claudia war richtungsbestimmend geworden, und ich wurde mir immer sicherer, daß ich nicht in diese Richtung gehen wollte. Die Richtung, in die sie dann ja auch gegangen ist, waren die GRÜNEN. Ich war nicht der einzige, der das nicht wollte. Da waren auch noch Lanrue, Funky und Dirk Schlömer.«

So kam der Tag, an dem die Scherben ihre Trennung beschlossen. Nicht alle waren dabei, und demokratisch ging es dabei auch nicht zu. Schon eher fatalistisch. Es war im Frühsommer 1985, irgendwann Ende Mai. An das genaue Datum erinnert sich niemand mehr. Es soll ein sonniger Tag gewesen sein. Die meisten Mitglieder der Scherben-Family hatten zu diesem Zeitpunkt Fresenhagen schon verlassen und suchten, jeder für sich, in Berlin oder anderswo nach neuen Perspektiven. Rio war mit seinem Freund Misha zu Besuch bei Manne Praeker in dessen Grunewaldvilla. Hierher bestellte er die Ur-Scherben, wie er sie nannte: Lanrue, Funky und Kai, der zusammen mit Angie kam. Der Rest der Gruppe, Martin und Claudia, war nicht geladen. Dirk Schlömer hatte die Band schon vorher verlassen.

Nach einem Rundgang durch Mannes Villa bat Rio alle an den Eßzimmertisch ins geräumige Wohnzimmer der Villa. Er sprach davon, daß man ohne Plattenvertrag keine neuen Aufnahmen bezahlen könne und daß der Schuldenberg nicht kleiner würde. Niemand widersprach. Dann sagte er: »Man kann nicht duschen, ohne naß zu werden« und »Einen alten Baum verpflanzt man nicht.« Er spielte damit auf den Wechsel zur Industrie an, der mit dem Scherben-Baum, von dem Dietmar Roberg einst gesprochen hatte, nicht mehr zu machen war. Und dann sagte Rio: »Ich denke, wir sollten besser Schluß machen.«

Lanrue nuschelte etwas vom »Reichtum der Unabhängigkeit«, den man sich bis zum Schluß bewahrt hätte, und niemand versuchte zu retten, was nicht zu retten war. Ohne Rio waren die Scherben tot.

Kai stand auf und sagte: »Ich komm gleich wieder.« Zusammen mit Angie holte er drei Flaschen Sekt aus einer nahegelegenen Kneipe. Für mehr reichte das Geld nicht.

Die Scherben hatten sich in ihrer 15jährigen Geschichte einige Male aufgelöst und waren doch immer wieder zusammengekommen. Doch diesmal war ihre Zeit abgelaufen. An späteren Diskussionen um eine mögliche Wiedervereinigung der Band haben sich Martin und Kai nicht beteiligt. Funky und Dirk waren dafür, Rio und Lanrue entschieden dagegen. Lanrues Spruch war: »Wir sind doch nicht THE WHO.« Eine Anspielung auf die englische Rockband, die sich x-mal aufgelöst und x-mal wiedervereinigt hatte. Und Rio murmelte 1994 im *Spiegel* irgendwas von einem »langen schwarzen Ledermantel«, den er wieder hervorkramen müßte, von »Hausbesetzungen« und »Museumsshow«.

Wahrscheinlich war die Zeit einfach reif. Zeit, zum Beispiel, um sich etwas auszudenken, so wie Tanja, die eine Geschichte in Kais Notizbuch geschrieben hatte, damals, wie so manches Mal nach einem guten Essen, bei Wein und kreisenden Joints in Fresenhagen, in Lanrues Küche, mit brennenden Kerzen und dem Spiegel auf dem Tisch, bei Billard und guter Musik, damals, als die Zeit dort noch die Fresenhagener Echt-Zeit und der ehemalige Bauernhof noch Treffpunkt für die Scherben-Family mit ihren Freunden und Bekannten war: *Es war einmal ein Mann, der wollte die Zeit aufhalten. So ging er hinaus in die Hügel vor der Stadt und rief: »Zeit steh' still!« Da kam ein Reiter des Weges und sprach zu dem Mann: »Wenn dies dein Wunsch ist, so sei er mir Befehl!« und stach dem Mann seinen Degen in die Brust. Zu dem Toten sprach er: »Es gibt nur eine Zeit: Deine Zeit. Und das Wesen der Zeit ist die Wandlung, und wer die Veränderung nicht will, der will auch nicht das Leben.«*

Pop (D)

Weine nicht, wenn der Regen fällt,
denn es geht ein Sonderzug nach Pankow.
An Bord: 99 Luftballons.

Drafi Deutscher 9. 5. 1946	**Scorpions** 1965
Udo Lindenberg 17. 5. 1946	**Ton Steine Scherben** 1970
Marius Müller-Westernhagen 6. 12. 1948	**Boney M.** 1975
Peter Maffay 30. 8. 1949	**BAP** 1976
Nina Hagen 11. 3. 1955	**Die Toten Hosen** 1981
Herbert Grönemeyer 12. 4. 1956	**Die Ärzte** 1982
Nena 24. 3. 1960	**Pur** 1985
Rattles 1961	**Die Prinzen** 1991
Lords 1963	

Auszug aus SPIEGEL-Spezial, Dezember 1995, »Musik – Genuß fürs Ohr«.

Dritter Teil

Das Erbe der Scherben

Von 1985 bis heute

Radio Moskau

Wann bekommt man schon mal die Gelegenheit, *Radio Moskau* zu hören? Im Fresenhagener Studio der Scherben – in magischer Zeit – gab es diese Gelegenheit hin und wieder. 1980, während der Produktion der *Schwarzen,* geisterten die russischen Radiowellen gebührenfrei durch die Studioanlage, und zwar mit Vorliebe dann, wenn eines der Bandmitglieder voll konzentriert und mit Kopfhörer auf den Ohren dabei war, seinen Part für einen neuen Song einzuspielen. Mitten im Song, ohne Vorwarnung, war auf einmal *Radio Moskau* da. Rio und Lanrue, die meistens am Mischpult saßen, nahmen dann unfreiwillig statt eines rockigen Gitarrenriffs in A-Moll oder einer groovigen Bassline plötzlich Wörter wie » ... a teperj swodka poslednich iswestij moskowskogo radio ... « auf. Egal wie gelungen die Aufnahme bis dahin gewesen war, dank *Radio Moskau* war sie völlig verhunzt. Aber Rio und Lanrue besaßen auch genug Sinn für Situationskomik, an allen möglichen Knöpfen und Reglern zu drehen, um noch mehr Botschaften aus dem Sowjetreich auf die Scherben-Aufnahme zu bannen. Doch *Radio Moskau* verhielt sich wie der Legende nach die Trolle und Elfen. Sobald der Sender merkte, dass die Scherben ihn einfangen wollten, verschwand er auf ebenso geheimnisvolle Weise, wie er gekommen war.

Radio Moskau und das Fresenhagener Studio. Beide sind Schnee von gestern. Zumindest nach der Auflösung der Band im Mai 1985 schien es so, als ob Musik und Geschichte der Scherben langsam in Vergessenheit gerieten. Sicher, einen Kreis hartnäckiger Scherbenfans gab es noch immer. Aber der Verkauf von Schallplatten und auch von CDs, die in dieser Zeit ihren Siegeszug durch die Musikindustrie begannen, war mäßig. Die Neue Deutsche Welle boomte. Andere Rockbands verdienten Millionen. Ton Steine Scherben waren out.

Erschwerend kam hinzu, daß Lanrue nach der Auflösung der Scherben die Parole ausgegeben hatte, für ein Live-Konzert müsste ein Veranstalter, wer immer das auch sein sollte, mindestens eine halbe Million Mark hinblättern. Das wahre Motiv für Lanrues wahnwitzige Forderung: Er wollte kein Comeback der Scherben. Und Rio wollte das auch nicht. Sie sagten es nicht so offen, aber sie taten alles, um ein weiteres Scherben-Konzert und die damit verbundene Wiederbelebung der Gruppe zu verhindern. Höchstwahrscheinlich wären die beiden Ende der 80er und Anfang der 90er Jahre nicht einmal als Scherben auf die Bühne gegangen, wenn man ihnen tatsächlich eine halbe Million geboten hätte. Rio startete stattdessen seine Solokarriere. Martin und Lanrue wurden Mitglieder seiner Rio-Reiser-Band, Funky machte Musik mit Marianne Enzensberger und Marianne Rosenberg, und Kai eröffnete zusammen mit Angie und ihrer Schwester Kora ein italienisches Restaurant in Schöneberg. Das *Candela*.

Am 6. September 1985 ging es los. Es sollte »so was Trattoriamäßiges« werden in der Grunewaldstraße 81.

Angie: »Das *Candela* war ursprünglich im typischen Pizzabarock eingerichtet. Wir haben es dann komplett umgebaut, im Landhausstil, Blumen und Kerzen auf die Tische gestellt, auf dem Tresen einen riesigen Blumenstrauß plaziert und eine große Schale mit Obst. Wir hatten sehr indirekte Beleuchtung und ein großes Aquarellbild mit einem großen, bunten Sommerblumenstrauß an der hinteren Wand, das hatte Kais Mutter Illa Blaue gemalt, sie ist ja Malerin. Was damals neu war: Bei uns konnte man jeden Wein, der auf der Karte stand, auch glasweise bekommen. Wir waren die ersten in Berlin, bei denen das möglich war, und es wurde dann sehr schnell auch von anderen Restaurants kopiert.«

Das *Candela* wurde schnell zum Anziehungspunkt für die Berliner Künstlerszene. Hier trafen sich junge Filmemacher genauso wie die Bandmitglieder der EINSTÜRZENDEN NEUBAUTEN.

Zu den Gästen zählten auch DIE ÄRZTE, Marianne Rosenberg, Manne Praeker von SPLIF, Annette Humpe, Carl Carlton, Gitarrist und Produzent bei Lindenberg und Maffay, sowie Musiker von Hermann Brood. Dennoch blieb man im *Candela* frei von Allüren.

Angie: »Wir waren auf keinen Fall eine Promikneipe wie die Paris-Bar heute. Glamour und so was gab's bei uns nicht. Die Leute kamen zu uns, weil es so gemütlich, frisch, und lecker war und man meistens jemanden treffen konnte.«

Rio auf Solopfaden

Ein weiterer Gast, der gern und immer wieder ins *Candela* kam, war Rio. Besonders während der Aufnahmen für sein erstes Soloalbum, die in Berlin gemacht wurden, kam er regelmäßig, manchmal mit seinem Manager George Glück und seinem Produzenten Udo Arndt, oft aber auch allein. Rio hatte für sein erstes Soloprojekt eigene Songs geschrieben, spielte aber auch unveröffentlichtes Scherben-Material neu ein. Die Songs *Alles Lüge*, *Lass mich los* und *Junimond* stammten von dem Demotape, das eigentlich für die nächste Ton Steine Scherben-Platte gedacht gewesen war, die dann nie zustande kam. Und der heimliche Titelsong von Rios erster Soloplatte, *König von Deutschland*, hatte jahrelang in der Mottenkiste der Fresenhagener Band vor sich hin gegammelt. Die Scherben hatten ihn nur ein paar Mal öffentlich gespielt und dann wieder fallen lassen. Das war 1976.

Es gehört zur Ironie des Scherben-Schicksals, dass ausgerechnet *König von Deutschland* zu Rios größtem Solo-Hit wurde, so als hätte er der paradoxen Bandgeschichte posthum das I-Tüpfelchen aufsetzen wollen. Auch heute noch kommt es vor, daß Jugendliche weder die Scherben noch Rio Reiser kennen. Aber den *König von Deutschland* kennen sie. Ganz zu schweigen von *Junimond*. Dieser von Martin Paul komponierte und von Rio getextete Song ist vielleicht sogar der bekannteste Scherben-Titel geworden. Doch die Jugend von heute glaubt fest daran, dass *Junimond* von der Boygroup Echt stammt, die mit ihrer Coverversion des Songs einen

Top-Twenty-Hit in den deutschen Charts landete. Aber zurück ins Jahr 1985 und an den langen Holztisch im vorderen Teil des *Candela*. Hier saß Rio nach einem Tag im Aufnahmestudio oft stundenlang, aß Pizza oder Pasta und trank Weißwein-Schorle.

Angie erinnert sich, daß sie Rio in dieser Zeit nie glücklich gesehen hat: »Im Ernst, ich kann mich nur ans Leiden erinnern. Ständig warst du am Überlegen, was hat er, wie kannst du ihn bloß aufmuntern? Ich wollte, daß er glücklich ist. Wir waren schließlich befreundet, und ich hatte den Eindruck, er stand enorm unter Druck. Als junger Mann war das anders. Der hatte ja richtig Humor. Mit dem konnte man so viel Spaß haben, aber das ging zusehends den Bach runter. Rio hatte irgendwann so gar nichts Leichtes mehr.«

Kai dagegen: »Ich kann mich sehr gut an diese Zeit erinnern. Klar war Rio auch mal down, aber er hatte genauso seine Zeiten, in denen er gut drauf war. Wir haben auch viel Spaß miteinander gehabt. Nie werde ich den Abend vergessen, als Rio und Micky Tonke sich am Tresen unterhielten und dabei aus Jux Namen von asiatischen Firmen *mißbrauchten*. Da kamen Sätze bei raus wie ›... ich glaub dai-hatzu nich mehr alle ..., ... hey, du bis' wohl'n bissi mitsubishi ..., ... das geht aber zu weit: so-ny!‹. Wir haben Tränen gelacht.«

Was Rio zu diesem Zeitpunkt noch nicht wissen konnte: Die Soloplatte, an der er gerade arbeitete, sollte ein gigantischer Erfolg werden.

Rio I kam 1986 in die deutschen Charts, ein Ziel, von dem Rio immer geträumt hatte. Und zum ersten Mal in seinem Leben verdiente Rio als Musiker richtig Geld.

Herbert Grönemeyer lobte Rios Erstlingswerk im November 2001 in seiner Laudatio, als Rio posthum die »Eins Live Krone« des WDR für sein Lebenswerk erhielt: »*Rio I* ist die beste deutsche Liederplatte, die je gemacht worden ist. – Rio bekommt die Krone als begnadeter und großartiger Pop-König von Deutschland. Er ist der einzige deutsche Sänger, den ich je bewundert habe – seinen leidenschaftlichen Hang zum Aufruhr, zum Diventum, zum Kitsch und zum anarchistischen Patriotismus.«

Rio brachte zwischen 1986 und 1995 – neben diversen Singles und Maxi-Singles – immerhin sechs Solo-Alben heraus und ging einige Male auf Tournee. Nicht nur seine erste Platte *Rio I,* auch die zweite CD *Blinder Passagier* von 1987 erreichte noch für kurze Zeit die Hitparade. Aber die nachfolgenden CDs, *Rio**** von 1990, *Durch die Wand* von 1991, *Über Alles* von 1993 und *Himmel & Hölle* von 1995, schafften nicht mehr den Sprung in die Top 100 der Longseller, obwohl auch diese CDs haufenweise großartige Songs enthielten, wie zum Beispiel *Zauberland*, *4 Wände*, *Nach Hause*, *Mitten in der Nacht*, *Inazitti*, *Gefahr* oder *Der Junge am Fluß*. Vielleicht haben Rios Scheiben einfach nicht in die Zeit gepaßt – kommerziell gesehen.

Kai: »Ich persönliche finde ja Rios CD *Über Alles* ganz besonders gut und behaupte einfach mal, wenn Rio in England oder in den Staaten gelebt hätte, wäre diese CD in die Top-Twenty gekommen. Die Leute da haben einfach einen besseren Sinn für Musik.«

Hollow Skai, Musikjournalist, schrieb im Booklet zur Doppel-CD *Unter Geiern*, einer »Best-Of-Zusammenstellung« von Rio-Songs: »Rios letztes Album *Himmel & Hölle*, das im Jahr vor seinem Tod erschien, zählt zu den großartigsten Platten, die je in Deutschland produziert wurden, doch das bekam schon niemand mehr mit. Für Theatermusiken, Bänkelgesänge oder Spielmannslieder ist schließlich kein Platz in den immer gleich formatierten Radio- und Fernsehshows.«

Von Rios vielen Solo-Konzerten stechen besonders die beiden in der Werner-Seelenbinder-Halle hervor. Sie fanden auf Einladung der FDJ Berlin statt, Mitveranstalter war der legendäre DDR-Jugendsender DT 64. Am ersten und zweiten Oktober 1988 trat Rio mit seiner Band in der restlos ausverkauften Halle auf, einem umgebauten Schlachthof am Prenzlauer Berg. Noch ahnte niemand, daß die Mauer nur noch ein Jahr existieren würde, aber der Auftritt des Mannes, der von kaputten Träumen und blinden Passagieren, vom brennenden Zauberland und vom Leben in der Irrenanstalt sang, war auch so schon politischer Sprengstoff für das Honecker-Regime. Die Songs der Scherben und auch die Lieder von Rios Soloplatten trafen den Nerv einer vom »real existierenden Sozialismus« völlig frustrierten jungen DDR-Generation. Das Publikum der beiden Abende am Prenzlauer Berg konnte fast alle Texte auswendig.

Unvergessen ist der Moment in der Seelenbinder-Halle, wo Rio *Der Traum ist aus* singt. Die Band rockt, die Fans drücken und schieben nach vorne, als wollten sie alle gleichzeitig die Bühne stürmen, und dann kommt die Textstelle, in der es heißt:

Gibt es ein Land auf der Erde
Wo der Traum Wirklichkeit ist
Ich weiß es wirklich nicht
Ich weiß nur eins und da bin ich sicher

und jetzt, als Rio die Zeile »dieses Land ist es nicht« anstimmt, singt, ja schreit die ganze Halle inbrünstig mit: »Dieses Land ist es nicht, dieses Land ist es nicht, dieses Land ist es nicht!!!!«

Wer sich den vom Rio-Reiser-Archiv herausgegebenen Live-Mitschnitt der Seelenbinder-Auftritte anhört, bekommt an dieser Stelle immer noch Gänsehaut. Zu sehen ist dieser Moment deutsch-deutscher Zeitgeschichte leider nicht mehr.

Das DDR-Fernsehen archivierte nur die Bilder der gekürzten Sendefassung, in welcher *Der Traum ist aus* natürlich fehlte. Lutz Kerschowski, dessen Formation KERSCHOWSKI in der Seelenbinder-Halle als Vorband auftritt, erzählt im Booklet der Live-CD vom diesem Konzertabend.

Kerschowski: »Zum einen genoss Rio natürlich auch hier Kultstatus durch die Scherben-Zeit, andererseits liebten wir ihn auch ausdrücklich für seine Soloplatten. Dementsprechend wurde er liebevoll und mit rotschwarzen Fahnen empfangen. Die mußten dann, soweit es ging, für die Fernsehausstrahlung im Dezember '88 mühevoll rausgeschnitten werden.«

Aber nicht nur das DDR-Regime hatte Probleme. Auch Rio war nicht glücklich darüber, mit einer Formation aus exzellenten, aber zum Teil eben auch leidenschaftslosen Profimusikern aufzutreten. Vom Keyboarder Christian Schneider, der inzwischen mit allen großen deutschen Rockbands getourt ist, wird erzählt, daß er während eines Konzertes auf der Bühne in aller Seelenruhe ein Brötchen aß.

Lutz Kerschowski: »Es kriselte bereits. Auf der zweiten Platte war nicht der große König-Nachfolge-Hit, auf den seine Geschäftspartner warteten. Rio hatte zwar überhaupt nichts gegen Hits, aber auch wenig Lust, Erwartungen einfach zu bedienen – weder die seiner ›neuen Firma‹ noch die seiner ›alten Fans‹, die ihm zunehmend vorwarfen, er hätte sich an die Industrie verkauft und den Biß verloren.

Zwischen allen Stühlen saß er schon länger, aber diesmal hatte er einen Vertrag und war festgenagelt, von beiden Seiten. Eine eingeschworene Band, die ihm den Rücken freihalten konnte, gab es nicht, nur eine gute Begleitband. Von den alten Freunden waren nur noch R.P.S. Lanrue und Jochen Hansen dabei. Es gab einen Riß zwischen linker und rechter Bühnenhälfte, optisch und akustisch. Rio am Mikrofon stand dazwischen.«

Und vor der Bühne standen die Fans und grölten immer wieder: »Scherben! – Scherben! – Scherben!«

Von den Scherben waren aber außer ein paar Songs, die Rio extra für den Auftritt mit seiner neuen Band eingeübt hatte, nur noch Misha Schöneberg dabei, nach wie vor für die Licht-Show verantwortlich, und R.P.S. Lanrue an der Gitarre. Die beiden Konzerte in der Seelenbinder-Halle waren die letzten gemeinsamen Auftritte der Jugendfreunde Rio und Lanrue. Für Lanrue waren es, wie Lutz Kerschowski es ausdrückt, »überhaupt die letzten auf einer Bühne. Danach zog er sich ins musikalische Exil zurück, und Rio war wirklich ›Solo‹.«

Wie trennt man sich von seiner großen Liebe? Die Trennung von den Scherben war für Rio ein schwieriger und eigentlich nie abgeschlossener Prozess. Er und Lanrue hatten die Band zu dem gemacht, was sie war, er hatte wie ein Pate über sie geherrscht und sie nach den gescheiterten beziehungsweise unbefriedigenden Verhandlungen mit der Industrie im Alleingang beerdigt. Der Geist der Scherben aber verfolgte ihn weiter.

1994, in einem Interview mit dem Berliner Journalisten Boris Hermel, antwortet Rio auf die Frage, ob es ihn störte, daß nach wie vor so viele Fans nach Ton Steine Scherben verlangten.

Rio: »Ja, das ist für mich schon ein Problem. Manchmal fühl ich mich verfolgt. Seit 24 Jahren wächst in regelmäßigen Abständen eine neue Generation heran, die sich Scherben-Platten kauft. Die kommt ein Jahr später immer wieder darauf, daß es auch noch 'nen Rio Reiser gibt, der überhaupt alles verraten hat. Darunter sind einige wenige Leute, die sich darüber unglaublich aufregen können, mich als Verräter bezeichnen und bespucken. Das erinnert mich manchmal an die Inquisition, ich hab ja nie behauptet, daß ich der Messias bin.«

Auf die Nachfrage des Journalisten, wie er mit solchen Fans umgehe, sagt Rio: »Das ist 'ne Frage der Stimmung. Wenn ich drei Tage hintereinander dieselben Sachen erlebe, dann raste ich irgendwann aus und gifte zurück. Wenn's nur einmal in der Woche ist, kann ich ziemlich locker damit umgehen. Aber wenn ich sagen würde, ich komm damit klar, wär's ein bißchen gelogen. Wenn so etwas passiert, zum Beispiel nach einem Konzert, dann hab ich schon ne ziemlich schlaflose Nacht, die ich demjenigen, der mir das antut, gar nicht gönne.«

Den Erfolg, den er dank der ostdeutschen Scherbenmanie nach dem Fall der Mauer hatte, nahm Rio allerdings gerne mit. Nach 1989 schnellte der Verkauf von Scherbenplatten plötzlich in die Höhe. Besonders in den fünf neuen Bundesländern erlebten die real nicht mehr existierenden Scherben ein ungeahntes Revival. 1990 tourte Rio insgesamt fünf Wochen durch Ostdeutschland. Kai organisierte den Tonträger- und Merchandisingverkauf bei dieser Tour und Angie führte ihn zusammen mit ihrem Freund Ruud durch.

Angie: »Es war gigantisch. Ein Publikum. Oohh! Zigtausende. Die Platten gingen weg wie warme Semmeln. Die Leute kamen an, damals gab es ja noch DDR-Mark, und haben oft alle sieben Platten auf einmal gekauft. Wusch – ging das über den Tisch. Dafür hatten die gespart. Mit dem Erfolg hatte niemand gerechnet. Schon nach der Hälfte der Tour gab es keine einzige Scherbenplatte mehr, wir mußten mehrfach zum Preßwerk fahren, um neue zu holen.«

Ende 1990 fand Rio dann sogar vorübergehend eine politische Heimat im Osten. Am elften Elften setzte der König von Deutschland dem PDS-Chef Gregor Gysi ein symbolisches Pappkrönchen auf. Gysi überreichte Rio im Gegenzug den rosafarbenen Parteiausweis der SED-Nachfolgepartei. Später machte Rio auch noch Wahlkampf für die PDS, was viele seiner ostdeutschen Anhänger, die ja auch zum Widerstand und zu den Opfern des SED-Regimes gehörten, fassungslos machte. Im Interview mit Boris Hermel nimmt Rio zu der Frage, ob die PDS nicht auch zu dem System gehöre, das er mit den Scherben hatte kaputt singen wollen, auf seine Weise Stellung.

Rio: »Im Augenblick gehören sie für mich nicht mehr dazu, sie sind so 'n bißchen die Outlaws. Gerade deswegen wünsche ich ihnen, daß sie in den Bundestag kommen. Aber ich glaube, die brauchen mich im Moment nicht mehr als Wahlhelfer, und das find ich auch ganz gut. Ich hab von Anfang an, nachdem ich da am 11.11.1990 eingetreten bin, gesagt, wenn Gysi Bundeskanzler wird, tret ich aus der PDS aus. Also nicht, weil Gysi ein Idiot ist, sondern weil die PDS dann 'ne etablierte Partei wäre. Aber solange sie als Outlaw-Partei im Bundestag so diskreditiert ist, unterstütze ich sie auch.«

Glück für die PDS. Glück auch für Boris Hermel, daß er zu dieser Zeit, 1994, überhaupt ein Interview mit Rio bekam. Die *Spiegel*-Reporterin Claudia Pai, die im Herbst 94 nach Fresenhagen kam, hatte nicht so viel Glück. Sie bekam Rio, dessentwegen sie vor allem da war, überhaupt nicht zu Gesicht. In ihrer Reportage: *Was vom Mythos der Rockband Ton Steine Scherben blieb* schreibt sie:

Unter dem Sonnenschirm sitzt Sekretärin Tina im buntgeblümten Kleid und blättert im Nordfriesland Tageblatt, das einen Diavortrag über die kleinste deutsche Hallig in der Dagebüller Kirche empfiehlt. Sie wartet, daß Rio Reiser aufsteht. Im Haus rührt sich nichts. An die Tür ihres Arbeitgebers zu pochen wagt Tina nicht. Seit Tagen hat sie Rio Reiser nicht gesehen; und ob er aufstehen wird, ist zweifelhaft. »Das weiß man nie«, sagt Tina. Ihr Sekretärinnenjob, soviel ist bald klar, hat weniger mit Stenoblock und Schreibmaschine zu tun als mit der Kunst geduldigen Wartens. Lanrue dagegen, ein sanfter Mensch, werkelt an diesem Tag schon seit Stunden in seinem Anbau. Sein Domizil liegt versteckt hinter Bäumen; und es ist Wohnzimmer, Schlafzimmer und Musikstudio in einem. (...) Nun, im Herbst 1994, archiviert Lanrue die letzten Zuckungen der Band. Mit einer Gedenk-CD – im nächsten Jahr jährt sich die Ton Steine Scherben-Gründung zum 25. Mal – will er bislang unveröffentlichte Studioaufnahmen und Live-Mitschnitte für die Nachwelt retten. »Dann«, sagt Lanrue fest, »ist das Kapitel Scherben für mich beendet.«

Comeback ohne Rio

Gab es nicht 1995 einen zaghaften Versuch, das hunderttausendmal ausgeschlossene Comeback der Scherben dennoch zu wagen? Nun, nicht direkt. Es wurde auch nicht offen darüber gesprochen. Es gab aber einige vage Anzeichen. So, zum Beispiel, wollte Rio nach zehn Jahren bei der Industrie seine nächste Scheibe wieder beim hauseigenen Scherben-Label David Volksmund Produktion rausbringen. Funky und Martin waren für ein Comeback, Kai hätte mitgemacht, und auch Lanrue schien nicht völlig abgeneigt. Alles hing von Rio ab.

Aber Rio ging es nicht gut.

Ein guter Freund von Rio, der ihn bis zum Schluß begleitet hat, erzählt uns: »Rio hat ja während seiner gesamten Solozeit, und auch in den letzten Jahren vor seinem Tod sehr viel geleistet. Das sollte man nicht vergessen. Filme hat er gedreht, Deutschland-Tourneen gemacht und viel Musik geschrieben, auch für Film und Theater – ganz tolle Sachen waren dabei. Und nebenbei hat er auch noch andere Musiker produziert. Aber er hat sich auch oft zurückgezogen. Dann hatte ich das Gefühl, als ob er aufgerieben war. Weißt du, Rio hatte keine chronische Krankheit in dem Sinne. Er hatte auch kein Aids, wie viele immer noch glauben. Wenn ich an Rio während der 95/96er Zeit zurückdenke, dann fällt mir immer die Textzeile aus dem Scherben-Song *Kleine Freuden* ein: › ... viel zu viel zu viel zu viel‹. Ich glaube, er hatte von allem ein bißchen zuviel: zuviel Druck, zuviel geraucht, zuviel getrunken. Er war wirklich oft fertig. Aber er hat sich auch selber fertig gemacht. Mit sechsundvierzig muß man nicht sterben. Da mußt du schon ganz schön aufgebraucht sein.«

Martin Paul: »Rio sang bis zuletzt von der ›Hoffnung, die die Kälte vertreibt.‹ Auch ohne die Scherben hat er die Träume formuliert und dazu aufgerufen, sie zu verwirklichen. Er hat weiter über *Himmel und Hölle Bei Nacht* nicht nur *Im Süden* und über seine *4 Wände* zu Hause nicht nur im *Herbst* gesungen. ›Ich werd gestern sein und war morgen schon.‹ Am Ende seines Lebens auf seiner letzten Platte hat er uns für die Neunziger und alle Zukunft noch eine Nachricht hinterlassen. Ein Echo auf *Der Traum ist aus*: ›Träume verwehen, wenn sie nicht wissen wo sie schlafen sollen‹.«

Der Mann, der »vom Krieg im Bett bis zum Krieg überhaupt, der permanent stattfindet« erzählte, der charismatische Anarcho-Rocker, der davon sang, daß der Kampf weiter geht und »wir« die letzte Schlacht gewinnen werden, der Mann, der von der Bühne aus einen ganzen Saal elektrisieren konnte und mit Liedern wie »Für Immer und Dich« und »Halt Dich an Deiner Liebe fest« der deutschen Rock- und Popmusik zwei der schönsten Liebesballaden überhaupt geschenkt hat, verliert seine letzte Schlacht.

Am 20. August 1996 stirbt Rio in Fresenhagen an einem Herz- und Kreislaufkollaps in Verbindung mit inneren Blutungen.

Im *Spiegel* erscheint eine Woche später unter dem Titel »Der einzige Rocker« ein Nachruf auf Rio, verfasst von Blixa Bargeld, dem Sänger der EINSTÜRZENDEN NEUBAUTEN.

Blixa Bargeld: »Mitte der siebziger Jahre sah und hörte ich zum ersten Mal Ton Steine Scherben auf der Bühne: Ich habe noch nie jemanden in Deutschland so singen gehört und gesehen, der wie Rio in der Lage war, innerhalb von Sekunden eine intime Beziehung, geradezu eine Liebesbeziehung, mit jedem einzelnen seiner Zuhörer aufzubauen. Singen vor Publikum ist eine eigenartige Beschäftigung: Man kann das Blut, das man den Menschen entzieht, wie ein Vampir schlucken, oder man kann es verwandeln und zurückgeben. Rio Reiser strahlte Kraft und Macht aus, die er vom Publikum bekam, und er gab sie wieder zurück.

Charisma ist eine Fähigkeit, die sich nicht erlernen läßt, und sie hat nichts mit Image und bloßer Bühnenpräsenz zu tun. Selbst bei einem banalen Song konnte er irgendein bestimmtes Wort so singen, daß es einem kalt den Rücken runterlief. Später lernten wir uns kennen, und ich war öfters in Fresenhagen, wohin die Scherben 1975 aus Berlin geflüchtet waren, zu Besuch. Wir haben die Nächte durch geredet, haben gequatscht über das Neue Testament und Politik, über Astrologie und Musik und über das Singen überhaupt. Vermutlich wäre auch ich nicht so einfach dazu gekommen, deutsch zu singen, wenn es Rio nicht gegeben hätte. Ton Steine Scherben waren der vielleicht einzige gemeinsame Nenner, auf den sich jeder beziehen konnte. (...) Für mich haben sie sich nie aufgelöst. Sie haben nur vorübergehend aufgehört zu spielen. Rios Art zu leben und zu singen war kräftezehrend. Daß er mit 46 Jahren gestorben ist, erfuhr ich, als ich in einer Radiosendung saß und gerade ein Interview beendet hatte. Ich habe nur ein einziges Wort gebrüllt: Scheiße.«

Rios Brüder Gert und Peter Möbius organisierten ein Abschiedskonzert, das knapp zwei Wochen später, am 1. September, im alten Tempodrom in Berlin stattfand. Ex-BRÜHWARM-Mitglied und heutiger Schmidt's Tivoli-Macher in Hamburg sowie Präsident von FC St.Pauli, Corny Littmann, moderierte. Interpreten wie Herbert

Grönemeyer, Jutta Wübbe, alias »Frau Jaschke«, Marianne Rosenberg, Ulla Meinicke und Tim Fischer, Gruppen wie FREYGANG, KEIMZEIT, Kerschowski mit der letzten Rio-Band und die EINSTÜRZENDEN NEUBAUTEN traten auf, und Rios letzter Freund Jan führte, als Engel im weißen Kleid und mit Flügeln auf dem Rükken, die Musiker auf die Bühne. Es war wahrscheinlich das bewegendste Konzert der Weltgeschichte vor dem Abschiedskonzert für Freddie Mercury.

Auch die Scherben kamen an diesem Abend noch einmal auf der Bühne zusammen. Als Sänger holten die Scherben sich einen Gefährten aus alten Berliner Zeiten, Jako Benz (Jako starb im Juli 2003 im Alter von 50 Jahren), sowie Alexander Hacke von den EINSTÜRZENDEN NEUBAUTEN. So hatten sie nun doch ihr Comeback – umsonst und ohne Rio. Sie spielten drei Songs, *Vorübergehend geschlossen*, *Allein machen sie dich ein* und *Jenseits von Eden* – und die Fans hätten am liebsten das ganze Repertoire gehört.

Festgehalten wurde das meiste davon auf zwei CDs mit dem Titel *Abschied von Rio – Das Konzert der Freunde*.

NEUES GLAS AUS ALTEN SCHERBEN

Während des Abschiedskonzerts kam es zur Begegnung von ehemaligen Mitgliedern der RIO-REISER-BAND mit Musikern der Scherben. Wenig später wurde die Idee geboren, eine gemeinsame Band zu gründen und sowohl alte Scherben-, als auch die neueren Rio-Lieder zu spielen. Scherben-Drummer Funky K.Götzner wurde zur treibenden Kraft des Projekts.

Es dauerte ein paar Monate, aber dann hatte Funky die Zusagen von Dirk Schlömer, zeitweilig zweiter Gitarrist der Scherben, von Mischka, Rios Keyboarder, und von Jochen Hansen, dem Baß der RIO-REISER-BAND, der sich auf der Bühne so phantastisch bewegte, als hätte er Knochen aus Gummi. Die Kombo war damit so gut wie komplett.

So gut wie. Was fehlte, war noch der Sänger. Aber wer sollte Rio ersetzen?

Die Antwort auf diese Frage lautete: Michael Kiessling, und sie gelang erst im Winter 1998. Michael Kiessling war durch seine Bar-Revue mit Texten von Charles Bukowski und Songs von Tom Waits bekannt geworden. Für die Musiker war der Mann mit der rauchig-rauhen Stimme genau der richtige. Die Band gab sich den Namen NEUES GLAS AUS ALTEN SCHERBEN. Weil der Name ziemlich lang war, verkürzten ihn die Fans auf NEUES GLAS. Manche sprachen auch von der »Scherben-Recycling-Band«. NEUES GLAS wurde schnell erfolgreich, gab viele Live-Konzerte und produzierte zwei CDs. Die *taz* urteilte lakonisch: »Da ist zusammengewachsen, was längst zusammengehört.«

Im Jahr 2000 erschien die erste CD von NEUES GLAS unter dem Titel *Live*. Absoluter Höhepunkt dieser Scheibe ist eine grandiose Samba-Version des Scherben-Titels *Mein Name ist Mensch*. Möglich wurde dieses Highlight durch den Gastauftritt der Berliner Sambagruppe TERRA BRASILIS, bei der Tausendsassa Funky Götzner nebenbei auch noch mitspielte.

Schon ein Jahr später folgte die zweite CD: *Rebellendisko*. Enthielt die erste CD noch ausschließlich Scherben- und Rio-Songs, so ging NEUES GLAS mit *Rebellendisko* musikalisch wie inhaltlich neue Wege: Sie spielten nur noch zwei Coverversionen von Scherben-Songs, die restlichen Tracks der Platte waren Eigenkompositionen. »Romantische Rebellion gegen Lustfeindlichkeit und erdrückenden Alltag – jenseits von überzüchteten, abgeklärten Ergüssen, sowohl musikalischer als auch inhaltlicher Natur«. So lautete die Selbsteinschätzung von NEUES GLAS über *Rebellendisko*. Ende 2001 löste sich die Band auf, weil Baßmann Jochen Hansen aus Berlin wegzog und Keyboarder Mischka keine Lust mehr hatte, »auf Tour« zu gehen.

Auch die anderen Scherbenmusiker blieben nicht untätig. Martin Paul und Kai Sichtermann brachten 1998 unter dem Pseudonym DIE NACHTFALTER eine CD mit dem Titel *Träume Tod*

Erinnerung heraus. »Eine Scheibe«, so heißt es im Katalog der Plattenfirma, »die den Zuhörer in ein Wechselbad von Gefühl und Musik, Sehnsucht und Meer taucht – die Zeit vorher und nachher, das zu schnelle Leben, der Schmerz und der Wahnsinn; von und mit Freunden und Musikern der Scherben.«

Und heute?

Wolfgang Seidel lebt immer noch in seiner kleinen Wohnung in Berlin-Kreuzberg, arbeitet bei Fernsehsendern und spielt, wenn die Zeit reicht, Schlagzeug in verschiedenen Formationen.

Martin Paul lebt in Dortmund; er ist verheiratet und Vater zweier Kinder, für die er, wie er sagt, immer wieder versucht, »den Regenbogen zu biegen.« In einem Duo mit der Sängerin Ingeborg Wunderlich unter dem Motto »Bye bye Junimond« spielt er die Lieder von Ton Steine Scherben und Rio Reiser. »Ich hoffe«, sagt er, »mit diesen wunderbaren Liedern die Herzen der Menschen immer wieder und immer aufs Neue zu bewegen.«

Auch Kai hat, zusammen mit Ex-Scherbenbraut und CARAMBOLAGE-Bassistin Angie Olbrich, ein Duo gegründet. Unter dem Namen ANGEL'S BLUE treten sie mit Chansons und Evergreens auf, Angie als Sängerin, Kai am Klavier. Beide leben in Schleswig-Holstein.

Funky arbeitet gleich in drei verschiedenen Jobs: Er ist Innenausstatter und Fachmann für Filmbauten, er ist Spezialist für betriebliche Altersversorgung, Riesterrenten und Lebensversicherungen, und er macht immer noch Musik: »mit der besten Samba- und Reggaeband in Berlin, TERRA BRASILIS«.

Nikel wohnt zusammen mit Marie Sublet in Bremen. Er betreibt zusammen mit zwei Teilhabern die Independent-Firma INDIGO in Hamburg, die auch den Vertrieb für die Scherbenproduktionen organisiert.

Britta Neander lebte als allein erziehende Mutter in Berlin-Kreuzberg und spielte zuletzt bei der Frauenband BRITTA Schlagzeug. Ende 2004 verstarb Britta völlig unerwartet an den Folgen einer Herzoperation im Alter von 48 Jahren.

Hans-Jürgen »Captain« Hynding lebt heute in Flensburg. Er ist verheiratet und von Beruf Arzt.

Jörg Schlotterer lebt in Hamburg und arbeitet als Physiotherapeut.

Misha Schöneberg nahm 1988 eine Solo-LP mit dem Titel *Sternschnuppen* auf. Heute arbeitet er als Südostasien-Wissenschaftler und freier Autor in Berlin.

Dirk Schlömer lebt zur Zeit in Berlin und macht ausschließlich Musik.

R.P.S. Lanrue lebt zurückgezogen im Süden von Portugal, nahe der Algave.

Die Erben

Im Jahr 1999 hatten die Mitglieder der Berliner HipHop-Formation Das Department, Jörn Hedtke, Hinnack und Danny Bruder, einen Traum. Sie wollten *Keine Macht für Niemand* neu einspielen. Im Soundgewand und mit dem Beat des 21sten Jahrhunderts. Wie kam es zu diesem ungewöhnlichen Traum?

Jörn Hedtke: »*Keine Macht für Niemand*, das 72er Ton Steine Scherben-Album ist und bleibt ein Meilenstein der deutschsprachigen Musik. Die Platte hatte und hat immer noch enorme politische Bedeutung – nicht nur für die alternative Hausbesetzer- und Anarchoszene – immense Aufklärungs- und Mobilisierungsfunktion und sowohl textlich als auch musikalisch 'ne Menge zu bieten: Ohrwürmer und lyrisch verpackte Parolen, die aktuell weil zeitlos sind. Die zwölf Songs besetzen nach wie vor die Spitzenplätze der Kampflied-Top-40 und sind totale Demoburner. Als die Idee, dieser geilen Scheibe ein Denkmal zu setzen, entstand, dachte ich, es sei nur mein persönlicher, intimer Wunsch, durfte aber bald erfahren, daß sogar außerhalb Berlins ganz viele Leute einen ähnlichen Traum in sich trugen. Unglaublich, wer alles heftigst von *Keine Macht für Niemand* berührt, verführt, beeinflußt wurde, wer alles von dieser Platte auf seinem Lebensweg musikalisch und politisch begleitet wurde. Schöne Erkenntnis, daß nicht nur ich immer noch Gänsehaut kriege und manchmal heulen muß, wenn ich das Original höre.«

Das DEPARTMENT versteht sich selbst als politische Band. Das ist ungewöhnlich für die HipHop-Szene, aber es ist auch folgerichtig. Denn die Wurzeln des DEPARTMENTS, zumindest die von Danny Bruder, liegen mitten in Kreuzberg. Danny wuchs im »Rauch-Haus« auf, im ehemaligen Bethanien-Krankenhaus, das die Scherben im Dezember 1971 mitbesetzt hatten und in dem die »Freie Republik Bethanien« entstehen sollte. Immerhin ist dort ein neuer Musikstil entstanden, der von DEPARTMENT: provokativ und politisch, kritisch und kreativ und absolut scherbenkompatibel. Und so kam es, daß im Jahr 2000 unter dem Titel DIE ERBEN DER SCHERBEN – *Keine Macht für Niemand* eine Sampler-CD erschien, bei der neben DEPARTMENT auch Nina Hagen, Blixa Bargeld, die H-BLOCKX, Schorsch Kamerun und Thomas D rocken, hippen und hoppen.

Eingespielt wurden sämtliche Songs des *Keine Macht für Niemand*-Albums, wobei jeder Titel von einem anderen Musiker oder einer anderen Band interpretiert wurde. Das Album ist nicht nur musikalisch eine der ungewöhnlichsten und gelungensten Produktionen der Nach-Scherben-Ära, es hat auch auf einem anderen Gebiet ganz offensichtlich das legitime Erbe der Scherben angetreten: Auf dem der Magie. Beim Einspielen des Rauch-Haus-Songs ersetzten Bruder, Hinnack und Hedtke die Zeile »schmeißt doch endlich Schmidt und Press und Mosch aus Kreuzberg raus« durch die Zeile »schmeißt doch endlich Werthebach, Landowsky und Diepgen aus Kreuzberg raus«. Ein gutes Jahr nach Erscheinen der CD wurde alle drei CDU-Politiker von den Wählern nicht nur aus Kreuzberg, sondern im Zuge der Berliner Banken-Affäre auch aus dem Abgeordnetenhaus rausgeschmissen. Lanrue, alias Dr. Losanow, der Meister des Psi, hätte seine wahre Freude daran gehabt, wenn er nicht längst im portugiesischen Exil auf Tauchstation gegangen wäre.

Apropos Psi. Ein weiteres Wunder, das im direkten Zusammenhang mit den Magiern aus Fresenhagen steht, darf hier nicht unerwähnt bleiben. Der aufmerksame Leser erinnert sich an die unendliche Geschichte von Egon Bunne, dem nie gedrehten Film über die Scherben und Egons Loch? Am Sonnabend, dem 21. Dezember 2000 um 15:30 Uhr lief im Norddeutschen Fernsehen N3 ein 45-minütiger Dokumentarfilm mit dem Titel: *Scherben in Friesland*. Untertitel: *Tagebuch 1974-78, die Landkommune Ton Steine Scherben*. Egon Bunne, der lange Gast, hatte es tatsächlich geschafft.

Bilder, die Egon Bunne in seinem unverwechselbaren Wackelkamerastil gedreht hat, finden sich auch in *Der Traum ist aus*, einem Dokumentar-Film, den der Regisseur Christoph Schuch in den Jahren 1999/2000 gedreht hat. (Eigentlich wollte Schuch den Film *Die Erben der Scherben* nennen, aber Jörn Hedtke war ihm mit diesem Titel für sein CD-Projekt zuvorgekommen). Rechtzeitig zur Berlinale im Februar 2001 wurde der 92-Minuten-Film fertig, seinen Kinostart hatte er ein halbes Jahr später. Im September 2001 kam *Der Traum ist aus* sogar unter die Top 20 der deutschen Kinocharts. Schuchs Film wirft einen Blick zurück auf die Geschichte der Ton Steine Scherben und fragt nach der Bedeutung der Scherben am Anfang des 21. Jahrhunderts: Wo stehen wir jetzt? Schuch fahndet nach den Erben der Scherben. Er geht auf die Suche nach engagierten und intelligenten Bands, die den Scherben-Sound aus Liebe & Zorn in den Beat des 21. Jahrhunderts übertragen. Gibt es solche Bands überhaupt noch? Ja, sagt Christoph Schuch und präsentiert Bands wie TOCOTRONIC oder DIE STERNE aus Hamburg. Deren Bandmitglied Christoph Leich charakterisiert die Bedeutung der Scherben so:

»Was es heute nicht mehr gibt, ist so eine klar gegen den Staat gerichtete – ich sag mal – Teenieüberzeugung. Die ist auch bei Teenies nicht mehr da. Das ist sehr viel schwieriger geworden heute, sehr viel konkreter, in kleineren Details und nicht mehr so rundumschlagmäßig – genau das, wo es jetzt so scherbenmäßig abgeht, genau das ist, was für mich die Scherben einerseits superinteressant, andererseits aber auch fast schon melancholisch macht. Daß ich denke: Wow!, wie super damals, man konnte einfach so was sagen. Was immer noch stimmt! Jeder Satz von den Scherben ist einfach wahr! Und trotzdem wirkt das, wenn Du es heute sagen würdest, total naiv ... obwohl es immer noch richtig ist.«

Und auch ein richtiger Scherben-Erbe kommt in Schuchs Film zu Wort. Jakob Friderichs, Mitglied der 17 HIPPIES und Gitarrist der poetischsten aller deutschen Popbands: ELEMENT OF CRIME. Jakob, das erfahren wir erst durch Christoph Schuchs Film, ist der Sohn von Kad Friderichs, dem Mann, mit dem dieses Buch und die Geschichte der Ton Steine Scherben beginnt. Und Jakob Friderichs erfuhr erst durch dieses Buch, dass es die Wohnung seines Vaters war, in der die Scherben ihren Namen fanden. Magie? Oder Psi? Oder einfach nur ein schöner Zufall?

Im Film *Der Traum ist aus* erzählt Jakob Friderichs:

»Ich hab die Scherben das erste Mal live auf dem Mariannenplatz gesehen, wo sonst? Auf einem 1. Mai-Fest – wann sonst? Und ich weiß noch genau, ich war dreizehn oder vierzehn, ich hab gedacht »booah, die spielen wie die STONES!« Die Art, wie sie gespielt haben, wie sie die Stücke arrangiert haben, das war sehr an den STONES angelegt und ... meiner Meinung nach haben sie besser gespielt als die STONES.«

*

Was im Juni 1970 seinen Anfang und im Mai 1985 ein vorübergehendes Ende nahm findet seit 2004 eine Fortsetzung: 19 Jahre nach Auflösung der ursprünglichen Gruppe, vereinigten sich die meisten ehemaligen Ton Steine Scherben-Mitglieder zur TON STEINE SCHERBEN-FAMILY. Ausser Gitarrist R.P.S.Lanrue, der sich ins Portugiesische Exil zurückgezogen hat und den beiden verstorbenen Mitgliedern Rio Reiser und Britta Neander, sind die meisten relevanten Musiker und Weggefähren mit dabei. Zu den aktuellen Mitgliedern gehören zur Zeit (Ende 2007): Jörg Schlotterer (Flöte/Percussion), Nikel Pallat (Gesang/Saxophon), Kai Sichtermann (Bass), Funky K. Götzner (Drums), Angie Olbrich (Gesang), Martin Paul (Keyboards), Marius del Mestre (Gesang/Gitarre), Marco Schmetje (Gitarre), sowie Lisa Jane Olbrich (Chor/Gesang), das einzige echte Scherben-Kind. Gemanagt wird die Gruppe von Elser Maxwell und Thomas Malz. Neben Klassikern der »Scherben« aus den 70er und 80er Jahren werden auch Titel aus der Solozeit von Rio Reiser gespielt. (www.scherbenfamily.de)

Anhang

Die Scherben-Songs

Im folgenden abgedruckt sind die Titel von Songs, die auf original Scherben-Tonträgern veröffentlicht sind, von den Scherben live bei Konzerten im Rahmen ihres deutschsprachigen Programms gespielt wurden oder noch zur Zeit des Bestehens der Scherben, von ihnen geschrieben und als Demos für neue, mögliche Scherben-Produktionen aufgenommen, aber erst später von Rio Reiser veröffentlicht wurden. Die Reihenfolge der Songs ist alphabetisch sortiert.

Anmerkung

DVP = David Volksmund Verlag & Produktion KG. TSS = Ton Steine Scherben. Die Jahreszahl hinter dem © gibt das Jahr der Erstveröffentlichung auf Tonträger an. Die Autorenangabe (Text & Musik) folgt den Anmeldungen bei der GEMA.

ALLEIN MACHEN SIE DICH EIN

Text: Ralph Möbius. Musik: Ralph Steitz. © 1971 DVP. Geschrieben im Juli 1971 in Berlin, im Auftrag von Albrecht Metzger aus Anlaß für die Fernsehsendung »Jour fix« vom Südfunk Stuttgart, die über die Besetzung des Jugendzentrums in Berlin-Kreuzberg berichtete. Erstveröffentlicht auf einer Folien-Single und später auf der TSS-Doppel-LP »Keine Macht für Niemand«, sowie auf der CD »Was bleibt – Singles, Demos, Raritäten« und auf der CD »live III«.

ALLES IST RICHTIG

Text: Hannes Eyber. Musik: Kai Sichtermann. © 1981 Manuskript. Geschrieben im Herbst 1980 in Fresenhagen, veröffentlicht auf der TSS-Doppel-LP »IV« (Die Schwarze).

ALLES LÜGE

Text & Musik: Rio Reiser. © 1986 Georg Glück Musik GmbH, Berlin. Geschrieben im Herbst 1984 in Fresenhagen für eine mögliche neue TSS-LP und auch als Demo von den Scherben aufgenommen. Zwei Jahre später neu produziert und auf Rio's erster Solo-LP »Rio I.« veröffentlicht.

ALLES VERÄNDERT SICH

Text: Gert & Ralph Möbius. Musik: Ralph Möbius. © 1971 DVP. Geschrieben 1969 in Berlin für das Theaterstück »Rita & Paul« von Hoffmanns Comic Teater, veröffentlicht auf der TSS-LP »Warum geht es mir so dreckig«, sowie auf der CD »live III«.

ALLES WAS DU WILLST

Text: Klaus Götzner. Musik: Rio Reiser. © 2006 DVP. Geschrieben 1982 in Fresenhagen für die Produktion »Scherben«. Erstveröffentlicht auf der TSS-CD »Was bleibt – Singles, Demos, Raritäten«, enthalten in dem TSS-Gesamtwerk (»Die Box«).

ARDISTAN

Text: Ralph Möbius, Musik: Ralph Steitz. © 1983 DVP. Geschrieben im Herbst 1982 in Fresenhagen, veröffentlicht auf der TSS-LP »Scherben«, sowie auf der CD »live III«.

AUF FREMDEN PFADEN

Text + Musik: Angie Olbrich & Kai Sichtermann. © 1998 Trotz + Träume. Geschrieben 1982 in Klixbüll für die Produktion »Scherben«. Erstveröffentlicht auf der Nachtfalter-CD »Träume Tod Erinnerung«, sowie auf der TSS-Sampler-CD »Auswahl I«.

BEI NACHT

Text & Musik: Rio Reiser. © 1986 Georg Glück Musik GmbH, Berlin. Geschrieben im Herbst 1984 in Fresenhagen für eine mögliche neue TSS-LP und auch als Demo von den Scherben aufgenommen. Zwei Jahre später neu produziert und auf Rio's erster Solo-LP »Rio I.« veröffentlicht.

BIST DU'S

Text: Ralph Möbius, Musik: Ralph Steitz. © 1983 DVP. Geschrieben im Winter 1982 in Fresenhagen, erstveröffentlicht auf der TSS-LP »Scherben«, sowie später auf der CD »live II«.

BLEIB WO DU BIST

Text & Musik: Ralph Möbius. © 1981 DVP. Geschrieben im Sommer 1980 in Fresenhagen, veröffentlicht auf Doppel-LP »IV« (Die Schwarze).

DA!

Text: Hannes Eyber, Musik: R. Möbius. © 1981 Manuskript / DVP. Geschrieben im Sommer 1980 in Fresenhagen, veröffentlicht auf der TSS-Doppel-LP »IV« (Die Schwarze).

DURCH DIE WÜSTE

Text: Ralph Möbius, Musik: Ralph Steitz. © 1975 DVP. Geschrieben 1974 in Berlin, veröffentlicht auf der TSS-Doppel-LP »Wenn die Nacht am tiefsten ...« und auf der CD »live III«.

EBBE UND FLUT

Text: Klaus Götzner, Musik: R. Möbius. © 1981 DVP. Geschrieben im Sommer 1980 in Fresenhagen, veröffentlicht auf der TSS-Doppel-LP »IV« (Die Schwarze) und auf der CD »live III«.

DAS EINHEITSFRONTLIED

(Und weil der Mensch ein Mensch ist...) Text: Bertolt Brecht. Musik: Hanns Eisler. © 1934 Deutscher Verlag für Musik GmbH, Leipzig. Geschrieben Ende 1934 in London im Auftrag von Erwin Piscator und dem Internationalen Musikbüro in Moskau. Die Scherben spielten dieses Lied Anfang der 70er Jahre oft am Schluß der Konzerte.

FEIERABEND

Text: Ralph Möbius, Musik: Ralph Steitz. © 1972 DVP. Geschrieben 1971 in Berlin, erstveröffentlicht auf der TSS-Doppel-LP »Keine Macht für Niemand« und später auf der LP »In Berlin 1984« (Live I).

FIEBER

Text: Ralph Möbius, Musik: Ralph Steitz. © 1983 DVP. Geschrieben 1982 in Fresenhagen, veröffentlicht auf der TSS-LP »Scherben«.

FILMKUSS

Text: Hannes Eyber. Musik: Ralph Möbius. © 1981 Manuskript / DVP. Geschrieben im Herbst 1980 in Fresenhagen, veröffentlicht auf der TSS-Doppel-LP »IV« (Die Schwarze).

DER FREMDE AUS INDIEN

Text: Klaus Götzner. Musik: Ralph Steitz. © 1981 DVP. Geschrieben im Herbst 1980 in Fresenhagen, veröffentlicht auf der TSS-Doppel-LP »IV« (Die Schwarze).

GOLD

Text: Klaus Götzner, Musik: Ralph Steitz. © 1981 DVP. Geschrieben im Sommer 1980 in Fresenhagen, veröffentlicht auf der TSS-Doppel-LP »IV« (Die Schwarze).

GUTEN MORGEN

Text: Nikolaus Pallat. Musik: Ralph Möbius. © 1975 DVP. Geschrieben 1974 in Berlin, erstveröffentlicht auf TSS-Doppel-LP »Wenn die Nacht am tiefsten ...«, später auf »Auswahl I« (Sampler).

HALT DICH AN DEINER LIEBE FEST

Text: Ralph Möbius. Musik: Ralph Möbius & Ralph Steitz. © 1975 DVP. Geschrieben von Rio 1974 in Berlin, erstveröffentlicht auf der TSS-Doppel-LP »Wenn die Nacht am tiefsten...«, und später auf »Auswahl I« (Sampler) und »live II«.

(AUF EIN) HAPPY-END

Text: Ralph Möbius. Musik: Kai Sichtermann. © 1981 Manuskript. Geschrieben Ende 1980 in Fresenhagen, veröffentlicht auf der TSS-Doppel-LP »IV« (Die Schwarze).

HAU AB

Text: Ralph Möbius. Musik: Ralph Steitz. © 1983 DVP. Geschrieben im Herbst 1982 in Fresenhagen, veröffentlicht auf der TSS-LP »Scherben«, sowie auf der CD »live III«.

HEIMWEH

Text: Hannes Eyber. Musik: Ralph Steitz. © 1981 Manuskript / DVP. Geschrieben im Jan. 1980 in Fresenhagen von Rio Reiser, R.P.S.Lanrue, Kai Sichtermann, Funky Götzner und Hannes Eyber, veröffentlicht auf der TSS-Doppel-LP »IV« (Die Schwarze), sowie auf der CD »live III«.

HEUT' NACHT

Text: Ralph Möbius. Musik: Ralph Steitz. © 1975 DVP. Geschrieben 1974 in Berlin, erstveröffentlicht auf der TSS-Doppel-LP »Wenn die Nacht am tiefsten...« und später auf »In Berlin 1984« (Live I).

ICH GEH WEG

Text: Ralph Möbius. Musik: Ralph Steitz. © 1975 DVP. Geschrieben 1973 / 74 in Berlin, veröffentlicht auf der

TSS-Doppel-LP »Wenn die Nacht am tiefsten ...«.

ICH HAB NIX

Text: Hannes Eyber. Musik: Ralph Möbius. © 1981 Manuskript / DVP. Geschrieben im Herbst 1980, veröffentlicht auf der TSS-Doppel-LP »IV« (Die Schwarze)

ICH WILL ICH SEIN

Text: Ralph Möbius. Musik: Ralph Steitz. © 1985 DVP. Geschrieben im Sommer 1976 in Fresenhagen für eine SPD-Wahlkampf-Tour, veröffentlicht auf der TSS-LP »In Berlin 1984« (Live I).

ICH WILL NICHT WERDEN WAS MEIN ALTER IST

Text & Musik: Ralph Möbius. © 1971 DVP. Geschrieben 1970 in Berlin, erstveröffentlicht auf der TSS-LP »Warum geht es mir so dreckig« und später auf »In Berlin 1984« (Live I), sowie auf der CD »Was bleibt – Singles, Demos, Raritäten«.

JENSEITS VON EDEN

Text: Ralph Möbius. Musik: Ralph Steitz. © 1981 DVP. Geschrieben im Herbst 1980 in Fresenhagen, erstveröffentlicht auf der TSS-Doppel-LP »IV« (Die Schwarze), und später auf »In Berlin 1984« (Live I).

JETZT IST FEIERABEND

Text: Peter Möbius & Ralph Möbius. Musik: Ralph Möbius & Ralph Steitz. © 2006 DVP. Geschrieben 1971 in Berlin für den Film »Eine Prämie für Irene«. Erstveröffentlicht auf der TSS-CD »Was bleibt – Singles, Demos, Raritäten«, enthalten in dem TSS-Gesamtwerk (»Die Box«).

JETZT SCHLÄGT'S DREIZEHN

Text: Peter Möbius. Musik: Rio Reiser. © 1991 Georg Glück Musik GmbH, Berlin. Geschrieben 1981 für das Theaterstück »Märzstürme« von HOFFMANNS COMIC TEATER. Die Scherben spielten ihn auf ihren Konzerten 1982–84. Erstveröffentlicht auf der Rio Reiser-CD »Durch die Wand«, sowie 2006 auf der TSS-CD »live III«.

JUNIMOND

Text: Rio Reiser. Musik: Martin Hartmann. © 1986 Georg Glück Musik GmbH, Berlin. Geschrieben im Herbst 1984 in Fresenhagen für eine mögliche neue TSS-LP und auch als Demo von den Scherben aufgenommen. Zwei Jahre später neu produziert und auf Rio's erster Solo-LP »Rio I.« veröffentlicht.

DER KAMPF GEHT WEITER

Text: Ralph Möbius. Musik: Ralph Steitz. © 1971 DVP. Geschrieben Ende 1970 in Berlin, im Auftrag von Angela Luther, Cristina Perincioli und Philip Werner Sauber, die den Song für einen Videofilm bestellten, der auf einem Teach-in im Audimax der TU aus Anlaß derVerhaftung des Rechtsanwaltes Horst Mahler gezeigt wurde. Veröffentlicht auf der TSS-LP »Warum geht es mir so dreckig.

KEINE MACHT FÜR NIEMAND

Text: Ralph Möbius. Musik: Ralph Steitz. © 1972 DVP. Geschrieben im Winter 1971/72 in Berlin, als »Hymne für den bewaffneten Kampf« im Auftrag von Anne Reiche & dem Blues, erstveröffentlicht auf der TSS-Doppel-LP »Keine Macht für Niemand« und später auf »Auswahl I« (Sampler) und »In Berlin 1984« (Live I).

KLEINE FREUDEN

Text: Hannes Eyber. Musik: Ralph Steitz. © 1981 Manuskript/DVP. Geschrieben im Frühjahr 1980 in Fresenhagen, erstveröffentlicht auf der TSS-Doppel-LP »IV« (Die Schwarze) und später auf der CD »live II«.

KÖNIG VON DEUTSCHLAND

Text & Musik: Rio Reiser. © 1986 Georg Glück Musik GmbH, Berlin. Geschrieben 1975 in Berlin. Der Song ist auf keinem TSS-Tonträger enthalten, die Scherben spielten ihn nur bei einigen Auftritten 1976. Erstveröffentlicht auf Rio Reisers Solo-LP »Rio I.«.

KOMM AN BORD

Text: Ralph Möbius. Musik: Ralph Steitz. © 1975 DVP. Geschrieben 1974 in Berlin, veröffentlicht auf der TSS-Doppel-LP »Wenn die Nacht am tiefsten ...«.

KOMM SCHLAF BEI MIR

Text & Musik: Ralph Möbius. © 1972 DVP. Geschrieben 1971 in Berlin, veröffentlicht auf der TSS-Doppel-LP »Keine Macht für Niemand« sowie auf der CD »Was bleibt – Singles, Demos, Raritäten«.

KOMMEN SIE SCHNELL (IRRENANSTALT)

Text: Corny Littmann. Musik: Ralph Möbius & Ralph Steitz. © 1977 DVP. Geschrieben Anfang 1977 im Auftrag der Theatergruppe Brühwarm für deren Show »Männercharme« (komponiert von Lanrue). Erstveröffentlicht auf der LP »Mannstoll« von Brühwarm & TSS, sowie später auf der TSS-CD »live II«, außerdem auf der Rio Reiser-CD »Über Alles«.

KIBBEL KRABBEL

Text: Hannes Eyber. Musik: Kai Sichtermann. © 1981 Manuskript. Geschrieben im Herbst 1980 in Fresenhagen, erstveröffentlicht auf der TSS-Doppel-LP »IV« (Die Schwarze), und später auf der LP »Auswahl I« (Sampler), sowie auf der CD »Was bleibt – Singles, Demos, Raritäten«.

LA REPONSE

Text: Ralph Möbius. Musik: Ralph Steitz. © 1983 DVP. Geschrieben im Herbst 1982 in Fresenhagen, erstveröffentlicht auf der TSS-LP »Scherben« und später auf der LP »In Berlin 1984« (Live I).

LAND IN SICHT

Text: Ralph Möbius. Musik: Ralph Möbius & Ralph Steitz. © 1975 DVP. Geschrieben von Rio schon 1971 in Berlin mit englischem Text, deutscher Text 1974, erstveröffentlicht auf der TSS-Doppel-LP »Wenn die Nacht am tiefsten...« und später auf der CD »live II«.

LASS MICH LOS

Text: Rio Reiser. Musik: Ralph Steitz. © 1986 Georg Glück Musik GmbH, Berlin. Geschrieben im Herbst 1984 in Fresenhagen für eine mögliche neue TSS-LP und auch als Demo von den Scherben aufgenommen. Zwei Jahre später neu produziert und auf Rio's erster Solo-LP »Rio I.« veröffentlicht.

LASS UNS DAS DING DREHN

Text & Musik: Rio Reiser. © 1986 Georg Glück Musik GmbH, Berlin. Ursprünglich geschrieben 1982 für den Film »Schwarzfahrer«, aber erst auf Rio's erster Solo-LP »Rio I.« veröffentlicht.

LASS UNS'N WUNDER SEIN

Text: Ralph Möbius. Musik: Ralph Möbius & Ralph Steitz. © 1983 DVP. Geschrieben von Rio im Herbst 1982 in Fresenhagen, veröffentlicht auf der TSS-LP »Scherben«, sowie auf der CD »live III«.

DIE LETZTE SCHLACHT GEWINNEN WIR

Text: Ralph Möbius. Musik: Ralph Steitz. © 1972 DVP. Geschrieben im Winter 1971/72 in Berlin für einen Film von Clemens Kuby über das Kreuzberger Jugendzentrum, veröffentlicht auf der TSS-Doppel-LP »Keine Macht für Niemand«.

MACHS GUT MACHS BESSER

Text: Rio Reiser. Musik: Martin Paul. © 2006 DVP. Geschrieben 1982 in Fresenhagen für die Produktion Scherben«. Erstveröffentlicht auf der TSS-CD »Was bleibt – Singles, Demos, Raritäten«, enthalten in dem TSS-Gesamtwerk (»Die Box«).

MACHT KAPUTT WAS EUCH KAPUTT MACHT

Text & Musik: Ralph Möbius. © 1970 DVP. Geschrieben 1969 in Berlin für das Theaterstück »Rita & Paul« von Hoffmanns Comic Teater (Text von Norbert Krause), erstveröffentlicht auf der A-Seite der gleichnamigen Single und später auf der TSS-LP »Warum geht es mir so dreckig«, sowie auf »Auswahl I« (Sampler) und auf der CD »Was bleibt – Singles, Demos, Raritäten«.

MAMA WAR SO

Text: Ralph Möbius. Musik: Martin Hartmann. © 1983 Manuskript. Geschrieben im Herbst 1982 in Fresenhagen, veröffentlicht auf der TSS-LP »Scherben«

MEIN NAME IST MENSCH

Text & Musik: Ralph Möbius. © 1971 DVP. Geschrieben im Winter 1970/71 in Berlin, erstveröffentlicht auf der TSS-LP »Warum geht es mir so dreckig« und auf »Auswahl I« (Sampler), sowie auf der CD »live III«.

MENSCH MEIER

Text: Ralph Möbius. Musik: Ralph Steitz. © 1972 DVP. Geschrieben Anfang 1972 in Berlin, aus Anlaß der Fahrpreiserhöhung der BVG, erstveröffentlicht auf einer gleichnamigen Folien-Single (Flexidisk) und später auf der TSS-Doppel-LP »Keine Macht für Niemand«, sowie auf der CD »Was bleibt – Singles, Demos, Raritäten«.

MENSCHENJÄGER

Text: Ralph Möbius. Musik: Ralph Steitz. © 1972 DVP. Geschrieben im März 1972 in Berlin, aus Anlaß der Erschießung von Thomas Weißbecker durch die Polizei in Augsburg, veröffentlicht auf der TSS-Doppel-LP »Keine Macht für Niemand«

MOLE HILL ROCKERS

Text: Ralph Möbius. Musik: Ralph Möbius & Ralph Steitz. © 1983 DVP. Geschrieben von Rio 1976 in Berlin für einen Film seines Bruders Gert Möbius; damaliger Titel: »Arbeitslosenreggae«, veröffentlicht auf der TSS-LP »Scherben«.

MORGENLICHT

Text: Rainer von der Marwitz. Musik: Ralph Steitz. © 1978 DVP. Geschrieben im Frühjahr 1978 für die Theatergruppe Transplantis und deren gleichnamige Show, erstveröffentlicht auf der MC »Transplantis« und später auf der TSS-Doppel-LP »IV« (Die Schwarze).

NICHT NOCH MAL

Text + Musik: Rio Reiser. © 2006 DVP. Geschrieben 1982 in Fresenhagen für die Produktion »Scherben«. Erstveröffentlicht auf der TSS-CD »Was bleibt – Singles, Demos, Raritäten«, enthalten in dem TSS-Gesamtwerk (»Die Box«).

NIEMAND LIEBT MICH

Text: Hannes Eyber. Musik: Ralph Steitz. © 1981 Manuskript/DVP. Geschrieben im Sommer 1980 in Fresenhagen, veröffentlicht auf der TSS-Doppel-LP »IV« (Die Schwarze).

NIMM DEN HAMMER

Text: Ralph Möbius. Musik: Ralph Möbius & Ralph Steitz. © 1975 DVP. Geschrieben von Rio 1974 in Berlin, veröffentlicht auf der TSS-Doppel-LP »Wenn die Nacht am tiefsten ...«

PAUL PANZERS BLUES

Text: Nikolaus Pallat. Musik: Ralph Möbius. © 1972 DVP. Geschrieben Anfang 1972 in Berlin, veröffentlicht auf der TSS-Doppel-LP »Keine Macht für Niemand«.

RAUCH-HAUS-SONG

Text & Musik: Ralph Möbius. © 1972 DVP. Geschrieben im März 1972 in Berlin, für ein Rauch-Haus-Teach-in im Audimax der TU. Erstveröffentlicht auf der TSS-Doppel-LP »Keine Macht für Niemand« und später auf »Auswahl I« (Sampler), sowie auf der CD »live III«.

RAUS (AUS DEM GHETTO)

Text: Corny Littmann. Musik: Ralph Möbius & Ralph Steitz. © 1979 DVP. Geschrieben im Frühjahr 1978 im Auftrag der Theatergruppe Brühwarm für deren Show »Nymphomania« (komponiert von Lanrue). Erstveröffentlicht auf der LP »Entartet« von Brühwarm & TSS, sowie später auf der TSS-LP »In Berlin 1984« (Live I).

REGENTAG

Text: Ralph Möbius. Musik: Kai Sichtermann. © 1983 Manuskript. Geschrieben im Herbst 1982 in Fresenhagen, veröffentlicht auf der TSS-LP »Scherben«

RUNTER ZUM HAFEN

Text: Rio Reiser. Musik: Ralph Steitz. © 1987 Georg Glück Musik GmbH, Berlin. Geschrieben im Herbst 1984 in Fresenhagen für eine neue TSS-LP und auch als Demo von den Scherben aufgenommen. Drei Jahre später neu produziert und auf Rio's zweiter Solo-LP »Blinder Passagier« veröffentlicht.

SEI MEIN FREUND

Text & Musik: Ralph Möbius. © 2004 DVP. Geschrieben 1982 in Fresenhagen für die Produktion »Scherben«. Erstveröffentlicht auf der TSS-CD »18 Songs aus 15 Jahren«.

S 'IS EBEN SO

Text & Musik: Ralph Möbius. © 1981 DVP. Geschrieben im Frühjahr 1980 in Fresenhagen, veröffentlicht auf der TSS-Doppel-LP »IV« (Die Schwarze)

S.N.A.F.T.

Text: Klaus Götzner. Musik: Kai Sichtermann. © 1981 Manuskript. Geschrieben im Sommer 1980 in Fresenhagen, veröffentlicht auf der TSS-Doppel-LP »IV« (Die Schwarze), sowie auf der CD »live III«.

SAMSTAGNACHMITTAG

Text: Ralph Möbius. Musik: Ralph Steitz. © 1975 DVP. Geschrieben 1970 in Berlin, veröffentlicht auf der TSS-Doppel-LP »Wenn die Nacht am tiefsten...«

SCHRITT FÜR SCHRITT INS PARADIES

Text: Ralph Möbius. Musik: Ralph Steitz. © 1972 DVP. Geschrieben 1970 in Berlin, textlich neu überarbeitet 1971, veröffentlicht auf der TSS-Doppel-LP »Keine Macht für Niemand«

SHIT-HIT

Text: Corny Littmann. Musik: Ralph Möbius & Ralph Steitz. © 1979 DVP. Geschrieben im Frühjahr 1978 im Auftrag der Theatergruppe Brühwarm für deren Show »Nymphomania« (komponiert von Rio). Erstveröffentlicht auf der LP »Entartet« von Brühwarm & TSS, sowie später auf der TSS-LP »In Berlin 1984« (Live I).

SKLAVENHÄNDLER

Text & Musik: Ralph Möbius. © 1971 DVP. Geschrieben 1970 in Berlin für das Theaterstück »Sklavenhändler« vom proletarischen Lehrling-Theater Rote Steine, veröffentlicht auf der TSS-LP »Warum geht es mir so dreckig«, sowie auf der CD »Was bleibt – Singles, Demos, Raritäten«.

SOLIDARITÄT

Text: Ralph Möbius. Musik: Ralph Steitz. © 1971 DVP. Geschrieben 1970 in Berlin, für ein Theaterstück des proletarischen Lehrling-Theaters Rote Steine, veröffentlicht auf der TSS-LP »Warum geht es mir so dreckig«.

DR. SOMMER

Text: Ralph Möbius. Musik: Ralph Möbius & Ralph Steitz. © 1984 DVP. Geschrieben von Rio 1976 in Fresenhagen und auch als Demo von den Scherben aufgenommen, schaffte dieser Song nicht den Sprung ins Repertoire der Scherben-Lieder. Rio ließ den Titel 1984 neu produzieren und veröffentlichte ihn auf der gleichnamigen Single als seine erste Soloproduktion.

STEIG EIN [INTRO – DIE GESCHICHTE]

Text: Ralph Möbius. Musik: Ralph Möbius & Ralph Steitz. © 1975 DVP. Geschrieben 1974 in Berlin, veröffentlicht auf der TSS-Doppel-LP »Wenn die Nacht am tiefsten ...«

STEIG EIN [DER SONG]

Text: Ralph Möbius. Musik: Ralph Möbius & Ralph Steitz. © 1975 DVP. Geschrieben von Rio 1974 in Berlin, erstveröffentlicht auf der TSS-Doppel-LP »Wenn die Nacht am tiefsten...« und später auf der CD »live II«.

STERNSCHNUPPEN

Text: Misha Schöneberg. Musik: Ralph Möbius. © 1983 DVP. Geschrieben im Herbst 1982 in Fresenhagen, veröffentlicht auf der TSS-LP »Scherben«.

SUMPF SCHLOCK

Text: Hannes Eyber. Musik: Ralph Steitz. © 1981 Manuskript/DVP. Geschrieben im Winter 1980 in Fresenhagen, veröffentlicht auf der TSS-Doppel-LP »IV« (Die Schwarze).

TANZ!

Text: Ralph Möbius. Musik: Martin Hartmann. © 1983 Manuskript. Geschrieben im Herbst 1982 in Fresenhagen, veröffentlicht auf der TSS-LP »Scherben«.

DER TRAUM IST AUS

Text & Musik: Ralph Möbius. © 1972 DVP. Geschrieben im Winter 1971/72 in Berlin, erstveröffentlicht auf der TSS-Doppel-LP »Keine Macht für Niemand« und später auf der CD »live II«.

TRAUM OHNE STERN

Text: Hannes Eyber. Musik: Ralph Steitz. © 1983 Manuskript / DVP. Geschrieben im Herbst 1982 in Fresenhagen, veröff. auf der TSS-LP »Scherben«.

DER TURM STÜRZT EIN

Text & Musik: Ralph Möbius. © 1981 DVP. Geschrieben im Sommer 1980 in Fresenhagen, veröffentlicht auf der TSS-Doppel-LP »IV« (Die Schwarze), sowie auf der CD »live III«.

VERBOTEN

Text: Ralph Möbius. Musik: Ralph Möbius & Ralph Steitz. © 1983 DVP. Geschrieben von Rio im Herbst 1982 in Fresenhagen, erstveröffentlicht auf der TSS-LP »Scherben« und später auf der LP »In Berlin 1984« (Live I).

VORÜBERGEHEND GESCHLOSSEN

Text: Hannes Eyber. Musik: Ralph Steitz. © 1981 Manuskript/DVP. Geschrieben im Frühjahr 1980 in Fresenhagen, veröffentlicht auf der TSS-Doppel-LP »IV« (Die Schwarze)

WANN I.

Text: Hannes Eyber. Musik: Rio Reiser. © 2006 DVP. Geschrieben 1982 in Fresenhagen für die Produktion »Scherben«. Erstveröffentlicht auf der TSS-CD »Was bleibt – Singles, Demos, Raritäten«, enthalten in dem TSS-Gesamtwerk (»Die Box«)

WARUM GEHT ES MIR SO DRECKIG

Text: Ralph Möbius. Musik: Ralph Steitz. © 1971 DVP. Geschrieben 1970 in Berlin, erstveröffentlicht auf der TSS-LP »Warum geht es mir so dreckig« und später auf der LP »Auswahl I« (Sampler), sowie auf der CD »Was bleibt – Singles, Demos, Raritäten« und auf der CD »live III«.

WAS BLEIBT DAS BLEIBT

Text: Hannes Eyber. Musik: Martin Paul. © 2006 DVP. Geschrieben 1982 in Fresenhagen für die Produktion »Scherben«. Erstveröffentlicht auf der TSS-CD »Was bleibt – Singles, Demos, Raritäten«, enthalten in dem TSS-Gesamtwerk (»Die Box«)

WENN DIE NACHT AM TIEFSTEN

Text: Ralph Möbius. Musik: Ralph Steitz. © 1975 DVP. Geschrieben 1971 in Berlin, textlich neu überarbeitet im Herbst 1974, erstveröffentlicht auf der TSS-Doppel-LP »Wenn die Nacht am tiefsten...« und später auf der CD »live II«.

WIE IN DEN TAGEN MIDIANS

Text: Ralph Möbius. Musik: Ralph Steitz. © 1981 DVP. Geschrieben im Sommer 1980 in Fresenhagen, veröffentlicht auf der TSS-Doppel-LP »IV« (Die Schwarze).

WIEDERSEHEN

Text: Ralph Möbius. Musik: Ralph Steitz. © 1981 DVP. Geschrieben im Frühjahr 1980 in Fresenhagen, veröffentlicht auf der TSS-Doppel-LP »IV« (Die Schwarze), sowie auf der CD »live III«.

WIR MÜSSEN HIER RAUS

Text: Ralph Möbius. Musik: Ralph Steitz. © 1972 DVP. Geschrieben im Winter 1971/72 in Berlin für einen Film von Clemens Kuby über das Kreuzberger Jugendzentrum, erstveröffentlicht auf der TSS-Doppel-LP »Keine Macht für Niemand« und später auf der CD »live II«.

WIR SIND IM LICHT

Text: Nikolaus Pallat. Musik: Ralph Steitz. © 1975 DVP. Geschrieben 1974 in Berlin, veröffentlicht auf der TSS-Doppel-LP »Wenn die Nacht am tiefsten ...«.

WIR STREIKEN

Text: Dietmar Roberg. Musik: Ralph

Steitz. © 1970 Manuskript. Geschrieben Anfang 1970 in Berlin für das Theaterstück »Gletschers Ende« von Hoffmanns Comic Teater, erstveröffentlicht auf der B-Seite der Single »Macht kaputt was euch kaputt macht« und später auf der LP »Auswahl I« (Sampler), sowie auf der CD »Was bleibt – Singles, Demos, Raritäten«.

WO SIND WIR JETZT

Text: Ralph Möbius. Musik: Ralph Steitz. © 1983 DVP. Geschrieben im Herbst 1982 in Fresenhagen, veröffentlicht auf der TSS-LP »Scherben«, sowie auf der CD »live III«.

ZEITLOS

Text: Claudia Roth. Musik: Martin Paul. © 2006 DVP. Geschrieben 1982 in Fresenhagen für die Produktion »Scherben«. Erstveröffentlicht auf der TSS-CD »Was bleibt – Singles, Demos, Raritäten«, enthalten in dem TSS-Gesamtwerk (»Die Box«).

Musik für Theater- und Filmproduktionen

Von 1970-85 haben Rio Reiser & R.P.S. Lanrue als Duo, oder Rio allein, viele andere Songs und Instrumental-Musik für Theater- und Film-Produktionen geschrieben und – in einigen Fällen zusammen mit den Scherben – eingespielt:

1970

Fünf Finger sind eine Faust (Boehme) Film

1971

Ein Prämie für Irene (Sanders) Film (siehe Discographie)

1972

Schulkampf (Bitterli) Film
Moritz Tassow (Hacks) Theater am Turm, Frankfurt

1974

Martha die letzte Wandertaube (Roberg) Theater am Turm, Frankfurt

1975

Feuerzirkus (Hoffmanns Comic Teater) Theater am Ostwall, Dortmund; *Struwwelpeter Revue* (Hoffmanns C. Teater) Theater am Ostwall, Dortmund

1976

Oma-Killer (Kramer) Film; *Paranoia* (Rote Rübe) Theater (siehe Discogr.)

1977

Männercharm (Brühwarm) Theater (siehe Discographie)

1978

Der achte Tag (G.Möbius) Film; *Nymphomania* (Brühwarm) Theater; *Willy und die Kameraden* (Kopetzky) Film; *Transplantis* (Transplantis) Theater (siehe Discographie); *Die Nacht mit Chandler* (Noever) Film

1979

Liebe, Tod, Hysterie (Rote Rübe) Theater (siehe Discographie)

1980

Total vereist (Noever) Film
Meschugge (Rote Rübe) Theater

1981

Märzstürme (Hoffmanns Comic Teater) Stadtoper Unna

Diskographie

1970

Ton Steine Scherben: »Macht kaputt was euch kaputt macht« (A-Seite) / »Wir Streiken« (B); Single; Ton Steine Scherben, Berlin

1971

Ton Steine Scherben: »Warum geht es mir so dreckig?« – CD; LP. David Volksmund Produktion, Berlin. Ich will nicht werden was mein Alter ist / Warum geht es mir so dreckig / Der Kampf geht weiter / Macht kaputt was euch kaputt macht / Mein Name ist Mensch / Sklavenhändler / Alles verändert sich / Solidarität. Aufgenommen: die ersten 4 Songs, beim Live-Konzert am 3. Juli in der Alten Mensa der TU, Berlin; die letzten 4 Songs im Frühjahr im Tonstudio Admiralstraße, Berlin. Ton: Klaus Freudigmann. Erstveröffentlichung als LP, DVP 008, im September. Originalcover: Gert Möbius. Produziert & arrangiert von Ton Steine Scherben: Rio Reiser: Gesang, Gitarre, Klavier, R.P.S.Lanrue: Gitarre, Schlagzeug, Percussion, Chor, Kai Sichtermann: Bass, Percussion, Chor, Wolfgang Seidel: Schlagzeug, Percussion, Nikel Pallat: Chor

Ton Steine Scherben: »Allein machen sie dich ein« (A-Seite) / »Frauen gemeinsam sind stark« (B) – Folien-Single (Flexidisc); Siegfried Volkskrieg Produktion, Berlin. Song A-Seite ist eine Live-Aufnahme m.d. Besetzern d. Jugendzentrums, Song B-Seite ist f.d. Sanders-Film: »Eine Prämie für Irene«

1972

Ton Steine Scherben: »Mensch Meier« (A-Seite) / »Nulltarif« (B) – Folien-Single (Flexidisc), »Schwarzfahrerproduktion«, Berlin. Auf der B-Seite »Nulltarief« sind Interviews zum Thema Fahrpreiserhöhung der Berliner Verkehrsbetriebe.

Ton Steine Scherben: »Keine Macht für Niemand« – CD; 2LP. David Volksmund Produktion, Berlin. Wir müssen hier raus / Feierabend / Die letzte Schlacht gewinnen wir / Paul Panzers Blues / Menschenjäger / Allein machen sie dich ein / Schritt für Schritt ins Paradies / Der Traum ist aus / Mensch Meier / Rauch-Haus-Song / Keine Macht für Niemand / Komm schlaf bei mir. Alle Songs aufgenommen im Frühjahr 1972, im Alsterstudio Hamburg; Ton: Richard Borowski (u. Hendrik Knoch); außer: »Mensch Meier« u. »Rauch-Haus-Song«, aufgenommen im Tonstudio Admiralstr. Berlin; Ton: Klaus Freudigmann. Erstveröffentlichung als Doppel-LP, DVP

007, im Oktober. Originalcover: Gert Möbius. Produziert und arrangiert von Ton Steine Scherben: Rio Reiser: Gesang, Gitarre, Keyboards, R.P.S. Lanrue: Gitarre, Schlagzeug, Chor, Kai Sichtermann: Bass, Banjo, Chor, Nikel Pallat: Gesang, Chor, Jörg Schlotterer: Flöte, Chor, Angie Olbrich, Anna Schimany: Chor; außerdem: Olaf Lietzau: Schlagzeug, Jochen Petersen: Saxophon, Klaus Schulz: Kuhglocke, Gaby Borowski, sowie Bewohner vom Rauch-Haus: Chor

1973

Hoffmanns Comic Theater & Ton Steine Scherben: »Herr Fressack und die Bremer Stadtmusikanten« – MC, Fresenhagen. Hörspiel für Kinder; aufgenommen am Tempelhofer Ufer, Berlin. Texte: Dietmar Roberg, Ton: Klaus Freudigmann. Erstveröffentlichung als LP vom Rotbuch Verlag, Berlin; wiederveröffentlicht als CD (1999), BuschFunk-Vertrieb GmbH, Bln.

1975

Ton Steine Scherben: »Wenn die Nacht am tiefsten..« – 2CD; 2LP David Volksmund Produktion, Berlin. Heut' Nacht / Samstagnachmittag / Guten Morgen / Durch die Wüste / Nimm den Hammer / Ich geh' weg / Halt Dich an Deiner Liebe fest / Wir sind im Licht / Wenn die Nacht am tiefsten... / Land in Sicht / Komm an Bord / Steig ein Aufgenommen zwischen Mai 1974 u. April 1975, im Alsterstudio Hamburg; Ton: Richard Borowski; Erstveröffentlichung als Doppel-LP, DVP 002, im September. Originalcover: Gert Möbius. Produziert & arrangiert von Ton Steine Scherben: Rio Reiser: Gesang, Gitarre, Keyboards, R.P.S. Lanrue: Gitarre, Chor, Werner Götz: Bass, Saxophon, Nikel Pallat: Gesang, Funky K. Götzner: Schlagzeug, Jörg Schlotterer: Flöte, Jako Benz: Gitarre, Uli Hammer: Percussion, Angie Olbrich, Britta Neander: Chor; außerdem Gaby Borowski: Chor

Dietmar Roberg & Ton Steine Scherben: »Teufel hast du Wind« – MC, Stadum. Hörspiel für Kinder; Aufgenommen in Fresenhagen und Berlin, Ton der Originalaufnahmen in Fresenhagen: R.P.S.Lanrue. Erstveröffentlichung als LP vom Rotbuch Verlag, Berlin; wiederveröffentlicht als CD (2001), Möbius Records, Berlin

Rote Rübe & Ton Steine Scherben: »Paranoia« – LP; DVP / KRR 1, Stadum / München. Aufgenommen im Alsterstudio Hamburg von Richard Borowski; Musik von Ton Steine Scherben; gesungen vom Kollektiv Rote Rübe: Ludwig Böttger, Hans-Peter Cloos, Gerlind Eger, Alfonso Haussmannm, Molly Moll, Katja Rupé

1977

Brühwarm & Ton Steine Scherben: »Mannstoll« – CD, StadumSongs der Theatergruppe Brühwarm aus ihrer Show »Männercharme«. Aufgenommen im David Volksmund Studio in Fresenhagen. Ton: Ton Steine Scherben. Erstveröffentlichung als LP, DVP 006. Cover: Rüdiger Trautsch; gespielt von Ton Steine Scherben: Rio Reiser: Keyboards, R.P.S.Lanrue: Gitarre, Schlagzeug, Kai Sichtermann: Bass, Britta Neander: Schlagzeug; gesungen von Brühwarm: Corny, Danny, Götz, Ralf

Transplantis & Ton Steine Scherben: »Transplantis« – MC; DVP / Stechapfel, Stadum / Berlin

1979

Brühwarm & Ton Steine Scherben: »Entartet« – CD; Stadum: Songs der Theatergruppe Brühwarm aus ihrer Show »Nymphomania«. Aufgenommen im David Volksmund Studio in Fresenhagen. Ton: Ton Steine Scherben. Erstveröffentlichung als LP, DVP 016. Cover: Rüdiger Trautsch; Gespielt von Ton Steine Scherben: Rio Reiser: Keyboards, R.P.S. Lanrue: Gitarre, Saxophon, Kai Sichtermann: Bass, Funky K. Götzner: Schlagzeug; gesungen von Brühwarm: Claus, Corny, Ernst, Götz, Ralf, Thomas

Rote Rübe & Ton Steine Scherben: »Liebe Tod Hysterie« – MC; DVP / Rote Rübe / Stechapfel

Corny, Ernst & Scherben: »Das ist unser Land« / »Kommen sie schnell« – Single; DVP / GAL, Stadum / Hamburg. Der Song »Das ist unser Land« lief als Wahlsendespott für die GAL, Hamburg (Grün Alternative Liste) im Radio

Carambolage: »Carambolage« LP; DVP 333, Stadum. Britta Neander: Schlagzeug. Angie Olbrich: Gesang, Bass. Elfie-Esther Steitz: Gesang, Gitarre, Keyboards

1981

Ton Steine Scherben: »IV« (Die Schwarze) – 2CD; 2LP. David Volksmund Produktion, Stadum. Jenseits von Eden / Bleib wo du bist / Sumpf Schlock / Der Turm stürzt ein / Wie in den Tagen Midians / Vorübergehend geschlossen / Ebbe und Flut / Filmkuß / Der Fremde aus Indien / Kleine Freuden / Heimweh / Alles ist richtig / S' is ebenso / S.N.A.F.T. / Kribbel Krabbel / Niemand liebt mich / Da! / Morgenlicht / Ich hab nix / Gold / Wiedersehn / (Auf ein) Happy-End. Aufgenommen 1980, im David Volksmund Studio in Fresenhagen. Ton: Ton Steine Scherben. Erstveröffentlichung als Doppel-LP, DVP 001, im März. Originalcover: Gert Möbius. Produziert & arrangiert von Ton Steine Scherben: Rio Reiser: Gesang, Gitarre, Keyboards, Akkordeon. R.P.S.Lanrue: Gitarre, Keyboards, Saxophon, Hackbrett. Kai Sichtermann: Bass, Banjo, Saxophon, Trompete. Funky K.Götzner: Schlagzeug, Percussion. Hannes Eyber: Inspiration; außerdem Britta Neander, Angie Olbrich, Elfie-Esther Steitz, Traute Höss, Elser Maxwell, Ludwig Böttcher, Ernst Meybeck: Chor, Jörg Schlotterer: Flöte, Posaune, Wolfgang Seidel: Marimba, Vibraphon, Percussion; Klaus van Velzen: Saxophon, sowie der Niebüller Kinderchor unter Leitung von Kantor Nehmiz

Ton Steine Scherben: »Auswahl I« – CD (Sampler). eastwest, Hamburg; Originaltitel: »Rock in Deutschland, Vol.3« erschienen als LP, Teldec, Hamburg; Warum geht es mir so dreckig / Mein Name ist Mensch / Rauch-Haus-Song / Macht kaputt was euch kaputt macht / Wir streiken / Wenn die Nacht am tiefsten... / Halt dich an Deiner Liebe fest / Kribbel krabbel / Guten Morgen / Keine Macht für Niemand. – Bonus-Titel: B-Seite / Auf fremden Planeten / Dr. Sommer Die Studioaufnahmen von »Mein Name ist Mensch« und »Keine Macht für Niemand« unterscheiden sich von denen auf der jeweiligen Original-CD; performed von Wolfgang Michels

Ton Steine Scherben: »Jenseits von Eden« / »Der Turm stürzt ein« – Single (Label: DECCA); Teldec, Hamburg

1982

Carambolage: »Eilzustellung-Exprès« – LP; DVP 444, Stadum. Britta Neander: Schlagzeug. Janett »Rembrandt« Lemmen: Saxophon, Bass, Percussion. Angie Olbrich: Gesang, Bass, Gitarre. Elfie-Esther Steitz: Gesang, Gitarre, Orgel

1983

Ton Steine Scherben: »Scherben« – CD; LP. David Volksmund Produktion, Stadum. Wo sind wir jetzt / Verboten / Sternschnuppen / Regentag / Laß uns 'n Wunder sein / Mama war so / Tanz / Traum ohne Stern / La Reponse / Mole Hill Rockers / Hau ab / Fieber / Ardistan / Bist du's. Aufgenommen von Januar bis März im David Volksmund Studio in Fresenhagen mit Conny Planks mobilen Studio-Equipment. Abgemischt im Tonstudio Porst, Hiltpoltstein Dead at control (Ton): Jon Caffery. Erstveröffentlichung als LP, DVP 999, im April. Originalcover: Renate Schlicht, Fotos: Inge Werth. Coproduziert von Hannes Eyber, (Misha Schöneberg, Claudia Roth). Produziert & arrangiert von Ton Steine Scherben: Rio Reiser: Gesang, R.P.S.Lanrue: Gitarre, Kai Sichtermann: Bass, Funky K.Götzner: Schlagzeug, Percussion, Martin Paul: Keyboards; sowie Jan Peter, Christian & Bent: Knabenchor

Ton Steine Scherben: »Laß uns'n Wunder sein« / »Hau ab« – Single DVP / Teldec, Stadum / Hamburg

1984

Rio Reiser: »Dr. Sommer« / »B-Seite« – Single; WEA, Hamburg

1985

Ton Steine Scherben: »In Berlin 1984« (Live I) – CD; LP. David Volksmund Produktion, Stadum. Ich will nicht werden was mein Alter ist / Verboten / Feierabend / Heut' Nacht / Raus (aus dem Ghetto) / Ich will ich sein / Shit-Hit / Jenseits von Eden / La Reponse / Keine Macht für Niemand. Aufgenommen am 15. u. 16. Juni 1984, bei zwei Konzerten in der UFA-Fabrik in Berlin mit dem Sinus Mobile Studio. Live-Ton: Klaus Kurtenbach. Remixed

1985 von Gerd Krüger im Trionus Studio in Berlin-Kreuzberg. Erstveröffentlichung als LP, DVP 013, im Frühjahr. Originalcover: Johann Josef Zambryski. Produziert & arrangiert von Ton Steine Scherben: Rio Reiser: Gesang. R.P.S.Lanrue: Gitarre. Kai Sichtermann: Bass, Chor. Funky K. Götzner: Schlagzeug. Martin Paul: Keyboards, Chor. Dirk Schlömer: Gitarre, Chor; sowie Richard Herten: Percussion

1986

Rio Reiser: »Rio I.« – CD, CBS, FfM.

1987

Rio Reiser: »Blinder Passagier« – CD, CBS, Frankfurt / M.

1988

Misha Schönberg: »Sternsschnuppen«, LP, David Volksmund Produktion, Stadum

1990

Rio Reiser: »Rio – ***« – CD, CBS, FfM

1991

Rio Reiser: »Durch die Wand« – CD, Sony-Music, Frankfurt / M.

1993

Rio Reiser: »Über Alles« – CD, Sony-Music, Frankfurt / M.

1995

Rio Reiser: »Himmel & Hölle« – CD, Sony-Music, Frankfurt / M.

1996

Ton Steine Scherben: »live II« – CD; LP. DVP, Stadum / Indigo, Hamburg. Wenn die Nacht am tiefsten / Wir müssen hier raus / Halt dich an deiner Liebe fest / Steig ein / Kleine Freuden / Bist du's / Kommen sie schnell / Der Traum ist aus / Land in Sicht. Aufgenommen am 15. u. 16. Juni 1984, bei zwei Konzerten in der UFA-Fabrik in Berlin mit dem Sinus Mobile Studio. Live-Ton: Klaus Kurtenbach. Remixed 1996 von Thomas Stern, in Zusammenarbeit mit R.P.S. Lanrue, nach Vorarbeit von Dirk Schlömer, im David Volksmund Studio in Fresenhagen. Erstveröffentlichung als CD und LP, im Juli. Originalcover: Gert Möbius. Produziert & arrangiert von Ton Steine Scherben: Rio Reiser: Gesang. R.P.S.Lanrue: Gitarre. Kai Sichtermann: Bass, Chor. Funky K.Götzner: Schlagzeug. Martin Paul: Keyboards, Chor. Dirk Schlömer: Gitarre, Chor; sowie Richard Herten: Percussion

Rio Reiser: »Abschied von Rio – Das Konzert der Freunde« – 2CD BuschFunk-Vertrieb GmbH, Berlin

1998

Die Nachtfalter: »Träume Tod Erinnerung« – CD. Decision Products, Fröndenberg; mit Musikern und Freunden der Scherben; produziert von Martin Paul, performt von Kai Sichtermann.

2000

Neues Glas aus alten Scherben: »Live« – CD. BuschFunk-Vertrieb GmbH,

Berlin; mit Musikern der Scherben und Rio-Reiser-Band

2001

»Der Traum ist aus« – CD & LP. Soundtrack zu dem gleichnamigen Kino-Film von Christoph Schuch; HappyEnd GbR, Bremen

2001

Neues Glas aus alten Scherben: »Rebellendisko« – CD. BuschFunk-Vertrieb GmbH, Berlin; mit Musikern der Scherben und Rio-Reiser-Band

2002

Ton Steine Scherben: »Land in Sicht« – DVD (+ Live-CD, limitiert). Eine Christian Wagner Dokumentation eye tune productions unter exklusiver Lizenz von Intact Produktion + Verlag – marketed by artelier media, Köln. Intro (Rosenrot) / Der Traum ist aus / Wo sind wir jetzt / Hau ab / Verboten / Halt dich an deiner liebe fest / S.N.A.F.T / Ardistan / Sumpf Schlock / Heimweh / Bist du's / Mein Name ist Mensch / Alles verändert sich / Laß uns 'n Wunder sein / Mole Hill Rockers / Allein machen sie dich ein / Keine Macht für Niemand / Der Turm stürzt ein / Land in Sicht / Wir müssen hier raus / Kommen sie schnell / Wenn die Nacht am tiefsten / Rauch-Haus-Song / Wiedersehen (plus Bonus-Tracks + Interviews), Konzertmitschnitt vom 30. Mai 1983 in Offenbach. Dargeboten von Ton Steine Scherben. Rio Reiser: Gesang; R.P.S.Lanrue: Gitarre; Kai Sichtermann: Bass, Chor; Funky K.Götzner: Drums; Martin Paul: Keyboards, Chor; Britta Neander: Percussion; Dirk Schlömer: Gitarre, Chor; Misha Schöneberg: Bühnendesign, Lichtkonzept; Claudia Roth: Management.

2004

Ton Steine Scherben: »18 – Songs aus 15 Jahren«. CD, DVP, Berlin. Alles verändert sich / Ich will nicht werden was mein Alter ist / Mein Name ist Mensch / Rauch-Haus-Song / Keine Macht für Niemand / Komm schlaf bei mir / Samstagnachmittag / Durch die Wüste / Ich geh weg / Halt dich an deiner Liebe fest / Jenseits von Eden / Der Turm stürzt ein / Ich hab nix / Wo sind wir jetzt / Regentag / Verboten / Lass uns ein Wunder sein / Sei mein Freund.

2006

Ton Steine Scherben: »live III«. CD, DVP, Berlin. Wo sind wir jetzt / Hau ab / S.N.A.F.T. / Ardistan / Heimweh / Alles verändert sich / Durch die Wüste / Warum geht es mir so dreckig / Ebbe und Flut / Mein Name ist Mensch / Rauch-Haus-Song / Allein machen sie dich ein / Wiedersehen / Der Turm stürzt ein / Lass uns ein Wunder sein / Jetzt schlägst dreizehn. Aufnahmen aus drei Konzerten in Hamburg (1982) und Berlin (1983 und 1984).

Ton Steine Scherben: »Gesamtwerk«. 13 CD-Box, David Volksmund Produktion, Berlin. 9 Originale CDs und 4 Neue (u.a. Was bleibt – Singles, Demos, Raritäten mit 6 unveröffentlichten Songs, sowie Live III). Mit 72-seitigem Booklet.

Various: »Für immer und Dich. Ein Abend in Erinnerung an Rio Reiser«. DVD, Edition Salzgeber, Berlin; 80 Minuten, Gesprochene Erinnerungen von Freunden und Wegbegleitern über Rio und die Scherben.

Konzerte TSS

Die Scherben gaben von 1970 bis 1985 über 350 Konzerte. Es konnten jedoch nicht mehr alle Auftritte genau recherchiert werden. Daher sind einige Angaben, besonders in den 70er Jahren, zeitlich ungenau und lückenhaft. Ab 2004: Konzerte der Ton Steine Scherben-Family.

1970

Rio Reiser: Gesang, Gitarre / R.P.S. Lanrue: Gitarre / Kai Sichtermann: Baß / Wolfgang Seidel: Drums / Gert Möbius: Management

Festval der Liebe, Sep.: Fehmarn (u.a. mit Jimi Hendrix, Ginger Bakers Airforce, Canned Heat, Rod Stewart & The Faces, Sly and the Family Stone);

Okt. Berlin (HfBK);

Dez. Berlin (TU-Mensa);

1971

Rio Reiser: Gesang, Gitarre, Keyboard / R.P.S. Lanrue: Gitarre / Kai Sichtermann: Baß / Wolfgang Seidel: Schlagzeug / Nikel Pallat: Management / Gert Möbius: Organisation

Feb. Berlin (Quartier Latin; 3 mal);

Die erste BRD-Tour, März / April: Köln, Hamburg, Ahrensburg, Bremen, Lüneburg, Bad Segeberg, Wuppertal, Aachen; Berlin (Neue Welt; für die PLPI);

Die zweite BRD-Tour, Mai / Juni: Regensburg, Würzburg, Schorndorf, Waiblingen, Speyer, Nürnberg, Bielefeld (Hausbesetzung), Iserlohn (mit Bluesrock-Band Man), Braunschweig (Straßentheater-Festival mit Can, Floh de Colonge, Rote Steine u.a.), Wuppertal, (Kulturveranstaltung ›urps‹ mit Eruption, Hotzenplotz, Rote Steine u.a.), Kiel;

Juli: Berlin (TU-Mensa; mit Ash Ra Tempel, Agitation Free; Jugendzentrum- Besetzung)

Die dritte BRD-Tour, August / September: Moers, Hagen, Arnsberg, Rheinbreitbach, Hannover (Open-Air, mit Dietrich Kittner), Rendsburg;

ab Okt:. Sven Jordan: Schlagzeug

Die »Tu-was«-Tour, für Jour-Fixe, Okt.: Bremerhaven, Melle, Osnabrück, Wilhelmshaven, Vechta, Warendorf, Wolfsburg;

Die erste Schweiz-Tournee (mit Roten Steinen)

Okt. – Nov.: Bern, Grenchen, Luzern, St.Gallen, Zürich, Basel (Ausweisung aus der Schweiz); Langenfeld, Burscheid, Köln, Siegen, Weinheim, Essen, Wulfsburg;

Dez.: Berlin (Audimax d.TU; Rauch-Haus-Besetzung)

1972

Rio Reiser: Gesang, Gitarre, Keyboard / R.P.S. Lanrue: Gitarre / Kai Sichtermann: Baß / Nikel Pallat: Management, Gesang / Jörg Schlotterer: Percussion, Chor, Organisation / Sven Jordan: Schlagzeug / Anna Schimany: Percussion, Chor

Feb.: Berlin (Oranienplatz);

Die MC5-Tour (die Scherben spielen als Vor-gruppe von MC5), Anfang März: Nürnberg, Würzburg, Frankfurt, Stuttgart u.a.;

Die 72er Frühjahrs-Tour, ab Mitte März: Frankfurt am Main, Ahrensburg (Hausbesetzung), Hamburg-Altona (Rockerkneipe), Hamburg (Knast Neuengamme), Rendsburg, Goslar, Tübingen, Siegen (*Lanrue: Schlagzeug*); Berlin (Audimax d. TU; *Wolfgang Seidel: Schlagzeug / Holly Piasta: Gitarre, Gesang*);

ab Ende März: Olaf Lietzau: Schlagzeug

März: Braunschweig,

April: Hamburg (Fabrik; mit AMON DÜÜL II), u.a. Städte in Norddeutschland;

ab Mitte April: Hans-Jürgen ›Captain‹ Hynding: Schlagzeug / Angie Olbrich: Percussion, Chor

Die erste »Captain-Tour«, April: Höxter, Saarstedt, Osnabrück, Minden, Celle, Münster, Bielefeld;

Mai: Berlin (auf Lkw zur Mai-Demonstration u. Volksfest auf dem Mariannenpl.; *Olaf Lietzau: Schlagzeug*);

Die zweite »Captain-Tour«, Juni: Neheim-Hüsten (mit Witthüser & Westrupp), Aachen, Köln (mit der Musik-Kommune TABANAKEL – Klaus der Geiger und Egk vom BREAD & PUPPET-THEATRE), Tübingen, Würselen / Alsorf, Augsburg, München, Aschaffenburg, Konstanz, Zürich, St.Gallen;

Die dritte »Captain-Tour«, Sep. / Okt.: Salzgitter-Bad, Kassel, Kettwig (Essener Musiktage), Gelsenkrichen, Dortmund, Bochum, Langen, Essen, Heidelberg (f.d.SPK), Ludwigshaven, Nürnberg, Mannheim;

Nov.: Berlin (im Flamingo; mit Pete Brown)

1973

Rio Reiser: Gesang, Gitarre, Keyboard / R.P.S. Lanrue: Gitarre / Kai Sichtermann: Baß / Nikel Pallat: Management, Gesang / Jörg Schlotterer: Percussion, Chor, Organisation / Angie Olbrich, Anna Schimany: Percussion, Chor / Helmut Stöger: Schlagzeug / Hanns Baukhage: Ton, Licht

Die 73er Frühjahrs-Tour, Feb.-April: Uerdingen, Düsseldorf, Mettmann, Langenfeld, Witten (mit KATTONG), Köln, Langenhagen, Blomberg, Hannover, Hamburg, Oldenburg, Bremen-Huchting, Frankfurt / M. (Uni-Mensa; »Häuserkampf Westend«), Rüsselsheim, München. Zürich, Solothurn, Baden, St.Gallen, Basel

Mai: Berlin (Mariannenplatz, ZIRKUS RENZ)

Die letzte 73er Tour, Mai: Schorndorf, Schwäbisch-Gmünd, Tübingen (Besetzung des Richard-Epple-Haus), Kichheim / Teck, Nürtlingen, Esslingen, Weikersheim, Schwäbisch-Hall (Konzert-Abbruch);

1974

Rio Reiser: Gesang, Gitarre, Keyboard / R.P.S. Lanrue: Gitarre / Nikel Pallat: Management, Gesang / Jörg Schlotterer: Organisation, Perc. / Werner ›Gino‹ Götz: Baß / Funky Götzner: Schlagzeug / Britta Neander, Uli Hammer, Bernhard Käßner, Jako Benz, Die Kurzen: Percussion, Chor

April: Berlin (TU-Audimax; »Glitzer-Gig«);

Die Tanztour, Mai und Juli: Braunschweig (Straßentheater-Festival), Bremen, Kiel, Nürnberg, Frankfurt-Saalburg (m. Rosa v. Praunheim), Krefeld (OpenAir), Dortmund

1975

Rio Reiser: Gesang, Gitarre, Keyboard / R.P.S. Lanrue: Gitarre / Kai Sichtermann: Baß / Funky Götzner: Schlagzeug / Nikel Pallat: Management / Jörg Schlotterer, Egon Bunne: Org. / Angie Olbrich, Britta Neander, Marie Sublet: Percussion, Chor

Dez.: Niebüll (im Trichter);

1976

Rio Reiser: Gesang, Gitarre, Keyboard / R.P.S. Lanrue: Gitarre / Kai Sichtermann: Baß / Funky Götzner: Schlagzeug / Nikel Pallat: Management, Gesang / Jörg Schlotterer, Egon Bunne: Organisation / Barbara Czub, Britta Neander, Petra Wittig: Chor, Percussion

März: Sylt (NDR-TV);

Die »Nostalgie-Veteranen-Veranstaltung«, Okt.: Berlin (Neue Welt; mit EMBRYO, SPARIFANKAL, MISSUS BEASTLY, WALDE THEATER);

Die »Frauenchor-Tour«, Nov. / Dez.: Hamburg (Audimax), Meppen, Heidelberg, Frankfurt / M., Essen (Grugahalle; mit Wolf Biermann), München (Löwenbräu; m. ROTE RÜBE), Karlsruhe (mit MISSUS BEASTLY), Aschaffenburg, Kassel, Kiel, Mölln;

1977

Rio Reiser: Gesang, Gitarre, Keyboard / R.P.S. Lanrue: Gitarre / Kai Sichtermann: Baß / Funky Götzner: Schlagzeug / Nikel Pallat: Management, Gesang / Jörg Schlotterer: Organisation

Die »SCHNEEBALL-Tour«, April: Wien, Salzburg (mit EMBRYO, MISSUS BEASTLY), Wuppertal, Heilbronn, Saarbrücken;

Mai: Hasselt (Belgien - TV);

1980

Rio Reiser: Gesang, Gitarre / R.P.S. Lanrue: Gitarre, Keyboards / Kai Sichtermann: Baß / Funky Götzner: Schlagzeug / Wolfgang Seidel: Vibraphon

Zu Eröffnung des Tempodroms, Mai: Berlin (mit Eric Burdon, TEMPO, Erwin Bootz, u.a.);

1981

Rio Reiser: Gesang, Piano / R.P.S. Lanrue: Gitarre / Kai Sichtermann: Baß / Funky Götzner: Schlagzeug / Martin Paul: Keyboards / Marius del Mestre: Gitarre / Elser Maxwell: Tour-Ma-

nagement / Hannes Eyber: Tour-Regie / Misha Schöneberg: Organisation
Dez.: Berlin (Eissporthalle; mit IDEAL);

1982

gleiche Besetzung wie 1981

Die »Elser-Tour«, Jan. / Feb.: Bonn, Kaunitz, Recklinghausen, Bochum, Düsseldorf, Köln, Osnabrück, Bochum, Wuppertal, Saarbrücken, Marburg, Aachen, Gießen, Kassel, Darmstadt, Mannheim, Trier, München, Tübingen, Freiburg, Esslingen, Muggenstorm (mit TRIO), Mainz, Hof, Erlangen, Würzburg, Nürnberg, Hamburg (Markthalle; für WDR-»Rockpalast«), Frankfurt / M., Göttingen, Hildesheim, Buxtehude, Oldenburg, Bremen, Lüneburg, Lübeck, Kiel, Hamburg;

ab Mai: Claudia Roth: Management / Misha Schöneberg: Licht / Klaus Kurtenbach: Ton

Der »Maiausflug mit Schneewittchen«, Mai: Flensburg, Münster, München, Schorndorf, Zürich, Stuttgart, Kassel, Hannover, Berlin (Tempodrom; mit CARAMBOLAGE), Sulingen, Göttigen, Amberg, Georgsmarienhütte;

Solidaritätsveranstaltung für Nicaragua, Sep.: Essen (Grugahalle; mit SCHMETTERLINGE, LIEDERJAN u.a.)

Solidarität für Brokdorf-Angeklagte, Nov.: (mit Ina Deter, SLIME, DIE 3 TORNADOS, STRASSENJUNGS u.a.) Hamburg, Neumünster, Bremen;

1983

Rio Reiser: Gesang, Piano / R.P.S. Lanrue: Gitarre / Kai Sichtermann: Baß / Funky Götzner: Schlagzeug / Martin Paul: Keyboards / Dirk Schlömer: Gitarre / Britta Neander: Percussion / Claudia Roth: Management / Misha Schöneberg: Lichtkonzept, Bühnenbild

Die »Heut Nacht oder nie«-Tour (organisiert von Fritz Rau & Hage Hein; zusammen mit SCHRÖDER ROADSHOW und Eisi Gulp), April – Juni: Kiel, Kaunitz, Berlin, Bremen, Hamburg, Osnabrück, Aachen, Dortmund, Duisburg, Saarbrücken, Ludwigshafen, Freiburg, Karlsruhe, Tübingen, Gießen, Mainz, Meschede, Ulm, Ingolstadt, Wien (Arena), Zürich (Rote Fabrik), Lauda, Offenbach, Esslingen, München (Circus Krone), Erlangen, Kassel, Hamburg (Stadtpark / OpenAir), Hannover, Köln;

ab Aug.: Misha Schöneberg: Lichtdesign / Klaus Kurtenbach: Ton

»Der Grüne Löwe« (Wahlkampftour für die GRÜNEN, mit Jutta Ditfurth, Ina Deter u.a.), Aug. / Sep.: Rüsselsheim, Borken, Kassel, Groß-Umstadt, Alsfeld, Gelnhausen;

Die »Wo sind wir jetzt«-Tour, Okt. – Dez.: Ulm (OpenAir; Friedensveranstaltung, mit Peter Maffay, Konstantin Wecker, Walter Moßmann, Bettina Wegner, SCHRÖDER ROADSHOW, TITI WINTERSTEIN u.a.), Hannover, Westheim / Unterfranken, Hartheim, Waldshut, Bruchsal, Mönchengladbach, Münster, Köln, Bochum, Duisburg, Ahlen, Lüchow-Dannenberg, Bielefeld, Minden, Trier, Köln, Schüttdorf, Hagen, Geroldzhofen, Würzburg, Frankfurt / M., Koblenz, Sinsheim, Nürnberg;

1984

Rio Reiser: Gesang, Piano / R.P.S. Lanrue: Gitarre / Kai Sichtermann: Baß / Funky Götzner: Schlagzeug / Martin Paul: Keyboards / Dirk Schlömer: Gitarre / Claudia Roth: Management / Misha Schöneberg: Lichtdesign

»Grüne-Raupe« Baden-Würtenberg, Jan. / Feb.: (Wahlkampftour für die GRÜNEN, mit Otto Schily, Petra Kelly, Gerd Bastian, Thomas Ebermann, KLAUS LAGE BAND, TITI WINTERSTEIN QUNITETT, OUGENWEIDE, Wolfgang Dauner, Bettina Wegner, CARAMBOLAGE, Manfred Maurenbrecher, SCHROEDER ROADSHOW u.a.) Offenburg, Freiburg, Heilbronn, Karlsruhe, Mannheim, Donaueschingen, Lauda, Göppingen, Ravensburg, Albstadt, Ulm, Böblingen;

ab April: Richard Herten: Percussion / Klaus Kurtenbach: Ton / Klaus ›Checker‹ Koenen: Technik

Die »Schritt für Schritt in Paradies«-Tour, April – Juni: Bremen, Flensburg, Hochdorn, Osnarück, Bremen, Essen, Übach-Palmberg, Rüsselsheim, Karlsruhe, Mannheim, Dieburg, Gießen, Wroclaw (Breslau / Polen; mit Paco De Lucia), Göttigen (»SCHNEEBALL-Festival«, mit MAGMA u.a.), Salzgitter, Unna, Bonn, Mainz, Konstanz, Kempten, Linz, Wien, München, Heidenheim, Nürnberg, Ingolstadt, Marburg, Kassel, Schneverdingen, Braunschweig, Hannover, Berlin (5 mal, UFA-Fabrik);

1985

gleiche Besetzung wie 1984. Wahlkampfkonzert für Die Grünen, März: Saarbrücken (am 6., letztes Scherben-Konzert mit SCHMETTERLINGE)

KONZERTE TSS-FAMILY

2004

Kai Sichtermann: Baß / Nikel Pallat: Gesang / Jörg Schlotterer: Flöte, Percussion / Angie Olbrich: Gesang, Percussion / Captain Hynding: Chor, Percussion / Funky Götzner: Schlagzeug / Marius del Mestre: Gesang, Gitarre / Dirk Schlömer: Gitarre, Gesang / Lisa Jane Olbrich: Chor / Marlon del Mestre: Chor / Josi Epsen: Chor / Elser Maxwell: Management / Thomas Malz: Medien

August: Fresenhagen (Open-Air-Festival, mit SÖHNE MANNHEIMS, FEHLFARBEN u.a.)

2005

gleiche Besetzung wie 2004, plus Martin Paul: Keyboard / ohne Captain Hynding

Januar: Berlin (Ufa, mit TERRA BRASILIS)

gleiche Besetzung wie 2004, plus Martin Paul: Keyboard / ohne Captain Hynding und Josi Epsen

Oktober / November: Berlin (Ufa), Hannover, Köln, Nürnberg, Heidelberg und Hamburg (Fabrik)

2006

Kai Sichtermann: Baß / Nikel Pallat: Gesang, Saxophon / Jörg Schlotterer: Flöte, Percussion / Angie Olbrich: Gesang, Percussion / Funky Götzner: Schlagzeug / Martin Paul: Keyboard / Marius del Mestre: Gesang, Gitarre / Marco Schmedtje: Gitarre / Lisa Jane Olbrich: Chor / Elser Maxwell: Management / Thomas Malz: Medien

August (Anlässlich von Rios 10. Todestag): Hamburg, (Fabrik, mit Sven Panne, Jan Plewka, Corny Littmann als Spezialguest), Dortmund

2007

gleiche Besetzung wie 2006; außer: Captain Hynding ersetzt Marco Schmedtje an der Gitarre

Februar: Karlsruhe, Stuttgart, Mainz, Bochum, Hannover, Berlin (Haus der Kulturen der Welt)

gleiche Besetzung wie 2006; plus Marlon del Mestre: Chor

Mai: Berlin (»Erster Mai«, Oranienplatz, Open-Air)

Juni: Rostock (G-8-Gipfel)

Adressen

www.tonsteinescherben.de – Die offizielle Website von Ton Steine Scherben

www.scherbenfamily.de – Was 1970 seinen Anfang und 1985 ein vorübergehendes Ende nahm, findet seit 2004 eine Fortsetzung

www.fresenhagen.de – Infos aus dem kulturellen Umfeld von Rio Reiser und der Ton Steine Scherben-Family

www.riolyrics.de – Alle Songtexte (und mehr) von Ton Steine Scherben und Rio Reiser

www.riocover.de – Alle Rio Reiser und Ton Steine Scherben Coverversionen

Das Dortmunder Medienzentrum verleiht für öffentliche Aufführungen (gegen Gebühr) u.a. folgende Videofilme:

»Allein machen sie dich ein« (mit den Bands Schroeder Roadshow und Ton Steine Scherben); 1983; Regie: Christian Wagner; 285 Min.

»Halt dich an deiner Liebe fest« (Gespräch zw. Rio Reiser & R.P.S. Lanrue, mit Konzertausschnitten i.d. Fabrik in Hamburg); 1982; Regie: A.Metzger / R.Schnieders / C. Wagner / L.Walz; 44 Min.

Dortmunder Medienzentrum, Geschwister-Scholl-Str.33, 44135 Dortmund, Tel.0231-835350, www.dortmundermedienzentrum.de

Literatur

Agit883: Musik ist eine Waffe, Selbstdarstellungsartikel der Scherben in der Berliner Undergroundzeitung Nr.73, vom 24.12. 1970

Michael »Bommi« Baumann: Wie alles anfing, München 1975 (Trikont / Rotbuch). – Beschreibung der militanten Berliner Underground-Szene von 1965-75.

W. Bergmann / H. Hensel / P. Kühne / E.Nyssen: Arbeitersongbuch, Frankfurt 1973 (Fischer). – Enthält das Kapitel: »Ton-Steine-Scherben«, Seite 91-99.

BUG-Info (Info – Berliner undogmatischer Gruppen): *Die gemeinsame Sache der Ton Steine Scherben & SPD*, Artikel in der Berliner Szenezeitung, Nr.121 vom 6.9.1976

Diedrich Diedrichsen: Sexbeat, 1972 bis heute, Köln 1985 (Kiepenheuer & Witsch). – Enthält das Kapitel: »Ton, Steine, Scherben«, Seite 32-34.

Ulli Engelbrecht / Jürgen Boebers: Licht aus – Spot an!, Musik der 70er Jahre, Essen 1995 (Fischer). – Enthält das Kapitel: »Allein machen sie dich ein. – *Politische Bildung mit Ton Steine Scherben«*, Seite 110–115.

Tina Fröhlich: Haste noch Töne? Artikel über Ton Steine Scherben zu zwei Konzerten in der UFA-Fabrik, Tageszeitung, Berlin, Juni 1984

Barry Graves: Plattenkritik zur Scherben-LP Wenn die Nacht am tiefsten, im Darmstädter Echo, 1975

Martina Groß / Andreas Hagelüken: Scherben, Ein O-Ton-Feature, von 1998

Thommi Herrwerth: Ton Steine Scherben: Liebe singen und Revolution, Artikel in der Zeitschrift für Popmusik Sounds, Köln, Feb. 1976

Teddy Hoersch: Scherben bringen Glück, Artikel über Ton Steine Scherben in der Musikzeitschrift Fachblatt, 1982

Jugendzentrum Kreuzberg e. V.: Kämpfen Leben Lernen, Georg v. Rauch-Haus, Berlin 1972 (Eigenverlag). – Dokumentation der Bewohner über ihr besetztes Haus. Enthält das Kapitel: »Was wir brauchen müssen wir uns nehmen«, in dem vom Scherben-Konzert mit anschließender Haus-Besetzung erzählt wird, S. 10-13

Albrecht Koch: Angriff auf's Schlaraffenland, 20 Jahre deutschsprachige Popmusik, Frankfurt 1987 (Ullstein). – Enthält das Kapitel: »Macht kaputt was euch kaputt macht. – Ton Steine Scherben«, Seite 52-60.

Michael O.R.Kröher: Ton Steine Scherben – David Volksmund Produktion 001, Artikel über die LP »Ton Steine Scherben IV« (die Schwarze) in der Zeitschrift für Popmusik Sounds, Köln, Juni 1981

Gert Möbius: Das Festval der Liebe, Kapitel eines Artikel über »Hoffmanns Comic Teater, Rote Steine und Ton Steine Scherben« – erschienen im Scherben-Songbuch von D. Nishen, Bln. 1985

Dirk Nishen (Hrsg.): Ton Steine Scherben, Geschichten, Noten, Texte und Fotos aus 15 Jahren, Berlin 1985 (Nishen / Volksmund). – Das komplette Songbuch mit Text- und Akkordangaben aller Songs; außerdem sind Textbeiträge von Funky K.Götzner, Ulli Hundt, R.P.S. Lanrue, Gert Möbius, M. Paul, Rio Reiser, Dietmar Roberg, Claudia Roth und Kai Sichtermann enthalten.

Claudia Pai: Requiem für eine Revolte, Was von Mythos der Rockband Ton Steine Scherben blieb, Artikel im

Nachrichtenmagazin Der Spiegel, Nr.43, Hamburg, Oktober 1994, Seite 98-106

Steve B. Peinemann: Die Wut, die du im Bauch hast, Politische Rockmusik, Interviews, Erfahrungen, Reinbek 1980 (Rowohlt). – Enthält das Kapitel »Rock ist immer ne rebellische Sache«, Gespräch mit der Gruppe Ton Steine Scherben, Seite 210-225.

Rio Reiser / Hannes Eyber: König von Deutschland, Köln 1994, (Kiepenheuer & Witsch). – Rio Reisers Autobiographie, in der es u.a. auch um die Berliner Scherben-Zeit geht.

Dietmar Roberg: Es freut mich, wenn es schneit – »Die Kinderschallplatten und andere Geschichten aus dem unbekannten Songbuch der Scherben« – erschienen im Scherben-Songbuch von Dirk Nishen, Berlin 1985

T.S.Scherben: Guten Morgen, selbstgemachte Zeitung mit Bildern, Comics, Geschichten, Songtexten und Zeitungsartikeln, Berlin 1972

T.S.Scherben: Guten Morgen II, Selbstdastellung mit Interviews, Berlin 1974

Ralf Schlüter: Scherbenhaufen, Ton Steine Scherben-Platten-Kritiken, in Zounds! Das Musikmagazin. Nr.9, Stuttgart, Sep. 1992, Seite 102 (nicht zu verwechseln mit der anderen Musik-Zeitschrift »Sounds«!)

Andreas Schroth: Die »Scherben« klirren wieder, Artikel über Ton Steine Scherben im Berlin Magazin Tip, Dezember 1981, Seite 57-61

Wolfgang Seidel (Hrsg.): Scherben, Musik, Politik und Wirkung der Ton Steine Scherben, Mainz 2005 (Ventil Verlag)

Hollw Skai: Das alles und noch viel mehr, Rio Reiser, Die inoffizielle Biografie des Königs von Deutschland, München 2006 (Heyne)

Michael Sontheimer: Der Mythos als Verhängnis, Artikel zum Konzert von Ideal und Ton Steine Scherben in der Eissporthalle in der Tageszeitung, Dez. 1981

Inge Viett. Nie war ich furchtloser, Autobiographie. Reinbek bei Hamburg, 1999

Personenverzeichnis

Danke

Wir möchten allen danken, die uns beim Schreiben dieses Buches unterstützt haben. Unser größter Dank gilt Rio, der in den Tonbandprotokollen, die er 1993, drei Jahre vor seinem Tod, zusammen mit Hannes Eyber produziert hat, Zeitdokumente von unschätzbarem Wert hinterlassen hat. Seine Fähigkeit, die Dinge auf den Punkt zu bringen, haben wir erst während der Arbeit an diesem Buch richtig schätzen gelernt. Wir danken auch Hannes Eyber, der es vermocht hat, Rio so aus sich herauszulocken. Das ging sicherlich nicht ohne ein großes Maß an Vertrauen. Dank auch an Rios Bruder Gert Möbius dafür, daß das Rio-Reiser-Archiv keine Einwände gegen die Veröffentlichung dieser Texte erhob – und natürlich auch dafür, daß er uns das Interview gab. Auch ohne unsere anderen Gesprächspartnerinnen und -partner hätten wir dieses Buch nicht schreiben können. Sie haben uns alle weit mehr erzählt als das, was in den – immer verkürzten – Interviews steht.

Dank an: Angie Olbrich, Claudia Roth, John Banse, Funky K. Götzner, Nikel Pallat, Martin Paul, Misha Schöneberg, Jörg Schlotterer, Egon Bunne, Wolfgang Michels und Christoph Schuch. Folgenden Personen möchten wir ganz herzlich danken für ihre Hilfe und Unterstützung, für kritischen Anregungen und Stellungnahmen, für Erinnerungen, für das Schreiben neuer Texte, für die Vorarbeit durch bereits existierende Texte und für sonstige Hilfe: Ursula Anders, Florian Barckhausen, Illa Blaue, Paul Breitner, Laura Cencetti, Petra Eggers, Tanja Ferkau, Karl-Heinz »Kalle« Freynik, Renate Friedrich, Martina Groß, Hans-Jürgen »Captain« Hynding, Regine Jedwabski, Bernhard Käßner, Lutz Kerschowski, R.P.S. Lanrue, Olaf Lietzau, Jutta Matthess, Elser Maxwell, Magdalene Mbeneka, Britta Neander, Dirk Nishen, Edita Noth, Cristina Perincioli, Holger »Holly« Piasta, Peter Platt, Anne Reiche, Dietmar Roberg, Ingo Rose, Anna Schimany, Dirk Schlömer, Wolfgang Seidel, Barbara Sichtermann, Marie Sichtermann, Inge Werth sowie der David Volksmund Produktion. Isabel Merchan danken wir für ihre zeitweilige Mitarbeit am Manuskript.

Fotonachweis

Carsten Bund: Seite 319; Maike Christiansen: 327; Ulrich Gehner: 246; Archiv Funky K. Götzner: 236, 301; Armin Haase: 261; Paul Hofmann: 293, 321, 356; Franklin Hollander: 354; Jens Johler: 87, 88; Rita Kohmann: 165; Dieter Kramer: 153; Joachim Loeppke: 318; Jutta Matthess: Umschlag-Foto, 20, 21, 22, 30, 38, 82, 126, 141, 146 o.+ u., 147, 159, 298; Gert Möbius: 127, 247, 252; Herbert Möbius: 94, 120, 183; Archiv Angie Olbrich: 189, 201, 226, 256, 263; Jim Rakete: 38; Rio Reiser-Archiv: 23, 58, 171; Dietmar Roberg: 15, 209; Archiv Kai Sichtermann: 213 o.+ u., 244, 311, 330, 335, 360; Teldec/Bildarchiv: 346; Rüdiger Trautsch: 231; Loretta Walz: 374; Inge Werth: 348, 350; Archiv Zitty-Verlag Berlin: 357. Die Autoren und der Verlag danken allen Urhebern für die Freigabe des Bildmaterials. Trotz größter Sorgfalt konnten die Urheber nicht in allen Fällen ermittelt bzw. erreicht werden.

Die Autoren

Kai Sichtermann, Jahrgang '51, war von Anfang an, mit einer Auszeit von zwei Jahren, bis zum Ende bei den Scherben dabei. Wo die Erinnerung nicht reichte, hat er Dokumente gesammelt, Zeitzeugen befragt und das Material zusammen getragen, um hier die erste Biographie der Band vorzulegen. Kai Sichtermann ist immer noch Musiker. 1998 erschien die NACHTFALTER-CD »Träume, Tod, Erinnerung«, die er mit Freunden und ehemaligen Scherben-Musikern aufnahm. Zusammen mit Angie Olbrich als Sängerin hat Kai – nun als Pianist – 2002 das Duo ANGEL'S BLUE (www.angelsblue. de) gegründet und spielt seit 2004 mit der TON STEINE SCHERBEN-FAMILY.

Jens Johler wurde 1944 geboren. Er war Schauspieler, lehrte Ökonomie an der FU Berlin und ist heute Schriftsteller, er schrieb Theaterstücke, Romane und Erzählungen. Und er kennt die Scherben vom ersten Tag an. (www.jens-johler.de)

Christian Stahl ist 1970 geboren worden. Rundfunk- und Fernsehjournalist beim SFB. Als die Scherben sich auflösten, war er 15 Jahre alt und gründete gerade seine erste Band.

Kai Sichtermann, Jens Johler, Christian Stahl
Keine Macht für Niemand
Die Geschichte der Ton Steine Scherben

ISBN 978-3-89602-839-6

Katalog
Wir senden Ihnen gern unseren kostenlosen Katalog
Schwarzkopf & Schwarzkopf Verlag GmbH
Abt. Service,
Kastanienallee 32
10435 Berlin
Telefon: 030 – 44 33 63 00
Fax: 030 – 44 33 63 044

Internet | E-Mail
www.schwarzkopf-schwarzkopf.de
info@schwarzkopf-schwarzkopf.de